Ernst Strouhal

ÜBER KURZ ODER LANG

Essays und Reportagen

Ernst Strouhal

ÜBER KURZ ODER LANG

Essays und Reportagen

Czernin Verlag, Wien

Gedruckt mit Unterstützung der Stadt Wien, Kultur

Strouhal, Ernst: Über kurz oder lang. Essays und Reportagen /
Ernst Strouhal
Wien: Czernin Verlag 2024
ISBN: 978-3-7076-0847-2

© 2024 Czernin Verlags GmbH, Wien
Lektorat: Florian Huber
Umschlaggestaltung und Satz: Mirjam Riepl
Coverabbildung: Brooklyn Museum, Ejiri Station Province of Suruga,
Katsushika Hokusai
Autorenfoto: Ingo Pertramer
Druck: Finidr, Český Těšín
ISBN Print: 978-3-7076-0847-2
ISBN E-Book: 978-3-7076-0848-9

Alle Rechte vorbehalten, auch das der auszugsweisen Wiedergabe
in Print- oder elektronischen Medien

Inhalt

Der fliegende Robert. Geschichten vom Wind	9
Im Zoo der imaginären Tiere. Vom Projekt einer ästhetischen Menagerie	52
Der Kunstlutscher	71
Alle Kunst ist Ornament. Aporien der Sachlichkeit von Loos zu Adorno	74
Ministerempfang. Großer Bahnhof am Flughafen	80
Laokoon lakonisch. Zu einer Skulptur von Heimo Zobernig	92
Wolschebnik 666. Geburtstagsrede für August Ruhs	97
Der perforierte Zauberzirkel. Zur Aktualität von Johan Huizingas *Homo ludens*	104
Falsches Spiel. Notiz zu Harry Houdini und zum illusorischen Glück	121
Ludische Kartographien. Die Welt der spielbaren Landkarten	140
»Wingerl, Wangerl, Wuperzu ...« Ein Ohrenzeugenbericht	156
Böse Briefe. Die Unsichtbaren und ihre Gegner [Gemeinsam verfasst mit Christoph Winder]	167
Falsche Ohren	203
Die individuelle Uniform. Kleine Erinnerung an die Handschrift	206
Über das Blättern. Verzetteltes Schreiben, zerstreutes Lesen	213
Marbot. Wolfgang Hildesheimer erneut gelesen	237

Gespräch mit einem Esel	253
Catherine und Alexander. Eine Liebe in Wünschen	266
Blind Summit	279
Die Brückensammlerin	280
Im Schattenreich des Geldes. Einschau in Olten	285
Am Entmagnetisierungspunkt. Rügen im Regen	291
Sandiger Schmerz	301
Hotel Kummer. Spaziergang durch Neubau	302
»Ich wohn' nur so da …«. Besuch im Goethehof	333
Apparent obsolescence. Das Hotel Okura in Tokio schließt	343
Himalaya. Imaginäre Reisen durch den Prater	350
Sennett heute. Zu *Verfall und Ende des öffentlichen Lebens*	365
Das doppelte Prisma der Erinnerung. Elias Canettis *Das Augenspiel* und Friedl Benedikt	367
Mit Rudolf Burger im Café	394
Engagement und Erzählen. Philippe Sands versus die »geistlose Freiheit des Meinens«	403
Verleih meine Fehler	413
Anmerkungen	414
Textnachweise	459
Bildnachweise	461
Danksagung	463
Über den Autor	464

Szene aus *The Wind* von Victor Sjöström (Regie) aus dem Jahre 1928 mit Lillian Gish in der Hauptrolle.

Der fliegende Robert

Geschichten vom Wind

I

Als der Frankfurter Arzt, Politiker und Dichter Heinrich Hoffmann (1809–1894) kurz vor Weihnachten 1844 für seinen dreijährigen Sohn Carl den *Struwwelpeter* zeichnete, hatte er keine Vorstellung vom kommenden Erfolg seines Büchleins.

Der *Struwwelpeter* erschien ein Jahr später in der »Literarischen Anstalt« von Zacharias Löwenthal und Joseph Rütten in einer ersten Auflage von 1.500 Stück, zwei Jahre danach war bereits die fünfte Auflage erreicht, 1876 war man bei der 100. Ausgabe angelangt. Der *Struwwelpeter* wurde das bekannteste Kinderbuch seiner Zeit – und der nächsten und übernächsten Generation. Zahllose Übersetzungen, Neudichtungen und Parodien erschienen ab Mitte des 19. Jahrhunderts, einige Figuren, wie der Zappel-Philipp oder Hanns Guck-in-die-Luft, sind sprichwörtlich geworden, eine Vielzahl der Verse gehört bis heute dem poetischen Volksvermögen an.

Seit den 1960er-Jahren ist der *Struwwelpeter* politisch in Verruf geraten, die meisten Pädagoginnen und Kinderpsychiater sind nicht gut auf Heinrich Hoffmann zu sprechen: Der Autor lege zwar unbewusste Wünsche und Ängste frei, doch besetze er die Lösung der Konflikte, so die Kritik, letztlich nur mit Angst, Tod und Strafe, statt zu ihrer Bewältigung beizutragen. Von anderer Seite wird der surreale, subversive Witz Hoffmanns akklamiert und die Lust an der radikalen Verneinung gesellschaftlicher Normen, die alle Helden im *Struwwelpeter* teilen.

Seit der fünften Auflage ergänzte »der fliegende Robert« die Schar der ungezogenen Kinder im Buch. Robert wagt sich bei Sturm und Regen allein nach draußen, während die braven Mädchen und Buben daheim bleiben:

»Robert aber dachte: Nein!
Das muß draußen herrlich sein! –
Und im Felde patschet er
Mit dem Regenschirm umher.«

Sturm kommt auf, Robert wird mitsamt Mütze und rotem Schirm in die Luft gehoben und fliegt davon:

»Seht! den Schirm erfaßt der Wind,
Und der Robert fliegt geschwind
Durch die Luft so hoch, so weit;
Niemand hört ihn, wenn er schreit.«

Der fliegende Robert ist in der Editionsgeschichte des *Struwwelpeter* die unscheinbarste aller Figuren Hoffmanns geblieben. Sein Bild schaffte es nicht auf den Umschlag der Jubiläumsausgabe zur 100. Auflage von 1876 oder in das *Struwwelpeter-Malbuch* des Schreiber Verlags von 1930. Nicht einmal auf dem *Struwwelpeterspiel* ist ihm ein eigenes Feld beschieden, dabei hätte sich das Bild vom schwebenden Kind mit dem Schirm doch hervorragend als Vignette für das Schlussfeld geeignet.

Die Marginalisierung des fliegenden Robert ist nicht zufällig. Sie rührt vielleicht daher, dass die Geschichte die einzige im ganzen Buch mit offenem Ausgang ist. Geht sie schlecht aus oder gut? Es ist einerseits eine Geschichte des Verschwindens, des Herausgerissen-Werdens aus der Geborgenheit, es ist aber auch eine Geschichte des Entkommens, einer Flucht ins Nirgendwo, denn Robert lässt den Schirm nicht aus. Ein Leichtes wäre es gewesen, die Reise dadurch zu beenden und zurückzukehren, doch:

> »Schirm und Robert fliegen dort
> Durch die Wolken immerfort.
> Und der Hut fliegt weit voran,
> Stößt zuletzt am Himmel an.
> Wo der Wind sie hingetragen,
> Ja! das weiß kein Mensch zu sagen.«

Roberts Fluchthelfer, dem er sich anvertraut, ist der Wind. Er ist der eigentliche Motor der Geschichte, auch wenn er, wie stets in der Bildgeschichte des Windes, auf den drei Bildern, mit denen Hoffmann seine Geschichte illustriert, unsichtbar bleibt. Der Wind wird hier nur durch seine Wirkung auf anderes erkennbar: Er beugt den Baum, der Regen fällt schräg, Roberts Haare werden zerzaust.

Dieser Wind ist schicksalhaft, die Richtung, in die er Robert trägt, ist ungewiss; dennoch gibt sich Robert ihm hin, und er hat dabei eine große Zahl Verwandter und Ahnen. Seine Sippe, die vom Wind Verwehten, ist weitverzweigt. Man denke an Hans Christian Andersens Däumelinchen, Roberts märchenhafte Kusine, der am Ende ihrer Flucht vor dem Maulwurf über das Meer und durch die Wolken Flügel geschenkt werden. Der Stammbaum reicht vom leidgeprüften Odysseus über Rabelais' Pantagruel und Panurg bis zu Defoes Robinson und Swifts Gulliver, die alle vom Sturm an die Küsten bizarrer Inseln verschlagen werden, vom Mädchen Dorothy und ihrem Hund Toto, die in *The Wonderful Wizard of Oz* von einem Wirbelsturm aus Kansas gerissen werden und sanft im Zauberland Oz landen, bis zu Walter Benjamins Engel der Geschichte, den der Sturmwind, der vom Paradies her weht, gemeinsam mit uns unaufhaltsam in die Zukunft reißt.

II

Wind bewegt – die Menschen und Dinge, die wie der fliegende Robert in den Wind geraten, er bewegt aber auch die Gedanken der Menschen. Keine Kultur, die nicht über den Wind nachdachte, keine Epoche, die nicht versuchte, das Phänomen in Worte und in Bilder zu fassen.

Zugleich berührt der Wind – er ist, wenngleich unsichtbar, sinnlich erfahrbar, durch die Berührung schafft er Stimmungslagen: Der Wind verheißt Aufbruch, wenn er aufkommt, er bedeutet Gefahr, wenn er unvermittelt losbricht und sich zum Sturm verstärkt, bedrohlich ist aber auch sein Ausbleiben, der Stillstand, wenn Flaute herrscht. Bertolt Brecht stellte seinem späten, von ihm nicht publizierten Gedichtzyklus *Buckower Elegien* folgendes Motto voran:

»Ginge da ein Wind
Könnte ich ein Segel stellen.
Wäre da kein Segel
Machte ich eines aus Stecken und Plane.«

Die Sentenz lässt sich auch als politische Metapher verstehen. Der Wind der Veränderung, den die Entwicklung des Sozialismus bringen sollte, ist abgeflaut, kein Fahrtwind kommt auf, aber der Dichter verstummt nicht, er geht an die Arbeit; auf frischen Wind darf er nicht hoffen, doch er vermag, die Windstille selbst zu beschreiben.

In der Kunst- und Literaturgeschichte ist der Wind wie in der *Geschichte vom fliegenden Robert* mitunter Begleiter oder Protagonist der Handlung, mitunter ist er ein unentbehrlicher Stimmungsmacher. Die Geschichte des Windmotivs ist eine Geschichte unterschiedlicher Ambivalenzen: Der Wind ist unsichtbar und wird zugleich durch seine Kräfte sichtbar, die Konfrontation mit dem Wind bringt einerseits Chaos, andererseits ist sie eine Arena der Bewährung, er weht manchmal in Permanenz und ist dennoch vergänglich. Der Wind ist zugleich Freund, der für Frische, Aufbruch und Bewegung sorgt, und erbitterter, unbarmherziger Feind der Menschen, eine Person mit eigenem Willen oder eine, die einen göttlichen Willen vollstreckt. Oder er ist weder Freund noch Feind, sondern Zeichen für die Kontingenz der Welt. Die unterschiedlichen Möglichkeiten der Erfahrung des Windes spiegeln sich in der Vielfalt der Metaphorik im Alltag: Man spricht von einem windigen Charakter, von einem, der gerne sein Fähnchen in den Wind hängt, von stürmischen Ereignissen, vom Rückenwind, den man erfährt, von der Stille vor dem Sturm oder vom Gegenwind, dem man ausgesetzt ist.

In vielen Kosmogonien steht der Wind am Anfang aller Dinge. In den prähellenischen Schöpfungsmythen der Pelasger tanzt die Urgöttin Eurynome, eine Ahnin der griechischen Rhea, einsam im Nichts, bis der Nordwind Ophion sie umschlingt und befruchtet; danach legt sie nach Verwandlung in eine Taube das Weltei, das Ophion ausbrütet. Aus dem Ei schlüpfen alle Dinge und lebenden Wesen, der Wind aber, der selbstbewusst beansprucht, der eigentliche Weltschöpfer zu sein, wird von Eurynome in die dunklen Höhlen unter der Erde verbannt. Der Mythos setzt sich bei Appolodoros und bei Ovid in den Erzählungen über den stets lüsternen und gewalttätigen Nordwind Boreas fort.

Wer herrscht über den Wind? Nicht immer ist es ein Gott. Aiolos, wie ihn Homer und Vergil beschreiben, hütet auf Wunsch der Hera die Winde; er ist zwar kein Sterblicher, er herrscht als ewiger König in der Höhle der Winde, er ist aber auch kein olympischer Gott, in der Hierarchie der Unsterblichen steht Aiolos auf unterster Stufe.

Auch Hräswelg, der in der *Edda* »an Himmels Ende« den Wind entfacht, ist kein Gott, er ist ein Gigant wie die Wilden Jäger und wie Rübezahl, der Wetterherr aus dem Riesengebirge. Hräswelg hat Adlergestalt, und wenn er zu fliegen versucht, »facht er den Wind mit seinen Fittichen über alle Völker«. Und so stark er ist, heißt es in der *Edda*, »kann ihn doch niemand sehen«. Ein zweiter Herr der Winde ist der reiche Wane Njörd. Er beherrscht den Gang der Winde über das Meer und das Feuer und tut allen, die ihn anrufen, nur Gutes. In der nordischen Mythologie bleibt Odin in letzter Instanz (wie Zeus in der griechischen) der Herrscher über alle Winde. Als Windgott haucht er dem ersten Menschenpaar Ask und Embla den Atem ein, als Sturm- und Nachtgott tobt er in dunklem Mantel nach Belieben durch die Lüfte.

Im Taoismus waltet Feng Bo über die Winde, die Inkarnation des Gottes Fūjin in menschlicher Gestalt. In den Bildgeschichten Japans ist er kein mächtiger, furchteinflößender Held, sondern ein älterer, etwas zerstreuter Herr. Wie Aiolos entlässt er die Winde aus einem Beutel, stolpert aber gerne über die Böen. Die Herrschaft über die Winde gelingt hier nur relativ.

In den Mythen der Keilschriftkulturen wurde das allpräsente Naturphänomen Wind ähnlich dem Licht sehr früh deifiziert. Im etwas unübersichtlichen assyrischen, babylonischen und sumerischen Götterhimmel – die Götterlisten des alten Orients umfassen regelmäßig mehrere Hundert Götter – erscheint Ischkur (akkadisch: Adad) als Sturm- und Wettergott, vermerkt werden aber auch das göttliche Paar Enlil (Herr Wind) und Ninlil (Frau Wind). Adad ist ein helfender Gott, denn er bringt Regen und Überfluss; er ist aber auch eine strafende Gottheit, Herr der Stürme und der Zerstörung. Adad kann deshalb auch als Kriegsgott wirken. Im altbabylonischen *Kummu-Lied* ist sein »Kampfeswunsch wild, er wendet das Land um, nicht lässt er es leben«. »Wie der Wind gehst du vorweg«, wirft ihm der Göttervater vor und befiehlt ihm, statt Zerstörung »Überfluss regnen« zu lassen. Wie in anderen mythischen Systemen bleiben die obersten Götter An, Enlil und nicht zuletzt der Sonnengott Schamasch letztendlich zuständig für die Windverwaltung.

Helfend greifen die Winde im *Gilgamesch-Epos* ein, dessen altbabylonische und sumerische Ursprünge heute auf das zweite bzw. dritte vorchristliche Jahrtausend datiert werden, und zwar im Kampf Gilgameschs und Enkidus mit Humbaba, dem gewaltigen Wächter des Zedernwaldes. Als Humbaba die Helden emporheben und zu Boden schleudern will, schickt der Sonnengott Schamasch 13 Winde – »Südwind, Nordwind, Ostwind, Westwind, Sturm und Sturmwind, Orkan und Unheilssturm, Unwetter und Teufelswind, Eiswind, Ungewitter und Wirbelsturm« – gegen den Riesen, die ihn blenden und Gilgamesch so zum Sieg verhelfen. In anderen Kontexten, etwa im *Ninmescharra-Hymnus*, erscheint der Wind dagegen unkontrollierbar und gewalttätig.

Auch in den Frömmigkeits- und Brauchtumsformen im christlichen Europa wurden Winde über Jahrhunderte als eigenständige, höchst eigensinnige und daher gefährliche Wesen gedacht. Die Windteufel, Dämonen oder Luftgeister können durch vielerlei magische Rituale abgewehrt werden, durch Zaubersprüche, Glockenläuten, Schmähreden oder durch Tier- und Menschenopfer. Eine wichtige Quelle für die klandestine Windmagie in Europa sind die Gerichtsprotokolle über Zauberei- und Hexenprozesse. Neben Hagelsiedern, Wetterhexen und Windverkäuferinnen wurden vor allem Windfütterer staatlich und kirchlich verfolgt. Am 21. August 1674 bekannte der Bäcker und Wirt Georg Hollerspacher aus Feldbach dem Gericht unter Folter,

> »das er an der h. drei khönig nacht (…), preßl
> (= Brösel) und andere übergebliebene speißen zusamben
> in ein neuen topf gethann und selbe deß anderntags
> frue vor aufgang der sohnen auf der weith auf ein
> thorseillen (= Torsäule) gesezet, dem windt damit zu
> fuedern, das selbiger das ganze jahr hindurch seine
> gründt und sachen kheinen schaden zuefüegen mögen.«

Ein Jahr später wurde Hollerspacher wegen anderer Zaubereien zum Tode verurteilt. Der Brauch des Windfütterns hatte eine lange Tradition und war weit verbreitet, mit Speiseresten oder Mehl sollten vor allem die Winterstürme in den Nächten vertrieben werden. 1546 gestand eine als Hexe angeklagte Frau in Marburg an der Drau, »Stupp«, ein weißes Pulver, in alle Windrichtungen geblasen zu haben, um Wind und Wolken zu vertreiben. In Donnersbachwald im Bezirk Liezen wurde an einem bestimmten Tag im Jahr Mehl in den Wind gestreut mit den Worten »Wind, Wind, sei frei g'schwind. Und pack Dich hoam zu Dein Kind«. Ähnliche Sprüche sind aus dem Erzgebirge und aus dem oberen Murtal bekannt. Der Wind wurde offenbar häufig als Geist mit Familienanhang imaginiert: Dem Speiseopfer wurden manchmal Nadel und Faden für die Frau des Windes beigelegt, damit sie ein gutes Wort für die Spenderinnen einlegt.

Noch zu Beginn des 21. Jahrhunderts vermag die Erzählung über die Schrecken des Windes und den Brauch des Windfütterns zu beeindrucken, zumindest Kinder und in domestizierter Form. In Friedl Hofbauers viel gelesenen *Sagen aus Wien* treibt der Sturmwind in einem Lichthof mitten in der Stadt sein Unwesen, er reißt die Fenster auf und rüttelt an den Läden. Eine Frau füttert ihn mit Mehl, die geizige Nachbarin gibt nichts und wirft sogar ein Messer nach ihm. Der Wind in Gestalt eines großen Mannes stößt ihre Türe auf, betritt ihre Wohnung und droht, »sie in Stücke« zu zerreißen. Er lässt sich allerdings mit einer Tasse Kaffee beruhigen und schließt danach sogar höflich die Türe hinter sich.

III

Eine entpersonalisierte, tendenziell materialistische Betrachtung des Windes erkennt den Kampf gegen ihn als aussichtslos. Der Wind ist unbeherrschbar, unzähmbar und schicksalhaft, er ist gleichgültig gegenüber den Objekten, die er bewegt. Dem fliegenden Robert geschieht also, was ihm geschieht, ohne Grund und Zweck. Was man tun kann, ist, sich auf ein Leben in Kontingenz einzurichten. In dieser Sicht verweht der Wind nicht nur Dinge und Personen, sondern letztlich auch die Hoffnung auf Bestand und Sinn und alle geschichtsphilosophischen Heilslehren.

»Windhauch Windhauch, Windhauch«, heißt es im Vorspruch zum *Buch Kohelet*, »Windhauch, Windhauch, das ist alles Windhauch« (Koh, 1,2). Und ganz am Ende wieder: »Windhauch, Windhauch, sagte Kohelet, das ist alles Windhauch« (Koh, 12,8). Wind (hebräisch: *hevel*) ist das leitende Symbol für die Vergänglichkeit in den wortgewaltigen Sentenzen Kohelets im Alten Testament. Alle Werke sind am Ende eitel und nichtig, sie werden vom Wind wie Seifenblasen verweht, und nichts ist von Dauer:

> »Eine Generation geht, eine andere kommt. / Die Erde steht in Ewigkeit. Die Sonne, die aufging und wieder unterging, / atemlos jagt sie zurück an den Ort, wo sie wieder aufgeht. Er weht nach Süden, dreht nach Norden, dreht, dreht, weht, der Wind. / Weil er sich immerzu dreht, kehrt er zurück, der Wind« (Koh, 1,4–1,6).

Nichts als ein Windhauch sind die Mühen des Menschen und sein Besitz, das Streben nach Macht und Wissen, ja selbst die Hoffnung auf Glück sind nach Kohelet »Luftgespinste«: »Was geschehen ist, wird wieder geschehen, was man getan hat, wird man wieder tun: Es gibt nichts Neues unter der Sonne«, lautet die bekannteste Formel aus dem Buch (Koh, 1,9). Der Wind gehört zu den Dingen, auf die die Menschen keinen Einfluss haben: »Es gibt keinen Menschen, der Macht hat über den Wind, so dass er den Wind einschließen könnte« (Koh, 8,8). Es gibt daher keine Unterschiede, alle Wesen sind gleich, gleichermaßen dem schicksalhaften Wind ausgesetzt, Tiere und Menschen:

> »Denn jeder Mensch unterliegt dem Geschick, und auch die Tiere unterliegen dem Geschick. Sie haben ein und dasselbe Geschick. Wie diese sterben, so sterben jene. Beide haben ein und denselben Atem. Einen Vorteil des Menschen gegenüber dem Tier gibt es da nicht. Beide sind Windhauch.« (Koh, 3,19).

Die Geschichte der Windsymbolik für Vergänglichkeit und Vergeblichkeit beginnt nicht im Alten Testament, sondern scheint jahrtausendelang zurückzureichen. Im bereits erwähnten Gilgamesch-Epos heißt es, ähnlich wie bei Kohelet, in der Ninive-Fassung: »Die Tage des Menschen sind doch gezählt, all das, was sie tun, ist nichts weiter als Wind«. Melancholie und Skepsis dem Absoluten gegenüber sind die bestimmenden Gefühle, die die Erfahrung des Windes auslöst. Man mag die Weltsicht im Gilgamesch-Epos und im Buch Kohelet pessimistisch nennen (und überrascht sein, dass der Kohelet-Text Einzug in die Bibel fand), resignativ ist sie nicht. Die Unerreichbarkeit des Glücks und die Akzeptanz der Unbeherrschbarkeit des Windes führen zur Freude am Leben: »Da pries ich die Freude; denn es gibt für den Menschen kein Glück unter der Sonne, es sei denn, er isst und trinkt und freut sich. Das soll ihn begleiten bei seiner Arbeit während der Lebenstage, die Gott ihm unter der Sonne geschenkt hat.« (Koh, 8,15) Denn: »Ein lebender Hund ist besser als ein toter Löwe.« (Koh, 9,4) Sein Ratschlag an die Lesenden ist einfach:

> »Also: Iss freudig dein Brot und trink vergnügt deinen Wein; denn das, was du tust, hat Gott längst

so festgelegt, wie es ihm gefiel. Trag jederzeit frische Kleider, und nie fehle duftendes Öl auf deinem Haupt. Mit einer Frau, die du liebst, genieß das Leben alle Tage deines Lebens voll Windhauch.« (Koh, 9,7–9,9)

Dass es zwar keinen windgeschützten Ort im Leben gibt, aber dennoch Freude und den Genuss des Augenblicks, hat niemand eindrücklicher dargestellt als Buster Keaton. In *One Week* (1920), einer frühen Slapstick-Komödie, versucht er gemeinsam mit seiner ihm eben angetrauten jungen Frau (Sybil Seely) ein Fertigteilhaus zu errichten. Buster erlebt alle möglichen Stürze und Katastrophen, teils durch Sabotage, teils durch Unachtsamkeit. In *One Week* wird einer der berühmtesten Stunts der Filmgeschichte vorweggenommen. Wie in *Steamboat Bill, Jr.* (1928) löst sich die Hausfassade und stürzt auf Keaton, dieser steht jedoch direkt in der Fensteröffnung, sodass er unverletzt aus der auf dem Boden liegenden Fassade steigt. Am Ende der Woche ist trotz aller Fährnisse ein bizarres, wackeliges und doch liebenswertes Gebäude entstanden. Bei der Einweihungsfeier wird der Traum vom kleinen Glück auf groteske Weise zerstört: Das Haus wird von einem Sturm unaufhaltsam in Drehung versetzt, wie aus einem Karussell purzeln die Gäste aus Fenstern und Türen. Als sich der Sturm gelegt hat, müssen Buster und seine Frau entdecken, dass sie das Haus auf dem falschen Grundstück errichtet haben. Das richtige liegt jenseits der Eisenbahngeleise. Sie versuchen, das Haus in die Richtung zu schleppen, bleiben am Geleise stecken, ein Zug rast durch das Bretterwerk. Das Paar bleibt unbehaust, Buster akzeptiert sein Schicksal wie stets ungerührt und hinterlässt am Trümmerhaufen das Schild »For sale« und die Bauanleitung.

Unsere Lust, das Unglück Busters oder das des fliegenden Robert zu verfolgen und es als komisch zu empfinden, hat Lukrez ebenfalls am Beispiel Wind zu Beginn des zweiten Buches von *De rerum naturae* begründet: »Wonnevoll ist's bei wogender See, wenn der Sturm die Gewässer / Aufwühlt, ruhig vom Lande zu sehn, wie ein andrer sich abmüht.« Wir lachen nach Lukrez nicht aus purer Bosheit, sondern aus Glück, wenn wir unser Leben mit dem des anderen vergleichen, dem es schlechter geht: Man sieht, »dass man selber vom Leiden befreit ist«. So können wir unser Schicksal, auch wenn wir Gegenwind spüren und den aufkommenden, unvermeidlichen Sturm schon erahnen, zumindest momenthaft als annehmbar empfinden und lachen.

Das Ringen mit der Vergänglichkeit, mit dem Ephemeren, dem Verwehen der Existenz, gelingt mal besser, mal schlechter, selbst nach dem Tod. In *The Big Lebowski* von Ethan und Joel Coen (1998) schlägt der Wind den Trauernden ein Schnippchen, als er ihnen beim Verstreuen die Asche des verstorbenen Freundes direkt ins Gesicht bläst.

IV

Den alten magischen Praktiken zur Abwehr des Windes hielt auch das Christentum nicht stand. Um 1330 empfiehlt der Karmelitermönch Matthias Farinator, Stürme und Gewitter durch Glockenläuten zu vertreiben. Seine Theorie mutet heute seltsam an – »der Lärm von unten treibe die Luft nach oben« und verhindere so ein Absteigen der Gewittermassen –, doch die Begründung für seine Windabwehr ist nicht länger rein magisch. Farinator argumentiert, wenn auch verquer, auf physikalisch-wissenschaftlicher Basis.

Zu Beginn der Neuzeit wusste man wenig, im Grunde nichts über das Entstehen der Winde. Zwar hatte bereits Aristoteles erkannt, dass Wind aus trockenem Gas entsteht, das sich durch die Sonne erwärmt hat, doch sein Ursprung blieb ein Rätsel. Für Seneca entsteht Wind aus dem Bersten der Wolken, Plinius macht ebenfalls Wolken verantwortlich, für Lukrez sind die Winde ganz unleugbar »Körper«, die zu Land wie am Meer Unheil stiften, obgleich »nichtsichtbare Körper«.

Das Wissen der Navigatoren war Erfahrungswissen. Erst Ende des 17. Jahrhunderts erstellte Edmond Halley (1656–1742) seine Winddiagramme, und es wurde möglich, Wind im Singular, das heißt, als ein globales Phänomen zu denken. Das komplexe Zusammenwirken von Erdrotation (Corioliskraft), Luftdruck und Erwärmung durch Sonneneinstrahlung war noch unbekannt.

Das nach naturwissenschaftlicher Erklärung strebende Räsonieren über Substanz und Ursprung des Windes ist das zentrale Motiv in Raoul Schrotts historischem Roman *Eine Geschichte des Windes*. Der Kanonier Hannes aus Aachen umrundet zu Beginn des 16. Jahrhunderts unter Fernando Magellan die Welt, an Deck beobachtet er die unterschiedlichen Windbewegungen und reflektiert darüber. Referiert und bezweifelt werden in inneren Monologen alle damals gängigen Theorien der Windentstehung:

> »Wie kam es, dass er, obschon er von allen Richtungen auf uns herabgestürmt war, dieses nie zugleich von allen Seiten tat? Bliesen die unterschiedlichen Winde denn nie gleichzeitig? Warum wechselten sie sich ab?

Um nun, da wir uns dem Äquator näherten, ganz auszulassen?«

Hannes fragt sich, stellvertretend für viele seiner Zeit, »wo die Winde letztlich herrühren«. Sind sie »Ausdünstungen der Erde«, die von den Planeten nach oben gezogen werden, oder entstehen sie durch eine »Dreh-Bewegung« der Welt, von der die Lüfte mitgerissen werden? Existiert ein »unsichtbares Mühlwerk« an den Polen, zwei Radgetriebe zur Erzeugung der Winde? Schrott lässt die Vorstellungen zur Windentstehung aus dem Mittelalter und der Frühen Neuzeit in den Fragen seines Helden Revue passieren. Vielleicht, vermutet Hannes, ist eine anthropomorphe Explikation wie so oft in der Naturkunde doch die beste, und zwar dass

»alle Winde aus großen Höhlen und Löchern im Bauch der Erde kämen, wo sie kontinuierlich ohne Ende ausgebrütet werden – und sich darin auch nicht bannen lassen, da sie überall Spalten zu finden wüssten, irgendeinen Mund, aus dem sie brächen. Was dem Hannes einleuchtend scheint, weil auch bei ihm aus der Tiefe des Bauchs einem solchen Loch Winde entfahren, welche sich nie zurückhalten lassen. Doch was im Inneren der Erde erzeuge dann die Winde? Was würde dort verdaut?«

Am Ende der Fahrt, Hannes ist einer der wenigen Überlebenden, bleibt die Natur des Windes trotz aller Überlegungen rätselhaft. »Was der Wind wirklich ist, davon hat er selbst wenig Ahnung«, und »woher er rührte«, war »weiterhin unerklärlich«.

Der beständig fragende und zweifelnde Hannes kann als Allegorie auf das heraufdämmernde Zeitalter der Aufklärung verstanden werden, auch wenn Schrott seinen Helden zu keinem Ergebnis kommen lässt: Die Erkenntnis, wird am Beispiel des Naturphänomens Wind klar, liegt wie das Ziel einer endlosen Reise stets voraus. Doch der Prozess der wissenschaftlichen Entzauberung des Windes hat begonnen, er wird einen ersten Höhepunkt ein Jahrhundert später mit den Traktaten Francis Bacons (1622) und René Descartes' (1637) finden.

Descartes schließt an die aristotelische Meteorologie mit der Grundannahme an, dass Wind Luft in Bewegung ist. Luft besteht für Descartes aus kleinsten Teilchen, kleiner und zarter als Dunst, der aus Wasser entsteht, doch im Prinzip ähnlich. So ist die Bewegung der Luft, der Wind, auch der Bewegung der Dünste ähnlich, »die, wenn sie sich erweitern, sich von ihrem gegenwärtigen Ort zu einem anderen hin bewegen, an dem sie sich müheloser ausdehnen können«.

Der Grund für die Ausdehnung der unsichtbaren Teilchen ist die Erwärmung. Winde sind nach Descartes also »Dünste«, aus einer kleinen Menge Wasser kann durch Erhitzung eine große Menge Dunst entstehen, die Wasserteilchen lösen sich aufgrund der Hitze vom Wasser, steigen auf und werden zu Luftteilchen.

In vielem nimmt Descartes' Traktat Erkenntnisse der Thermodynamik und der modernen Meteorologie vorweg. Als Heurisma zur Erklärung der Entstehung der Winde dient ihm dabei der Äolsball, eine pneumatische, halb mit Wasser gefüllte Kugel. Deren Inhalt wird erhitzt, der entstehende Wasserdampf entweicht durch eine kleine Öffnung. Wie der Wasserdampf aus der künstlichen Äolskugel bläst und durch seine Expansion Dinge bewegen kann oder die

Kugel in Drehung versetzt, so bläst auch der Wind und breitet sich aus. Der Unterschied zwischen dem künstlichen und dem natürlichen Wind besteht nach Descartes darin, dass die natürlichen Winde zum einen auch durch Erwärmung der Erde entstehen können und zum anderen nicht in einer Kugel eingeschlossen sind. Sie tendieren wie der Wasserdampf dazu, sich auszudehnen, können aber einen unvergleichlich viel größeren Raum einnehmen. Gehemmt und gesteuert wird die Bewegung der Winde durch Wolken, durch die Topografie der Landschaft oder durch den Widerstand anderer aufsteigender Winde, der »zusammengepreßte(n) und kondensierte(n) Luft«.

Auch für Francis Bacon ist Wind »bewegte Luft«, wie bei Descartes ist für Bacon die Erwärmung der Luft Hauptursache der Entstehung der Winde, als Leitbild dient ihm wie Descartes die Ausbreitung und das atmosphärische Verhalten des Wasserdampfs. Mehr noch als bei Descartes steht die systematische und möglichst präzise Beobachtung im Vordergrund. Auch wenn er noch kaum über Messinstrumente oder metrische Systeme verfügt, entwirft er über die Sammlung von Daten und durch eigene Experimente mit Wasserdampf ein komplexes taxonomisches System der unterschiedlichen Winde und ihrer Eigenschaften. Über den Gegenstand hinaus ist die Windbeobachtung Paradigma, um über die Methode der wissenschaftlichen Untersuchung zu belehren, der Weg zur Erkenntnis führt »nur über immer klarere Beobachtungen der Winde«.

Im Mittelpunkt steht die praktische Anwendung des aus der Beobachtung abgeleiteten Wissens über die Winde bei der Nutzung der Windkraft – etwa durch Optimierung der Segelflächen oder die Stellung der Flügel für effektivere Windmühlen – und für verlässlichere Wetterprognosen.

Diese sollen für bessere Ernteerträge sorgen und die Ausbreitung von Seuchen und Krankheiten vermindern.

Zuverlässigere Vorhersagen von Stürmen, dies verschweigt Bacon, bilden auch die Grundlage transkontinentalen Handels und der Akkumulation des Kapitals. Tausende Seeleute ertranken Jahr für Jahr bei Stürmen vor der englischen Küste, Tausende Schiffe versanken im Atlantik mit kostbarer Fracht, nicht zuletzt mit der allerkostbarsten: den aus Afrika entführten Sklaven.

Ganz am Ende seines Traktats führt Bacon all jene Anzeichen in der Natur an, die ein Aufkommen des Windes ankündigen: hell brennende, sich kräuselnde Flammen, aus größerer Ferne hörbares Glockenläuten, das veränderte Verhalten der Vögel, Spinnen, die ihre Netze vorsorglich befestigen.

Vielleicht hätte der fliegende Robert mehr auf sie achten sollen.

V

Im Roman des späten 19. und des 20. Jahrhunderts ist der Wind Stimmungsmacher und erzeugt unterschiedliche Stimmungslagen: Er stürzt den Bürger bei Sturm in die Krise der Bewährung (Herman Melville, Joseph Conrad), er ist Bote und Begleiter des Wahns und des Begehrens (Dorothy Scarborough, Bruno Schulz) oder schafft im Existenzialismus einen melancholischen Raum der permanenten Irritation und Nervosität (Claude Simon).

Die wohl eindrücklichste Konfrontation eines Bürgers mit dem Sturm gelingt Joseph Conrad 1902 in seinem Roman *Taifun*. Mac Whirr, der Kapitän des Frachtschiffes Nan-Shan, ist ein stiller, solider Seemann, der von den Reedern gerade wegen seiner Durchschnittlichkeit für die wenig bedeutsame Fahrt ausgewählt wurde. Conrad verzögert die Wahrnehmung des Sturms, zunächst bringt der Wind das Schiff leicht ins Schlingern, dann wird Mac Whirr in seiner Kabine auf ihn aufmerksam:

»Kapitän Mac Whirr öffnete die Augen. Er glaubte geschlafen zu haben. Was war das für ein Lärm? Wind? Warum hatte man ihn nicht gerufen? Die Lampe wurde kräftig hin und her geworfen, das Barometer schwang sich im Kreise, die Tischplatte wechselte fortwährend die Richtung; ein paar alter Wasserstiefel mit zusammengedrückten Spitzen glitt an dem Sofa vorbei. Augenblicklich streckte der Kapitän die Hand aus und fing einen davon ein.«

Mac Whirr eilt an Bord, nun hört er ihn kommen:

»Dabei lauschte er angestrengt, als erwarte er jeden Augenblick, in dem Aufruhr, den sein Schiff umringte, seinen Namen rufen zu hören. Das Getöse wurde immer stärker, während er sich bereit machte, hinauszugehen und dem Kommenden, was auch sein mochte, die Stirn zu bieten. Das Heulen des Windes, das krachende Brechen der Wogen vermischte sich mit jenem andauernden dumpfen Dröhnen in der Luft, das wie ein Laut einer ungeheuren, weit entfernten Trommel klingt, die zum Angriff des Sturmes geschlagen wird.«

Im Laufe der nächsten Stunden rückt der Sturm rasch näher, er bleibt jedoch vor allem ein bedrohliches akustisches Phänomen:

> »Man unterschied zunächst ein schläfrig erwachendes Klagen und weiterhin das Anschwellen eines vielfachen Getöses, das, immer stärker werdend, näher und näher kam. Es war, als würden viele Trommeln gerührt oder als hörte man den Lärm eines anmarschierenden Heeres.«

Dann bricht der Taifun – »... von einer unendlichen Gewalt, einem maßlosen Grimm – einer Wut, die sich nie besänftigt, sondern nur erschöpft« – endgültig los. Die Mannschaft kämpft ums Überleben, doch »wilder Haß, tückische Bosheit schienen gegen sie anzukämpfen«. Der Sturm erscheint »wie ein lebendes Wesen«, sein Anblick ist der »eines ungezügelten Ausbruchs roher Leidenschaft«. Er ist, konstatiert Mac Whirr, Feind des Menschen, indem er »die Schiffsordnung verweht«, denn er

> »... reißt den Menschen fort von seinesgleichen. Ein Erdbeben, ein Erdrutsch, eine Lawine überfallen den Menschen sozusagen zufällig – leidenschaftslos. Der Sturm dagegen greift ihn an wie ein persönlicher Feind, lähmt seine Glieder, betäubt seine Sinne, sucht ihm die Seele aus dem Leib zu reißen.«

Der Sturm ist Labor der Bewährung für den neuen, die Herrschaft über die Welt anstrebenden Bürger. Im Kampf gegen den Chaosbringer Sturm erweist sich die vermeintliche Beschränktheit Mac Whirrs als stoische Umsicht, sein

Schweigen erscheint den Matrosen in der Krise als Kaltblütigkeit. Es gelingt ihm, die Nan-Shan heil in den Hafen Futschou zu bringen. Wie fast zwei Jahrhunderte vor ihm Robinson Crusoe, das Urbild des Bürgers, hat sich Mac Whirr durchgesetzt, gegen die unbändige, kreischende Natur und gegen die eigene.

In Melvilles fünfzig Jahre vor Conrads *Taifun* erschienenem *Moby Dick* ist der Sturm ebenfalls von todbringender Gewalt, aber sein Ausbrechen ist zugleich ein letzter Hoffnungsschimmer auf Entkommen vor dem Untergang. Die Mannschaft der Pequod ist schon eingeschworen auf den bevorstehenden Kampf gegen den weißen Wal, die See ist ruhig vor der Küste Japans, man bereitet sich vor, doch unvermittelt bricht ein Taifun über das Schiff herein, gleich einer »höheren Macht«, die aus wolkenlosem Himmel »wie eine Bombe auf stille, verträumte Gassen« niederfällt.

Mit allen Mitteln kämpft die Mannschaft gegen den Sturm und zugleich gegen die Unvernunft ihres Kapitäns Ahab: »Der Sturm, der uns jetzt alle Planken einschlagen will«, ruft Starbuck, der stets Vernünftige, der den sinnlosen Feldzug gegen den Wal fürchtet, dem zweiten Steuermann Stubb zu, »er könnte uns auch nach Hause bringen. Dort in Luv ist Finsternis und Verzweiflung; aber leewärts, heimwärts – dort hellt es auf, wie ich sehe, und nicht von Blitzen.«

Der Taifun, die bösartige Natur, wird besiegt, doch nicht Ahab, gegen sein Charisma ist die Vernunft Starbucks machtlos. Ahab treibt das Schiff luvwärts in den bevorstehenden Kampf mit Moby Dick. Mitten im Sturm erscheint Ahab an Deck und ergreift, während der Taifun am heftigsten wütet, den Blitzableiter. »Du kannst mich blenden«, ruft er in den Sturm, »aber auch blind taste ich mich weiter. Du kannst mich verzehren, aber auch als Asche bin ich noch.«

Die Reise »in Tod und Verderbnis hinein« nimmt ihren Lauf. Starbuck, der noch auf Rückkehr hoffte, unterliegt der Gewalt des Ahab und muss bekennen: »… für Moby Dick ist der Wind günstig, aber sonst für keinen.«

VI

Eine Atmosphäre des Wahns verbreitet der Wind in Dorothy Scarboroughs *The Wind* aus dem Jahr 1925. »The wind was the cause of it all« – so beginnt die Autorin, die an der Columbia University Literatur lehrte, ihren zunächst anonym publizierten Westernroman. Scarborough führt durch eine raue Landschaft voll permanenter Gewalt und unterdrückter Sexualität. Ihr Buch und die Verfilmung von Victor Sjöström mit Lillian Gish in der Hauptrolle lösten einen Skandal aus.

Letty, eine junge Waise aus Virginia, besucht ihren Cousin Beverly, der mit seiner Familie auf einer einsamen Ranch in West Texas lebt. Der wilde, geisterhafte Nordwind, der über das Land fegt, ist ständig präsent, niemand kann sich seiner erwehren:

> »Früher waren die Winde die Feinde der Frauen. (…) Wie konnte eine zerbrechliche und empfindsame Frau gegen den Wind kämpfen? Wie könnte sie sich einer wilden, schreienden Stimme widersetzen, die sie nie den Frieden der Stille spüren ließ – einer unwiderstehlichen Kraft, die den ganzen Tag auf sie einwirkte, einem nackten, körperlosen Wind – wie ein Geist, der umso schrecklicher war, weil er unsichtbar blieb –, der ihr in

der Nacht über verlassene Orte heulte und sie wie ein dämonischer Liebhaber rief.«

Der Wind erscheint in der bedrohlichen Gestalt eines schwarzen Hengstes, »übernatürlich, satanisch, der Wind des Nordens...«, er erzeugt Lust ebenso wie Angst. Obwohl Letty den unheimlichen Viehzüchter Wirt Roddy begehrt, heiratet sie den freundlichen Cowboy Lige und führt mit ihm eine Josefsehe, doch der Wind – ein fernes, aber deutlich wahrnehmbares Echo des lüsternen Ophion im pelasgischen Mythos – weht und lässt sich auch nach der Hochzeit mit Lige nicht beherrschen. Im Spätherbst wird der Nordwind noch stürmischer, er schlägt Fenster ein, dringt durch alle Ritzen des Farmhauses und verbreitet Schrecken und Angst wie die Gedanken an Wirt Roddy:

»Aus den Rissen im Boden, aus den Fugen in den Wänden, aus den Spalten unter den Fenstern fegte ein Windwirbel in den Raum. Die Flamme in der Kerosinlampe leuchtete einen Augenblick lang doppelt hell auf, flackerte, erlosch. Ihr Schrecken war so groß, dass jeder Muskel, jeder Nerv wie bei einer Gewaltaktion angespannt war. Ihre Angst, ihre wilde Wut gegen den Wind, gegen diesen Mann, straffte ihren Körper in einer Anspannung wie bei einem tödlichen Kampf.«

Während des Sturmes dringt Wirt Roddy in Lettys Haus ein und vergewaltigt sie. Am nächsten Morgen erschießt sie ihren Peiniger und vergräbt die Leiche im Sand, doch der Wind öffnet das Wüstengrab, er bringt gleichermaßen die Wahrheit ans Licht, wie er in einer unauflöslichen Mischung aus Schuld und Scham den Wahnsinn bringt. Am Ende gibt Letty ihren Kampf gegen den Wind auf und läuft in den Sandsturm hinaus, in den sie schreiend eintaucht und verschwindet.

The Wind ist eine Erzählung über weibliche Sexualität und männliche Gewalt in einer puritanischen, patriarchalen Kultur. *The Wind* ist aber auch ein amerikanischer Heimatroman über eine Landschaft, die Verlassenheit der Menschen, die in ihr leben, und ihr Scheitern. Der Wind verbindet beides und lässt die politische Topografie des Landes sichtbar werden, in der Verschmelzung beider Aspekte liegt der Skandal, den Scarboroughs Roman noch Jahre nach seinem Erscheinen in eben ihrer Heimat auslöste.

In ähnlicher und doch völlig unterschiedlicher Weise ist auch Claude Simons früher existenzialistischer Roman *Le Vent* aus dem Jahr 1957 eine Zeitdiagnose. Auch wenn er in einer gänzlich anderen erzählerischen Tradition steht, der des Nouveau Roman, könnte er sein Themenzitat von Paul Valéry mit Scarboroughs Western teilen. »Zwei Gefahren«, schreibt Valéry, »bedrohen unaufhörlich die Welt: die Ordnung und die Unordnung.«

Simon, der 1985 den Nobelpreis erhielt, erzählt vom Aufenthalt des Fotografen Antoine Montès in einer südfranzösischen Provinzstadt. Der Held, ein Sonderling, soll eine Erbschaft antreten und gerät in schwierige und unübersichtliche Zusammenhänge. Der Wind ist wie bei Scarborough das tragende und zermürbende Ostinato hinter den Ereignissen und charakterisiert das Leben in der Provinzstadt: Er irritiert und verstört, in seiner Diskontinuität wie in seiner Permanenz lässt er keine Hoffnung auf Veränderung. »Es war Frühling«, erzählt der Chronist.

»Ich erinnere mich, daß der Wind drei Monate lang fast ununterbrochen blies, so daß man, wenn er zufällig einmal aussetzte (für ein paar Stunden oder ein paar Tage – aber nie mehr als zwei oder drei), den Eindruck hatte, ihn noch immer zu hören, stöhnend und tobend, nicht draußen, sondern gleichsam innen im Kopf.«

Alle Ereignisse stürzen, beschreibt Montès den Aufenthalt später, »mit der Gewalt dieser Gegend, dieses Windes« auf ihn ein, »maßlos und aggressiv« wie das Licht. Die Bewegung des Windes ist vom ersten Tag an für den Fremden allgegenwärtig: Der Wind »durchfegt die Straßen«, feindlich, aber auch (wie Montès selbst) von »eigentümlicher Beharrlichkeit«, »ziellos« und »wütend« in alles eindringend. Entlang der Windbeschreibungen entfaltet Simon die ganze Topografie der »verfluchten Stadt« und ihrer Bewohner. Der Wind fährt durch Platanen, Laub, Esplanaden, Straßen Schürzen, durch zerzaustes Haar, er entblößt dabei »eine Leere, ein Nichts, eine Art blendendes Vakuum«, in dem »hohlen, nur mit Licht und Wind gefüllten Gehäuse« der Stadt. Durch seine Permanenz wird die Ordnung der zeitlichen Abfolgen und ihre Kohärenz zu einem Tableau, einem Stillleben im Wortsinn, in dem keine Veränderung mehr möglich ist.

Am Ende streift der Wind nach Montès' Abreise durch die verlassene Stadt: »eine entfesselte Kraft ohne Ziel, dazu verurteilt, sich ohne Ende, ohne Hoffnung auf ein Ende zu erschöpfen«. Das einzige Vorrecht der Menschen, um das der Wind sie beneidet, ist ihre Vergänglichkeit: »das Privileg zu sterben«.

VII

In Simons Roman weht von der ersten bis zur letzten Seite ein harter, existenzialistischer Wind, doch ist der Wind hier nicht nur Element der mise en scène, sondern auch das Formprinzip des Romans. Die Syntax der häufig durch mehrere Seiten mäandernden Sätze Simons ist schwebend, böig, die Handlungsstränge lösen sich unversehens auf, erzählt wird bruchstückhaft und diskontinuierlich. Ein ähnliches konstruktives Prinzip wird in Claude Debussys *La Mer* aus dem Jahr 1905 hörbar. Thema des letzten Satzes der drei symphonischen Skizzen ist ein Dialog des Windes und des Meeres (*Dialogue du vent et de la mer*). Debussys *La Mer* ist keine Programmmusik, in der Windbewegung mimetisch nachgebildet und, wie in vielen Sturmmusiken vor ihm, der Mensch im Ringen mit der Natur dargestellt wird. In Debussys Zwiesprache des Windes und des Meeres spielen die beiden Elemente jenseits menschlicher Präsenz klanglich mit- und ineinander und treiben die Komposition und die Orchestrierung voran. Die Klangmalerei von Debussy, der 1902 die Meeres- und Wolkenbilder von William Turner – »den wunderbarsten Schöpfer von Mysterien, die es in der Kunst gibt!« – in London genau studierte und bewunderte, ist menschenleer.

Zum Herrscher über den Erzähler wird der Wind in Andrej Bitows *Das Puschkinhaus* aus dem Jahr 1971. Im Prolog übernimmt der launische Gastello die narrative Führung:

»Das Kinderwort ›Gastello‹ ist der Name des Windes. Er berührte die Straßen der Stadt wie eine Landebahn, hüpfte noch einmal hoch beim Aufprall auf der Strelka der Wassil-Insel und jagte heftig und lautlos weiter

zwischen den durchfeuchteten Häusern, genau auf
der Route der gestrigen Demonstration. Als er Öde
und Menschenleere solchermaßen überprüft hatte,
stürmte er auf den Paradeplatz, griff im Flug nach einer
seichten, breitflächigen Pfütze und klatschte sie voll
Verve gegen die Spielzeugwand der gestrigen Tribünen;
mit dem gezielten Plantschen zufrieden, flog er unterm
revolutionären Torbogen durch, riß sich wieder los vom
Boden und stieg breit und steil höher und höher...«

Mit neuem Schwung rast Gastello die Newa entlang, um
schließlich durch ein kaputtes Fenster in ein altes Palais zu
gelangen, wo ein Toter liegt – neben ihm eine Pistole, in
deren Lauf erstaunlicherweise ein Zigarettenstummel steckt.
Der Erzähler, Teil der Diegese, kann jedoch nicht bleiben,
denn der Wind will weiter und saugt ihn (und uns Leser)
weg vom Ort des Geschehens, dem Ort des geheimnisvollen
Verbrechens, wieder auf die Straße:

»Ich kann nicht sagen, warum dieser Tod mich zum
Lachen bringt. Was tun? Wo melden? Ein neuer
Windstoß schlug kraftvoll das Fenster zu, eine spitze
Glasscherbe riß sich los und bohrte sich in die Fenster-
bank, Kleinteile rieselten in die Pfütze unterm Fenster.
Dies vollbracht, raste der Wind weiter über die Ufer-
straße. Für ihn war es keine ernsthafte Tat, nicht einmal
eine nennenswerte. Er raste weiter, um die Transparente
und Fahnen zu zausen, um die Angestellten der Fluß-
fähren, die Lastkähne, die schwimmenden Restaurants
ins Schaukeln zu bringen. (...) Der Wind raste weiter
wie ein Dieb, und sein Umhang wehte.«

Der Wind, der den Leser wie den fliegenden Robert hochhebt und vom Ort der Ereignisse fortzieht, ist Metapher für die narrativen Abschweifungen, die sich Bitow leistet, sie lassen an die Tradition der nicht linearen Erzählweise in *Tristram Shandy* und vor allem an Diderots *Jacques der Fatalist und sein Herr* denken. Die Sprunghaftigkeit und Diskontinuität der Narration ist die adäquate, gleichsam windige Entsprechung für das Objekt der Darstellung: die nachgerade surreale Stimmung und das Chaos in der Sowjetgesellschaft, einer Gesellschaft, die sich anmaßte, die Gesetze der Geschichte erkannt und dadurch den Zufall aus ihr gebannt zu haben.

Der Wind ist bei Bitow nicht tödlich oder verbreitet Wahnsinn, aber er ist mit eigenem Willen versehen, ärgerlich, er wirbelt Leningrad lustvoll durcheinander wie vor ihm Woland, der »Professor für Schwarze Magie« in Bulgakows *Meister und Margarita*, die Moskauer Nomenklatura. In Louis Buñuels früher Kurzgeschichte *Ein ungeheuerlicher Verrat* aus dem Jahr 1922 ist der Wind ein surrealistischer Magier, der die Welt verzaubert:

»Der Wind, der vor Freude heulte, riß zwei Bäume aus, kippte einige Häuser in einem Winkel von fünfundvierzig Grad und vereinte alle Glocken in der Stadt in einem Triumphgeläut. Damit nicht zufrieden, spielte er sich als Schwarzkünstler auf. Drei auf der Straße entlangschleichende Priester verwandelte er in ebenso viele invertierte Regenschirme. Aus den Straßen und Häusern machte er in Wolken gehüllte Himalayas, und auf den Caféhaustischen tauchten auf seine Beschwörungen Lumpen, Papier, Stroh und andere Gegenstände aus der Großen Bijouterie der Müllhalde auf.«

Ein junger und eitler Dichter lässt unvorsichtigerweise den Wind durch das Fenster in seine Stube, um ihn sein jüngstes, aus Tausenden Zetteln bestehendes Werk lesen zu lassen. Der Wind ist daran wenig interessiert (er zieht das Spiel mit den Papieren im Ablagekorb vor). Erst als ihn der Autor auf sein Manuskript hinweist, wird er aufmerksam:

> »Erst dann (…) sah er die Tausenden Zettel durch, wobei er ihnen einen Laut entlockte wie ein Taschenspieler den Karten. Auf einmal, mit einem einzigen Wurf, schleuderte er sie durch das staunende Fenster in den Raum, und das Fenster öffnete vor Erstaunen seinen Mund und stürzte hinterher. Ich blieb zurück, niedergeschmettert, benommen, auseinandergenommen für immer. Er hatte mein Werk, *mein* endgültiges Werk entwendet, das in Möwen verwandelt am Horizont dahinflog.«

Bei Buñuel bestimmt der Wind nicht nur die Syntax oder die Erzählperspektive eines Werkes, sondern er entführt es, bevor es überhaupt gelesen werden kann; ein wahrhaft surrealistischer Sturm, der die alte Welt der Poesie zerzaust und fortträgt.

VIII

Vom Wind verweht werden auch die Blätter auf Katsushika Hokusais (1760–1849) Holzschnitt *Ejiri in der Provinz Suruga*, gezeichnet zwischen 1830 und 1832. Zu sehen sind sieben Reisende, die auf einem Pfad durchs Schilf in den

Wind geraten: Ein Hut wird vom Kopf gerissen, eine Person, die sich gegen den Wind stemmt, verliert ein ganzes Papierbündel an ihn, die einzelnen Zettel vermengen sich mit losgerissenen Blättern eines Baumes und verschwinden am Horizont.

Der Holzschnitt ist Blatt 18 in Hokusais berühmtem Zyklus *36 Ansichten des Fuji*. Auch wenn der Wind nicht zu den drei schönsten Erscheinungen der Natur zählt – das sind Mondlicht, Schnee und die Kirschblüte –, ist er auf mehreren Bildern der Serie ausdrückliches Thema; Hokusais Winddarstellungen reichen von der kaum wahrzunehmenden Brise auf Blatt 11 und 21, wo ihn Flugdrachen am Himmel sichtbar werden lassen, bis zum tosenden Sturm auf dem wohl bekanntesten Blatt 1, *Die große Welle vor Kanagawa*.

In *Ejiri in der Provinz Suruga* dominieren wie bei den anderen Holzschnitten klare Linien und Konturen. Die Gegenstände und Reisenden sind deutlich abgegrenzt, die Formen stilisiert und stark vereinfacht. Die Figuren, Objekte und die Landschaft erscheinen dabei flächig, ohne Volumen, die Perspektive und Tiefe des Bildes werden einzig durch das Kleinerwerden der Figuren erreicht. Hokusai gelingt ein zeichnerisches Paradox: Durch den fliegenden Hut und die Zettel erscheint das Bild einerseits wie eine fotografische Momentaufnahme mit kurzer Belichtungszeit, andererseits aber, da weder Licht noch Schatten auf dem Bild dargestellt werden, wirkt die Szene wie außerhalb der Zeit.

In einigen Details entspricht das comicartige Tableau erstaunlicherweise der zwölf Jahre später gezeichneten Bildfolge im fliegenden Robert. Natürlich wusste Hoffmann aus Frankfurt nichts von Hokusais Holzschnitt, aber die Darstellung des Windes und auch der kulturelle Kontext sind ähnlich: Wie der *Struwwelpeter* aus dem deutschen Vormärz gehörte der vierfarbig kolorierte Holzschnitt Hokusais aus der späten Edo-Zeit der Popularkultur an. Er gehört zum Genre der Ukiyo-e, zu den »Bildern der fließenden Welt«, die vom Alltag der Menschen mit aus dem Westen übernommenen neuen Perspektiven und Farben erzählen. Die dekorativen Holzschnitte konnten in großer Auflage gedruckt werden und waren erschwinglich; sie adressierten ebenso wie Hoffmanns Kinderbuch das neue, aufstrebende Bürgertum, beide waren Bestseller.

Das Windmotiv hatte nicht nur in Europa, sondern auch in der japanischen Kultur eine lange Tradition. Im *Kopfkissenbuch* der Sei Shōnagon, das die Hofdame in Kyōto um das Jahr 1000 verfasste, findet sich der Wind auf der Liste jener Dinge, die ihr »Herz anrühren«, wenn er sanft am Dach rüttelt, während sie auf ihren Geliebten wartet; »entzückt« ist Sei Shōnagon auch über den »sachten Windhauch nach Sonnenuntergang«.

Auch der Haiku ist ohne das Motiv des Windes nicht denkbar. Im dreizeiligen Gedicht werden Naturerfahrungen in möglichst unmittelbarer, deskriptiver und klarer Form dargestellt. Der Haiku verfolgt weder symbolische noch allegorische Ziele, sein Stilideal ist die bis zum Äußersten verknappte Form (*wabi*) wie etwa im *Wintersturm* des Haiku-Meisters Yosa Buson (1716–1784):

Der Wintersturm
Bläst kleine Steine
Gegen die Tempelglocke

Die Winderzählung hat im Haiku keine Temporalität, beschrieben werden Momente, die Erzählung scheint eingefroren zu einem Standbild, wie etwa im Gedicht des Matsuo Bashō (1644–1694):

Allein im Winter, ach –
Durch eine Welt aus einer Farbe
Bläst der Wind

Die Tatsache, dass der Wind bläst, »bedeutet« im gelungenen Haiku nichts über das Ereignis Hinausgehendes. Alles wird gezeigt, nichts gesagt, zwischen den Zeilen des Haikus steht nichts. In einem Gedicht von Takai Kitō (1741–1789) werden die Elemente eines Geschehens beobachtend registriert (ein Bote, ein Brief, der Frühlingswind) und parataktisch angeordnet:

Ich habe den Boten
Unterwegs getroffen, öffne den Brief –
Der Frühlingswind

Die Kausalität der Ereignisse bleibt im Haiku lose, dem Ich als interpretierende Instanz ist keine Rolle zugedacht. Warum verwenden »manche Leute das Wort ›ich‹?«, fragt Sei Shōnagon im *Kopfkissenbuch* keck und konfuzianisch. »Bringt es irgendwelche Nachteile, wenn man auf dieses Wort einfach verzichtet?«

Man könnte Hokusais Holzschnitt als Haiku lesen und ebenso den lautlosen Aufstieg des fliegenden Robert. Natürlich ist es möglich, allerlei religiöse, politische oder psychologische Register der Deutung an die Bildfolgen Hokusais und Hoffmanns anzulegen und sie damit in die Welt der Sinnproduktion einzugemeinden. Aber vielleicht ist gerade der Status des Nicht-Bedeutens, die zen-artige Ungerührtheit und Askese gegen den Sinn die eigentliche Provokation des Gedichts: keine Allegorie, keine Symbolik, nur der präzise poetische Blick auf ein plötzliches Verschwinden. Kinder und Surrealisten haben damit keine Probleme.

Windstoß
Hut und Schirm im Fluge
Ein Kind über den Wolken

IX

Im Erzählband *Die Zimtläden* von Bruno Schulz (1892–1942), 1933 erschienen, ist der aufkommende Sturm Bote des aufkommenden Wahnsinns, in den die Familie stürzt:

»Im Zimmer schwebte ein zarter, nach Harz duftender Rauchschleier. Der Ofen heulte und pfiff, als wäre eine ganze Meute von Hunden oder Dämonen darin angebunden. Das riesige, auf seinen gewölbten Bauch gepinselte Kitschbild verzerrte sich zu einer bunten Grimasse und phantasierte mit geblähten Backen. Ich lief barfuß ans Fenster. Der Himmel war kreuz und quer von Winden aufgeblasen. Silbrigweiß und ausladend, von kraftvollen, aufs Äußerste gespannten Strichen gezeichnet, von strengen, erstarrten Furchen, die Zinn- und Bleiadern glichen. Er war in Energiefelder aufgeteilt und bebte vor Spannung, erfüllt von verborgener Dynamik. Die Diagramme des Sturmes zeichneten sich an diesem Himmel ab, der, seinerseits unsichtbar und unfaßbar, die Landschaft mit seinem Potential auflud.«

Zusehends dissoziiert die Wahrnehmung des jungen, hypersensiblen Erzählers. Er sieht den Wind, visualisiert in Diagrammen und in expressiven Strichen am Himmel.

Für das Sichtbarmachen des unsichtbaren Windes hat sich über Jahrhunderte eine eigene Ikonografie entwickelt. Der Wind wird entweder allegorisch (etwa als Person), diagrammatisch (durch konventionalisierte Symbole) oder indexikalisch (anhand der Dinge, die er bewegt) dargestellt. In den naturkundlichen Illustrationen des 17. Jahrhunderts, zum Beispiel Edmond Halleys *Karte der Passatwinde* von 1686, werden Luftströme, die bereits als Bewegungen von Luftpartikeln begriffen werden, durch kurze Striche symbolisiert, die in bestimmte Richtungen weisen. In Descartes' *Die Meteore* aus dem Jahr 1637 wird der jeweilige Aggregatzustand durch den Übergang von Strichen in gepunktete Kreise (Wasser) dargestellt, auch Formen des schrittweisen Übergangs (Dunst) können auf diese Weise visualisiert werden. Die gleichermaßen diagrammatischen wie mimetischen Bilder haben sich bis heute in den meteorologischen Berichten gehalten, sie liefern zwar keine Beweise für eine Theorie, aber sie machen den textuellen Zusammenhang anschaulich.

In den allegorischen Bildern, wie Botticellis *Die Geburt der Venus* (ca. 1485) oder Joachim von Sandrarts Kupferstich *Die vier Hauptwinde* aus dem Jahr 1680, dominieren bei der Darstellung der Winde geflügelte, pausbäckige Göttergestalten, aus deren Mündern Linien (Windstriche) hervorbrechen. In vielen wissenschaftlichen Buchillustrationen und Landkarten des 17. Jahrhunderts werden allegorische und abstrakt-diagrammatische Darstellungen mitunter noch miteinander verbunden, allerdings sind die windblasenden Götter nur noch Dekor.

Die Darstellung des Windes als sichtbarer Atem der Götter ist ein visuelles Spiel mit einem animistischen Verständnis der Welt. Dem Wind wird Bewusstsein und Willen zugesprochen: Wenn er bläst, weiß er, was er tut; seine Bewegung ist zwar spontan, aber jede Aktivität ist mit dem Wissen um das eigene Tun verbunden.

Ein Urbild des anthropomorphen, mit menschlichen Launen ausgestatteten Windes ist der Zephyr im Märchen »Amor und Psyche«, das der römische Schriftsteller Apuleius (um 123–nach 170 n. Chr.) in seinen Roman *Metamorphosen oder Der Goldene Esel* einbettet. Zephyr trägt die Heldin Psyche über den Abgrund eines Felsen ins Schloss ihres Geliebten Amor und legt »sie sanft in den blumigen Schoß eines weichen Rasens« im Tal. Ihre mörderischen Schwestern aber, die sich beim Sprung in den Abgrund auf den Wind und »seinen milden Odem« verlassen, lässt Zephyr im Stich. Die eine wie die andere »stürzt sich, mit tollkühner Wut, ohne den Wind zu erwarten, der sie hinabtrüge, sogleich von da in die Tiefe hinunter (…), ganz blind vor ungeduldiger Hoffnung«. Der launische Zephyr, Urahn der Sylphiden und des Ariel, bleibt freilich aus, und »an den hervorragenden Klippen zerschmetterte und zerstückelte sich im Fallen ihr Leib«. Auch im modernen Roman und in der modernen Erzählung gibt es zahllose animistische Darstellungen des Windes. Bei Oskar Panizza beobachtet ein Hund den Wind im November in der Großstadt: »… der Wind«, vertraut er angstvoll seinem Tagebuch an, »kommt Abends hereingestürzt mit einer Angst, als käm hinter ihm der Schrecken, der Hunger und der Tod. Es muss Was [sic] los sein in der Welt!«

Der Wind wird märchenhaft belebt und mit Geist aufgeladen, zugleich wird in dem Maße, in dem die Materie

(Luft) spiritualisiert wird, das Lebendige materialisiert und somit tendenziell die Differenz zwischen dem Toten und dem Lebendigen eingeebnet. Ein magischer Rest des Animismus, der bis in die Gegenwart reicht, ist die Personifizierung der Winde durch ihre Benennung. Nur Stürme werden mit eigenen Namen versehen und damit in die Nähe einer eigenständig handelnden Person gebracht, andere, nicht minder bedrohliche Naturereignisse wie Erdbeben oder Vulkanausbrüche bleiben dagegen dinghaft und namenlos.

X

In einer nicht-symbolischen Form der Visualisierung kann der Wind nur indexikalisch, das heißt nur indirekt durch die Dinge, die er bewegt, erfasst werden. Auch die drei Kader des fliegenden Robert stehen in dieser indexikalischen Tradition. Der sich im Wind neigende Baum am linken unteren Rand und der Regen zeigen ohne Bewegungslinien die Windrichtung an, die Haare des fliegenden Kindes, Hut und Schirm lassen die Windstärke erahnen. Fehlten diese Hinweise, so schwebte Robert in die Luft, sein Verschwinden wäre eine (wind)stille, wohl christlich grundierte Himmelfahrt.

Die Schwierigkeiten der Transparenz des Windes bietet Künstlern und Künstlerinnen auch neue Möglichkeiten. In der romantischen Malerei gelingt es, Atmosphäre im doppelten Wortsinn ins Bild zu setzen. Bei Caspar David Friedrich (1774–1840), William Turner (1775–1851) und John Constable (1776–1837) übersetzt das Bild die objektive Wetterlage in einen subjektiven Stimmungsraum und verwandelt die Erfahrung des Windes in eine Empfindung.

In der Skulptur des 20. und 21. Jahrhunderts wird Wind Material, um Bewegungen darzustellen. Sie müssen nicht mehr durch Ausdruck oder Geste einer Figur imaginiert werden, sondern können durch Wind sichtbar gemacht werden. Die Differenz zwischen performativer und bildender Kunst wird dabei zusehends eingeebnet, die Illusion (von Bewegung) wird zugunsten der Inszenierung realer Bewegungen aufgehoben.

Grundlage vieler Werke heutiger Künstler und Künstlerinnen, die Wind auf unterschiedliche Weise nützen, sind neben den Mobiles von Alexander Calder (1898–1976) die Arbeiten von Marcel Duchamp (1887–1968), Man Ray (1890–1976) und Yves Klein (1928–1962). 1961 überließ Klein die Endfertigung eines Bildes (*Le Vent du voyage*) dem (Fahrt)wind, indem er mit der halb fertigen, noch feuchten Leinwand auf dem Autodach von Paris nach Nizza fuhr, ebenso wie Man Ray vierzig Jahre zuvor die Arbeit des Künstlers der Luft und der Zeit überantwortet hatte: Für seine »Staubzucht« (*Dust Breeding*) fotografierte er den Staub, der sich während eines Jahres auf Duchamps *Large Glass* abgelagert hatte und nun das Bild einer Landschaft aus großer Höhe zeigte. In diesem Kontext sind die vielen Windzeichner, windbetriebenen Strickmaschinen, Meeres- und Windorgeln zu verstehen, bei denen die Produktion eines Werkes an den Wind delegiert wird.

Die Windkunst steht allerdings einer animistischen Auffassung der Beziehung von Kunst und Natur vielleicht näher als einer avantgardistischen, auf die sie sich beruft. Die Erzeugung der Formen und Klänge ist weitgehend kontingent, verzichtet wird tendenziell auf die Intervention des Künstlers, der sich auf das Erstellen eines Konzeptes oder einer Konstellation zurückzieht; was bleibt, ist die Fixation des schicksalhaften Wirkens des Windes. Dem Wirken wird aber im Moment des Festhaltens im künstlerischen Werk Bedeutung und Wert zugeschrieben. Nicht immer ist daher eine Unterscheidung zwischen Kunstwerk und Kunststück, zwischen dem Hang zur Magie und Mantik und dem augenzwinkernden Vorführen eines magischen Effekts einfach. »Kunst ist Magie«, heißt es in einer Notiz Adornos in den *Minima Moralia* 1951, »befreit von der Lüge, Wahrheit zu sein«. Mit Adorno ließe sich fragen, ob der Befreiungsversuch vom Wahrheitsanspruch hier immer erfolgreich ist, ob dem Beschwörungsversuch der Kontingenz des Windes nicht auch ein versteckt religiöses Element innewohnt, das Wirken einer höheren Macht, die den fliegenden Robert in den Himmel reißt und seiner Himmelfahrt einen naturgemäß unergründlichen Sinn verleiht.

XI

Wind bewegt in der Natur wie in der Kulturgeschichte, aber es ist nicht immer der göttliche Odem, der die Dinge antreibt. In *Gargantua und Pantagruel*, 1532 bis 1564 erschienen, beschreibt François Rabelais eine weitere Möglichkeit. In Kapitel 27 des zweiten Buches feiert, säuft und schnabuliert man wie so oft. Zunächst prostet Panurge dem Riesen Pantagruel zu, dann furzt er. Pantagruel will es dem Freund nachmachen, aber

> »mit dem Furz, den er fahren ließ, bebte die Erde neun Meilen in der Runde, und mit dem Klapf samt der Stinkluft erzeugte er mehr denn dreiundfünfzigtausend

zwergkleine und mißgestaltete Männerchen und mit dem Fist, den er streichen ließ, ebenso viele winzige verhutzelte Weiberchen, wie ihr sie hier und dort zu Gesicht bekommt, die nimmer wachsen, es sei denn erdwärts wie die Kuhschwänze oder rundum in die Breite wie die Limousiner Rüben.«

Der Darmwind des Riesen erzeugt eine Art negative Schöpfung, er ist das Gegenstück einerseits zur Stimme, die Menschen »mündig« macht, andererseits zum Atem Gottes, der Sinn und Ordnung verspricht. Dem heiligen Ernst der geistigen Schöpfung setzt Rabelais das Lachen und die Leiblichkeit entgegen. Der Weg in die entkörperlichte, courtoise Welt, den Rabelais früh parodiert, blieb nie unwidersprochen, der Einspruch reicht vom Grobianismus der Frühen Neuzeit bis zum sowjetischen Proletkult und zum Wiener Aktionismus der 1920er- und 50er-Jahre. Flatulisten wie Joseph Pujol (1857–1945), Le Pétomane, der hoch bezahlt und umjubelt im Pariser Kabarett die Marseillaise ertönen lassen konnte, oder der eher plebejische Mr. Methane (geb. 1966), der gerne als Pausenattraktion bei Speedway-Rennen gebucht wird, fanden und finden bis heute ihr Publikum, auch wenn das Lachen über die Verletzung der Anstandsregeln nun eher verschämt hinter vorgehaltener Hand erfolgt.

Eine ultimative Steigerung der Rabelais'schen Tradition der Leiblichkeit und zugleich einen nur schwer zu überschreitenden Endpunkt stellt eine japanische Bildrolle (Emakimono) aus der Sammlung der Universität Waseda aus dem Jahr 1846 dar. *He-gassen* erzählt auf 21 Zeichnungen von einem mysteriösen Furz-Kampf. Nach ausführlichen Vorbereitungen, die vor allem der adäquaten Ernährung dienen, kämpfen mehrere Männer und Frauen mit Flatulenzen gegeneinander zu Fuß oder auf Pferden, Abwehranlagen werden dabei eingerissen, Kanonen geladen. Der Kampf steigert sich von Szene zu Szene, nach einer neuerlichen Essenspause werden schließlich Bäume entwurzelt, Reiter zu Fall und Tiere und Menschen zum Schweben gebracht. Wer gewinnt, bleibt unklar, der Ausgang ist offenbar nebensächlich.

He-gassen gehört zum Genre der Oko-e, der »albernen Bilder«, die Bildgeschichte ist eine wüste Parodie auf den Tugendkatalog des Samurai im Bushidō, vergleichbar mit Cervantes' Karikatur eines ritterlichen Kampfes in Don Quixotes Ansturm gegen die Windmühlen. Die Bildrolle beruht auf einem Original von Hishikawa Moronobu aus dem Jahre 1680, das Motiv des Furzkampfes lässt sich bis in die späte Heian-Periode nachweisen. Dass die wohl ekstatischste Darstellung der Übertretung von Schamgrenzen aus Japan stammt, erscheint nicht zufällig. Die Reglementierung des Alltags durch Rituale der Höflichkeit und durch minutiöse Vorschriften der Etikette war in der japanischen Gesellschaft rigoros, normenkonformes Verhalten bildete die moralische Grundlage der Gesellschaft und der Aufrechterhaltung der Hierarchien. Mit *He-gassen* hat die japanische Kultur dafür ein Ventil gefunden.

XII

Auch wenn wir also nicht so genau wissen, was den fliegenden Robert antrieb – Gott, der schwankende Luftdruck oder ein betrunkener Riese –, bleibt die Frage, wo er gelandet sein könnte, nachdem er am Himmel entschwunden ist.

Vielleicht ist er gar nicht gelandet. Architekten und Künstler sonder Zahl haben im Laufe der Geschichte Luftschlösser und Windstädte errichtet, die für den fliegerden Robert nicht unerreichbar gewesen wären. Das Wolkenkuckucksheim in Aristophanes' Komödie *Die Vögel* käme als Fluchtpunkt seiner Reise infrage, freilich ist es ein exzentrischer, lauter Ort, an dem der ernst dreinblickende, wohl schüchterne Robert mit Sicherheit fremd bleiben würde. Dasselbe gilt für die schwebende Gelehrtenstadt Laputa in Jonathan Swifts *Gullivers Reisen* (Robert ist für ein Gastsemester nicht wirklich qualifiziert) oder für einen Aufenthalt auf den visionären schwebenden Plattformen für Truppentransporte von William Heath: Robert ist für einen Militäreinsatz entschieden zu jung.

Die allermeisten Entwürfe der modernen Architekten – weitgehend dematerialisierte Luftkolonien, von gasgefüllten, pneumatischen Konstruktionen getragene Wohnkomplexe und fliegende Städte – sind für den jungen Mann aus der deutschen Provinz entweder zu elegant oder zu anspruchsvoll, um darin ein neues Zuhause zu finden. Auch wissen wir, dass der Traum einer Generation sich regelmäßig als Albtraum der nächsten erweist, also dass die Probleme des Zusammenlebens vom Boden nur in die Luft, von der Gegenwart nur in die Zukunft verlegt werden.

Eine mögliche Destination wäre für ihn die »Stadt aus Wind« gewesen, die, wie der italienische Schriftsteller Luigi Malerba berichtet, von dem chinesischen Architekten Ming Tseu im Auftrag des Kaisers errichtet wurde. Durch ein komplexes System aus Hunderten Schaufel- und Windrädern war es Ming Tseu gelungen, drei Winde aus unterschiedlichen Richtungen so zu lenken, dass ihr Zusammenspiel durchsichtige Mauern ergab, ganze Gebäude und Straßen bestanden nur aus Wind. »Ich hatte eine herrliche, vollkommen bequeme Stadt geschaffen«, sagt Ming Tseu im Gespräch mit den angereisten Mandarinen, »die praktisch ewig war, so ewig wie die Kräfte der Natur. Nur noch wenige Probleme waren zu lösen ...«

Die »wenigen Probleme« erwiesen sich allerdings als unlösbar. Ursprünglich sollte die Windstadt, die alles sichtbar macht, die Moral der Bewohner verbessern, allerdings bewirkte gerade ihre Transparenz das Gegenteil. »Liederliche junge Männer« gruppierten sich auf den Straßen der Stadt, um durch die Wände aus Wind ins Innere der Häuser zu blicken, Experimente der Abschirmung durch farbigen Rauch führten zu Plünderungen und zu Anarchie. Das Projekt scheiterte, die Utopie des Architekten erwies sich als soziale Dystopie, Ming Tseu wurde hingerichtet – also ebenfalls kein guter Ort für den Robert.

Wo könnte der fliegende Robert mitsamt Hut und Schirm also geblieben sein? Der Autor gibt vor, es nicht zu wissen (»Wo der Wind sie hingetragen, / Ja! das weiß kein Mensch zu sagen.«), aber Jahre nach seinem Verschwinden, 1851, trifft man ihn überraschend wieder, und zwar in einem Kindertraum, unserer Ansicht nach genau dort, wo er hingehört: Im Kindermärchen *König Nußknacker und der arme Reinhold*, das Hoffmann zeitlebens für sein bestes Buch hielt, wird ein krankes Kind nächtens von einem Engel in ein prächtiges Spielzeugland versetzt, mit Spielzeughäusern, Tieren, Zinnsoldaten – und allen Figuren aus dem *Struwwelpeter*, darunter bescheiden, fast am Ende der Reihe auch der fliegende Robert. »Die Kerlchen sind dir wohlbekannt«, sagt der freundliche Nussknackerkönig zu Reinhold bei der Vorstellung, »Hofschlingel werden sie genannt.«

Ein charmantes, intertextuelles Wiedersehen mit dem fliegenden Robert – und die allerbeste Heimstatt, die der Autor, denke ich, für ihn finden konnte.

XIII

Ein Postskript, ein kurzer Hinweis noch auf die entferntesten Verwandten des fliegenden Robert. Das sind jene seltsamen Käfer, die der Wind mitsamt Spinnen, Samen und Schmetterlingen auf Tausende Kilometer ferne Inseln zu versetzen vermag, ohne dass sie einen einzigen Flügelschlag tun. Der Kokosnuss-Rhinozeros-Käfer segelte zu Beginn der 1990er-Jahre im Wind von Kalifornien bis zum Marianen-Archipel im westpazifischen Ozean, *Pyrilla perpusilla*, die Indische Zuckerrohr-Zikade, schaffte es von Papua-Neuguinea bis nach Australien. Die meisten vom Wind Erfassten landen im Wasser und ertrinken, das ist der Preis für ihre Reiselust, aber manche überleben den Sturm, beginnen nach kurzer Ohnmacht zu krabbeln und die neue Umgebung zu erkunden. Irgendwann gelten sie dann als endemisch.

[2022]

Im Zoo der imaginären Tiere

Vom Projekt einer ästhetischen Menagerie

I

Eine Geschichte, die der deutsche Historiker Paul Münch vor ein paar Jahren in einem Traktat des Thomas Bozius aus dem Jahr 1591 entdeckt hat, erzählt von einer äußerst seltsamen Begebenheit: »Eine Frau besaß einige Bienenvölker, die aber nicht den erhofften Honig lieferten, sondern dahinsiechten. Auf den Rat einer Freundin besuchte sie eine Messe, um die heilige Eucharistie zu empfangen. Den Extrakt der Hostie, den sie im Mund bewahrt hatte, legte sie in einen ihrer Bienenkörbe. Nach kurzer Zeit erholte sich das Bienenvolk und produzierte Honig im Überfluss. Als die Frau, um die süße Ernte einzufahren, den Korb öffnete, bot sich ihren Blicken ein wundersames Schauspiel. Die Bienen hatten eine kunstvolle Kapelle mit prächtig geschmückten Wänden, Fenstern und einem Portal errichtet. Selbst ein Turm mit Glöckchen fehlte nicht. Auf dem Altar lag die Eucharistie. Die Bienen umsummten sie mit preisendem Gesurre.«

Auch wenn der Autor Oratorianerpater und Gelehrter war und damit im besonderen Maße der Wahrheit verpflichtet, werden Skeptiker und Skeptikerinnen heute mit einigem Recht daran zweifeln, dass sich seine Geschichte tatsächlich so zugetragen hat. Ihr Wahrheitsgehalt ist auch nicht von Bedeutung: Die Geschichte ist schön und, wie die allermeisten Tiergeschichten, zu schön, um wahr zu sein.

Der Fleiß der Bienen, ihre Sozietät und die Süße ihres Produkts waren stets ein Spiegelbild, in dem der Mensch sich selbst erkennen wollte. Bei den Sumerern waren Bienen ein Zeichen des Königtums, bei Aristoteles ein Symbol der natürlichen Geselligkeit des Menschen, bei Dante werden die Gläubigen, die im Himmel ankommen, mit Bienen verglichen, die zu einer Blume zurückkehren. Bei den frommen Tieren von Bozius handelt es sich um eine Variante des altbewährten christlichen Bienensinnbilds: Die Jungfraumutter Maria, die große Bienenkönigin, »ist eine zuckersüße Quelle des Lebens und der fruchtbaren Freude«, wie es bei Heinrich von Meißen (Frauenlob) heißt.

Einem ganz anderen meritokratischen Bienenvolk begegnen wir zu Beginn des 18. Jahrhunderts in der *Bienenfabel* von Bernard de Mandeville. Bei Mandeville floriert der Bienenstaat zu Beginn. Auch wenn (eher weil) die einzelnen Bienen lasterhaft und gierig sind, blühen Handel und Gewerbe. Doch dann redet ein Moralist den Bienen ins Gewissen, aus den Lügnern und Egoisten werden anständige und ehrliche Bienen, mit dem erstaunlichen Effekt, dass am Ende der ganze Bienenstaat zerfällt.

Bei allen Unterschieden zwischen mittelalterlicher Moralität und aufgeklärter Satire: Bozius' fromme Baumeister wie Mandevilles geläuterte Egoisten wären unabdingbare Exponate für einen Zoo, wie er mir schon lange vorschwebt und vor allem zu mitternächtlicher Stunde Gestalt annimmt: den *Zoo der imaginären Tiere*.

Zu gründen wäre eine – seltsam, dass es sie noch nicht gibt – ästhetische Menagerie, ein Tiergarten, dessen Bestand sich ausschließlich aus Künstlertieren rekrutiert. Ein solcher Zoo hätte beträchtliche Dimensionen, denn vom Neolithikum bis zur Gegenwart, von den frühen Felszeichnungen bis zur Performancekunst, hat das Tier Künstler und Künstlerinnen aller Sparten und Epochen in magischer Weise inspiriert. In der Kunst sind Tiere üblicherweise Nebendarsteller, in diesem Zoo bekämen sie erstmals eine Hauptrolle.

Meist sprechen wir den frühen Tierdarstellungen kultische oder religiöse Funktionen zu, ein Zoo der Künstlertiere hätte aber, wie alle Tiergärten vor ihm, rein säkularen Charakter: Er diente der Wissenschaft, der Pflege des Bestandes und der genussreichen Bildung seiner Besucher und Besucherinnen.

Das Personal eines solchen Zoos muss sorgsam gewählt werden. Für den Pförtner wäre Jaroslav Hašek eine ideale Wahl. Hašek war Anarchist, schon in jungen Jahren Alkoholiker und vor dem Ersten Weltkrieg Redakteur der biederen tschechischen Zeitschrift *Die Welt der Tiere*. Der Autor des *Schwejk* nahm seinen Job sehr genau, aber nicht ernst. Er erfand einige neue Tierarten und schmückte das Magazin unter anderem mit Berichten über die Entdeckung von seltenen tibetischen Einhornkälbern, die sich im Wesentlichen von Pilgern ernähren, über den bislang unbekannten »Grausigen Vielfraß« – eine Echsenart auf den fernen Glücksinseln –, über »Sibirische Werwölfe« und den bloß kabeljaugroßen »Schwefelbauchwalfisch«.

Für den Posten eines Direktors käme niemand anderer infrage als Jorge Luis Borges. Borges' Blindheit, ja der Umstand, dass er tot ist, täte seiner Ernennung in diesem Fall keinen Abbruch. Der argentinische Schriftsteller hat Erfahrung mit Institutionen, als Fachmann für fantastische Tiere ist er durch sein 1957 erschienenes *Manual de zoología fantástica* ausgewiesen. Das Manual, das mehrfach erweitert und neu aufgelegt wurde, handelt von jenen imaginären Wesen, welche die menschliche Fantasie im Laufe der Jahrtausende erzeugt hat: von Drache und Sphinx, von Basilisk und Einhorn, Behemoth und Kentaur, aber auch die bis dahin wenig bekannte »kettenbehaftete Sau« und eine »achtfache Schlange« tummeln sich in Borges' Enzyklopädie, werden alphabetisch gelistet und nach allen Regeln archivalischer Kunst beschrieben.

Ein Tiergarten ist freilich weder Enzyklopädie noch Archiv, und so stellt sich schon in der ersten Phase seiner Planung das dringliche Problem der Auswahl. Wenn wir eine nicht-tautologische Sammlungsstrategie postulieren, bei der jede Spezies nur durch ein einziges Exemplar seiner Art repräsentiert wird, stellt sich bereits bei dem Beispiel der künstlerischen Bienen die Frage, ob wir wirklich Bozius oder Mandeville sprechen lassen, ob wir eine altägyptische Kartusche mit dem Bienensymbol auswählen oder doch lieber die Goldbienen am Krönungsmantel [Napoleon I.], ob wir – Zwischenruf aus der Literaturabteilung – eine Passage aus Ernst Jüngers Roman *Gläserne Bienen* zur Veranschaulichung heranziehen oder – es geht ums Prinzip, Kollegen und Kolleginnen – ob es sich die Direktion eines Künstlertierzoos in Hinblick auf die Besucherzahlen tatsächlich leisten kann, auf die öffentlichkeitswirksamste aller Bienen, Waldemar Bonsels' ewig jugendliche und doch über hundertjährige *Biene Maja*, zu verzichten.

Das Bienenproblem zeigt, das Projekt einer ästhetischen Menagerie hätte vorweg mit enormen Dimensionen und einem nicht zu unterschätzenden Selektionsproblem zu kämpfen; drittens stellt sich die Frage nach der Taxonomie eines solchen Zoos, seiner Ordnung.

Zum Glück hat Kandidat Borges auch hier Vorarbeit geleistet und einen Vorschlag unterbreitet, auf den man zunächst zurückgreifen kann. In einer seiner Erzählungen, die den etwas sperrigen Titel *Die analytische Sprache John Wilkins* trägt, wird »eine gewisse chinesische Enzyklopädie« zitiert. In ihr heißt es, dass »die Tiere sich wie folgt gruppieren: a) Tiere, die dem Kaiser gehören, b) einbalsamierte Tiere, c) gezähmte, d) Milchschweine, e) Sirenen, f) Fabeltiere, g) herrenlose Hunde, h) in diese Gruppierung gehörige, i) die sich wie Tolle gebärden, k) die mit einem ganz feinen Pinsel aus Kamelhaar gezeichnet sind, l) und so weiter, m) die den Wasserkrug zerbrochen haben, n) die von weitem wie Fliegen aussehen.«

Berühmt gemacht hat diese Erzählung Michel Foucault, der französische Philosoph wählte sie als Ausgangspunkt für sein Werk über *Die Ordnung der Dinge*. Die seltsame Liste stürmt wie ein Herold seiner Studie über die neuzeitliche Wissenschaft vom Menschen und ihre Grundlagen voran. Ende des 18. Jahrhunderts rückt der Mensch ins Zentrum der Welt, eine nach Foucault »junge Erfindung«. Er wird, so Foucault eher jubelnd als trauernd, wieder verschwinden, wie die »Schimären neuer Humanismen, (...) sobald unser Wissen eine neue Form gefunden haben wird«. Ein Denken, das den Menschen eskamotiert, versetzt die Philosophie wieder an ihren Anfang. »In unserer heutigen Zeit kann man«, heißt es in einer viel zitierten Passage gegen Ende der *Ordnung der Dinge*, »nur noch in der Leere des verschwundenen Menschen denken. Diese Leere stellt kein Manko her, sie schreibt keine auszufüllende Lücke vor. Sie ist nichts mehr und nichts weniger als die Entfaltung eines Raumes, in dem es schließlich möglich ist, zu denken.«

Einen solchen idealtypischen Denkraum umschreibt die Ordnung von Borges' Tierwelt. Sie bleibt fragmentarisch, in alle Richtungen erweiterbar, schwankend und entzieht sich durch das verrückte Lachen, das sie erzeugt, der Disziplinierung durch das zweckrationale Denken. Derart karnevalesker Widerstand gegen diese Art von Vernunft ist in der bürgerlichen Gesellschaft bekanntlich den Künstlern und den Wahnsinnigen vorbehalten, doch gerade Foucaults Bewunderung nährt unseren Zweifel, die Topografie unserer Menagerie nach Borges'scher Manier einzurichten. Denn mag der Zoo der imaginären Tiere auch viel Künstlerisches (und manch Wahnsinniges) enthalten, der Zoo selbst, das Gehäuse, hat durch und durch vernünftig zu sein. Er muss, wie alle modernen Tiergärten der Welt, Symbol superiorer Vernunft des Menschen sein: Nur Gesellschaften, die ihren Zustand als zivilisiert und höchst entwickelt erachten, sich in gewisser Weise immer schon *nach der Natur* wähnen, eröffnen Tiergärten.

Die Vorarbeiten des weisen Borges sind also wohl vergeblich, die Diversität der Künstlertiere eignet selbst seiner Ordnung nicht. Man ist statt aufs Nachdenken aufs Selberdenken angewiesen, ein Nachtstück entsteht bei einem gedanklichen Rundgang, es will weder enden noch sich zu einer vernünftigen Ordnung fügen.

II

Beginnen wir in der Nähe der Kassa mit den *(programm)musikalischen Tieren*. Unterzubringen sind die Tschaikowsky'schen Schwäne, Händels Kuckuck und Nachtigall, Rimski-Korsakows

Hummeln und natürlich die musikalischen Fische: stellvertretend für alle in einem Aquarium, das ein Bächlein helle enthält, zumindest eine Schubart/Schubert'sche Forelle.

Bereits hier muss die naive Spartenordnung des Künstlertiergartens zugunsten der Dynamik seiner Inszenierung durchbrochen werden. Hinter dem Aquarium mit dem Bächlein stünde in einem gigantischen schiffförmigen Raum – Luftschlösser haben bekanntlich keine Baukosten – Melvilles ausgestopfter weißer Wal (an Seilen ein mahnendes menschliches Gerippe mit Holzbein nach oben und Kopf nach unten dran). Moby Dick bildet das Scharnier zwischen den musikalischen Fischen und den literarischen Säugetieren. Da sind zunächst die bekannten *lyrischen Tiere*, der Panther von Rainer Maria Rilke und Morgensterns exzentrisches Nasobēm. Gleich daneben, um den Übergang zur Prosa zu schaffen, in eigenen Gehegen riesige *Canidenherden*: Odysseus' treuer Argos, ein Pudelquintett (Goethe, E.T.A. Hoffmann, Schopenhauer, Flaubert, Altenberg), Thomas Manns Bauschan bis hin zum armen Krambambuli. Vom Hund führt der Weg vorbei an David Garnetts schräger Füchsin Sylvia zu literarisch *Behuftem*: Auf der Koppel steht Rosinante neben dem zauberhaften Miramis und – wohlkalkulierte Verbeugung vor dem stets unterrepräsentierten Genre des Comics – Lucky Lukes Jolly Jumper. Ein erster Grenzfall wäre der mitternächtlich vereselte Zettel aus dem *Sommernachtstraum*, eigentlich ja ein Mensch, der wie Kalif Storch nur temporär zum Tier wird. Wir entscheiden, obwohl manches dagegenspricht: Shakespeares Prominenz garantiert seine Aufnahme.

Administrativ wäre Zettel allerdings auch zur benachbarten Abteilung der *imaginären Mischwesen* zu rechnen, wie Sphinx, Kentaur, Schimäre. Selbst die Engel gehörten, zumindest was ihre Phänomenologie betrifft, in dieses Departement: Deskriptiv sind sie Mischwesen aus Mensch und Geflügel. Apropos, wir nähern uns den Volieren und Gehegen der *poetischen Vögel*, reich bestückt mit Lewis Carrolls Flamingos, dem Gänserich Martin aus *Nils Holgersson*, dem Raben Poes (bei Überfüllung: Auslagerung zu den lyrischen Tieren) und selbstverständlich – ein Star für die ältere Generation – mit Poll, dem Papagei aus *Robinson Crusoe*.

Auch Poll ist ein Grenzfall. Im Künstlertiergarten gehört er, wiewohl nur ein cartesischer Tierautomat, zur Kategorie der *sprechenden Tiere*, einer mächtigen Abteilung, fast schon ein Zoo im Zoo. Ihr Imperium reicht von den fabulösen Tieren von Aesop bis Jean de La Fontaine bis zu Goethes Reineke Fuchs und – nur keine Berührungsängste mit der Populärkultur – dem schnauzensynchronisierten Schweinchen Babe. Dazu ein eigenes Gehege für die plappernden Esel und Eselinnen: von der zum sündigen Bileam predigenden Eselin im vierten Buch Mose bis zum lüsternen Lucius in Apuleius' *Metamorphosen* reicht der Bestand, von Pinocchios unartigem Lucignolo bis zu Michael Scharangs weisem Esel, der einfach »Esel« heißt (und gerne Esel Esel Esel hieße).

Freilich, es ist keine gute Ordnung zu finden, weder nach Sparten noch nach Spezies. Das Schweinchen Babe, wissen geübte Kunstzoologen, könnte ebenso gut in die exquisite Abteilung der *titelgebenden Tiere* aufgenommen werden mit Steppenwolf, Butt und Wildente. Angesichts dieser hoch literarischen, stets mit dem Namen eines bestimmten Autors symbiotisch verbundenen Tiere darf aus kulturpolitischen Gründen auf die *allegorischen Tiere, die Teil des poetischen Volksvermögens geworden sind*, nicht vergessen werden. Der Zoo braucht zumindest einen inneren Schweinehund, einen

Angsthasen, einen Lustmolch (halb verborgen) und ein naturgemäß eher abstraktes Gewohnheitstier. Schließlich – gesponsert vom Verband der Zeitungsherausgeber – einen Grubenhund und eine Zeitungsente.

In unmittelbarer Umgebung zu den titelgebenden und allegorischen Tieren befindet sich der Käfig mit den nicht ungefährlichen *polemischen Tieren, die Parodien auf die menschliche Vernunft sind.* Die Schach spielenden Affen des Barocks treiben hier ihr Unwesen, das pegaseische Pferd von Giordano Bruno, aber auch der Kater Murr, der irgendwo schnurrt oder eine kluge, aber wirre Vorlesung hält.

Vielleicht ist auf unserer Tour de Force (die im Grunde ja nur die Unmöglichkeit eines Künstlertierzoos und seiner Ordnung beweisen soll) der Eindruck entstanden, dass die literarischen Tiere überrepräsentiert wären. Die Wahrheit ist: Worttiere sind billig in der Erhaltung, und sie bleiben, da sie von Kindertagen an erlesen wurden, gut in Erinnerung.

Aber schon in der zentral gelegenen *Kinderabteilung* dominiert die Malerei: Dürers Hase, Picassos Hahn, Pferde von Delacroix, ein Löwe Rembrandts und – hier sparen wir nicht! – ein ganzer prächtiger Bauernhof von Marc Chagall, allesamt pädagogisch bewährte Objekte, um den Kleinsten früh eine Bresche zur Kunst zu schlagen (die Märchen überlassen wir den Eltern).

Eine eigene Arbeitsgruppe im Bereich bildender Kunst beschäftigt sich allerdings mit einer Zone, die nicht unbedingt für Kinder geeignet ist: mit den *lebenden Tieren, die Künstler in Happenings und Performances verwendet haben:* Die Schlangen von Carolee Schneemann oder die Hühner, Ziegen, Kühe, die Robert Rauschenberg in seinen Aktionen in den 1950er- und 1960er-Jahren mit tabubrechender Wirkung einsetzte, finden sich hier. Eine

Subkategorie sind die geschlachteten Tiere in bis heute verstörenden Aktionen, wie das arme Küken, das Raphael Montañez Ortiz in der Performance »Geburt und Tod von White Henny« einst am Altar der Kunst zerriss, oder der im Mixer der Marke Moulinex passierte Goldfisch in Marco Evaristtis Installation »Helena«. Nicht fehlen dürfen hier auch die zwölf Pferde, die Jannis Kounellis in der Galleria L'Attico 1969 seinem Publikum präsentierte, und der fünf Jahre jüngere Kojote aus der gleichnamigen Rauminstallation von Joseph Beuys in New York. Seit Beuys gibt es keine Spezies mehr, die nicht von Künstlern lebendig für ihr Werk verbraten wurde: Tiger (Ayşe Erkmen), Kamele (Marcel Broodthaers), Lämmer (Zhang Huan), aber auch Delphine (Diana Thater), Nashörner (Ingeborg Strobl), tätowierte Schweine (Wim Delvoye), Schnecken (Luis Benedit) und Motten (Bruce Nauman) bevölkern seitdem die Arche der zeitgenössischen Kunst und sorgen für interesseloses Wohlgefallen.

Die viehische Kunstaktion entzieht sich natürlich der Musealisierung, aber für den Zoo der imaginären Tiere ist die Flüchtigkeit des Ereignisses kein Problem. Ein Problem ist allerdings, ob (real existierende menschliche) Künstler, die, wie Peter Weibel an der Leine von Valie Export (»Aus der Mappe der Hundigkeit«, 1968), ein Tier nur darstellen, in den Tiergarten aufgenommen werden. Wie auch immer: In diametralem Gegensatz zu den lebendigen imaginären Tieren steht, auch darüber muss nachgedacht werden, die ziemlich gespenstische Familie der *artifiziellen Künstlertiere*. Hierher gehören nicht nur die erwähnten gläsernen Bienen von Ernst Jünger; fündig wird man auch auf literarischen Expeditionen in den Erzählungen von Lars Gustafsson und Philip K. Dick.

Werden die künstlichen imaginären Tiere von der Fraktion der Systematiker noch akzeptiert, so provoziert ein weiterer Vorschlag heftigsten Streit, und zwar jenen brutal misshandelten Droschkengaul in den Bestand zu integrieren, den Friedrich Nietzsche einst weinend umarmte. Von dessen Leid erschüttert, brach der Philosoph 1889 auf offener Straße in Turin zusammen. Einerseits könnte Nietzsches Gaul die Geschichte des Tierschutzes und der Tierliebe im 19. Jahrhundert vortrefflich illustrieren, andererseits hat er aber offenbar real existiert und ist deshalb kein Künstlertier.

Nicht besser ergeht es in der Diskussion jenem jungen Orang-Utan, den der fast siebzigjährige Schopenhauer bei der Herbstmesse 1856 in Frankfurt Tag für Tag besuchte. In ihm erkannte Schopenhauer schon den »muthmaasslichen Stammvater unseres Geschlechts«, Darwins *Über die Entstehung der Arten* erschien erst drei Jahre später. Das Bild des Orang-Utans wäre die ideale Veranschaulichung der Ethik Schopenhauers, der Blick des Alten auf den Affen illustriert die Triebfeder eines Mitleids, das bei Schopenhauer, dem Kantschüler, der dem Buddhismus so viel Inspiration verdankt, nicht zwischen Mensch und Tier unterscheiden darf. Doch auch hier gilt: Der Orang-Utan war wirklich und darf deshalb nicht bleiben.

Derlei philosophische Spekulationen sind vielleicht bei der Planung angebracht, doch bleiben wir auf dem Boden der Tatsachen, das heißt auf dem Boden der Ökonomie. Auch ein Zoo der Künstlertiere braucht Publikum, er braucht Spektakuläres, Rekorde wie die längste Schlange, die giftigste Spinne und so weiter. In unserem Fall könnte die Frage lauten: Was ist der *tierreichste Roman der Literaturgeschichte?* Ein möglicher Kandidat wäre Vladimir Nabokovs *Ada*. Die Liste der Tiere, die in dem 1969 erschienenen

Roman erwähnt werden, ist rekordverdächtig: Neben den Schmetterlingen, die bei Nabokov ja zur Schule der Geläufigkeit gehören, haben in *Ada* (in alphabetischer Reihenfolge) Ameisen, Dackel, Drosseln, Eichhörnchen, Flamingos, Fledermäuse, Fliegen, Füchse, Glühwürmchen, Grashüpfer, Grillen, Haubenenten, Herbstlaubhupfer, Hochlandterrier, Honigsauger, Igel, Katzen, Kolibris, Marienkäfer, Mauersegler, Meerschweinchen, Motten, Möwen, Mücken, Pferde, Schaumschnecken, Seetaucher, Terrier, Wasserhühner, Wasserpfaue, Wespen, Zikaden und Zwergpudel ihren Auftritt, wobei Amphibien und Fische in Nabokovs Bestiarium auffällig fehlen.

Den Tieren wird von den beiden Protagonisten des Romans, dem inzestuösen Geschwisterpaar Van und Ada, nicht freundlich begegnet, beide sind Spielende und Sammler. Bei Nabokov sind Tiere (wie im Übrigen auch Menschen) biomorphe Apparaturen, kleine Automaten, die mit dem kühlen Interesse des Naturwissenschaftlers betrachtet werden. Insofern wäre eine Präsentation in Form von Präparaten oder Modellen angebracht, etwas unheimlich, aber nicht ganz so unheimlich wie die letzte Station, untergebracht direkt unterhalb der Nabokov'schen Tierschau in einem kalten, mit Neonlicht ausgeleuchteten Kellerraum: Wir erreichen die Abteilung der *deklassierten,* der *verwunschenen Künstlertiere* (für Kinder gesperrt!).

Hier könnte das Auslangen allein mit Franz Kafkas Fauna gefunden werden. Kafkas Liebe galt jenen Tieren, vor denen man – vielleicht stellvertretend für die Menschen – Abscheu, ja Ekel empfindet. Am Ende der Treppe in die Unterwelt lehnt der verfilzte, einer Zwirnspule ähnelnde Odradek, der trotz fehlender Lungen gerne einfache Fragen beantwortet. Unten spricht an einem Tisch mit einem Glas

Wasser der Schimpanse Rotpeter seinen *Bericht für eine Akademie*. Unter dem Tisch hockt *Josefine, die Sängerin*, Angehörige des Volks der Mäuse, stumm wie der junge Panther, der den Käfig des verstorbenen *Hungerkünstlers* bewohnt und die Freiheit »irgendwo im Gebiss« mit sich herumträgt. Eine Glaswand ist im Boden eingelassen, unter »dunklem Moos« zeigt sich bisweilen ein schreckhaftes Grabetier, das ständig »die Zähne des Verfolgers« in seinen Schenkeln spürt und einen endlosen, unendlich schönen *Bau* gräbt. In einem eigenen Verschlag eine *Kreuzung:* ein zwitterhaftes Wesen zwischen Lamm und Katze, für das, so der Erzähler, »das Messer des Fleischers« vielleicht die Erlösung wäre und das dennoch existieren muss, ob es will oder nicht. Ein letzter Blick zurück: An der Zimmerdecke – ach, man hätte ihn gern übersehen – der Käfer, der einmal Gregor Samsa war. Es sind albtraumhafte Tiere allesamt, denen das Glück verwehrt bleibt, die aber alle dennoch im Leid an ihrer Existenz ihre Würde bewahren. Man könnte sie auf die anderen Abteilungen aufteilen, doch wäre es nicht eindrucksvoller, Kafkas Tierwelt ganz am Ende als Ensemble, als kleine tragische Herde von Künstlertieren, die vom »Grauen der Welt« berichten, zu belassen?

III

Uns schwirrt der Kopf. Sie haben recht, es fehlt so viel (Wilhelm Busch wurde noch nicht einmal erwähnt!), sodass wir an der Endlichkeit eines Künstlertierzoos zweifeln. Zu heterogen sind die Interessen der Künstlerinnen und Künstler am Tier, aporetisch bleibt das Problem seiner

Ordnung, zudem erweitert sich der Ort im Gleichschritt mit dem Fortschreiten der Kunst in rasender Geschwindigkeit.

Die Idee eines Zoos der imaginären Tiere bleibt besser Projekt, aber vielleicht nicht allein aus logistischen oder rein praktischen Erwägungen. Der entscheidende Grund, auf das Projekt zu verzichten, ist ein anderer: *Es gibt ihn schon.*

Jeder Tiergarten ist heute in gewissem Sinn ein Zoo der imaginären Tiere, ein unwirklicher Ort der Erinnerung an eine Naturerfahrung, die man nie hatte. Sein Bestand und die Art und Weise seiner Inszenierung repräsentieren ein irrationales Schwanken zwischen der sentimentalen Liebe zum Tier auf der einen Seite und der bedenkenlosen Verwertung des Lebewesens zum Lebensmittel auf der anderen. Die Gleichzeitigkeit beider Extreme kennzeichnet das Verhältnis zwischen Tier und Mensch in der Moderne, es sind zwei Seiten derselben Münze, denn auch die menschliche Liebe zum Tier ist eine Zumutung. Das Liebesobjekt darf eingesperrt, dressiert, kastriert, bei Bedarf fachgerecht getötet werden. Dem Schimpansen werden brüderlich Menschenrechte angeboten, obwohl ihm vielleicht Schimpansenrechte lieber wären. Über andere, noch verstörendere, nicht mehr nur platonische Liebeszumutungen sei hier geschwiegen.

Der Tiergarten ist Seismograf dieser Ambivalenzen. Das Tier ist in einer technisch-wissenschaftlichen Zivilisation fremd, doch die Fremdheit des Tieres darf nicht wahr sein. Seit der Frühen Neuzeit werden Tiere in extremer Weise ebenso vermenschlicht wie versachlicht. Als seelenloser Automat erscheint das Tier erstmals bei René Descartes, da es der Tiermaschine an der dem Menschen vorbehaltenen Vernunft und Sprache gebricht. Bei aller Geschicklichkeit und aller Fähigkeit zur Imitation ist ein Tier für Descartes nicht mehr als eine Uhr, »die nur aus Rädern und Federn gebaut ist, genauer die Stunden zählen und die Zeit messen kann als wir mit unserer Klugheit«. Durch die Degradierung zur Maschine wurde mit einem Schlag die ältere aristotelische Vorstellung einer Stufenleiter der Natur, der *scala naturae*, die alles Lebendige von der untersten Stufe bis hin zu Gott verbindet, ebenso wie die franziskanische Freundschaft zum Tier aus der europäischen Geistesgeschichte vertrieben. Zugleich wurde mit dem Entzug der Seele die intellektuelle Grundlage für die schrankenlose Ausbeutung und Nutzung des Tieres geschaffen.

Mit derlei Versachlichung des Tieres konnten und wollten sich die Humanisten und Humanistinnen, zumindest solange sie halbwegs satt waren, nie ganz abfinden. Vielleicht aus Mitleid mit einer offensichtlich leidensfähigen Kreatur, vielleicht aber auch, da die Degradierung des Tieres zur Maschine, in einer kleinen materialistischen Drehung weitergedacht, auch den Menschen erfassen könnte.

Seit Kant ist eine Existenz als Menschenfreund nicht mehr denkbar, ohne Tierfreund zu sein, denn durch die »grausame Behandlung der Tiere« wird, so Kant 1797, »das Mitgefühl an ihrem Leiden im Menschen abgestumpft«. Neun Jahre zuvor widmete bereits Freiherr von Knigge in seiner bürgerlichen Tugendlehre *Über den Umgang mit Menschen* ein ganzes Kapitel der richtigen »Art, mit Tieren umzugehen«: Der »edle, der gerechte Mann martert kein lebendiges Wesen« und öffnet sein Herz »dem sanften Mitleiden gegen alle Kreaturen«. Allerdings möge man, schreibt Knigge dem guten Bürger ins Stammbuch, »diese Exklamationen nicht auf die Rechnung einer abgeschmackten Empfinderei schreiben. Es gibt so zarte Männlein und Weiblein, die gar kein Blut sehen können, die zwar mit großem Appetit ihr Rebhühnchen verzehren, aber ohnmächtig werden würden, wenn sie eine Taube abschlachten sehn müssten; Leute, deren Federn und Dolche den Freund und Bruder verfolgen, aber mitleidig einer matten Fliege das Fenster öffnen, damit sie fern von ihren Augen – zertreten werden könne; die ihre Bedienten in dem rauhesten Wetter ohne Not stundenlang umherjagen, aber dagegen herzlich den armen Sperling bedauern, der, wenn es regnet, ohne Paraplü und Überrock herumfliegen muss. Zu diesen süßen Seelchen gehöre ich nicht ...«

Die Menagerie betrachtet Knigge denn auch kritisch: »Ich habe immer nicht begreifen können, welche Freude man daran haben kann, Tiere in Käfigen und Kästen einzusperren (...) auch ist eine Menagerie, in welcher wilde Tiere mit großen Kosten in kleinen Verschlägen aufbewahrt werden, meiner Meinung nach ein sehr ärmlicher Gegenstand der Unterhaltung.«

Das Publikum war anderer Meinung. Ab 1778 war an Sonntagen der Besuch der kaiserlichen Menagerie in Schönbrunn für »anständig gekleidete Bürger« gestattet, die dabei »Lehrreiches und Schönes« erleben sollten. Seit dem ersten Moment seiner Öffnung war Schönbrunn ein enormer Publikumserfolg, genau wie der Londoner Zoo im Regent's Park zu Beginn des 19. Jahrhunderts, der nach dem Vorbild des Linné'schen Botanischen Gartens gestaltet wurde. Auch der Londoner Zoo diente der Bildung des Publikums, das nun die wilden Tiere hinter den Gittern enger Käfige, wo sie auch besser hingehörten, in Ruhe betrachteten konnte. Zugleich war der Londoner Zoo ein kontemplativer Erholungsraum mit Terrassen, Musikpavillons und exotischen Tempeln. Je unwirtlicher die Städte, desto unwirklicher, traumhafter wurden die Tiergärten.

Eine Revolution brachte der Tierpark Carl Hagenbecks in Hamburg-Stellingen zu Beginn des 20. Jahrhunderts.

Der Tiergroßhändler und Dompteur Hagenbeck ersetzte die Gitter, die Besucher und Tiere trennten, durch Gräben und unsichtbare Absperrungen und schuf so die Illusion einer heilen Tierwelt, in der seine Bewohner scheinbar in Freiheit und in Frieden lebten. Im Tiertheater Hagenbecks triumphierte der Kulturmensch nicht mehr über die Natur, er durfte fortan einen versöhnlichen, fast sehnsüchtigen Blick in ein »Tierparadies« werfen. Die Bestie mutierte zum edlen Wilden, die Menagerie vom Gefangenenlager zu einem Refugium.

Natürlich sind Zootiere weder frei noch glücklich, auch sie sind Nutztiere. Aus der Sicht der Zoologin sind sie Reproduktionsmaschinen und Forschungsobjekte, aus der Sicht des Ökologen – ob freiwillig oder nicht – Botschafter der Natur, aus der Sicht der Besucher und Besucherinnen Evokatoren der Augenlust. Die Zootiere leben heute in Immersionsgehegen, sie werden, da der Nahrungskette entzogen, älter und sind im Prinzip in besserer Verfassung als die meisten ihrer Artgenossen draußen. Der Blick der Besucher weidet sich an ihrem gepflegten Äußeren, das in ein Biotop-Passepartout gesetzt wird und als Gesamtbild eine Art Manufactum-Katalog für Städter und Städterinnen ergibt: Es gibt sie noch, die schönen Tiere.

In der Eventkultur der Städte haben Tiergärten deshalb gute Karten. Die Palette der zusätzlichen Attraktivierungen umfasst Streicheln auf Erlebnisgutschein, Sprachkurse im Pferdeflüstern, sogar Hautkontakt mit Panzernashörnern ist möglich. Der Tiergarten ist damit in der rezenten Massenschlägerei um Aufmerksamkeit erfolgreicher denn je: Schönbrunn verzeichnet mehr Besucher und Besucherinnen als je zuvor in seiner Geschichte, in Europa schätzt Tiergartenexperte Gunther Nogge die Zahl der Zoobesucher und

-besucherinnen auf über 100 Millionen, weltweit suchen rund 700 Millionen Menschen einmal pro Jahr einen Zoo auf.

Nicht alle treibt der bloße Bildungswille an diesen Ort. Tiergärten sind heute ein Mittelding zwischen Freakshow und Shoppingmall. Es war nie anders. Tiergärten sind Resultat der unterschiedlichen historischen »Zoologiken« (Thomas Macho) von fürstlicher Menagerie, Zirkus und Freakshow, hinzu tritt unter den Bedingungen der Erlebnisgesellschaft, in der Identität durch Konsum gewonnen wird, der Charakter und die Inszenierungsform der Shoppingmall. Neben Topfpflanze und Meerschweinchen fungieren sie zudem für den Städter als bequemer, gut erreichbarer »Notausgang zur Natur« (Heini Hediger). Diese Naturnähe wäre nicht unbedingt erforderlich. Aus Sicht der Biologen reicht ein funktionales Haltungssystem der Tiere aus. 90 Prozent der Säugetiere und 75 Prozent der Vögel sind bereits zoogeboren, wie übrigens 100 Prozent der Zuchtmäuse und Insekten, die Tag für Tag verfüttert werden. Die Fütterung ist üblicherweise nicht öffentlich.

Um seine kathartische Wirkung zu entfalten, muss der Tiergarten der Gegenwart die Natur überholen und in seiner Inszenierung das Traumgebäude einer Wildnis errichten, die von allen Spuren der Zivilisation gesäubert ist. Die Imagination eines natürlichen Lebensraumes hat vor allem edukativen Charakter: Die Besucher dürfen sich als Passagiere auf einer Arche und das Tier als halbwegs glücklich wähnen. Ansonsten werden sie traurig und kommen nicht mehr.

IV

Fast hätte ich es vergessen, ein Nachtrag in letzter Sekunde: Beim Ausgang vor der Pförtnerloge – Freund Hašek winkt verträumt – würde ich ein kleines efeuumranktes Denkmal errichten lassen. Es ist den *namenlosen, von der Kunst verbrauchten Tieren* gewidmet: eine kleine Erinnerung im Gedenken an die gerupften kretischen Gänse, aus deren Federn die Flügel des Ikarus hergestellt wurden.

[2012/2023]

Der Kunstlutscher

Ich habe ihn selbst noch gekannt. Der Hermann aus St. Jakob führte ein weitgehend unscheinbares Leben. Er war ein Holzarbeiter, der mit der Motorsäge und dem Zieheisen gut umzugehen wusste. Außerhalb der Saison im Winter arbeitete er als Helfer beim Schilift. Der Hermann war weder besonders gesellig noch ungesellig, verheiratet war er nie, aber das waren viele nicht in der Gegend.

Der Hermann hatte eine einzige, allerdings herausragende Begabung, an die man sich in der Gegend noch gut erinnert. Er war Kunstlutscher, er konnte es einfach, und er hatte es schon immer gekonnt. Wie es genau ging, konnte er selbst nicht sagen. Das Material, aus dem er seine Werke schuf, waren Bayrische Blockmalzbonbons, dunkelbraun, fast schwarz, in Käfergröße. Der Hermann hatte immer einen kleinen Vorrat in der Hosentasche, und wenn er am späten Nachmittag nach der Arbeit bei seinem Bier im Wirtshaus saß und eine Kundschaft kam, sagte er selten nein. Die Kundschaft setzte sich ihm dann einfach gegenüber, zumeist versammelten sich noch ein paar Gäste um den Tisch, die die Sache schweigend verfolgten. Der Hermann nahm noch einen kleinen Schluck vom Bier, blickte kurz auf, steckte sich ein Bonbon in den Mund und begann mit der Arbeit. Zu sehen war nicht viel. Offenbar lag das Bonbon zwischen der Zunge und dem vorderen Gaumen und wurde mit der ganzen Zunge bearbeitet. Nur manchmal bebte die Wange ein wenig, man hörte ab und zu ein leises Schmatzen, gegen

Ende öffneten sich seine Lippen kurz, das Bonbon wurde mit der Zunge gewendet, Hermann atmete dann noch einmal lange ein und aus.

Der Vorgang dauerte nie länger als fünf Minuten, dann zog er ein kleines, feinziseliertes, reliefartiges Portrait aus seinem Mund. Er tauchte das Objekt kurz in ein Glas Wasser, blies es behutsam trocken, legte es in die offene Hand und überreichte es der Kundschaft. Man staunte, das Relief zeigte jedes Detail des Gesichtes seines Modells, es glänzte. Der Hermann bestellte dann ein neues Bier, manchmal auch ein Essen, das natürlich auf die Rechnung der Kundschaft ging.

Der Hermann hat immer nur Gesichter gelutscht, »Masken« hat er seine Portraits genannt. Ein paarmal hat er versucht, einen Baum oder die Kirche zu lutschen, aber das klappte nie. Man erkannte kaum etwas, so blieb er bei den Gesichtern. Viele aus St. Jakob hatten ihr Portrait aus Hermanns Mund bei sich daheim. Manche ließen sich jedes Jahr zum Geburtstag vom Hermann ihr Gesicht lutschen und studierten dann die Veränderungen, denn schmeicheln konnte der Hermann nicht. Das Gesicht war so wie es war, ob einem das nun gefiel oder nicht. Die Kunst vom Hermann war seltsam, aber auch irgendwie komisch, manchmal lachten die Kundschaft und die Zuseher, wenn die kleine Maske fertig war und zum Vorschein kam, und der Hermann lachte dann mit.

Dann trat eine plötzliche, merkwürdige Veränderung ein. Als der Hermann so an die 50 Jahre war, verlor er seine Gabe, und niemand wusste zu sagen, warum. Nicht, dass er nicht weiter Lust auf das Bildlutschen gehabt hätte, er hat es noch einige Jahre versucht, auch mit dem Bayrischen Blockmalz und daheim vor dem Spiegel, aber die Ergebnisse waren kläglich. Die Portraits waren nicht viel besser, als ich es selbst gekonnt hätte. Es klappte einfach nicht mehr. Immer seltener versuchte er es noch, schließlich ließ er es ganz sein, und vielleicht war er gar nicht so unglücklich darüber. Sein abendliches Bier konnte er auch selber zahlen.

Mehr ist eigentlich über ihn nicht zu sagen. Einmal hat er versucht, die Zahl der Bäume, die er im Laufe seines Lebens gefällt, und die Festmeter Holz, die er so geschaffen hatte, schätzungsweise zusammenzurechnen, aber auch das hat er dann nach ein paar Versuchen sein lassen.

Seine kleinen Gesichter aus Blockmalz sind über die Gegend verstreut, die meisten sind wahrscheinlich verloren, es mag sein, dass sich das eine oder andere noch in einer Schublade findet. Der Hermann ist heuer mit 74 Jahren gestorben und am Friedhof oberhalb der Kirche neben seinen Eltern begraben. Zu seinem Begräbnis ist das ganze Dorf gekommen, wie zu allen Begräbnissen in St. Jakob.

[2022]

Alle Kunst ist Ornament

Aporien der Sachlichkeit von Loos zu Adorno

Das Foto von Christian Skrein zählt zu den bekanntesten aus Österreichs Kunst der späten 1960er-Jahre. Es zeigt einen jungen, dandyhaften Mann in Anzug und Krawatte, er steht triumphierend auf einem Schutthaufen. Der Mann hält einen Hammer in der linken Hand. Oswald Wiener hat offenbar im Alleingang eine ganze Gebäudezeile abgerissen.

Die Künstlerfigur auf dem Cover von Oswald Wieners Roman *Die Verbesserung von Mitteleuropa* ist nicht Kulturschaffender, sondern zunächst einmal und vor allem Kultur*ab*schaffender. Der Blick soll frei werden auf das Neue, was immer dann kommt: »auch ich bin schöpferisch: ich schöpfe verdacht«, lautet einer der bekannten Aphorismen in Wieners Roman. Niemand wäre überrascht, wenn er sich wörtlich auch in den Schriften von Adolf Loos fände.

Ohne die radikale Kulturkritik, ohne die Debatte um Handwerk und Kunst, Modernität und Tradition, um Ornament und Reinheit der Zweckform, die Loos ab 1898 durch seine Artikelserie zur Wiener Jubiläumsausstellung in der *Neuen Freien Presse* losbrach und die Josef Hoffmann über Jahrzehnte hinweg mit seinen Entwürfen für die Wiener Werkstätte beantwortete, wäre die Demontage der

Vergangenheit, so, wie Wiener sie vornahm, nicht möglich gewesen. Weder in der künstlerischen Praxis der Avantgarden noch in der Theoriebildung.

In Theodor W. Adornos einflussreicher, 1971 posthum erschienener *Ästhetische Theorie* spielen Architektur und Design bekanntlich eine untergeordnete Rolle. Eine Ausnahme bilden die Schriften von Adolf Loos und die Auseinandersetzung um Ornament und Funktionalismus in der Kunst. In vielem bildet seine Kontroverse mit Josef Hoffmann den perspektivischen Fluchtpunkt der Ästhetik Adornos und die Grundlage seiner kritischen Analysen zur Kulturindustrie.

Adorno war seit seinem Kompositionsstudium bei Alban Berg in Wien 1925/26 mit der Position von Adolf Loos vertraut, wohl vermittelt über Karl Kraus und vor allem über das Werk von Arnold Schönberg. In Schönbergs *Harmonielehre* (1911) werden die Thesen seines Freundes Loos zum »ornamentalen Missbrauch« und zur Trennung von Handwerk und Kunst fast wörtlich übernommen und in das Medium Musik übertragen.

In der Kompositionslehre erblickte Schönberg eine »reine Handwerkslehre«, die es den Schülern ermöglichen soll, darüber hinauszugehen. Der Handwerker ist Vorbild des Kompositionslehrers und Bezugspunkt aller pädagogischen Anstrengungen Schönbergs: »Wenn es mir gelingen sollte«, heißt es in der Einleitung zur *Harmonielehre* ganz im Sinne von Loos, »einem Schüler das Handwerkliche unserer Kunst so restlos beizubringen, wie das ein Tischler immer kann, dann bin ich zufrieden. Und ich wäre stolz, wenn ich, ein bekanntes Wort variierend, sagen dürfte: Ich habe den Kompositionsschülern eine schlechte Ästhetik genommen, ihnen dafür aber eine gute Handwerkslehre gegeben.«

Wie bei Loos müssen Handwerk und Kunst nach Schönberg säuberlich voneinander geschieden werden, denn in der Kunst seien Zweckfreiheit (»Zwecklosigkeit« heißt es bei Schönberg) und Ausdruck das Höchste, in der Handwerkslehre dominiere die Zweckmäßigkeit. Wie bei Loos werden die Sphären von Handwerk und Kunst allerdings auch verteidigt, gerade *indem* sie voneinander getrennt werden; ein Verschmelzen beider Sphären im Alltag, wie es programmatisch die Wiener Werkstätte inaugurierte, war Schönberg fremd.

Der Protest galt dem Gefühl und dem (bürgerlichen) Geschmack als »unhinterfragbare« Instanzen des ästhetischen Urteils und zugleich einer aus mangelnder technischer Expertise erstehenden Innerlichkeit. Grundlage jeder Innovation in der Kunst und der Überwindung des Alten ist die genaue Kenntnis der zur Verfügung stehenden Materialien und die vorbehaltlose Anwendung der Verfahrensweisen: »Wer nicht lernt, was verfügbar ist«, heißt es in einer Betrachtung über den Funktionalismus bei Adorno, »und es weitertreibt, fördert aus dem vermeintlichen Abgrund seiner Innerlichkeit bloß den Rückstand überholter Formeln zutage.« Bei allen Divergenzen verbindet doch diese antiromantische Haltung die meisten Avantgardeströmungen von Bauhaus bis Neo-Geo.

Allerdings wird noch eine andere Tendenz deutlich: Sie steht scheinbar im Gegensatz zum Appell an Sachlichkeit, an Ökonomie und Logik in der Kunst. Betrachtet man ab 1909 allein die Kommentare zur Kontroverse von Karl Kraus, Robert Scheu, Otto Stoessl oder Paul Engelmann in der *Fackel*, so sticht die nachgerade religiöse Beschwörung von Sauberkeit und Reinigung ins Auge. Das *Unbehagen in der Kultur* wird auf eine heute unbehaglich erscheinende, purifizierende Art und Weise artikuliert: Gegen die »Verschweinung des praktischen Lebens durch das Ornament«, gegen die »vollständige Verjauchung« und den »Pöbelinstinkt« erscheint Loos als der »Gesandte einer neuen klirrenden Zeit«, der seine »Erleuchtung« in Amerika erfahren hat. Ein »fieberhafter Drang kommt über ihn, die Fläche zu säubern, auf dass in ihrer Reinheit erstrahle die Majestät des Materials«, der »Enthaltsame«, der »Architekt der tabula rasa« wird gefeiert als »reines Gegenbild« zur Welt, »als Befreier des Lebens«, »sein Leben ist Veritas« usw.

Die Läuterung gelingt bei Loos dem männlichen, modernen und zugleich aristokratischen Subjekt – der Gentleman ist seine Leitgestalt. Dagegen verbleibt das Weibliche im Vormodernen, im Kindlichen befangen, es ist »modedienstbar«, im Grunde »unzivilisiert«. Der wahre (männliche) Künstler ist nach Kraus einer, »den das Nest beschmutzt« (Karl Kraus), seine Anstrengungen sind alle darauf gerichtet, den Verlockungen des Kunstgewerblichen zu widerstehen und sich von den Kontaminationen des Kulturellen in der Kunst, durch die Kunst, zu säubern.

In der Wiener Moderne, im Kreis um Kraus, Loos und Schönberg, wird das abstrakte Ideal noch vom mächtigen Ich des Künstlers, das über alle Regeln und politischen Programme erhaben ist, begrenzt. Das Streben nach Sachlichkeit und Rationalität, nach Wahrhaftigkeit und Strenge verselbständigt sich jedoch in den verschiedenen künstlerischen und intellektuellen Strömungen der Zeit: im kosmischen Zwölftonspiel bei Josef Matthias Hauer, das den Komponisten durch den göttlichen Algorithmus ersetzt, im Konstruktivismus und in der Ästhetik Mondrians, in der Formutopie des Bauhaus, aber auch in den reformpädagogischen Anstrengungen vor dem Zweiten Weltkrieg. Der Weg zur Wahrheit (der Form, des Klanges, des Lernens) führt über die Askese des Subjekts, das dazu verhalten werden muss, auf die Vielgestaltigkeit der Welt zu verzichten. Dieser Wille zur Askese ist auch in der Moderne religiös grundiert: Der funktionale Reduktionismus der Gestaltung soll nach Gropius »ein kristallines Sinnbild eines neuen kommenden Glaubens« geben. Die »vollkommene Disziplin« im Umgang mit dem Sinnesmaterial, die dem Kind in der Schule von Maria Montessori abverlangt wird, soll es mit dem »Geist unaussprechlicher Verzückung« erfüllen. Am Höhepunkt kippt das Ideal der Rationalität und Reinheit regelmäßig in Mystik und Innerlichkeit. Auch darin ist die Kontroverse um Loos ein negatives Nachbild seiner Zeit und zugleich Vorschein auf das 20. Jahrhundert.

Und heute? Oswald Wieners Bild des Künstlers mit dem Hammer auf den Ruinen ist nur noch als ironische Geste (die es vielleicht immer war) lesbar, Adornos Diktum von der »adäquaten Haltung der Kunst« als eine »mit geschlossenen Augen und zusammengebissenen Zähnen« scheint Lichtjahre weit entfernt. Beides ist vom ironischen, gleichermaßen ab- wie aufgeklärten Spiel des Künstlers mit den Regeln des Betriebssystems abgelöst. »Wir spielen immer, wer es weiß, ist klug«, lässt Arthur Schnitzler 1898 in seinem Versspiel *Paracelsus* sagen, im selben Jahr, als Loos die Debatte um die Schönheit der Zweckform losbrach. Es scheint, als ob Schnitzlers *Paracelsus* derzeit das Rennen macht: Das Wissen um die Permanenz des Spiels dominiert die ästhetische Praxis der Gegenwart. Der Künstler als »Homo ludens« ist freilich kein fröhlicher Knopf, sondern Melancholiker. Kunst als Spiel betrachtet meint nicht Freiheit, sondern ist im Wiederholungszwang des Spielens nur Echo entfremdeter Arbeit.

Die grundlegenden Widersprüche, die sich mit der Kritik an der Dysfunktionalität des Ornaments öffneten und denen alle Institutionen angewandter Kunst ausgesetzt sind, bestehen allerdings weiter. Die Kritik von Loos, das erkannte Adorno klarsichtig, betrifft nicht allein das Ornamentale in der Kunst, sondern *alle* Kunst. Die Schönheit realer technischer Zweckformen, die Loos predigte, erhält, wenn sie in die Kunst importiert wird, den Charakter des ästhetischen Scheins; die Zweckformen bleiben daher in der Kunst, die ja Protest gegen die Herrschaft der Zwecke über den Menschen ist, als zweckfrei gefangen, ihre Funktionalität ist innerhalb der Kunst scheinhaft. Ohne Zweck (innerhalb des Kunstwerkes) wird die Zweckmäßigkeit der Form ironisch, »sachliche Kunst ist ein Oxymoron«. Die Loos'sche Kritik am Ornament müsste sich, wäre sie folgerichtig, auf die gesamte Kunst übertragen: Denn »ist diese einmal zur Autonomie gediehen, so kann sie ornamentaler Einschläge darum nicht vollends sich entäußern, weil ihr eigenes Dasein, nach den Kriterien der praktischen Welt, Ornament wäre«. Und damit, in Konsequenz, Verbrechen im Sinne Loos'.

Der Widerspruch kann nicht gelöst, aber er könnte in der Kunst produktiv gemacht werden.

[2014]

Ministerempfang

Großer Bahnhof am Flughafen

I

Die Sache, erinnert sich der Redner 23 Jahre danach, war heikel. Er war eine Nebenfigur, allerdings eine für die Inszenierung unabdingbare Nebenfigur; er hatte für die diskursive Begleitung zu sorgen. Er war also, ob es ihm gefiel oder nicht, im Doppelsinn des Wortes im Bilde. Die Sache konnte ihn, wenn sie aus dem Ruder lief, den Job kosten.

Die Ministerin war am 5. Mai 1990 pünktlich zum Empfang auf dem Flughafen erschienen, um die aus Ankara eingetroffenen Künstlerinnen zu begrüßen. Künstler mochten das, zudem hatte die Ministerin in so ziemlich allen Bereichen das Budget der Kunstförderung kräftig angehoben. Auch das mochten die Künstler.

Wenn der Empfang aus dem Ruder lief, hatte der Redner kalkuliert, dann hatte er keine Chance. Es blieb nur die schlechte Wahl zwischen dem Spott, einer Inszenierung aufgesessen zu sein, und dem Vorwurf, als Komplize an einem Empfang für die Trägerinnen eines nicht existenten Kunstpreises mitgewirkt zu haben, noch dazu eines reichlich obskuren: *Die Damen* hatten den »Birincilic Ödülü«, den Ersten Türkischen Kunstsportpreis, erhalten, verliehen von der Jury der Biennale von Ankara. Zum Teufel: Gab es diese Biennale überhaupt? Ja, es gab sie, das hatte er am Vortag überprüft.

Mit den Kolumnisten der Innenpolitikseiten am nächsten Morgen über die Ästhetik der Wiener Künstlerinnengruppe zu diskutieren, die ein solches – zugegebenermaßen zweischneidiges – Mitspielen einforderte, schien ihm ausgeschlossen. Es wäre ein Skandal, und, auch das wusste er, die Solidarität der Künstler und Künstlerinnen der Stadt würde sich in Grenzen halten.

Die Sache war also, dachte er, als er darauf wartete, ans Rednerpult gerufen zu werden, heikel. *Die Damen* hatten bei der Biennale von Ankara einen Fotoessay präsentiert, ein wildes Roadmovie aus spontanen und inszenierten Fotografien. Ingeborg Strobl, Birgit Jürgenssen, Evelyne Egerer und Ona B. waren bereits einen Tag zuvor aus der Türkei nach Wien zurückgekehrt und hatten sich heimlich wieder hinter die Passkontrolle begeben, sodass sie den Empfangsraum korrekt aus dem Ankunftsbereich betreten konnten. Applaus brandete auf, ein erstes freundliches Hallo zur Begrüßung. Es waren über 100 Gäste zum *Ministerempfang* erschienen.

Die VIP-Lounge des Flughafens Schwechat war als Bühnenbild perfekt gewählt, ein Nicht-Ort schlechthin, unpersönlich und smart, der gleichermaßen jeden und niemanden in Wien willkommen heißt. Zugleich war der Ort so weit von der Stadt entfernt, dass die Gäste eine kleine Anreise auf sich nehmen mussten, um am Empfang teilzunehmen.

Ona B., Egerer, Jürgenssen und Strobl hatten in den Jahren zuvor einige Erfahrungen mit derlei Inszenierungen gesammelt. *Die Damen* hatten sich 1987 bei einem jener damals inflationären und heute zu Recht vergessenen Symposien über Kunst und Wirtschaft zusammengefunden. Künstler und Künstlerinnen sollten, lautete der Tenor, ihren Elfenbeinturm verlassen und mehr für Marketing, Sponsoren und Präsentation tun. Das, so *Die Damen,* konnte man haben, allerdings ein wenig anders als gedacht.

Im Jahr darauf präsentierten sie im Restaurant am Westbahnhof *Aus gegebenem Anlass*, eine Postkarte, die die vier Künstlerinnen als »die vier neuen Mitglieder des ersten Wiener Männergesangvereins« auswies. 1989 folgte eine Auftragsarbeit für die Austria Tabakwerke, die sich *Die goldene Kunst in der Kassette* nannte und in ihrer Hermetik jedem Mitglied des Collège de 'Pataphysique zur Ehre gereicht hätte. Die Künstlerinnen erschienen bei der Präsentation in Abendrobe, sie hatten sich als die vier Jahreszeiten verkleidet und lächelten den ganzen Abend lang. Der Vorstandsvorsitzende der Tabakwerke wirkte verwirrt, Laudator war der prominente Wettermoderator Carl Michael Belcredi. Kein gutes Vorzeichen, dachte der Redner, als ihm Belcredi und das Gesicht des kunstfreundlichen Vorstandsvorsitzenden einfielen.

In frischer Erinnerung war die Aktion *Postmodern*; das Publikum war mit einer rätselhaften Einladungskarte in die Secession gelockt worden. Sie zeigte einen Briefträger und darüber bloß das Wort »postmodern«. Die Künstlerinnen hatten den Hauptraum der Secession in ein karges Postamt verwandelt und waren in die Rolle von Postangestellten geschlüpft, in weißem Hemd, mit Brille und Krawatte, ebenso kühl wie lasziv. Das ausgestellte Werk war winzig: eine Sonderbriefmarke, die die Konterfeis der Künstlerinnen zeigte. Die Briefmarke wurde an vier Schreibtischen verkauft, mit *Die Damen* gestempelt und verpackt. Der Zeit wurde also ganz wörtlich der eigene Stempel aufgedrückt, durch das Abstempeln wurde die Marke in Verkehr gebracht, und zwar als Ware; verschlissen und bewirtschaftet wurde an diesem Abend vor allem der titelgebende Begriff der Aktion. Einfacher lässt sich eine Epoche nicht beenden.

Für seine Laudatio auf dem Flughafen wählte der Redner, so erinnert er sich, einen erbaulichen Sound, der kaum Spuren im Gedächtnis des Publikums hinterlassen würde. Die Rede plätscherte dahin, der Applaus war enden wollend, kalkulierte rhetorische Obsoleszenz. Ein Kind in türkischer Tracht tanzte während seiner Rede vor dem Pult und zog die Blicke auf sich.

Beim *Ministerempfang* lief nichts aus dem Ruder. Die Preisträgerinnen schienen etwas aufgeregt und erschöpft von der Reise, hielten aber tapfer Hof, umschwirrt von Freundinnen, Adabeis und Neidern mit nervösem Kontrollblick. Der Empfang verlief angenehm. Die Gäste – die Hauptdarsteller der Inszenierung – tranken ein paar Gläser, man plauderte über dies und das, einige gratulierten, andere versuchten, mit der anwesenden Ministerin über ihre eigenen Vorhaben ins Gespräch zu kommen. Kurz gesagt: Der *Ministerempfang* verlief ebenso schicklich wie belanglos und war in seiner Belanglosigkeit – darin bestand das Unheimliche – jedem anderen Kunsttumult zum Verwechseln ähnlich. Nur dass der Preis in Wahrheit erfunden war und es in Wahrheit nichts zu feiern gab. Aber was heißt schon »in Wahrheit« in der Kunst bzw. im Kunstbetrieb?

Der *Ministerempfang* und der obskure Preis waren natürlich ein Fake; die Aktion ist lesbar als purer Jux, als »reizende Verwirrung« (Novalis), in der Ernst und Scherz unentwirrbar verbunden sind, aber ebenso als ein ziemlich gewagter, spöttischer Anschlag auf die Kultur der staatlichen Kunstförderung und auf ein Milieu von Kulturschaffenden, das sich ganz gerne im Licht der Politik sonnt. Schon der Titel *Ministerempfang* ist mehrdeutig: Wer wird hier empfangen, der Minister oder die Künstler? Oder werden die Künstlerinnen als Dienerinnen (lat. ministra) begrüßt? Oder »empfängt« der Minister etwas, geht er schwanger mit etwas, vielleicht Kunst?

Wie immer man die Aktion verstehen will: Das Drehbuch und die Vorbereitungen waren penibel und das Risiko für die Gauklerinnen nicht unerheblich. Im Gegensatz zu den Guerrilla Girls traten *Die Damen* ohne Masken auf. Ona B., Egerer, Jürgenssen und Strobl agierten innerhalb des Kunstbetriebs, alle vier waren Ende der 1980er-Jahre bereits etablierte oder aufstrebende Künstlerinnen. Eine zu frühe Dekuvrierung hätte nicht Lachen, sondern Lächerlichkeit zur Folge gehabt, zudem war der *Ministerempfang* wie jede ironische Appropriation in hohem Maße ambivalent: Die Fälschung, Dopplung der Kunstbetriebswirklichkeit kann subversive Kenntlichmachung und Distanzierung bedeuten, aber auch augenzwinkerndes Einverständnis. Gerade in ihrer Milde lag die Aggression der Satire, alles andere – Entkleidung, Selbst- oder Fremdverletzung – wäre zuordenbar und damit leicht verträglich gewesen.

Aber da war noch etwas anderes. Die Rekrutierung des Redners war doppelbödig wie die Aktion selbst gewesen, allerdings *erkennbar* doppelbödig. Die Künstlerinnen hatten in den vorangegangenen Wochen ein trügerisches Netz der Schmeichelei gesponnen, mit einem Quäntchen Sinnlichkeit an den Spinnfäden, mit leidenschaftlichem Engagement für die Sache und zugleich mit einem wölfischen Lächeln. So bittet ein Zauberkünstler einen Zuseher auf die Bühne. Das Netz wurde aber so direkt, so transparent vor den Augen des Redners geknüpft, dass es für ihn zu jedem Zeitpunkt als Spiel mit Schmeichelei, mit Sinnlichkeit, also als Täuschung erkennbar war: aggressiv und lustvoll, leidenschaftlich und rätselhaft und nachgerade transparent narzisstisch. Und deshalb auch die Parodie auf und das Gegenteil von alledem.

Und das war, dachte er, unwiderstehlich.

II

Die Damen haben diese sirenenhafte, ironische Haltung des *Ministerempfangs* in den folgenden Jahren vielfach variiert und perfektioniert. Mitte der 1990er-Jahre, Lawrence Weiner hatte die karenzierte Ingeborg Strobl ersetzt, war auch schon wieder Schluss. Die Künstlerinnen beachteten das einzige Gesetz, an das sich alle Ironiker halten müssen: Ein Ironiker darf sich nicht zu oft zu Wort melden, ansonsten wird er penetrant.

Als Kunstereignis kann man den *Ministerempfang* in Zusammenhang mit Fluxus, Happening und den Burlesken des Aktionismus betrachten. Aber die Inszenierung verweist meines Erachtens auch auf eine weniger beachtete Form der Medienkunst, die ihren Ausgangspunkt im Wien des Fin de Siècle hat. Unter dem Pseudonym »Ing. J. Berdach« verfasste Karl Kraus einen legendären Leserbrief, der am 22. Februar 1908 in der *Neuen Freien Presse* erschien. Berdachs »Mitteilung an die Redaktion« handelte von einer Erdbebenbeobachtung. Das Erdbeben, belehrte Berdach die *Presse*-Leser, war »ein sogenanntes tellurisches Erdbeben (im engeren Sinne), das von den kosmischen Beben (im weiteren Sinne) wesentlich verschieden ist«. Durch die »Variabilität der Eindrucksdichtigkeit« hätten seine Kinder nichts vom Erdbeben bemerkt, seine Frau im Nebenzimmer habe hingegen deutlich drei Erschütterungen verspürt. Die *Presse* druckte den Unsinn und war blamiert.

In der nächsten Ausgabe der *Fackel* enthüllte Kraus triumphierend seine Urheberschaft und deklarierte seine Motive. Das fingierte Schreiben war nicht nur eine Kritik an der Oberflächlichkeit des Journalismus, es gab nach Kraus eine »Ahnung von dem, was noch kommen« werde:

»Der Schwachsinn, der früher nie daran gedacht hätte, aus seinem Privatleben hervorzutreten, hat eine Gelegenheit für die Unsterblichkeit entdeckt, die Banalität wird aus ihrem Versteck gelockt, das Durchschnittsmenschentum im Triumph eingeholt. Eine verzehrende Gier hat sich des Herrn Niemand bemächtigt, genannt zu werden. Tausende umlagern die Redaktion, heben die Hände empor zum Mirakel des lokalen Teils und rufen: Ich auch! Ich auch!«

Damit hat Kraus die unmittelbare Gegenwart, in der das Ringen um Aufmerksamkeit zur Kardinaltugend geworden ist, präzise antizipiert. Auch der *Ministerempfang* spielt mit diesem »Ich auch! Ich auch!« der Selbstdarstellung um jeden Preis – mit dem Unterschied, dass bei den *Damen* die Künstlerinnen als »role model« der Selbstdarsteller und der Ich-AGs fungieren, bei Kraus bildete die Kunst noch ein stilles Reservat der Freiheit, das es zu verteidigen galt.

Dem Erdbeben folgte eine ganze Reihe von Nachbeben, unter anderem der sprichwörtlich gewordene »Grubenhund«, den Arthur Schütz 1911 in die *Neue Freie Presse* einschleuste. Ein Großmeister des medienkritischen Spiels war auch Helmut Qualtinger. Mit seinen »practical jokes« hielt er die Stadt über Jahre in Atem. Im Juli 1951 versandte Qualtinger Einladungen zum Empfang des berühmten grönländischen Schriftstellers Kobuk am Wiener Westbahnhof. Der Eskimodichter – unter anderem Verfasser des Romans *Brennende Arktis* und der Trilogie *Nordlicht über Iviktut* – sei in Wien, um über die Aufführung eines Dramas zu verhandeln, eine Dichterlesung werde vorbereitet. Tatsächlich erschienen zahlreiche Reporter und Fotografen, Kobuk entstieg, trotz hochsommerlicher Temperaturen stilgemäß in einen Pelzmantel gekleidet, einem ankommenden Zug und gab einige Interviews (in passablem, wenn auch nicht akzentfreiem Deutsch). Noch zwei Wochen nach dem Empfang informierte die *Arbeiter-Zeitung* ihre Leserschaft über den Gast und machte damit deutlich, was ihre Informationen wert waren.

Die provokative Unterwanderung der Medien war natürlich kein auf Wien beschränktes Spiel. Ab den 1960er-Jahren mischte der »master hoaxer« Alan Abel Fernsehstationen und die puritanische Öffentlichkeit in den USA in den unterschiedlichsten Rollen auf. Abels SINA (Society for Indecency to Naked Animals) forderte die Bekleidung aller Haustiere und ein rigoroses Stillverbot für Frauen. Ein gewisser Prozentsatz der Mütter habe, so Dr. Abel, nachweislich erotische Gefühle beim Stillen. 1979 beunruhigte Abel die New Yorker Medien und die US-Geheimdienste mit einer fingierten Pressekonferenz von Idi Amin Dada. Der ugandische Diktator wolle durch Heirat US-Bürger werden.

Bereits 1938 hatte Orson Welles mit dem Hörspiel *The War of the Worlds* die Radiohörer von CBS verängstigt und das heute beliebte Genre der »Mockumentary« vorweggenommen. Einen vielleicht ultimativen Punkt erreichte Welles in seinem Filmessay *F for Fake* (1973). Mit der Figur des Elmyr de Hory fälschte Welles einen Fälscher und fügte, wie um die Lust am Vexierspiel auf die Spitze zu treiben, dem imaginären Fälscher gleich einen ebenso gefälschten Entlarver der Fälschung hinzu. Man hätte gewarnt sein können: Zu Beginn der Pseudodokumentation trat Orson Welles dem Publikum in der Rolle eines Zauberkünstlers entgegen. Dass derlei Magie, die immer mit Macht verbunden und daher im Habitus männlich ist, nicht Männern vorbehalten sein muss, demonstrierten *Die Damen*.

Ironie lässt sich als rhetorisches Instrument des radikalen Zweifelns verstehen. Radikale Skepsis ist, wie Hegel gezeigt hat, als systematische philosophische Position nicht zu argumentieren. Sie hebt sich selbst auf, der radikale

Skeptiker müsste ja an der eigenen Position radikalen Zweifelns zweifeln. Skepsis hat daher ihre Existenz ausschließlich im Negativen – ein Funke, der manchmal zündet, wohl Wirkung, aber selbst kaum Gegenwart und Substanz hat.

In der Kunst und Literatur hat die Ironie als skeptisches Verfahren eine lange Geschichte; von Aristophanes bis Brecht, von Swift bis Duchamp hat sie viele Spielarten ausgebildet. Sie unterscheiden sich durch ihre Intensität, den Grad ihrer Bösartigkeit, gemeinsam ist ihnen allerdings ihr dezidiert unsentimentaler Charakter. Das ironische Spiel kann ohne ein Moment der Grausamkeit nicht gedacht werden. Ironie ist ein vampirisches Verfahren, sie existiert nur in Symbiose mit einem Wirt, auf den sie sich setzt und den sie durch Mimesis zur Kenntlichkeit bringt. Ein »Beitrag zu etwas« ist die Ironie allerdings nicht, eher ein Abbruchunternehmen von Pathos und vorgeblichem Sinn. Was danach kommt, ist eine andere Frage.

Für Hegelianer und Marxisten ist die Ironie in der Kunst ein Krisenphänomen. Es erscheint mir allerdings als Irrtum, ironische Verfahren der Postmoderne zuzuschreiben. Im Gegenteil: In ihrem destruktiven Charakter sind Spott und Satire rhetorische Instrumente einer (hoch)moderne, die jedes utopische Denken desillusioniert und ihr messianisches Pathos durch Lachen auf Briefmarkengröße reduziert. Ein Krisenphänomen der Moderne ist Ironie deshalb, weil der Normalzustand der Moderne die Krise ist.

III

Wenige Monate bevor *Die Damen* zum *Ministerempfang* baten, war die Sowjetunion fast geräuschlos implodiert, die

Berliner Mauer wurde demontiert, einzelne Brocken wurden als Souvenir einer bereits vergangenen Epoche veräußert. Ausgefallen waren damit die politischen Antagonismen, die auch in der Kunst durch Zustimmung oder Ablehnung Orientierung gewährten. Hatte man ein »Ende der großen Erzählungen« (Jean-François Lyotard) bereits ein Jahrzehnt zuvor konstatiert (wer erinnert sich noch?), schien nun sogar ein »Ende der Geschichte« (Francis Fukuyama) in Sicht. Zusammengebrochen waren jedenfalls die Heilsversprechen von der Existenz einer sinnerfüllten, zielgerichteten Historie. Und niemand trauerte ihnen nach.

Die bedeutendste Begleitmusik zur Kritik metaphysischen Denkens verfasste Richard Rorty. 1989 erschien *Kontingenz, Ironie und Solidarität*. In einer, so die zentrale These Rortys, als kontingent erkannten Welt muss die Gültigkeit jeder allgemeinen Wahrheit relativiert werden, das Beharren auf ihrer Existenz sei ein irrlichterndes, zugleich gefährliches Unterfangen.

Die Figur, die Rorty in seinem Buch auf die Bühne der politischen Philosophie entsendet, ist die »liberale Ironikerin«. Absolute Wahrheiten sind ihr suspekt. Die liberale Ironikerin ist aber keine träge Oblomowa, der alles irgendwie gleichgültig ist, sondern eine streitbare Polemikerin. Die Ironikerin hält die Bälle ihrer Argumente immer in der Luft. Ein sinnerfülltes Ende, eine transzendentale Perspektive, Eindeutigkeit oder einen metaphysischen Halt gibt es in ihrem Spiel nicht, nur permanente Bewegung. Die ironische Haltung verschafft ihr Distanz, zu sich selbst und zu anderen. Die Distanz ist die Grundlage von Respekt, das Lachen Schutz vor Fundamentalismen aller Art. In diesem Rorty'schen Verständnis ist die Kunst der *damen* liberal-ironisch: polemisch, distanziert, widersprüchlich, mehrdeutig, aber ein präzises Werkzeug gegen jedwede Propaganda, auch in der Kunst.

Und heute? Die Zeit scheint für die liberale Ironikerin nicht günstig, das Spiel der Kunst ist neuerdings ernst. 2002 forderte der künstlerische Leiter der Documenta 11, Okwui Enwezor, von den Künstlern politisches Engagement ein. Künstler und Künstlerinnen stünden verstärkt »vor der Aufgabe, Verpflichtungen einzugehen«. Sie seien aufgerufen, ihre künstlerische Praxis im Kontext der »Machtverhältnisse« und der Fragen der »politischen Partizipation« zu reflektieren. In einem Ausstellungskatalog von 2010 liest man über die Kunst der »postironischen Generation«: »Hingabe statt Distanz, Berührung statt Bruch, Erschütterung statt Ironie bilden das Credo der Stunde.«

Die Sehnsucht gilt also dem Engagement für eine Sache (nicht für die Form), dem Wunsch nach Intimität und Nähe zu den Menschen und Dingen. Man/frau will berührt und erschüttert sein. Das Verlangen setzt authentisches Erleben voraus, die Arena der Kunst wird damit zur ironiefreien Zone, denn was immer Ironie ist, authentisch ist nichts in ihr. Die Distanzlosigkeit und der Wunsch nach Nähe sind aber auch ein Ende der Kunst: Man sieht nichts mehr (außer sich selbst) und taucht ein in die Wirklichkeit, ohne mehr so recht aus ihr aufzutauchen. Was bleibt, ist die Wahrheit der eigenen Empfindung. Toleriert wird dementsprechend alles, nur der Heuchler nicht.

Jeder Witz muss heute daher von einem Smiley-Zeichen begleitet werden. Und man tut gut daran, es nicht zu vergessen, denn die Strafsanktionen der Moralisten und Moralistinnen sind fürchterlich wie eh und je. Sogar die Guerrilla Girls, wahrlich hartgesotten im Mediengeschäft, mussten sich entschuldigen. Ihr Newsletter *Hot Flashes* (Wallungen) wurde von Frauen in der Menopause als diskriminierend empfunden. Es genügte allerdings als politisch korrekte Entschuldigung, dass eine der Autorinnen gerade selbst in der Menopause ist. Authentizität schlägt offenbar Diskriminierung.

Zugleich sind in der kontemporären Massenschlägerei um Aufmerksamkeit Fake, Hoax und Bluff endemisch geworden, allerdings nicht als ästhetische, sondern als ökonomische Überlebensstrategie.

Antonino Cardillo galt bis Mitte 2012 als einer der erfolgreichsten jungen Architekten der Welt. Bedeutende Architekturzeitschriften publizierten Interviews mit ihm, in langen Bildstrecken wurden seine erstaunlichen Bauten präsentiert: luxuriöse Privathäuser in Spanien, Italien oder Australien. Die Namen der Bauherren wurden nicht genannt. In Wahrheit handelte es sich, wie Peter Reischer im Mai 2012 zeigte, um inszenierte Bilder, die mit 3-D-Technologie auf Cardillos Computer entstanden waren. Die Ideen, verteidigte sich Cardillo nach Aufdeckung seiner Hochstapelei, sollten nicht verloren gehen, man solle die Inszenierung als »literarische Erzählung«, als »Märchen« begreifen. Cardillo ist allgegenwärtig; was soll da noch die Kunst der Fälschung?

IV

Einige Tage nach dem Empfang auf dem Flughafen erreichte *Die Damen* im Übrigen eine Nachricht aus Ankara. Sie hatten tatsächlich den Preis der Biennale (den realen, nicht den fiktiven Kunstsportpreis) erhalten! Die Wirklichkeit kopierte die vorgängige Kunstaktion und blieb ihr schwaches Echo: Gemessen an der Resonanz auf den *Ministerempfang* war die Bedeutung der realen Auszeichnung unerheblich. Was 1990 aber noch zu beweisen war.

[2013]

Laokoon lakonisch

ZU EINER SKULPTUR VON HEIMO ZOBERNIG

Zwischen den Zeilen steht nichts. Die Prämisse, die aller einfühlenden Hermeneutik bei der Interpretation von Kunst eine Absage erteilt, gilt in besonderer Weise für das Werk von Heimo Zobernig. »Ich lege alles offen«, sagt er in einem Gespräch mit Thomas Wulffen bereits 1994, »ich will nichts verrätseln. Es ist nicht meine Absicht, über Symbole eine Welt zu öffnen, zu transzendieren.« Die Intention des Gestalters ist es, »zu zeigen, dass nichts darunter liegt, kein Subtext«. Alles, was Absicht ist, soll im Kunstwerk auch sichtbar werden.

Was nicht heißt, dass man nicht über Zobernigs weitverzweigtes und vielgestaltiges Œuvre nachdenken oder schreiben soll. Im Gegenteil, hält Helmut Draxler fest, das Schreiben über Kunst ist bei Zobernig geradezu »werkzugehörig«, den vielen Erklärungen wird aber am Ende stets »der Boden unter den Füßen weggezogen«, und zwar zugunsten der individuellen, nicht hinterfragbaren ästhetischen Entscheidung des Künstlers.

So verschieden seine Einzelwerke sind, Zobernig ist in allen Arbeiten auf der Suche nach einer möglichst ökonomischen ästhetischen Lösung. Und trotz aller Konzentration soll alles möglichst gelassen und anstrengungslos erscheinen.

So auch bei einer Skulptur, die ich vor ein paar Jahren im Wiener Belvedere bei einer Ausstellung der Neuerwerbungen entdeckt habe. Der Werkstoff sind Klopapierrollen, aus denen der Künstler ein schlangenförmiges Röhrengewirr geschaffen hat. Der graue Karton wurde präzise zugeschnitten und geklebt, der Sockel ist zugleich, so sieht man an den Verschlüssen, die Transportkiste. Zobernig ist nicht der Erste, der standardisierte Klopapierrollen in der Kunst verwendet hat. Man hat aus ihnen schon nach Zerfransung baumartige Strukturen gemacht, Gesichter gefaltet oder Muster gelegt, aber niemals zuvor wurden Klopapierrollen so perfekt und dabei so unprätentiös verwendet.

Zobernig hat seiner Skulptur wie üblich keinen Titel gegeben, aber viele sahen natürlich ebenso wie ich in der Röhrenschlange eine Laokoon-Gruppe (in guter Duchamp'scher Manier hätte Zobernig der Interpretation nicht widersprochen, sie aber auch nicht bestätigt).

Die Laokoon-Gruppe gilt als eines der Meisterwerke der Antike, zwei Schlangen, von Göttern gesandt, töten den Priester und seine Söhne, bevor er die Trojaner warnen kann oder weil er im Tempel einen üblen Frevel begangen hat. Gotthold Ephraim Lessing hat aus seiner Betrachtung der Skulptur Mitte des 18. Jahrhunderts eine einflussreiche Poetik ableitet.

Zobernig hat seinen eigenen Zugang gefunden – und wie so oft sitzt ihm trotz aller Rationalität und Nüchternheit der Schalk im Nacken. Es ist nicht nur das profane Material, das dem ehrwürdigen Marmor-Laokoon frech entgegentritt. Als Entstehungszeitraum für die Skulptur gab Zobernig 1994 bis 1998 an, also fünf Jahre, eine Zeit höchster Produktivität, in der viele andere Werke, ja ganze Werkgruppen entstanden sind.

Die Schlangenskulptur, aus Hunderten Rollen bestehend, ist dabei offenbar en passant entstanden, Tag für Tag gewachsen, Woche für Woche ein Stück, eine Nebensache, die es ja für Künstler, die es ernst meinen mit der Kunst, nicht gibt. Und man fragt sich, wenn man die Skulptur betrachtet, wie denn der Künstler zu seinem Werkstoff gekommen ist. Vielleicht hat er ja das benötigte Material bei aller werkzugehörigen Nachdenklichkeit in durchaus körperlicher Arbeit selbst Blatt für Blatt freigelegt.

[2024]

Kinder beim Murmelspiel nach alten Regeln („Ring Taw"). England (?) um 1930.

Wolschebnik 666

GEBURTSTAGSREDE FÜR AUGUST RUHS

I

Magic in the Moonlight ist vielleicht nicht der beste Film von Woody Allen, aber auch nicht sein schlechtester. Es geht um Spiritismus und Zauberkunst, um Betrüger und ihre Entlarvung und natürlich um Liebe, Täuschung und Enttäuschung. In einem Gespräch mit Georg Diez zur Premiere des Films kurz vor Weihnachten 2014 sagte Allen:

> »Eines Tages wird die Sonne erlöschen und das Leben auf der Erde verschwinden. Eines Tages wird das ganze Universum verschwinden. Das Leben hat kein Ziel, das Leben hat keinen Sinn. Alles fliegt auseinander mit unvorstellbarer Geschwindigkeit. Das Leben erlischt in einer Mikrosekunde.«

Am Ende wird nichts je gewesen sein. »Das ist«, so Allen weiter,

> »die schreckliche Wahrheit. Und die großen Pessimisten, Nietzsche, Freud oder der Dramatiker Eugene O'Neill, die wussten das. Sie wussten, dass man trinken oder sich belügen oder sich wenigstens eine gute Geschichte ausdenken muss, um diese Wahrheit auszuhalten und mit dem Leben fortzufahren.«

Die triste Wahrheit ist also nur erträglich, darf man schlussfolgern, wenn sie uns in Form einer Schwindelei präsentiert wird. In nobler Form geschieht dies in der Kunst – »ästhetischer Schein« nennt man das, glaube ich –, in weniger nobler Szenerie geschieht es in der Zauberkunst. Beides beruht auf der Idee des Schwindelns, auf einer besonderen Art des Schwindelns, der Lüge im Dienste der Wahrhaftigkeit, einer guten Geschichte eben, die man sich erzählt. Die englische Bezeichnung »story-teller« ist mehrdeutig, sie bedeutet Geschichtenerzähler, aber auch (und stets gleichzeitig) Schwindler. Zumeist handelt es sich (im Alltag, in der Kunst und in der Zauberei) dabei bloß um eine etwas ermüdende Begegnung mit einem »trickster«, aber in seltenen besonderen Momenten kann der »trickster« zu einem »enchanter« werden, zum Bezauberer im Dienst der Wahrhaftigkeit. Dem Ausloten und Beschreiben dieser Augenblicke mit den Mitteln der Kunst ist vielleicht die Ethik des Geschichtenerzählers gewidmet.

II

Einen dieser Momente habe ich selbst vor vielen Jahren erlebt, und zwar gegen Mittag im Café Heine, einem Spieler- und Artistencafé in der Wiener Leopoldstadt.

Ein älterer Herr las Zeitung, er hatte eben gefrühstückt. Am mittleren Kartentisch saßen zwei stadtbekannte Kartenspieler, der »Sänger-Karl« und der »Kleine«, sie warteten auf Kundschaft. Nach ein paar Minuten forderte der Kleine den älteren Herren zu einer Partie Préférence auf. Um einen geringen, quasi symbolischen Einsatz, wie er sagte, es fehle bloß ein Dritter, und die Zeit werde lang. Préférence ist bekanntlich ein gefährliches Kartenspiel zu dritt, bei dem man rasch, sollten sich zwei gegen einen verbünden, sein ganzes Geld los ist. Der ältere Herr lehnte höflich ab, der Kleine ließ nicht locker und wiederholte die Aufforderung zum Spiel in Permanenz, bis der Pensionist zu meinem Entsetzen die Zeitung faltete und aufstand. Ich versuchte noch, durch Gesten zu warnen, doch vergeblich. Der Alte ließ sich vom Kleinen wie ein Opferlamm an den Kartentisch geleiten, wurde herzlich vom Sänger-Karl begrüßt, die Karten wurden beim Ober bestellt, der neue Mitspieler zum Geben aufgefordert.

Ungelenk schob der Alte die 32 Karten ineinander – um Gottes Willen, dachte ich, er kann nicht einmal mischen – eine Karte löste sich sogar aus dem Stoß, blätterte auf, es war ein Ass. Der Alte entschuldigte sich, kurz danach sprangen zwei Karten hervor, beides Asse, dann drei Karten, danach vier – alles Asse. Nun ergriff der Alte, plötzlich selbstbewusst, den Kartenstoß, mischte mit beiden Händen, dann teilte er den Stoß – das ganze Kaffeehaus hatte sich inzwischen um den Tisch versammelt – mehrfach mit einer Hand, bildete Fächer und schob sie ineinander, legte den scheinbar perfekt durchmischten Kartenstoß wieder auf den Tisch. Die vier Asse lagen oben auf. Die Kiebitze schwiegen verblüfft. »Spielen Sie«, sagte der Alte und begab sich wieder an seinen Tisch zu seiner Zeitung, »spielen Sie nie mit Unbekannten«.

Natürlich war der Alte ein Zauberkünstler, es handelte sich um den großen Wolschebnik, der damals im Theater an der Wien an der sogenannte »Weltmeisterschaft der Manipulation« – dem jährlichen Treffen der weltbesten Magier – teilnahm. Natürlich war ihm das Kartenspielen von seiner Zunft streng verboten, weil die Volten der Magier denen der Falschspieler zum Verwechseln ähnlich sind. Aber dem Kleinen und dem Sänger-Karl wollte er doch, so weit reichte seine Eitelkeit auch im Alter, eine Lehrstunde geben.

Wolschebniks Lebensweg war interessant. Er wurde 1899 in Russland geboren, die Familie emigrierte früh, er lebte in Berlin und Paris. Wolschebnik – mit bürgerlichem Namen wahrscheinlich Mark Abramowitsch Levi – wirkte zunächst erfolglos als Autor, arbeitete als Buchhändler und später als Sekretär von Ehrenburg und Sirin, bis er, im Grunde viel zu spät, die Zauberkunst für sich entdeckte. 1939 geriet er nach dem Tod seiner Frau in Südfrankreich in eine Affäre, die gerichtsanhängig wurde und die ihn bis in die späten 50er-Jahre verfolgte. Wohl deshalb war Wolschebnik im Umgang mit Medien zeitlebens (und zu Recht) sehr vorsichtig. Kurz nach Ausbruch des Zweiten Weltkrieges gelang ihm die Flucht, an Bord der Champlain überquerte er den Atlantik und erreichte New York. (Bei ihrer nächsten Überfahrt wurde der französische Dampfer von deutschen U-Booten versenkt.)

Die Transplantation des Russen in die USA gelang. In melusinenhafter Abgeschiedenheit lernte Wolschebnik Englisch und gönnte sich nur noch selten, wie er sagte, den »bitteren Luxus des Russischen«. Vor allem hat er geübt und geübt, bis er so weit war: In den 40er- und 50er-Jahren bildete er mit Dai Vernon und später mit Persi Diakonis das Dreigestirn der Zauberkunst in Amerika. Juan Tamariz hat eine Begegnung mit ihm aus gutem Grund stets vermieden.

Wiewohl ein Meisterpsychologe und großmeisterlicher Beobachter menschlicher Schwächen, war Wolschebnik kein Freudianer. Die Erklärungen der »Wiener Delegation« lehnte er entschieden ab: »Entgegen Freuds Annahme«, sagte Wolschebnik in einem seiner seltenen Interviews, »ist die

Schönheit das Primäre und nicht die sexuelle Anziehung. Der sexuelle Zauber ist nur ein winziges Detail in der Schönheit der Welt. (…) Worauf es mir ankommt, sind nicht Schmerz oder Freude des Menschen, sondern wie Schatten und Licht auf einem lebenden Körper spielen oder Bagatellen sich auf einzigartige und unnachahmliche Art harmonisch versammeln.«

III

Vielleicht hatte er bemerkt gehabt, dass ich ihn warnen wollte, jedenfalls zeigte er mir ein paar Tage danach an einem der hinteren Tische des Cafés ein Kartenkunststück mit dem Namen »666«, eine »Kleinigkeit mit Teufelszahl«, wie er es nannte.

Der Effekt der Piece war folgender: Zunächst musste ich dreimal eine Zahl zwischen eins und sechs bestimmen, ich entschied mich für fünf, drei und sechs. Natürlich wurde ich für die kluge Wahl gelobt, die drei Zahlen wurden notiert, natürlich durfte ich mich in Folge davon überzeugen, dass keine Trickkarten im Spiel waren.

Danach führte Wolschebnik »zum Aufwärmen« mit den oberen Karten in rascher Folge einige kleinere Tricks durch (er erriet stets die oberste Karte) und entfernte danach die Joker. Um die Sache zu vereinfachen, wurde das folgende Kunststück mit dem unteren Teil des Päckchens durchgeführt.

Das Erstaunliche war, dass er die Karten kein einziges Mal berührte, sondern sie mir überließ und nur meine Bewegungen dirigierte. Meine erste Zahl (fünf) bedeutete, dass ich fünfmal an beliebiger Stelle abheben durfte. Ich tat es, die

Karten waren also nochmals gemischt. Meine nächste Zahl (drei) bedeutete, dass ich die ersten drei Karten weglegte (Wolschebnik ließ mir die Wahl, falls ich unsicher war, kurzfristig eine andere Zahl zu nominieren, was ich ablehnte). Danach befahl er mir, die folgenden sechs Karten verdeckt nebeneinander auf den Tisch zu legen. Die restlichen Karten wurden wie die ersten drei weit entfernt abgelegt, sodass sie auf keinen Fall mehr ins Spiel gebracht werden konnten. Ich musste nun eine der am Tisch verbliebenen sechs Karten kurz umdrehen, Wolschebnik blickte mir tief in die Augen, bestimmte ohne Zögern alle weiteren Karten, deckte sie nacheinander auf. Tatsächlich hatte er jede einzelne Karte erraten! Doch nicht genug damit. Er ließ mich die Kartenfolge auf einen Zettel notieren, die sechs Karten selbst wieder umdrehen, einen Stoß bilden und befahl mir, meine linke Hand daraufzulegen. Nun kam die dritte von mir am Anfang gewählte Zahl (sechs) ins Spiel. Ich multiplizierte die eben notierte Zahl auf dem Zettel mit sechs. Die entstandene Zahl entsprach, wie sich gleich danach zeigte, exakt den Karten und ihrer Reihenfolge unter meiner linken Hand. – Ich war naturgemäß sprachlos, erstaunt, aber auch bedrückt.

Wolschebnik drückte mir einen eng beschriebenen Zettel in die Hand und verabschiedete sich. Der Text, einem Kassiber oder einem Beipackzettel von Medikamenten ähnlich, war in kyrillischer Schrift verfasst und enthielt offenbar eine Erklärung des Kunststücks.

Wolschebnik starb zwei Jahre danach in der Schweiz, den Trick hat er meines Wissens nach nie öffentlich gezeigt. Ich kann kein Russisch und habe natürlich nie verstanden, wie die Sache geht. Obwohl ich den Text über vier Jahrzehnte aufbewahrt habe, habe ich aus einem seltsamen Widerstand, den ich mir nicht erklären kann, nie versucht, ihn übersetzen zu lassen. Nun befindet sich der Wolschebnik-Zettel im Besitz von August Ruhs. Er ist also wohl der Einzige, der die Lösung des Tricks, wenn es sich denn um einen Trick handelt, kennt. Man sollte ihn danach fragen.

[2016]

Der perforierte Zauberzirkel

Zur Aktualität von
Johan Huizingas *Homo ludens*

I

Der deutsche Philosoph Günter Figal hat einmal erwähnt, dass jede Schilderung einer Begegnung eine Art Doppelbelichtung eines Bildes ist: Das Bild des anderen und das eigene überlagern sich, und zwar derart, dass es unentscheidbar ist, ob es sich um ein Porträt oder um ein Selbstporträt handelt.

Als ich Ferdinand Schmatz unlängst zum ersten Mal begegnet bin – das war vor drei Jahrzehnten im Frühjahr 1994 –, haben wir uns über Spiel und Literatur unterhalten. Schmatz war zu der Zeit bereits als Lyriker etabliert und Lektor an der Lehrkanzel für Philosophie der Universität für angewandte Kunst.

Ich arbeitete damals gerade an einem Artikel über Helmut Heißenbüttels *Konstellationen* und war deshalb an Schmatz' Meinung interessiert. Es wurde ein aufregendes Gespräch, das er wohl vergessen hat, mir ist es allerdings gut in Erinnerung geblieben. Wir sprachen über Spiel und seine Bedeutung bei Schwitters, de Saussure, in der Konkreten Poesie und natürlich bei Wittgenstein. Schmatz war ein überaus kundiger Gesprächspartner, er war uneitel, sprach seltsam leicht und mit seltsamem Ernst. Erst später lernte ich, was es bedeutet, mit einem Künstler über Philosophie und mit einem Schriftsteller über Poetik zu sprechen: Die Probleme sind allesamt weniger abstrakt, dafür aber dringlicher. Oder sie existieren nicht.

Ausgespart von unseren Exkursen blieb das berühmte Buch von Johan Huizinga über den *Homo ludens*, es war der blinde Fleck und doch das heimliche Gravitationszentrum, um das unser Gespräch kreiste. Warum wir nicht über Huizinga sprachen, hatte einen einfachen Grund: Ich hatte sein Buch nicht gelesen, und er wohl auch nicht. Der *Homo ludens* gehörte damals zu einem ehrwürdigen, aber auch tragischen Genre in den Kultur- und Geisteswissenschaften, dem der häufig erwähnten, aber kaum gelesenen Bücher. Von Schillers *Briefen über die ästhetische Erziehung des Menschen* war wenigstens ein Satz geläufig, vom »ganzen Menschen, der nur ganz wird, wenn er spielt« – auch wenn niemand so recht wusste, wie das gehen sollte. Bei Huizinga kam man über die Erwähnung des Titels kaum je hinaus. Dabei hätte uns allein das Kapitel über »Spiel und Dichtung«, über den heiligen Ernst des Spiels, der auch in der Literatur eine gebieterische Macht zum Mitspielen erzeugt, bei einigen Fragen, die wir uns gestellt hatten, helfen können – Fragen nicht nur über Poesie, sondern und vor allem über Gesellschaft und Politik.

Der folgende Text ist für Ferdinand Schmatz, er ist der Versuch einer Fortsetzung unseres allerersten Gesprächs. Die Erinnerung an Huizinga erfolgt dabei nicht aus Sentimentalität oder der Vollständigkeit halber, sein *Homo ludens* erscheint mir in vielem aktuell.

II

Wo beginnen? Vielleicht bei einem Genetiv. Im *Homo ludens*, der kurz vor dem Zweiten Weltkrieg in Holland erschien, ging es Johan Huizinga nicht um einzelne Spiele; es geht auch nicht um das »Spiel in der Kultur«, sondern um das »Spielelement *der* Kultur«.

Der Genitiv ist von enormer Radikalität. Kultur wächst, entfaltet sich nach Huizinga *als* Spiel. Spiel, genauer der »spielende Wetteifer als Gesellschaftsimpuls«, ist nach Huizinga »älter als die Kultur selbst, erfüllte von jeher das Leben und brachte die Formen der archaischen Kultur wie Hefe zum Wachsen«. In einer kurzen Synopse seines Buches heißt es im Abschnitt über Kulturen sub specie ludi:

> »Der Kult entfaltete sich in heiligem Spiel. Die Dichtkunst wurde im Spiel geboren und erhielt immerfort aus Spielformen ihre beste Nahrung. Musik und Tanz waren reines Spiel. Weisheit und Wissen fanden ihren Ausdruck im Wort in geweihten Wettspielen. Das Recht ging aus den Gepflogenheiten eines sozialen Spiels hervor. Die Regulierung des Streits mit den Waffen, die Konventionen des adeligen Lebens waren auf Spielformen aufgebaut. Die Folgerung muß sein: Kultur in ihren ursprünglichen Phasen wird gespielt. Sie entspringt nicht *aus* Spiel, wie eine lebende Frucht sich aus ihrem Mutterleibe löst, sie entfaltet sich *in* Spiel und *als* Spiel.«

Erstmals in der Kulturgeschichte erscheint der Homo ludens gleichberechtigt mit dem Homo faber und dem Homo sapiens sapiens. Der spielende Mensch ist der eigentlich

Kulturschaffende in der Gesellschaft, als Kulturschaffender bleibt er/sie stets ein/e Spielende/r, ob in der Rolle des Dichters, der Politikerin oder des Richters; eine gleichermaßen radikale wie riskante These für den im Grunde konservativen Kulturhistoriker, der erst vier Jahre zuvor Rektor der Universität von Leiden geworden war.

Freilich fragt man sich wie bei Schiller, was ein Spiel ist. Zu Beginn des Buches versammelt Huizinga auf wenigen Seiten fünf Kennzeichen des Spiels. Spiel ist eine Handlung, an der man freiwillig teilnimmt, die zweckfrei ist, indem sie »außerhalb des Bereichs des direkten materiellen Interesses oder der individuellen Befriedigung von Lebensnotwendigkeiten« liegt, die zeitlich und räumlich abgeschlossen ist, deren Bewegungen wiederholbar sind und die sich schließlich durch ein striktes Regelsystem und das Einhalten einer unbedingten Ordnung auszeichnet. Tatsächlich: »auszeichnet«, denn auf den Regel- und Ordnungscharakter des Spiels legt Huizinga größten Wert. Das Spiel fordert Ordnung, Spiel »schafft Ordnung, ja es ist Ordnung. In die unvollkommene Welt und in das verworrene Leben bringt es eine zeitweilige begrenzte Vollkommenheit. (…) Die geringste Abweichung von ihr verdirbt das Spiel, nimmt ihm seinen Charakter und macht es wertlos.«

Die besondere Betonung der ordnungsstiftenden Funktion des Spiels ist vielleicht Huizingas universitärer Position geschuldet, doch zweifellos gelang es ihm damit, den profanen, unernsten Gegenstand jenseits seines pädagogischen Nebennutzens zu nobilitieren und seine Betrachtung auf akademischem Gebiet überhaupt erst zu ermöglichen.

III

Huizingas Definition des Gegenstandsbereichs und seine methodische Perspektive blieben im Laufe der folgenden Jahrzehnte nicht unwidersprochen. Der Bestimmungsversuch eines »reinen Spielgehaltes«, der logisch in eine normative Unterscheidung zwischen »richtiger und falscher« Spielhaltung mündet, stieß auf Kritik. Ludwig Wittgenstein entwickelte in seinem Spätwerk prinzipielle sprachphilosophische Einwände gegen den Versuch einer Definition des Wesens von Spiel. Roger Caillois kritisierte, dass Huizinga durch die Betonung des Ordnungs- und Regelcharakters des Spiels das karnevaleske, ekstatische und aleatorische Element der Spielhandlungen, kurz: das Närrische des Spiels, eskamotiere und also weite Bereiche des Spiels in seiner Bedeutung abwerte.

Im Besonderen reagierte Theodor W. Adorno gereizt auf den *Homo ludens*. Wohl konstatiert er in seiner *Ästhetischen Theorie*, dass es Huizinga gelinge, über den Spielcharakter so manches Kulturphänomen einer interessanten Erklärung zuzuführen, die Annahme einer Deckungsgleichheit von Spiel und Kunst ist mit Adornos emphatischem Kunstbegriff allerdings unvereinbar. Da die Regeln des Spiels den Spielenden stets vorgegeben sind, ist das Spiel »Nötigung zum Immergleichen«, das in jedem Spiel enthaltene Element der Wiederholung kennzeichne es als »Nachbild unfreier Arbeit«, statt ein Ort der Freiheit ist Spiel für Adorno disziplinär und repressiv. Eine Ästhetik, die sich dem Spiel verschreibt, wäre also rein affirmativ; ein Aufbrechen der Strukturen der herrschenden Kultur ist für ihn spielerisch nicht möglich. In dieser Sicht geraten ganze Strömungen der Postavantgarde, die in unterschiedlichster Weise dem Spiel mit der Kunst und der Kunst des Spiels verpflichtet sind, außer Sicht: Spielästhetiken sind in Adornos Perspektive entweder nur Belege »bürokratischer Kunst« (Josef Matthias Hauer) oder traurige Beispiele für die jüngste »Entkunstung der Kunst«, kurz ein politisches Katerfrühstück nach durchzechter utopischer Nacht.

Adornos und Huizingas Positionen scheinen diametral entgegengesetzt, doch in manchem Aspekt – etwa in der Kritik der Kommerzialisierung – stimmen Huizinga und Adorno überein. Huizingas Deutung der Entwicklung der Spielästhetik bleibt allerdings im Gegensatz zu Adornos kruder Ablehnung differenziert. Er sieht zwei gegenläufige Entwicklungen zeitgleich wirksam. Zum einen bricht nach Huizinga der Spielcharakter der Kunst, wie er die Renaissance bis zum Barock und das Rokoko dominierte, im 20. Jahrhundert in sich zusammen, und zwar durch eine nachgerade religiöse Hypostasierung der Tätigkeit des Künstlers und eine Verschiebung der Funktion des Kunstwerks »vom Sozialen zum Individuellen«: Es sprießt

> »die himmelhohe Verherrlichung des ästhetischen Genusses in der Skala der Lebenswerte (...) Die Kunst wird öffentliches Eigentum, die Liebe zur Kunst wird zum guten Ton. Die Vorstellung vom Künstler als eines höheren Wesens setzt sich durch (...) In all diesem muß man das Spielelement in weiter Ferne suchen.«

Einen Absatz weiter unten konstatiert Huizinga zur Überraschung der Leserin und des Lesers zum anderen:

> »Von der anderen Seite her betrachtet wird man wohl ein gewisses Erstarken des Spielelements im Kunstleben

im folgenden sehen dürfen. Der Künstler wird als besonderes Wesen über die Masse seiner Mitmenschen angesehen und muß eine gewisse Verehrung für sein billig Teil halten. Um dies Bewußtsein seiner Einmaligkeit erleben zu können, braucht er ein Publikum von Verehrern oder eine Genossenschaft von Geistesverwandten (...) Noch immer ist, wie in den älteren Perioden, eine gewisse Esoterik für die Kunst unentbehrlich. Jeder Esoterik aber liegt eine Verabredung zugrunde: wir Eingeweihte werden dies so finden, so begreifen, so bewundern. Sie fordert eine Spielgemeinschaft, die sich in ihrem Mysterium verschanzt.«

Jeder *-ismus*, also die Versammlung von Produzenten und Rezipienten um eine bestimmte Kunstrichtung, ist für Huizinga Hinweis auf die Existenz einer Spielgemeinschaft. Mit der Idee der Spielgemeinschaft nimmt Huizinga nicht nur ein zentrales Motiv in der Ästhetik der Gegenwart vorweg (etwa bei Robert Pfaller), es ermöglicht Huizinga auch ein tieferes Verständnis des kritischen Gehalts einer Spielästhetik, die sich gegen die zunehmend »ernstende« Kultur der Gegenwart richtet und ein ironisches Spiel mit den Regeln der Kunst und ihren Grenzen initiiert. Der avantgardistische Regelbruch mit dem traditionellen Kunstbegriff besteht darin, dass Kunst just in einer Zeit, die das Spielelement der Kunst verleugnet, als regelgeleitetes Spiel betrieben wird. »Wir spielen immer, wer es weiß, ist klug«, lässt Schnitzler seinen *Paracelsus* im Wien des Fin de Siècle sagen – das »Wir« verweist auf die Existenz einer Spielgemeinschaft ganz im Sinne Huizingas. Die Klugheit des Künstlers ist nicht Ergebnis eines ausgebrannten ästhetischen Nihilismus, sondern kann auch als Negation der Künstlerrolle in der Kultur der Bürgerlichkeit verstanden werden: Sie dürfen alles sein außer klug.

IV

Bedeutend erscheint mir in den letzten beiden Passagen im Besonderen die Form des Arguments. Huizingas schwankendes, beim Schreiben sich vorsichtig vortastendes Denken lässt eine gewisse Widersprüchlichkeit, die nicht vollständig aufgelöst wird, zu und eröffnet Zugang zu sehr komplexen Denkräumen. Huizinga gestaltet seine Texte als Räume für ein parataktisches Denken, er vertraut im Schreibprozess auf ein Neben- und Nacheinander der Argumente und auf die Fähigkeit der Lesenden, die Spielräume, die der Text lässt, produktiv für sich zu nützen.

Dieses essayistische, vieles in Schwebe belassende Schreiben vermag historische Vielstimmigkeit, Tendenzen und Gegentendenzen zu fassen, es ist auch das Modell des Zeit- und Kulturkritikers Huizinga. »Das Thema dieses Buches«, schreibt Huizinga programmatisch,

> »läuft auf die Frage hinaus: Was ist der spielhafte Gehalt unserer eigenen Zeit, der Kultur, in der die Welt heute lebt? (...) Inwieweit entfaltet sich die Kultur, in der wir leben, in den Formen des Spiels? Inwieweit kommt der spielhafte Geist über den Menschen, der die Kultur erlebt? Das vorige Jahrhundert, so meinen wir, hatte viel von den Spielelementen eingebüßt, durch die die früheren Jahrhunderte gekennzeichnet waren. Hat sich dieser Mangel ausgeglichen oder ist er noch größer geworden?«

Sehr klar konstatiert Huizinga auch hier die Gleichzeitigkeit von zwei gegenläufigen Tendenzen: Es gibt ein Mehr an Spiel und zugleich ein Weniger. In einem Fall »versteift sich Spiel zunehmend in Ernst«, »der alte Spielfaktor ist zum großen Teil abgestorben«. Aus vormals spielerischen Handlungen wird durch Kommerzialisierung und Professionalisierung Ernst. Betrachtet man die Entwicklungen etwa im Sport und die Transformation von Spielen in Leistungssport, so wird man Huizingas These nicht widersprechen können. Auf der anderen Seite, in einer Art Gegenbewegung, »entartet« eine zunehmend größere Zahl ernster Beschäftigungen zu Spiel, »nützliche Betätigungen fügen sich mit Vorliebe in den einen oder anderen Spielverband«. In der Gegenwart entflicht sich das traditionell klar abgegrenzte Verhältnis von Spiel und Nutzen, ein neues Ineinander wird etabliert, in dem die Grenzen zwischen Spiel und Ernst verschwimmen.

Die beiden zentralen Bezugspunkte einer Zeitkritik via Spiel sind bei Huizinga das schon erwähnte Konzept der Gemeinschaft, die sich beim Spielen gründet, und die Annahme der Umhegung des Spiels, eines Zauberzirkels, der das Spiel vom Außen trennt:

> »Auffallender noch als seine zeitliche Begrenzung ist die räumliche Begrenzung des Spiels. Jedes Spiel bewegt sich innerhalb seines Spielraums, seines Spielplatzes, der materiell oder nur ideell, absichtlich oder wie selbstverständlich im voraus abgesteckt worden ist. Wie der Form nach kein Unterschied zwischen einem Spiel und einer geweihten Handlung besteht, d.h. wie die heilige Handlung sich in denselben Formen wie ein Spiel bewegt, so ist auch der geweihte Platz formell nicht von einem Spielplatz zu unterscheiden. Die Arena, der

Spieltisch, der Zauberkreis, der Tempel, die Bühne, die Filmleinwand, der Gerichtshof, sie sind allesamt der Form und der Funktion nach Spielplätze, d. h. geweihter Boden, abgezäuntes, umzäuntes, geheiligtes Gebiet, in dem besondere eigene Regeln gelten. Sie sind zeitweilige Welten innerhalb der gewöhnlichen Welt, die zur Ausführung einer in sich geschlossenen Handlung dienen.«

Die Nähe des Arguments zu Freuds Analyse des Verhältnisses von Zwangshandlungen und religiösen Ritualen sticht hier ins Auge: Der Zauberzirkel ermöglicht einen Schutzraum des Als-ob, in dem die Spielenden wie die Neurotiker Freuds »in melusinenhafter Abgeschiedenheit« agieren können. Die Instanzen des Über-Ich sind suspendiert, das Spiel entlastet die Spieler und sorgt wie die Zwangshandlung zumindest partiell für eine Art »Schiefheilung«. Zugleich ist der Zauberzirkel aber ein in hohem Maße geregelter Raum. Die Regeln präformieren alle Bewegungen der Spielenden, sie schützen sie zwar vor der sie bedrängenden Außenwelt, vor der Sphäre des Nutzens, der Ziele und Zwecke, unterwerfen sie aber auch. In der Akzeptanz der Unterwerfung könnte auch die erstaunliche Immersionskraft von Spielen liegen, die dunkle Lust, welche die Spielerinnen und Spieler am Spielen hält.

In welchem Verhältnis, könnte man mit Huizinga fragen, stehen nun die Spielregeln, die im Zauberzirkel Geltung besitzen, zu den gesellschaftlichen Regeln, von denen die Spielenden im Spiel befreit werden? Ich denke, dass die Regeln des Über-Ich lesbar bleiben, allerdings erscheinen sie an der Innenseite der Wand des Zauberzirkels spiegelverkehrt und machen durch die »Verkehrung ins Gegenteil« für den Betrachter ein verborgenes Begehren sichtbar. Die spezifische Form der Regeln des Spiels ist zugleich Wunsch- wie Zerrspiegel ihrer Epoche.

Die Spielhandlungen innerhalb des Zirkels verfügen dabei nach Huizinga über eine gebieterische Macht, die zum Spielen überredet. »Das Spiel«, schreibt Huizinga,

> »bindet und löst. Es fesselt. Es bannt, das heißt: es bezaubert. (…) Es fordert eine Spielgemeinschaft. (…) Der Ausgang eines Spiels oder eines Wettkampfes wird nur für die wichtig, die sich als Mitspieler oder als Zuschauer (…) in die Sphäre des Spiels begeben und seine Regeln angenommen haben. Sie sind Spielgenossen geworden oder wollen es sein. Für sie ist es nicht unwesentlich, ob Oxford oder Cambridge gewinnt.«

Die Teilnahme am Spiel ist per definitionem zeitlich limitiert und freiwillig, das heißt, die Spielgemeinschaft, die das Spiel evoziert, ist eine räumlich und zeitlich begrenzte Gemeinschaft. Bei aller Immersionskraft kann sie vom Spielenden widerrufen werden und muss nach dem »Game Over« aufgelöst werden. Die Spielgemeinschaft bildet deshalb nur bedingt Identität aus. In Spielgemeinschaften à la Huizinga sind kollektive Identifizierungen eher strategischer Natur. Die Spielgemeinschaften der Gegenwart, bei Huizinga noch freiwillig und flexibel, stehen per Geburt fest, sie dienen der kollektiven, sich nach außen abgrenzenden Selbstvergewisserung. An der Außenmauer des neuen Zauberzirkels ist in gewissem Sinn als unversöhnliche Warnung an die anderen schon eingeschrieben: Kein Zutritt! Man bleibt unter sich, das Eindringen in die Gemeinschaft ist ein Akt aggressiver kultureller Aneignung, das Ausscheiden aus der Spielgemeinschaft ist nicht Freiheit, sondern Verrat.

V

Wir erleben heute, so könnte eine zeitkritische These in Anschluss an Huizinga lauten, eine tiefgreifende Veränderung des Zauberzirkels und der Spielgemeinschaften in zwei gegenläufige Richtungen. Zum einen erfährt der Zauberzirkel im Zeichen einer umfassenden »Gamifizierung« bedeutender gesellschaftlicher Sphären eine enorme Ausdehnung; die Spielzone erweitert sich in die Bereiche der Pädagogik, der Arbeit und des Krieges. Zum anderen implodiert der Zauberzirkel in der Sphäre der Kultur. Die karnevaleske und zugleich distanzierte Kultur des Spiels wird zusehends durch eine Kultur der Intimität und Authentizität ersetzt.

Am einfachsten zu beobachten ist die Ausweitung der Spielzone in der Pädagogik. Im Grunde ist heute jede Pädagogik eine Spielpädagogik, um verschiedene interaktive Lernprogramme für Kinder wie für Erwachsene ist ein riesiger Markt entstanden. Die Bewegungsfreiheit der Spielenden ist dabei wie der Spielraum stark restringiert, die Spiele nützen allerdings geschickt den gesellschaftlichen Trend zum Perfektibilismus und zur Selbstoptimierung durch Leistung, Metrik und Ranking. Die spielerische Disziplinierung betrifft dabei nicht nur den Körper, für Jane McGonigal, eine der einflussreichen Apologetinnen des Konzeptes der Gamifizierung, sind Spiele »spirituelle Praxis«, die »unser Leben« in allen Bereichen »auflevln«. Man stellt die eigenen To-do-Listen ins Internet, arbeitet sie ab und erlangt dabei Punkte, adipöse Stadtbewohner versuchen in einem gemeinsamen Spiel, das Gesamt-Übergewicht einer Stadt zu reduzieren, andere Programme versuchen, vom Vorteil des Energiesparens und der täglichen Weltrettung zu überzeugen usw. usf.

Mit spielerischen Elementen wird zusehends auch die kontemporäre Fernkriegsführung durchsetzt. Beim Einsatz von Drohnen verwischen – aus der Perspektive des Kriegers – die Grenzen der Simulation und des realen Einschlags, die Drohnen werden mittels Joystick in ein weit entferntes Ziel bewegt, das Erlebnis des realen Schreckens durch die Folgen des Einschlags wird durch die gleichermaßen halluzinatorischen wie klinisch sauberen Bilder am Computerscreen – kein Ton, keine Schockwelle, kein Geruch – ersetzt.

Die Erweiterung der Spielzone betrifft schließlich auch die Arbeitswelt. Arbeit soll spielbar sein. Der spielerische Wettbewerb, permanente Evaluation auf metrischer Basis und ständiges Ranking erschweren freilich die Bildung einer solidarischen Gemeinschaft, sie erzeugen vielmehr eine Atmosphäre ständiger Konkurrenz. Imaginiert wird eine Welt der Fairness, in der jeder und jede wie beim Schach oder Monopoly über die gleichen Chancen im Spiel verfügt. Der Als-ob-Charakter des Spielens kaschiert dabei den realen Nutzen, der aus der Spielarbeit gezogen wird. Das kann man erstaunlicherweise im Ansatz bereits 1938 bei Huizinga lesen, er schreibt:

»Ein rein spielhaftes Element hat hier Nützlichkeitsrücksichten ganz in den Hintergrund gedrängt; der Ernst wird Spiel. Ein großer Betrieb flößt bewußt den Spielfaktor seiner eigenen Belegschaft ein, um seine Leistung zu erhöhen. So kehrt sich der Prozeß bereits wieder um; das Spiel wird wieder Ernst.«

Die Perforierung des Zauberzirkels erfolgt aber auch in anderer Richtung, und zwar in Richtung einer Intimisierung der Öffentlichkeit, die jedem Spiel, das immer auch ein

Spiel mit frei gewählten Identitäten, ein Spiel mit Masken ist, misstrauisch begegnet. Tatsächlich beruht jedes Zusammenleben, im Besonderen in der Stadt, auf einem Spiel der Masken. »Der Verkleidete oder Maskierte«, schreibt Huizinga, »›spielt‹ ein anderes Wesen. Er ›ist‹ ein anderes Wesen«. Im alltäglichen Spiel mit Rollen bewahrt man den anderen vor dem eigenen Selbst (und will vom anderen Selbst bewahrt werden). Das Rollenspiel ist Grundlage von Höflichkeit und Zivilisiertheit, ihr Garant ist die Maske, der Katalysator des Zivilisationsprozesses ist die jedem Spiel eigene Macht, der Sog oder Zauber des Spiels, der alle zum Mitspielen überredet.

36 Jahre nach dem Erscheinen des *Homo ludens* konstatiert Richard Sennett in seinem berühmten *The Fall of Public Man* einen Verlust des Spielelements: »In den modernen Gesellschaften«, schreibt er in Anschluss an Huizinga, »sind die Menschen zu Schauspielern ohne Kunst geworden (…) sie haben aufgehört, selbst etwas darzustellen.« Dem spielerischen Ritual wird nun misstraut, »geformtes Verhalten« wird als »inauthentisch« betrachtet. Die intime Gesellschaft ist unzivilisiert, indem sie die Kräfte des Narzissmus mobilisiert; dies führt zum Verlust der »Selbst-Distanz«, der »Freiheit gegenüber dem Selbst«, die Spiel ermöglicht; der Narzissmus schwächt die ludische Energie und macht »das Spielvermögen, über das der Mensch verfügt, zunichte«.

Für die Kunst stellt die allgemeine Spielskepsis eine schwere Belastungsprobe dar, die Frage nach der Unbedingtheit der Kunstfreiheit und der ihr gesellschaftlich zugebilligten Autonomie wird derzeit neu verhandelt. Im Mittelpunkt steht nun das Ich und seine Herkunft, die Frage nach Authentizität des Erlebens und der »eigenen« Vergangenheit tritt an die Stelle des Spiels mit dem ästhetischen Schein und der Täuschung, die Grundlage der Fiktion (und der Wahrhaftigkeit der Kunst) ist.

Lichtjahre entfernt scheint heute der Vers von Fernando Pessoa:

»Der Dichter ist ein Schwindler, der
so vollkommen alles spielt,
und selbst dann noch Schmerzen vortäuscht,
wenn er wirklich welche fühlt.«

V

Ich denke, dass die Diagnosen von Sennett und Huizinga nichts an Aktualität verloren haben. In der Spielskepsis schafft sich die intime Gesellschaft Luft, die Gemeinschaften, bei Huizinga noch zeitlich und räumlich limitiert, sind nun tribalistisch fixiert. Die Spielskepsis erscheint in vielem religiös grundiert. Die Spieler legen die Masken ab und werden als Personen sichtbar, allerdings häufig als gekränkte. Der Zauberzirkel des Spiels implodiert und mit ihm die Autonomie der Kunst.

Gegen das Gefühl, gekränkt zu sein, lässt sich bekanntlich nicht argumentieren. Es kann sich auf Frisuren beziehen, auf unangenehme Thesen in Vorträgen, auf Faschingskostüme, auf indizierte Worte usw. usf. Veranstalter sind bei Buchungen vorsichtig geworden, manche Verlage beschäftigen Sensitivity Reader, um möglichen Verletzungen von Gefühlen und allfälligen Kränkungen von Leserinnen und Lesern zuvorzukommen.

Der Grund für die gesteigerte Bedeutung des Gefühls und des Verletztseins ist eng mit dem Kampf um Anerkennung der »eigenen Identität« verbunden. Die Identitätssuche kann zunächst als ein individualistisches Selbst-Sein verstanden werden, eine radikalisierte (und verquere) Form von Freiheit, die selbstbewusst für das eigene Leben in Anspruch genommen wird, Identität wird aber vor allem als Zugehörigkeit zu einer Gemeinschaft verstanden. Mehrdeutigkeiten und ambivalente Aussagen, die das Gefühl der Zugehörigkeit satirisch befragen oder ironisch unterwandern, werden immer weniger geduldet. Spielerisches Handeln zeichnet sich geradezu durch Empathiemangel aus: Kein Spiel lässt sich ohne ein gewisses Maß an Bosheit und Grausamkeit denken. Das Sensibilitätsbedürfnis einer Gesellschaft ist dabei progredient, wie die deutsche Journalistin Svenja Flaßpöhler bemerkt: Je größer die gesellschaftlichen Fortschritte zur Gleichberechtigung aller sind, desto sensibilisierter wird die Gesellschaft für bestehende Ungerechtigkeiten und die damit verbundenen Verletzungen. Mit dem Anstieg der Sensibilität sinkt gleichzeitig die Fähigkeit, Verletzungen der imaginierten Zugehörigkeit auch im Spiel auszuhalten.

Für die Kultur des Spiels ist das permanente Sensibilitätswachstum bei gleichzeitig sinkender Resilienz ein permanenter Stresstest. Mit dem Heidenspaß des Spiels ist es jedenfalls vorbei, wie beim Roulette und wie stets in der Geschichte der Spiele ist das fröhliche »Faites vos jeux« nie weit vom »Rien ne va plus« entfernt. Beides, die entgrenzte Fröhlichkeit, in der alles Spiel wird, und die Skepsis, in der nichts mehr im Zeichen von Authentizität und Identität gespielt werden darf, also die Gefahr der Erweiterung und der Implosion des Zauberzirkels, ist im *Homo ludens* bereits antizipiert, und deshalb lohnt meines Erachtens seine genaue Lektüre.

Was freilich passiert, wenn die Fiktion von der Kunst in die Politik migriert, wie wir es unter der Präsidentschaft von

Donald Trump erlebten, was für die Literatur bleibt, wenn im politischen Diskurs von »alternative facts«, »alternative truth« und einer »post truth world« die Rede ist, das konnten sich weder Huizinga noch Sennett vorstellen.

Vielleicht kann es Ferdinand Schmatz.

[2021]

Falsches Spiel

Notiz zu Harry Houdini und zum illusorischen Glück

I

Daniel war untröstlich. Am liebsten hätte er den ganzen restlichen Abend vor Wut und Enttäuschung geweint. Und schuld waren ich, David Copperfield und die ganze Welt – und zwar in dieser Reihenfolge.

Das kam so: Wir hatten eine der bombastischen Zaubershows von David Copperfield besucht, Daniel war begeistert vom Tempo Copperfields, der Lichtshow, dem brachialen Sound und dem Stakkato der magischen Effekte. Gegenstände erschienen, ganze Menschengruppen verschwanden, Dinge lösten sich auf, schließlich schwebte der Zauberer selbst durch den Saal. Man mag ihn mögen oder nicht: Maschinenpark und Repertoire Copperfields waren enorm, er spielte sich durch die Zaubergeschichte von den listigen Maschinen Robert-Houdins bis hin zu fragilen Slight-of-Hand-Tricks à la Dai Vernon.

Daniel rätselte bezaubert. Eine Nummer hatte es ihm besonders angetan, Personen aus dem Publikum wurden auf die Bühne gebeten – der Kelch ging an uns vorüber –, und der Magier erriet Namen, Geburtsdatum, die Nummer der Bankomatkarte usw. usf. Das Schweben schien klar (toll, aber unsichtbare Fäden), das Verschwindenlassen ebenso (auch toll, aber doppelter Boden), doch dieser Trick interessierte Daniel besonders. War es die übermenschliche Konzentration, konnte Copperfield vielleicht wirklich Gedanken lesen, verrieten die Augen der Zuseher oder die Falten auf ihrer Stirn deren Geheimnisse, und konnte man solche magischen Techniken vielleicht lernen?

Daniel konnte beharrlich sein, und da ich damals noch im Ruf stand, alles zu wissen, wurde mein Schweigen als Bösartigkeit ausgelegt. Immer heftiger wurde am Ärmel des Mantels gezupft und aufgestampft. Er gab nicht nach, so lange, bis ich ihm antwortete, dass Copperfield, wie Houdini und alle Mentalisten, Somnambulen, Medien, Geisterseher und Gedankenleser vor ihm, wohl Erkundigungen über sein Publikum eingezogen hatte oder einzelne Zuseher und Zuseherinnen unter Vertrag hatte, dass er also die Antworten wusste, bevor er noch die Fragen gestellt hatte.

»Aber das ist ja Betrug!«
»Das ist sein Geschäft!«
»Aber ...«

Daniel verstummte. Da nützte weder das Angebot eines spätabendlichen Honigbrotes etwas noch der Hinweis auf seinen alten Bekannten, den *Zauberer von Oz*, der doch auch nur ein Schwindler war. Daniel war überzeugt: Das eine, das Schweben, das Escamotieren, das Verändern der Farben der Karten, ist ein Betrug, der irgendwie in Ordnung ist, auch wenn Menschen dadurch hinters Licht geführt werden. Das andere, das vermeintliche Erraten der Gedanken, die gar nicht wirklich erraten werden, ist nur Betrug, der nicht o. k. ist, der keinen Respekt verdient, der weder witzig noch sympathisch ist. Das war ein Unterschied, der für Daniel einen Unterschied machte.

Welchen Unterschied könnte Daniel gemeint haben?

II

In einem seiner schönsten Aufsätze, *Zur Kritik der Hegelschen Rechtsphilosophie*, widmete sich der gerade 25-jährige Karl Marx der Religion und ihrer janusköpfigen Gestalt. Religion ist verkehrtes Weltbewusstsein, weil es eine verkehrte Welt ist, die sie hervorbringt. Zugleich ist sie »Seufzer der bedrängten Kreatur«, Elend und Protest gegen das Elend, die Illusion ist Lüge, aber auch Ausdruck des »illusorischen Glücks des Volkes«.

Was für Gott gilt, gilt auch für Harry Houdini, das Vorbild David Copperfields. Der amerikanischste aller Zauberkünstler wurde 1874 in Budapest als Erik Weisz geboren. Sein Vater war Rabbiner, er selbst wuchs nach der Emigration der Familie in die USA 1878 in elenden Verhältnissen in Appleton (Wisconsin) auf, 1888 übersiedelte die Familie nach New York. Houdini scheint niemals etwas anderes gewollt zu haben, als ein Leben unter den »unehrlichen«, den »bedenklichen Menschen« zu führen, wie die Bezeichnung für das Gewerbe der Schausteller und Zauberkünstler in der habsburgischen Verwaltung lautete. Die Fahrenden waren unterwegs, traten auf Festen und Jahrmärkten auf, verkauften Arzneien und Elixiere, unterhielten durch Schabernack und Täuschung; seit dem Mittelalter waren sie, unbehaust und ihre Körper zur Schau stellend, »unehrliche Menschen«, im Sinne von »ohne Ansehen«, »ohne Ehre«. Bedenklich blieben sie, da ihr Metier die Täuschung war, die der Staatsraison und dem Arbeitsethos des Bürgers zuwiderlief. »Gauckler, Leute mit Guckkästen und Zauberlaternen«, heißt es in einer *Instruction an die Wiener Polizeibeamten* zu Beginn des 19. Jahrhunderts, »oder solche, die fremde Thiere, Mißgeburten, oder andere so genannte Seltenheiten zeigen, Marionettenspieler, herum ziehende Musikanten, Equilibristen (...), diese und ähnliche Vagabunden sind ohne weiteres anzuhalten, und den Behörden zu übergeben.«

Um nichts besser erging es den vazierenden Ménestrels und Trickstern in der Neuen Welt. Die Zauberkunst gehört zwar zu den ältesten und universellsten Unterhaltungsformen der Menschheit, aber gerade weil sie faszinierte, galt die »crafty science« der Illusionisten als suspekt und lud in den vom Puritanismus beherrschten Kleinstädten Amerikas zum Teeren und Federn ein. Mit Houdini änderte sich der soziale Status der Zauberkünstler in den USA.

In seinen Anfangsjahren tingelte Houdini noch mit Wanderzirkussen durch den Mittleren Westen, assistiert von seiner Frau Bess Rahner. Die Houdinis hatten kaum Erfolg und waren nahe daran aufzugeben. Während der Winterpausen begann Houdini, sich für Handschellen zu interessieren, las alles über Schlösser und entwickelte sich zu einem Experten für Nachschlüssel und Zwangsjacken.

Sein Aufstieg zum »King of Handcuffs« vollzog sich in rasender Geschwindigkeit, parallel zur wachsenden Bedeutung der US-Printmedien. Um 1900 traten die Houdinis bereits in den besten Vaudevilles Amerikas auf, angekündigt als »die größte Sensation seit dem Goldrausch 1849«. Ihre Wochengage erhöhte sich innerhalb weniger Jahre von 60 auf astronomische 3750 Dollar. Houdinis Shows bestanden im Wesentlichen aus publizistisch gut vermarktbaren

Wetten mit staatlichen Institutionen. Im Orpheum in Kansas befreite sich Houdini zur Freude des Publikums in nur wenigen Minuten aus fünf Handschellen, die ihm Polizisten nach allen Regeln der Kunst angelegt hatten. Kaum mehr als zwei Stunden benötigte Houdini, um seine Zelle im Washingtoner Zentralgefängnis zu öffen, in die Garderobe einzudringen und vor jubelndem Publikum in Straßenkleidung das Gefängnis zu verlassen.

Mit dem »Champion Jail Breaker«, einer modernen Variante des Kraftmenschen (und in gewisser Weise dem Gegenteil des Hungerkünstlers), hatte Houdini eine Saite der amerikanischen Öffentlichkeit zum Schwingen gebracht und, wie nach ihm nur Chaplin mit dem »Tramp«, eine Kunstfigur geschaffen, mit der sich der amerikanische Underdog identifizieren konnte. Auf verquere Weise verkörperten Houdinis Ausbruchsversuche den Traum von Freiheit: von der Möglichkeit, sich durch Geschick und Kraft, individuelle Leistung und Mut allein aus jeder Zwangslage freistrampeln zu können. In den Wörterbüchern erscheint *to houdinize* – etwa: sich durch Krümmen und Winden befreien – als eigener Eintrag.

Um 1920 erreichte Houdinis Popularität einen Höhepunkt. Er drehte mehrere Filme, in denen er sich selbst spielte, seine Show lief in New York zwanzig Wochen vor ausverkauftem Haus. Eine neue Aktivität brachte seine Begegnung mit Arthur Conan Doyle. Doyle zählte zu den Bewunderern Houdinis, doch ausgerechnet der Vater von Sherlock Holmes glaubte zu Houdinis Überraschung an die Wirkung von übernatürlichen Kräften, »psychic elements«, begeisterte sich für Elfenfotografie und paranormale Phänomene.

Séancen, geheimnisvolle Emanationen von Ektoplasma, Geistererscheinungen und vor allem Gespräche mit toten

Verwandten standen nach dem Ersten Weltkrieg hoch im Kurs. Als Mitglied einer Kommission des Scientific American entwickelte sich Houdini zu einer Geißel der Geisterseher und überführte ein Medium nach dem anderen des Betruges. Cecil Cook, Nina Challen, die Fox Sisters und die von Doyle verehrte Spiritistin Margery (Mina Crandon) fielen Houdini, nun in der Rolle des großen Entlarvers, zum Opfer. 1925 hielt Houdini an der New Yorker Detective School mehrere Vorträge und erklärte den Polizisten die Methoden und Kniffe von Trickbetrügern und Falschspielern. Wie stets in der Geschichte der Zauberkunst erwies sich die säkulare Magie als härteste und erfolgreichste Kritikerin der schwarzen Magie: Dort wo die Wissenschaft im Kampf gegen den Aberglauben zu belehren suchte (und häufig scheiterte), zeigte Houdini dem Publikum praktisch vor, dass alles nur auf einem Trick beruhte.

Diese Rolle ist für moderne Zauberkünstler nicht ungewöhnlich. Persi Diaconis ist heute Professor für Mathematik in Stanford. Zehn Jahre hatte Diaconis in seiner Jugend als professioneller Zauberkünstler gearbeitet. In Puerto Rico entdeckte er, dass in einem Kasino mit manipulierten Würfeln gespielt wurde. Um den Betrug zu beweisen, brauchte Diaconis die Wahrscheinlichkeitsrechnung und wechselte von der Bühne in den Seminarraum. Er besuchte Abendkurse am City College in New York und wurde danach als erster Absolvent des Colleges an der Harvard University aufgenommen. Wenige Jahre später gehörte Diaconis zu den vielversprechendsten Statistikern der Welt.

Magic Christian, der den wunderbaren Titel »Weltmeister der Manipulation« trägt, enttarnte den Spiritisten Uri Geller, der vor Millionenpublikum im Fernsehen Uhren reparierte und Löffeln bog, und deckte die Machenschaften von philippinischen Geisterheilern auf. Mehrmals war Magic Christian Gerichtsgutachter und explizierte die Tricks von Hütchenspielern.

Das Verhältnis der professionellen Magier zum »faulen« Zauber ist durchaus gespannt und keineswegs kollegial. Zu ähnlich ist die Performanz der falschen Spieler vielleicht der eigenen, zu groß vielleicht die Gefahr, dass dem Zauberer, der gerade in die Rolle des erfolgreichen Unterhaltungskünstlers geschlüpft ist, der böse Spiegel seiner infamen Zwillingsbrüder vorgehalten wird: Die Griffe des Zauberkünstlers und des Falschspielers sind ident, die Grenzen zwischen Taschenspieler und Taschendieb, zwischen Trickster und Enchanter, zwischen freundlicher und weniger freundlicher Täuschung sind fließend.

III

Die besten Zauberkünstler der Welt bleiben anonym. Sie stehen nicht auf der Bühne, sie sitzen unerkannt am Spieltisch. Ob um Geld gespielt wird oder bloß um die Ehre: Wo gespielt wird, wird betrogen. Dabei ist es nicht so leicht, wie es den Anschein haben mag, zu sagen, was denn falsches Spiel ist, bedenkt man, dass kein Spiel ohne ein Minimum an Grausamkeit und Unehrlichkeit betrieben werden kann.

Prinzipiell beruht das falsche Spiel auf einer Lüge, dem Widerpart der Wahrheit. In der Ethik steht die Lüge von der Antike bis zur Moderne nicht hoch im Kurs. Aristoteles zählt die Wahrhaftigkeit neben der Gewandtheit und Freundlichkeit in der *Nikomachischen Ethik* zu den homiletischen Tugenden. Der Hochgesinnte ist stets wahrhaftig, der Lügner, der im Gespräch mit anderen unter- oder übertreibt, ist es nicht. Augustinus richtet den Blick nach innen: Es »lügt derjenige«, heißt es in der strengen Schrift *Die Lüge und Gegen die Lüge*, »der etwas anderes als er im Herzen trägt, durch Worte oder sonstige Zeichen zum Ausdruck bringt«. Es geht also nicht bloß um die Unwahrheit und ihre diskursiven Folgen, sondern um die Unwahrhaftigkeit, die man, schuldig wie man ist, »im Herzen« trägt. »Daher spricht man ja auch von einem doppelten Herzen bei einem Lügner, will heißen von einem doppelten Gedanken, einmal an das, was wahr ist, wie er weiß oder meint, ohne es auszusprechen, und zweitens an das, was er ausspricht, obwohl er weiß oder meint, daß es falsch ist.« So bedeutet bereits der Gedanke, dass man lügt, Schuldig-Sein, selbst wenn es dann – zufällig – doch die Wahrheit ist, die man ausspricht. Eine »Scherzlüge« mag zwar in der Konversation gerade noch zulässig sein, wenn sie als Täuschung klar erkennbar ist, aber man darf, nimmt man sich Augustinus als Leitlinie, auf keinen Fall falsch spielen – man soll am besten gar nicht spielen – oder bluffen, selbst wenn man »wirklich« gute Karten hat, da beides intentional Handlungen mit »doppeltem Herzen« sind.

In Kants *Metaphysik der Sitten* schließlich ist die Wahrheit Pflicht gegen die Menschheit und gegen sich selbst. »Lüge«, definiert Kant trocken, »ist eine falsche Aussage zum Schaden eines anderen. Die Lüge also, bloß als vorsätzlich unwahre Deklaration gegen einen andern Menschen definiert, bedarf nicht des Zusatzes, daß sie einem anderen schaden müsse (…). Denn sie schadet jederzeit einem anderen, wenn gleich nicht einem andern Menschen, doch der Menschheit überhaupt.« Sie richtet sich, da Pflichtvergessenheit, gegen den Lügner selbst und gereicht ihm, da er Teil der

Menschheit ist, letztlich selbst zum Schaden. »Die Lüge ist also«, so Kant, »Wegwerfung und gleichsam Vernichtung seiner Menschenwürde«.

In diesem Verständnis ist Odysseus, der Listenreiche und chronische Lügner, vielleicht der erste Held der Moderne, aber kein aristotelisch hochgesinnter Mann; bei Augustinus wartet auf die Falschspieler wie auf alle Spieler das Höllenfeuer, und Kant rümpft beim Gegenstand der Lüge die Nase, wie dem Aufklärer die ganze Welt des Spiels nicht geheuer ist. Zulässig ist es nur, wenn es von der Sphäre der Pflicht getreulich getrennt wird.

Das Leben jenseits des Ethikseminars urteilt etwas weniger rigoros. Natürlich wissen wir, dass alle Sozietät auf Wahrheit angewiesen ist, aber die Umgangssprache differenziert subtil zwischen dem Schwindeln und Lügen, zwischen Täuschung und Betrug, eher als Augustinus und Kant scheint der Relativismus Friedrich Nietzsches der kontemporären Auffassung von Lüge zu entsprechen. »Woher«, fragt Nietzsche in *Ueber Wahrheit und Lüge im außermoralischen Sinne* ein Jahrhundert nach Kant, »woher, in aller Welt, (…) der Trieb zur Wahrheit stammt?« Das Verhältnis von Lüge und Wahrheit ist ihm eine Frage der Konvention. Der Lügner verstößt nicht gegen Absolutes, sondern bloß gegen die Konventionen der Sprache. Die sprachgebundenen Wahrheiten sind »Illusionen, von denen man vergessen hat, dass sie welche sind, Metaphern, die abgenutzt und sinnlich kraftlos geworden sind, Münzen, die ihr Bild verloren haben und nun als Metall, nicht mehr als Münzen in Betracht kommen«. Der Hang zur Wahrheit verdankt sich also keinem moralischen Imperativ, sondern der Vorsicht: »Die Menschen fliehen das Betrogenwerden nicht so sehr als das Beschädigtwerden durch Betrug. Sie hassen auch auf dieser Stufe im Grunde nicht die Täuschung, sondern die schlimmen, feindseligen Folgen gewisser Gattungen von Täuschungen.«

Von hier aus stellt sich die Lüge im Spiel als Kontinuum dar, das von legitimer Täuschung über den Bluff, von der Falle bis zum Betrug reicht. Im Spiel ist die Unwahrhaftigkeit zunächst inhärenter Bestandteil der ludischen Handlung. Eine *Körper-Täuschung* beim Dribbling etwa wird Starstürmer Lionel Messi niemand übel nehmen können (Augustinus ist vielleicht eine Ausnahme), diese Art der kunstvollen Täuschung ist nicht nur vereinbar mit dem kodifizierten Regelkompendium des Fußballspiels und mit dem Gebot der Fairness, sondern ästhetischer Höhepunkt der Fußballkultur.

Ebenso wenig wird man einen Schachspieler moralisch verurteilen, der sich mithilfe seines Computers am Vortag einer Partie gegen einen vielleicht begabteren Gegner vorbereitet und ihn in eine Eröffnungsfalle tappen lässt, aus der es bei tickender Schachuhr kein Entkommen gibt. Man wird diese Strategie für berechtigt halten ebenso wie die Anwendung probabilistischer Theorien beim Errechnen der Chancen beim Backgammon oder beim Poker.

Alle Spiele mit unvollkommener Information beruhen auf der Legitimität der Lüge. Poker etwa ist ohne *Bluff* nicht spielbar. Die Taktik des Bluffs kann ins Infinite gesteigert werden, indem man blufft zu bluffen, also in Wahrheit eine starke Hand hält und darauf hofft, dass der Gegner meint, man bluffe und mitgeht usw., also ein psychologisch hochkomplexes Lügengeflecht knüpft, das nur schwer zu entwirren ist. Aus diesem Grund ist es um ein Vielfaches schwieriger, einen guten Poker-, als einen Schachcomputer zu programmieren: Lügen ist menschlich, und es ist nicht trivial, für die Komplexität des Lügens einen adäquaten Algorithmus zu finden.

Der Bluff ist riskant, durchaus heimtückisch, aber nicht verwerflich, ja er wird in Spielerkreisen als besonders elegantes Manöver empfunden. Anders verhält es sich – und wir streifen bereits den Tatbestand des Infamen – beim Bluff im Sinne des *Gewinnen-Lassens*, wenn also über längere Zeit hindurch mangelnde Spielstärke vorgetäuscht wird, um den Gegner in Sicherheit zu wiegen. Johannes Ziegler, ein junger Mann aus Norddeutschland, der um die Jahrhundertwende nach Wien kam, machte diese leidvolle Erfahrung am Schachbrett, wie er in seinen Memoiren berichtete:

»Das Kaffeehaus auf dem Stephansplatz hieß damals Café Français. Mehr aus Neugier als weil ich der Erfrischung bedurft hätte, ging ich hinein. Das sollte mir theuer zu stehen kommen. In einer Ecke sah ich eine Gruppe von Herren um zwei Schachspieler versammelt, die ihre Sache sehr gut machten. Da ich für das Schachspiel eingenommen war, auch selbst nicht übel spielte, so sah ich zu. Nach einer Weile redete mich ein junger Herr an und fragte, ob ich vielleicht eine Partie mit ihm zu spielen wünsche. Ich sagte ›Ja, sehr gern‹, worauf er weiter fragte, ob wir die Partie um einen Gulden spielen wollten. Ich hatte wohl nie zuvor Schach um Geld gespielt, dachte aber daß dies in Wien so Sitte sei und sagte ja. Wir setzten uns. Die erste Partie gewann ich, die zweite verlor ich mit Ehre, dann spielten wir noch zehn Partien, die ich sämmtlich im Handumdrehen verlor. Ich ward förmlich abgemurkst und musste zehn Gulden zahlen. Der junge Herr, ein äußerst gewandter Spieler, hatte mich in sein Garn gelockt und mochte wohl auf diese Weise seinen Lebensunterhalt verdienen.«

Die Historie des Spiels ist randvoll mit Geschichten von derlei Bauernfängerei, sie können gleichermaßen als Tragödien wie als Heldengeschichten vom souveränen Betrüger gelesen werden. Bereits in Luis Lucenas *Repetición de Amores y Arte de Ajedrez*, dem ersten gedruckten Schachbuch aus dem Jahr 1496/97, empfiehlt der Autor, seinen Gegner gegen die Sonne zu setzen bzw. darauf zu achten, dass einem selbiges nicht widerfährt, in Giorlamo Cardanos machiavellistischer Schrift *De ludo aleae* zur Mitte des 16. Jahrhunderts wird der Betrug, wenn er kunstfertig und geübt vollbracht wird, gar als effektivere Gewinnstrategie eingeschätzt als die Wissenschaft – im Glücksspiel wie übrigens auch im Krieg und im Warenverkehr, der dem weltklugen Gelehrten als vornehmlich trügerisches Geschäft erscheint.

Die *Warnungen vor den falschen Spielern* waren Bestseller am Buchmarkt des späten 18. Jahrhunderts, sie sind nicht selten auch amüsante Anleitungen, ja Elogen auf ihre Kunstfertigkeit. In Friedrich Sass' Berlinchronik heißt es zur Mitte des 19. Jahrhunderts über die Falschspieler, die in den Weinstuben unerfahrene Gäste »rupfen«:

> »Berlin hat unter seinen falschen Spielern nicht wenige Menschen aufzuweisen, die von vorn herein den allergünstigsten Eindruck machen, die sich, was man so zu sagen pflegt, in jeder Beziehung ein ›edelmännisches Wesen‹ zu eigen gemacht haben, nur daß sie gewöhnlich bedeutend mehr Geist und Lebenskenntniß, als unsere Edelleute, besitzen. Sie sind liebenswürdig, ritterlich, belesen, galant gegen Damen, aufgeweckt und witzig. (…) Sie haben die Entartung und Entsittlichung des Lebens zu einer Art von praktischer Philosophie erhoben, die zuweilen den Anstrich der Genialität erhält

und leicht einen unerfahrenen oder beschränkten Kopf einnehmen kann. Häufig sind diese Menschen, ohne alle Grundlage wahrhafter Bildung, nur in der Schule des Verbrechens und des praktischen Lebens aufgewachsen, und man muß sich oft mit Bedauern sagen, was sie, unter anderen Verhältnissen, mit ihrer natürlichen Begabung, mit ihrem scharfen Geiste hätten leisten können.«

»Edelmännisches Wesen«, »Anstrich von Genialität«, »natürliche Begabung«, »scharfer Verstand«, das klingt uns nicht nach einer glatten Verurteilung. Natürlich empfinden wir Mitleid mit dem armen Tropf, der in das Netz der Rupfer geriet, aber empfinden wir nicht auch – zumindest klammheimlich – Sympathie für die hungrige Spinne? Sie hat Geduld bewiesen, sich Mühe gegeben, der Schwindler hat zwar alles andere als ehrenhaft gehandelt, aber er hat auch psychologisches Geschick gezeigt. Und lindert nicht auch die Leichtfertigkeit des Besuchers im Kaffeehaus die Schuld des Betrügers? Und vor allem: Lindert sie nicht unsere Furcht vor der eigenen Schadenfreude?

Der immanente Regelbruch, der den Tatbestand der Heimtücke und des illegalen Vorteils erfüllt, ist natürlich infam. Doch ist die Sache tatsächlich so klar? Ein Foul, wissen wir, ist etwa beim Fußball verboten und wird vom Schiedsrichter geahndet, durch Strafstoß, Verwarnung und Ausschluss des Täters. Kein Fußballmatch freilich kommt ohne Foul aus. Ein Match ohne ein einziges Foulspiel wäre die Karikatur eines Fußballmatches, auch wenn wir überzeugt sind, dass das ständige Beinstellen und Leibchenziehen, die »Schwalbe«, die den Elfmeter erzwingt, wie das »Wassern«, die bewusste Zeitverzögerung, unsportliche, illegale Handlungen sind. Sie sind zwar allesamt falsches Spiel, sie gehören aber zur Erzählung des Fußballs wie der Ball oder das Tor.

Mitunter sind Vergehen gegen die Spielregeln hier sogar die historisch wertvollen Momente. Bei der Weltmeisterschaft 1986 erzielte Diego Maradona gegen England ein entscheidendes Tor, das in die Geschichte des Fußballs als die »Hand Gottes« einging. Statt seines Kopfes verwendete der untersetzte argentinische Mittelfeldspieler seine Hand und überlistete den englischen Keeper Peter Shilton wie den Schiedsrichter, eine grobe Unsportlichkeit, ja ein bewusster Betrug, der das Ergebnis entscheidend beeinflusste. Argentinien wurde in diesem Jahr Weltmeister. Statt Proteste hagelt es seitdem Bewunderung: über das Geschick, die Kunstfertigkeit des genialen Technikers, über seine Chuzpe. Ich denke, weder Maradona noch seine Mitspieler litten aus Reue unter schlaflosen Nächten.

Weniger erfolgreich, aber ebenso berühmt ist jenes Foul, das der Franzose Zinédine Zidane im Endspiel der Weltmeisterschaft 2007 an Marco Materazzi verübte. Eine verbale Provokation des Italieners beantwortete Zidane mit einem gezielten Kopfstoß gegen dessen Brust. Materazzi ging zu Boden, der Schiedsrichter schloss Zidane aus.

Auch hier war die Reaktion des Publikums ähnlich: Eher verurteilte man den Italiener, zweifelte an seiner Ehrlichkeit und bedauerte die Folgen der Tat, aber nicht den Regelverstoß selbst. Die Sympathien waren und sind eindeutig auf der Seite des Franzosen – statt mit Verachtung und Entsetzen über die Entgleisung begegnet das Publikum Zidane und Maradona bis heute mit solidarischem Schulterklopfen. Eine seltsame Ambivalenz für eine moderne Zivilgesellschaft, in der die Bürger an kodifizierte Spielregeln, an die Funktion von Gerichten und ihre Notwendigkeit glauben sollten. Oder – dies wäre der Stachel des falschen Spiels – verhält es sich vielleicht eher so, dass nicht an Gerechtigkeit und Rechtschaffenheit geglaubt, sondern bloß an der Illusion des Glaubens daran festgehalten wird? Die Autonomie des Spiels schafft für diese Differenz das notwendige Ventil, und erst dort, wo das Spiel selbst Teil der großen Ökonomie wird, sich also der »Spaß aufhört«, da enorme Summen »auf dem Spiel« stehen, wird neuerdings und nach langem Zögern versucht, die Korrektheit des Ablaufes technisch zu verbessern. Heute unterstützt ein »Video Assistant Referee« (VAR) den Schiedsrichter bei wichtigen Entscheidungen. In Kauf genommen wird, dass das Spiel dadurch mitunter zerstückelt wird und man lange auf die endgültigen Entscheidungen warten muss. Auch hier gilt: Der Sieg der Moderne wird mit Langeweile erkauft.

IV

»Der Versuch der Diagnose einer Zivilisation, der von den Spielen ausgeht«, notierte der französische Schriftsteller und Philosoph Roger Caillois in seinem Klassiker *Die Spiele und die Menschen*, »ist keineswegs abwegig. In der Tat, wenn die Spiele Faktoren und Spiegelbilder der Kultur sind, folgt daraus, daß eine Epoche bis zu einem gewissen Grade durch ihre Spiele charakterisiert werden kann.«

Wie das Spiel so charakterisiert auch das falsche Spiel eine Epoche. Auch wenn das Handwerk der Falschspieler natürlich klandestin betrieben wird, so hat es doch ein enormes Archiv an Schriften und reiche Sammlungen seiner materiellen Kultur hinterlassen. Unterhalb der Oberfläche der Aufklärung entfaltete das falsche Spiel eine karnevaleske Kulturgeschichte des Lachens, sie führt von Hieronymus Boschs Gemälde des »Gauklers«, über den Simplizissimus und die unzähligen Berichte über den getürkten Schachautomaten des Baron von Kempelen bis zu den Gaunerfilmen des 20. Jahrhunderts: Preston Sturges *The Lady Eve* (1941), Robert Bressons *Pickpocket* (1959), *The Sting* (1973) von George Roy Hill oder David Mamets *House of Games* (1987) sind Feierstunden des falschen Spiels, nachgerade Apotheosen auf die Schönheit krimineller Energie. Die Rolle des Falschspielers wird dabei regelmäßig mit den Sympathieträgern Hollywoods besetzt.

Es ist schon erstaunlich: Plant man eine Ausstellung etwa zur Kulturgeschichte des Würfels, so wird dem Vorschlag mit höflichem Interesse begegnet. Die Aufmerksamkeit steigt erst, wenn man auf die unendlichen Möglichkeiten der Manipulation der Würfel hinweist: Auf die Fingerfertigkeit mancher Spieler (»Capos«), die nach Jahren der Übung die Fähigkeit entwickelt haben, die Würfe durch pure Geschicklichkeit zu kontrollieren, auf manipulierte Würfel mit abgerundeten Seiten und Ecken oder mit unterschiedlich beschnittenen Kanten, mit falschen Beschriftungen oder mit Metallplomben unter den Würfelaugen. Das Interesse steigt weiter, erklärt man die innerlich veränderten Würfel, die »loaded dice«. In diesem Würfel mit fließender Ladung werden Kanäle gebohrt, die mit Öl und Quecksilber gefüllt werden, sodass der Schwerpunkt beliebig veränderbar ist. Regelmäßig ist dann ein Leuchten in den Augen der Zuhörer zu sehen, man staunt voll Anerkennung über die Kunstfertigkeit der Fälscher und ist bereit, endlos über die Griffe der Taschendiebe, über die

Volten des Falschspielers und über das Raffinement der »Big Cons« der Trickbetrüger zu disputieren; gleichgültig wird, ob ihre Taten nun Bestandteil der Kunst- oder der Kriminalgeschichte sind. Kommt dann gar die Rede auf die Welt der gezinkten Karten, der Jetonschleudern und noch komplexeres, elektronisches Gerät der Kasinobetrüger ist kein Halten mehr.

Woher die Sympathie mit den falschen Spielern, warum lachen wir, statt empört nach der Polizei zu rufen? Wieso vermitteln sie jenes »illusorische Glück des Volkes«, von dem Karl Marx sprach, jenes selbst fabrizierte Opiat, dessen Wirkung Daniel an jenem Abend bei David Copperfield gleichermaßen bezauberte wie empörte?

Wie die Religion ist das falsche Spiel zunächst das Bild einer verkehrten Welt, die vom Betrachter als verkehrt erkannt ist. Längst ist klar, dass es weder am Spieltisch noch in der Gesellschaft gerecht zugeht, dass beim großen Monopoly die Würfel immer schon gezinkt sind. Das Glücksversprechen bürgerlicher Kultur, dass Erwerb und Leistung in einem aliquoten Verhältnis zum symbolischen und realen Kapital des Einzelnen stehen, wird als Märchen wahrgenommen: zu schön, um wahr zu sein. Wenn alles ein riesen Bluff ist, dann ist der Bluff die adäquate Reaktion und Lebensform. Stellvertretend für uns bricht der Falschspieler mit den falschen Spielregeln und überschreitet die Grenze des Betrugs, aber nur, indem er die real existierende Sozietät der Betrüger betrügt. Ganz im Marx'schen Sinn ist das falsche Spiel »Protestation gegen das wirkliche Elend«, der »Big Con« die domestizierte Antwort auf den »Very Big Con«, der sich täglich ereignet. »Was ist ein Einbruch in eine Bank gegen die Gründung einer Bank?«, lässt Bert Brecht lakonisch im *Leben des Galilei* fragen.

Der Falschspieler ist natürlich ein ungebetener Gast in der Stube des guten Bürgers, der in der Gewissheit lebt, dass jede Gesellschaft, und sei sie noch so ungerecht, auf das illusorische Glück von Wahrheit und Regeln angewiesen ist. Der Falschspieler verbreitet Furcht und richtet Schaden an, deshalb muss er auf die eine oder andere Weise bestraft und ausgeschlossen werden.

Aber vielleicht verhält es sich auch anders. Die Houdinis, Copperfields und ihre anonymen Kollegen, über die wir solidarisch lachen, sind nicht Widerpart des Bürgers, sondern sein Echo, denn sie erbringen alle eine *Leistung*. Sie üben über Jahre mit höchster Disziplin, bereiten ihre Coups mit größter Sorgfalt vor, denken ökonomisch und handeln ebenso konzentriert wie rational. In ihren Zielen mögen sie prima vista das Gegenteil des Bürgers repräsentieren, die *Form* ihrer Handlungen weist sie jedoch geradezu als idealen Bürger aus. Sie entsprechen ganz dem bürgerlichen Tugendkatalog und sind kompatibel mit den Wertvorstellungen der bürgerlichen Gesellschaft, die Disziplin und Leistung, Rationalität und Kalkül predigt, im Büro wie in den hintersten Winkeln des privaten Lebens.

»Subversiv«, indem er die soziale Ordnung untergräbt, ist der Falschspieler nur bedingt. Natürlich bricht er die Spielregeln und verschafft sich illegitime Vorteile, aber gerade im Verstoß erkennt er ihre Berechtigung an, das heißt, auch der Falschspieler *spielt das Spiel mit*, mehr noch: seine Existenz gründet auf der Gültigkeit der Spielregeln, zumindest für die anderen. Genau so funktioniert die Logik des Kapitalismus.

Der Falschspieler repräsentiert somit also nicht das Gegenteil, sondern die Übersteigerung bürgerlicher Existenz: Solange er *Leistung bringt* (wie der ideale Mitarbeiter), darf er die Bühne der bürgerlichen Kultur als Held betreten und als Held wieder verlassen. Wird er nachlässig, sperren wir ihn ein. Oder brechen ihm wütend die Finger.

V

Am Ende des Spiels kehrt die Wirklichkeit wieder. Houdinis Tod war ebenso sinnlos wie stilgerecht: Er starb am Halloween-Tag 1926 in Detroit an einem unbehandelten Magendurchbruch, nachdem ihm ein Bewunderer ein paar Tage zuvor mit Houdinis Einwilligung einige Schläge in die Magengrube versetzt hatte, um die Widerstandsfähigkeit des Magiers zu testen.

[2011/2024]

Ludische Kartographien
Die Welt der spielbaren Landkarten

I

Ein Lied aus meiner Kindheit, das mir regelmäßig beim Drücken von Türklingeln ins Gedächtnis gerufen wird, handelt von der Schneckenpost:

> »I fahr, i fahr, i fahr mit der Post / Fahr mit der Schneckenpost / die mi kan Kreuzer kost / I fahr, i fahr, i fahr mit der Post.«

Das Lied, das in der Version, die ich kannte, keine zweite Strophe hat, wurde wieder und wieder gesungen oder gesummt, der Text war kaum verständlich, und doch war das Bild, das es hervorbrachte, klar umrissen: Es erzählte von einer kleinen Reise in eine Welt, die nicht ganz die meine war, die fantastisch, bedrohlich, aber auch voller Freiheit und Abenteuer war. Dass die fröhliche Terz und die nachdenkliche Quint am Anfang dem alten Posthornsignal nachempfunden ist, wusste das Kind noch nicht, die Neuigkeit hätte es auch nicht interessiert.

Das zugehörige Spiel fand ich Jahrzehnte später in einer Schweizer Sammlung: Schneckenpost *(L'Escargot en voyage)* ist ein unscheinbares Spiel, eine elliptische Spirale führt über 77 Felder auf einer Landkarte der Schweiz. In der Schachtel finden sich farbige Figuren aus Zinn und eine Anleitung mit ziemlich bösartigen Regeln: In Brig (Feld 37) hindert starker Schneefall am Weiterfahren (man muss 2x aussetzen), in Ziegelbrücke (Feld 50) ist es umgekehrt: Schönes Wetter verleitet den Spieler zu einer Kahnfahrt, wodurch man ebenfalls aussetzen muss. Wer kurz danach das Feld am Finsteraarhorn betritt, der »kriegt das Bergleiden und wird vom Spiele ausgeschaltet«.

Die Schachtel zeigt ein Kind, das auf einer Weinbergschnecke reitet, ein anderes treibt sie mit einer kleinen Peitsche an. Ich könnte schwören, dass ich mir die Fahrt auf der Schnecke als Kind genau so, und zwar ganz genau so, vorgestellt hatte.

Die Schneckenpost verweist auf eine Zeit vor der Eisenbahn. Sie ist eine Parodie auf die Schnellpost, die so schnell nicht war. Von Paris nach Nîmes war eine Kutsche zu Beginn des 18. Jahrhunderts noch sechs Tage, manchmal auch acht, unterwegs; ein Jahrhundert später dauerte die Reise von Paris nach St. Petersburg im Wagen der preußischen Post zumindest 23 Tage. Geschwindigkeit und Ausstattung der Postwagen war sehr verschieden, die Dauer der Reise abhängig von Witterung und Landschaft, Unfälle und unvorhergesehene Aufenthalte waren häufig. Die Schneckenpost spielt auf die Unwägbarkeit der Reise an, zugleich soll über das Spiel die Topografie der Schweizer Heimat vermittelt werden.

Spieltypologisch wird die Schneckenpost zur Gruppe der *Post- und Reisespiele* gezählt. Im Briefwechsel zwischen Friedrich Nietzsche und seiner Schwester Elisabeth wird das Spiel mehrfach im Jahr 1869 erwähnt, bereits 1790 war im *Leipziger Intelligenz-Blatt* ein »neues gesellschaftliches Spiel« des Kupferstechers Heinrich Müller angekündigt worden, ein »Post- und Reisespiel, welches gewiss den Beyfall jedes Freundes geselligen Vergnügens erhalten wird und von dem alle, die es bis jetzt gesehen haben, versichern, daß es zu unsern angenehmsten und unterhaltendsten Zeitverkürzungen gehört«.

Das Spiel von Müller ist verloren wie die Mehrzahl der frühen Spielpläne und -regeln, sie wurden zumeist nur auf fliegenden Blättern publiziert. Erhalten ist *Das neue Post- und Reisespiel* aus Nürnberg, dessen Regeln auf der Vorderseite des Blattes fixiert sind. Jeder Spieler/Passagier zahlt zunächst 24 Marken Postgeld, bevor er den fiktiven Reisewagen besteigen darf. Auf einzelnen Feldern – Zoll, Nachtquartier, ein Überfall durch Räuber – gewinnt oder verliert der Reisende Geld. Andere Felder beschleunigen oder verzögern wie bei der Schneckenpost die Fahrt durch »Widerwärtigkeiten und Fatalitäten«. Wer auf andere Passagiere trifft, kann sie schlagen (sie tauschen Platz), wer zuerst das Ziel erreicht, gewinnt alle Marken in der Kassa. Gespielt wurden die Post- und Reisespiele von Erwachsenen, und zwar wie alle Spiele der Zeit auch und vor allem um Geld. Erst später wurden sie – ein Schicksal, das sie mit vielen Gesellschaftsspielen teilen – zum Kinder- und Jugendspiel zurückgestuft.

Das Design solcher Reisespiele ist nicht trivial. Einerseits muss eine Spielmechanik konstruiert werden, die unabhängig von der Narration funktioniert und Spannung verspricht, zugleich muss die Mechanik des Spiels auf plausible Weise mit einer (Reise)Erzählung verknüpft werden. Bei der Spielmechanik griff man zumeist auf die Tradition der sogenannten Gänsespiele (*Gioco dell'oca, Jeu de l'oie, Goose Game, Juego de la Oca*) zurück. Erste Erwähnungen des Spiels finden sich am Ende des 16. Jahrhunderts in Italien und England. Das Gänsespiel wurde rasch populär und breitete sich innerhalb weniger Jahrzehnte in ganz Europa aus. Goethe verarbeitet das Motiv 1814 in einem seiner schwächelnden Gedichte im *West-östlichen Divan* (»Das Leben ist ein Gänsespiel: / Je mehr man vorwärts gehet, / Je früher kommt man an das Ziel / Wo niemand gerne stehet...«).

Kennzeichnend ist der Weg der Spielfiguren über eine spiralförmige Bahn mit 63 Feldern, das Zielfeld mit einer Gans liegt im Zentrum des Spielplanes. Die Verwendung von zwei Würfeln verspricht eine rasante Fahrt bzw. ein schnelles Spiel. Der Weg führt wie bei den Post- und Reisespielen über Ereignisfelder mit den unterschiedlichen Funktionen der Beschleunigung oder Verlangsamung. Die Funktion und Bedeutung der Symbolfelder war im Gänsespiel noch strikt normiert: 13 der 63 Felder waren Gänsefelder (5, 9, 14, 18, 23, 27, 32, 36, 41, 45, 50, 54, 59), sie verdoppelten die vorher gewürfelten Punkte, andere Ereignisfelder wie Brücke (6), Wirtshaus (19), Brunnen (31), Labyrinth (42), Gefängnis (52) kosten Einsätze oder verzögern die Reise durch Aussetzen. Feld 58 kurz vor dem Ziel bedeutet stets den Tod, das heißt das unwiderrufliche Ausscheiden des Passagiers.

Wie das Schachspiel und die Kartenspiele ließ sich auch das Gänsespiel narrativ und allegorisch aufladen. Das Spiel eignet sich hervorragend als Generator für Geschichten aller Art: Bereits im 17. Jahrhundert fanden Affenspiele ihre Käufer, aber auch philosophische und historische, astrologische und heraldische Lernspiele erschienen in rascher Folge.

Im 18. Jahrhundert stieg die Diversität der Themen und Motive exponentiell, langsam lösten sich die Gestalter auch von der strengen Grammatik der Gänsespiele. Manche Spiele hielten noch an den 63 Feldern fest, wie etwa das *Giuoco del Pellegrinaggio d'Amore* oder das *Jeu de la Révolution Française,* andere verkürzten die Bahn, wieder andere, monströse Varianten, verlängerten sie und zwangen die Passagiere auf einen Parcours über 115 und mehr Felder.

Spiele mit Reisethemen wurden, wiewohl älter, ab Mitte des 18. Jahrhunderts populär. Ursprünglich wurden reale Landkarten als Spielpläne verwendet. Das älteste mir bekannte geografische Gänsespiel ist *Le Jeu du Monde* des Pariser Kartographen Pierre Duval aus dem Jahr 1645. Gezogen wird hier vom Polarkreis aus bis nach Frankreich, und zwar über die vier Kontinente Asien, Afrika, Amerika und Europa. Die Küste der Terra Australis war noch nicht kartographiert.

Auch die englische *Journey Through Europe or The Play Of Geography* (1759) oder *Wallis's Complete Voyage Round the World* (erschienen 1796 im Map Warehouse von John Wallis in London) waren noch eng an die Produktion und den Vertrieb der Landkarten angebunden. Wie alle Spiele (und Landkarten) ist die Matrix der *Complete Voyage* eine historische Momentaufnahme der Welterkundung, das Spiel spiegelt die koloniale Perspektive und Welt-Anschauung der Spielenden: Felder in Australien und südlich der Sahara fehlen im Spiel bis auf eine Proviantstation am Kap der Guten Hoffnung, wo, so heißt es im Kommentar, englische Truppen auf dem Weg nach Indien haltmachen und Schutz finden können.

Die Reisespiele sind Echo wie Lautsprecher geopolitischer Interessen, aber sie sind auch mehr. Ab Mitte des 18. Jahrhunderts wird Reise in zunehmendem Maße als Möglichkeit zur Weltflucht verstanden. Jede Reise ist, wie Odo Marquard formuliert, auch ein »Ausbruch in die Unbelangbarkeit«. Er entlastet das unter Dauerdruck stehende Subjekt, der Reisende entzieht sich durch Absenz seiner Verantwortung. Die imaginäre Reise *im* bzw. *in das* Spiel ist eine domestizierte Variante der Flucht, ein »Absenzsurrogat für chronisch Nichtverreiste«. Andere Möglichkeiten der Weltflucht sind der Wahnsinn oder die Kunst.

Die Reisen führen in den Spielen durch boomende Städte ebenso wie durch die lockende Wildnis, ab Mitte des 19. Jahrhunderts reagieren die geografischen Spiele auf den einsetzenden Tourismus auch für die Mittelschicht und bedienen die Sehnsucht nach Teilhabe an ihm: Beliebt werden Alpinismus-Themen, aber auch exotische Fernreisen oder das Nachverfolgen abenteuerlicher Expeditionen, die in den Orient oder bis zum Nordpol führen.

Möglich und populär sind auch Zeitreisen. Im *Jeu fin de Siècle* wird die Wissenslandschaft des 19. Jahrhunderts ausgebreitet, der Weg in *The Pyramid of History* aus dem Jahr 1850 umfasst bedeutend größere Zeiträume: Das Spiel beginnt bei Feld 1 im Paradies und endet auf Feld 34 bei Königin Viktoria. Die übliche Spiralform ist durch eine Pyramide ersetzt, die sich zwischen der Landschaft der Vergangenheit und der Gegenwart Raum verschafft.

The Pyramid of History lässt eine weitere Quelle neben dem Gänse- und den Post- und Reisespielen deutlich werden: die lange und reiche Tradition der thematischen Landkarten, der Kosmografien und der Sphärendiagramme, in denen Text und Bild, Argument und Erzählung auf unterschiedlichste Art und Weise miteinander legiert werden. Ein Beispiel unter vielen ist die *Tabula Cebetis*. Die heute fast vergessenen Bildtafeln des Kebes waren von der Renaissance bis ins 18. Jahrhundert enorm populär. Gezeigt wird ein aus Einzelszenen aufgebautes allegorisches Bild, das einen gelehrten, die Moral beförderenden Dialog illustriert. Bild und Text sind »Spiegel des menschlichen Lebens (...) darin Tugend und Untugend abgemalet ist«, wie es in einer Kebestafel aus 1545 heißt. Der Mensch tritt durch einen Mauerring in sein Leben ein und durchläuft einen Weg über einzelne Stationen des Lasters, der Lüste und falschen Begierden, bis er ins Innerste des Bildes zur »Wahren Bildung« fortschreitet und schließlich zur Burgfeste der Glückseligkeit gelangt. Wie in den geografischen Spielen sind die einzelnen Bildfelder und die zugehörigen Textpassagen durch Zahlenverweise verbunden. Dialog und Bild interagieren miteinander, das Tableau ist spielbar und ähnelt in Form und Aufbau den Spirallaufspielen.

Nicht selten führt der mäandernde Weg rund um die Welt und ist Ergebnis einer medialen Transformation: Ein Text wird zum Spiel bzw. eine Narration spielbar gemacht. Beispiel einer erfolgreichen Ludifizierung sind die vielen spielbaren *Tour du Monde en 80 Jours* nach Jules Verne, die ab 1880 in unterschiedlichster Ausstattung auf Französisch, Italienisch und Englisch erschienen. Die Spiele folgten penibel der Romanvorlage Jules Vernes. Phileas Fogg, der Held des Romans (und des Spiels), verkörpert in gewissem Sinn die Avantgarde des neuen Reisenden, der Odo Marquards Diagnose vom Reisen als dem »Ausbruch in die Unbelangbarkeit« radikalisiert. Fogg hat sich auf einen aberwitzigen Wettlauf gegen die Zeit begeben: »Er gehörte«, heißt es bei Jules Verne, »zu den mathematisch genauen Menschen. Nie machte er einen Schritt zu viel, immer ging er den kürzesten Weg. (…) Er reiste nicht im eigentlichen Sinne, er folgte der Linie des Erdumfanges. Er war ein Schwerekörper, der entsprechend dem Gesetz der Bewegungslehre seine Umlaufbahn um die Erde zog.« Wie in einem Spiel, möchte man ergänzen. Ausschließlich den (Spiel)regeln seiner »methodischen Reisetabelle« folgend, »durchmisst« Fogg die Welt im doppelten Sinn: Als Reisender streift er zwar durch den Raum, doch der Raum wird »weltlos«, er verschwindet in der Zeittabelle, schrumpft zum grafischen Punkt auf einer Matrix, die ganze Reise, jede Reise ist ein imaginäres Spiel mit den Zeitressourcen.

In einem anderen Spiel *Round the World with Nellie Bly* verschwimmen die Grenzen zwischen Realität und Fiktion, Text und Spiel vollends. Die amerikanische Journalistin Nellie Bly (1864–1922) trat im November 1889 im Auftrag eines US-Magazins eine spektakuläre Weltreise an, und zwar in bewusster Konkurrenz zu Phileas Fogg. Auch das Spiel nimmt explizit Bezug auf Jules Verne. Bly war schneller (und lebendiger) als Fogg: »Die schnellste Frau des 19. Jahrhunderts« umrundete die Welt in 72 Tagen und schlug den fiktiven englischen Gentleman um acht Tage. Das Schlussfeld in der Mitte des Spiels erzählt vom letzten Tag der Reise: In einer fantastischen raumzeitlichen Windung rast der Zug mit Mrs. Bly an das Reiseende nach Manhattan. Der Ausgangspunkt der Reise ist wieder erreicht, »All Records broken«, tönt es aus dem Lautsprecher.

II

Das Spektrum der grafischen Gestaltung der Spiele ist groß, es reicht von expressiven, farbsatten Tableaus bis zu sehr filigranen, detailreichen Texturen. Jedes Spiel ist aus Dutzenden Bildern und Szenen zusammengesetzt und bildet eine eigene kleine Pinakothek. Das Tableau macht einen der produktiven Widersprüche der Reisespiele deutlich: Das Spiel ist ein Bild und erzählt zugleich eine Geschichte, die Erzählzeit fließt in Spielrichtung, der zeitliche Fluss ist jedoch im einzelnen Bild, im einzelnen Feld eingefroren. Der Zusammenhang zwischen den Kadern auf dem Spielplan ist mitunter lose, die Sequenz nicht mehr als ein Gerüst, das für den Betrachter einen narrativen Möglichkeitsraum umgibt: Man muss die Erzählung des Spiels entweder kennen, etwa durch Medienberichte über Fernreisen wie die österreichisch-ungarische *Nordpolexpedition* in den Jahren 1872–74 oder durch Romane wie Daniel Defoes *Robinson Crusoe*, oder man ist auf die Fantasie angewiesen. Vielen Spielen war auch ein ausführlicher Kommentar beigelegt. Das prächtige Asienreise-Spiel *The Noble Game of the Elephant and Castle* etwa umfasst lediglich 24 Felder, beigepackt ist jedoch ein 84-seitiges Kompendium mit Nachrichten über Asiens Kultur und wichtige Persönlichkeiten der chinesischen Geschichte.

Elephant and Castle erschien 1822, in der expandierenden und ökonomisch erfolgreichen Kultur des Bürgertums sollten auch die imaginären Reisen vor allem Reisen zum Wissen und zur moralischen Verbesserung des Menschen sein. Die Welt der Spiele wurde in den Kanon bürgerlicher – der ökonomischen wie der moralischen – Tugenden eingepasst. Viele Spiele, wie die körperbetonte *Blinde Kuh*, wurden neu formatiert, andere, vor allem Glücksspiele wie das ruinöse Hazardspiel *Pharao*, wurden missliebig oder verboten. Zweck der geografischen Spiele war nicht mehr nur der Kampf gegen die Langeweile, sondern Belohnung nach einem anstrengenden Arbeitstag und zugleich Bildung. »Lehrreich und unterhaltsam« – »instructif et amusant« – sollten die Spiele sein. »Amusement with instruction for youth of both sexes«, verspricht auch der Untertitel von *Elephant and Castle*.

Ob die gelehrsamen pädagogischen Kommentare immer gelesen wurden, darf man bezweifeln, ebenso wie man mit einigem Recht daran zweifeln mag, dass Spiele tatsächlich geeignete Medien für die Vermittlung von Wissen und für die Veredelung des Menschen sind. Am prosperierenden

Spielemarkt Europas und der USA wurde (und wird) der moralische Nutzen jedenfalls als zentrales Verkaufsargument für das Produkt verwendet.

The New Game of Virtue Rewarded and Vice Punished (1818) und das groteske *Climb it. The Success Game* (1928) sind jeweils zeittypische moralisierende Spiele, die den richtigen Weg auf der Reise durch das Leben vorzeichnen wollen. Manchen dieser Spiele waren Predigten beigelegt, häufig wurden die Würfel – unentbehrliche Motoren der Bewegung, allerdings auch Insignien des Teufels – durch einen kleinen, unverdächtigen Kreisel (»Teetotum«) ersetzt. Bei genauerem Hinsehen erweisen sich viele moralisierende Spiele allerdings weniger als Agenten, sondern eher als Parodien auf die Welt der Gelehrsamkeit und auf den bürgerlichen Tugendkatalog von Leistung, Disziplin und Ordnung. Gezeigt wird auf den verspielten Reisen eher eine clowneske Welt, die stets aus den Fugen gerät, die versprochene Belehrung erfolgt dabei augenzwinkernd oder wird durch den Witz der Grafik vorweg im Säurebad der Ironie aufgelöst.

Die imaginären Landkarten der Spiele sind weniger Abbildung von Welt als Weltschöpfung. Sie sind aller herkömmlichen kartographischen Probleme enthoben. Eine metrisch homogene Wiedergabe des dreidimensionalen Objektraumes in die verebnete Karte, die unvermeidlich zu Verzerrungen führt, wird in der ludischen Kartographie gar nicht angestrebt – der Spielplan kann als reine, mitunter halluzinatorisch anmutende Matrix erscheinen. Damit erfüllt das Spiel vielleicht auch einen reflexiven Zweck im Rahmen einer fröhlichen Aufklärung: Der erkennbar fiktive Charakter der Karten schürt Skepsis gegenüber der Objektivität aller Landkarten, die bekanntlich so objektiv nicht sind. Kaum je sind in ihnen militärische Anlagen, Atomreaktoren oder auch nur bedeutsame Ölquellen vermerkt, selten wird die Weltverzerrung durch die kartographische Projektion diskutiert.

Die Wahl der Transportmittel, mit denen die imaginäre Welt durchquert wird, ist ab dem 19. Jahrhundert zumeist eine Feierstunde des technischen Fortschrittes. Die Spieler reisen per Zeppelin, Montgolfière und Eisenbahn durch oder über exotische Landschaften, sie bewegen sich mittels Omnibus oder Straßenbahn durch die modernen Metropolen, mit Raumschiffen oder in Gestalt eines Sputniks durch das Weltall. Das Fahrzeug, nicht die Reise, ist häufig die Attraktion des Spiels. Besonders fasziniert allerdings das Fahrrad. Es entwickelte sich innerhalb weniger Jahrzehnte vom exzentrischen modischen Luxusgerät zum volkstümlichen Verkehrsmittel, begleitet und inszeniert nicht zuletzt von Gesellschaftsspielen.

Mit welchem Fahrzeug auch immer: Der Weg führt zumeist auf einer spiralförmigen Bahn, und zwar von der Peripherie bis ins Zentrum der Matrix, wo sich das Ziel der Reise befindet. Die Spirale erscheint häufig in der Natur, in Gestalt einer Turbulenz oder dem Wirbel einer Galaxie, der Windung eines Horns oder der eingangs erwähnten Schnecke in der Schneckenpost. Die Drehbewegung in den Spielen kann dabei einer sich verjüngenden hyperbolischen Spirale folgen, in der sich die Proportion der Felder kontinuierlich Richtung Zentrum verringert, oder sie entspricht wie bei der *Tour Through the British Colonies* einer archimedischen Spirale, der Abstand zwischen den Windungen bleibt hier konstant. Auch wenn die spiralförmige Bewegung der klassischen Gänsespiele nicht immer transparent ist, lässt sie sich bisweilen noch in den modernen Reisespielen nachzeichnen, wenn man den Zahlenverweisen auf den Bildtableaus folgt, wie etwa beim Rundgang durch die Attraktionen des Zirkus oder bei der Durchquerung von Südamerika. Der Deutung sind hier kaum Grenzen gesetzt: In Form von zusammengerollten Schlangen oder Labyrinthen erscheinen Spiralmotive in so ziemlich allen Mythologien der Welt, als kosmisches Symbol wird ihre Drehung häufig in Zusammenhang mit der Repräsentation von Wachstum und Zerfall, von Entwicklung und Harmonie, dem Vordringen ins Innere auf einem – naturgemäß – potenziell unendlichen Weg der Erkenntnis gebracht etc. etc. Man könnte auch sagen: Durch die Spirale wird das Blatt gut ausgenützt.

Bedeutsamer als die Form der Bewegung in den Reisespielen erscheint das Aggregat, der Würfel. Durch den Würfel unterwirft sich der Spieler der Macht und den Launen des Zufalls, der Manövrierraum für strategische Entscheidungen und taktisches Geschick tendiert in den Reisespielen gegen null. Vielleicht ist es eben nicht die Aktivität, sondern die ludische Passivität, das *Gespieltwerden*, dem sich der Spielende ausliefert, das den Sog und die dunkle Lust am Spiel erzeugt.

Für die Religionen ist die Sache klar. Derlei Unterwerfung unter die Macht Fortunas ist nicht gottgefällig, Spiele lenken ab vom wahren Glauben an den Einzigen, dem man sich unterwerfen soll, der Heidenspaß des Spiels erzeugt regelmäßig Höllenangst. Am rechten Innenflügel des *Weltgerichts-Triptychons* von Hieronymus Bosch ist deshalb für die Glücksspieler vorsorglich ein eigenes Höllenabteil reserviert.

Auch der Aufklärung erschienen Glücksspiele in hohem Maße unvernünftig und suspekt, der strenge Rousseau meidet sie und warnt vor der »Frucht der Langeweile«, der Zuflucht für »leere Geister und leere Herzen«. Sein Émile soll derlei »niedrige Leidenschaft« lieber dämpfen. Für Fichte ist die Welt als Spiel gedacht unannehmbar: Ohne »erhabene

Bestimmung«, ohne »großen Zweck« wäre sie ihm bloß ein »leeres Spiel ohne Wahrheit und Bedeutung«, ein »Ungeheuer, das sich selbst verschlingt«.

In seiner Erzählung *Die Lotterie in Babylon* – dem Gegenstück zur berühmten *Bibliothek von Babel* – entwarf Jorge Luis Borges das Bild einer absonderlichen, unchristlichen Gesellschaft, in der das Leben »nichts weiter als ein unendliches Spiel von Zufällen ist«. Alle Entscheidungen beruhen auf den Ziehungen einer Lotterie. Derart aleatorische Lebensverhältnisse sind uns heute fremd. Alle Institutionen, die sich die modernen Gesellschaften schufen – Religion, Wissenschaft und in besonderer Weise die Kunst –, dienen ja dazu, dem Einzelnen die Angst vor dem blindwütigen und unerklärlichen Zufall zu nehmen und die Macht des Schicksals durch Vorsehung oder durch Berechnung zu brechen. Im Spiel darf Fortuna zumindest momenthaft wiederkehren. Das Spiel gewährt fehlende Kontingenzerfahrungen und lindert lustvoll den Druck, der in der Moderne auf dem Einzelnen lastet.

Die Welt durch das Prisma der Spiele betrachtet ist deshalb gleichermaßen komisch wie katastrophisch. Sturz, Tod und Scheitern sind Alltag jeder spielerischen Reise; man muss sich per Fallschirmsprung aus brennenden Luftschiffen retten, wird beim Aufstieg von Bären bedroht oder ertrinkt im Hafenbecken. In *De Reis door het Leven*, nachgebildet dem französischen *Jeu des petites misères*, scheint der ganze Lebensweg aus Unpässlichkeiten zu bestehen, eine Welt voller Hundebisse, Fehlzündungen und Prügel, die selbst den Kosmos von Wilhelm Busch als Paradiesgarten der Kontemplation erscheinen lassen.

Die Furcht vor dem Zufall wird im Spiel einerseits eingeübt, andererseits wird die Angst, dass alles nur ein

Spiel sein könnte, in den »Zauberzirkel des Spiels« (Johan Huizinga) ausgelagert. Am schlimmsten wohl, schlimmer noch als die Angst vor dem Tod und kaum erträglich, in der Erzählung von der *Reise ins Himmelreich* aus dem Jahr 1880: Ein Verstorbener erklimmt die Himmelsleiter, der Würfel entscheidet, ob seine Seele, nun als Kind dargestellt, ins Himmelreich gelangt oder – tritt es auf Feld 85 – weinend ins ewige Feuer der Hölle geworfen wird. Das Spiel ist – entgegen seiner Absicht – geradezu eine mephistophelische Verhöhnung des Glaubens: Um das Schicksal der Seele darf gewürfelt werden. Ausgerechnet im Spiel mit christlichem Thema wird der unchristliche Charakter der Reisespiele sichtbar.

Im 20. Jahrhundert haben die Reisespiele weiter eine steile Karriere gemacht, in der Kulturindustrie wie in der Politik. Keine Region, keine Stadt kommt mehr ohne Spiel aus, Pharmaunternehmen und Computerhersteller bewerben ihre Marken mit Spielen und dringen tief in die Kinderzimmer ein; aber auch: keine Nation ist mehr ohne Spiel, kein Krieg im 20. Jahrhundert ohne Spiel. Immer wieder haben findige Spieleverleger im Laufe des Jahrhunderts versucht, sich in den Dienst der Macht zu stellen und durch Spiele politische Identitäten zu verfestigen. Das Spiel mit dem Spiel ging allerdings nie gut aus: Die Verbreitung des NS-Spiels *Reise durch Großdeutschland* (1939) schrumpfte von Monat zu Monat, bis das Spiel selbst 1945 verschwand – aus den Kinderzimmern und aus den Regalen der Spielzeuggeschäfte. Eine schreckliche Pointe weist das sowjetische Propagandaspiel *Reise nach Moskau* (1935) auf. Es erzählt die (reale) Geschichte der Reise des jungen Kommunisten Hubert L'Hoste (1923–1959) vom Saarland in die Sowjetunion und von seiner Begeisterung für das sozialistische »Wunderland«. Die politische Realität holte den Helden des Spiels auf furchtbare Weise ein: L'Hoste wurde trotz oder wegen der Prominenz, die ihm das Propagandaspiel in den 30er-Jahren verschafft hatte, Opfer der stalinistischen Säuberungen und verbrachte Jahre in Lagerhaft. Die Heimreise zurück ins Saarland blieb ihm verwehrt. Die sozialistische *DDR-Reise* schließlich gehört zur seltenen Spezies der verspäteten Spiele: Sie erschien im Jahr 1990.

Spiele, die versuchen, eine direkte politische Botschaft zu verkünden, scheitern. Wie den Comicstrip durchweht auch die Pläne der Reisespiele ein karnevalesker und zugleich demokratischer Geist: So subtil und kunstvoll gestaltet die ludischen Landkarten auch sein mögen, sie sind nicht Teil der Kunstgeschichte, sondern gehören wie alle Spiele dem profanen Raum an. Sie sind Teil der globalen Populärkultur. Der Spielraum, den sie den Menschen für Reisen eröffnen, ist unbegrenzt, er reicht allein in diesem Band von Stockholm bis Kyoto, vom Paradies bis zur Sonne.

Totalitäre Regime reagieren auf solch erweiterte Spielräume nervös, aus gutem Grund: Das Spiel verspricht keinen übergeordneten Zweck, das Leben als Spiel betrachtet ist ein Leben in Immanenz. Am Ende jeder Partie werden die Figuren wieder auf das Ausgangsfeld gestellt oder, wenn die letzte Partie erreicht ist, einfach weggeräumt. Der Homo ludens ist wenig produktiv, auf seinen Reisen ist er nicht vom Sinn der Welt, sondern von ihrer flüchtigen Schönheit begeistert.

III

Und lernt man etwas bei den Spielen? Ich denke, nicht allzu viel, vielleicht etwas, was das Kind beim Nachsummen des

Liedes von der Schneckenpost schon geahnt hatte: dass es besser ist aufzubrechen statt stillzustehen, dass die Welt, die man entdecken wird, nicht leer ist und dass es sich lohnt, etwas über sie zu lernen. Später.

[2015]

»Wingerl, Wangerl, Wuperzu ...«
Ein Ohrenzeugenbericht

I

Spielszenen bleiben zumeist als visuelle Einträge im Gedächtnis haften, Sequenzen aus Bewegungen, zusammengesetzt aus stummen Bildern. Doch Spiele sind auch und nicht zuletzt auditive Ereignisse.

Mit Schrecken erinnert sich Elias Canetti in *Die Fackel im Ohr* an den Klangraum des Rapid-Stadions in Hütteldorf, den Aufschrei einer unsichtbaren, bedrohlichen »Doppel-Masse«, der ab und an sein Arbeitszimmer erreichte. Meine Erinnerungen an den Klang der Spiele sind sanfter: das mit Spannung verfolgte Klimpern der torkelnden Münzen beim »Anmäuerln«, der samtige Aufprall der Bälle beim Karambol oder das rhythmische, sich beschleunigende Klacken der Schachuhren bei Blitzpartien. Mit einiger Erfahrung kann man die Qualität der Partien durch bloßes Zuhören erkennen, suchtgefährdete Spieler werden von diesen Klängen magisch an den Spieltisch gezogen.

Heute dominieren globale Sounds die auditive Wahrnehmung von Spielen: das Plätschern der Jetons in den Händen der Pokerspieler, das Geklingel der Spielautomaten, die peitschenden militärischen Kommandos mit anschließenden Detonationen in den Kriegssimulationen am Computer.

Die Hauptquelle der Klangerzeugung bei Spielen ist jedoch die menschliche Stimme, die das Spiel begleitet. Das Reden beim Spiel, die Rede als Spiel, ist ein von der Wissenschaft vernachlässigtes Forschungsfeld, aus gutem Grund: Die Rede ist flüchtig (wie das Spiel selbst), und sie neigt zur Blödsinnigkeit. Gerade in der Negation von Sinn aber gehört sie zum »poetischen Volksvermögen«.

Die zweckfreie ludische Rede scheint den Kindern vorbehalten. Als eine der Ersten hat die Wiener Lehrerin und Volkskundlerin Hildegard Zoder die »Fingersprüche«, die »Kitzel- und Auszählverse« der Kinder aus dem Lichtental, einem Teil des Vorstadtbezirkes Alsergrund, gegen Ende des 19. Jahrhunderts gesammelt und aufgezeichnet. Die meisten Verse sind vergessen, am bekanntesten ist heute noch das »Patsch Handerl zâmm«, in dem gefragt wird, was »der Vata bringen« wird, in der älteren Version bringt er »a Glaserl Wein und a Kipferl drein« (belegt um 1885), in der neueren kindgerechte »rote Strümpf' und weiße Schuh«.

Geblieben ist seit Ende des 18. Jahrhunderts das »Hoppa Reiter«, das allerdings damals in der soldatischen Variante gesprochen wurde:

Hoppa, hoppa, Reiter
Säbel an der Seita,
Pulver in der Tâschen,
Brânntwein in der Flâschen.

Das »Hoppa Reiter« ist ein »Kniereitspruch«. Die Reime verschaffen der Körperlust, der Lust an Bewegung und am Bewegtwerden einen Vorwand, indem das Kind während der Rede, die es noch nicht versteht, in wildes Schaukeln versetzt wird.

Erhalten haben sich auch einige spielerische Schreib-Zeichen-Spiele, wie das berühmte, zum Zeichnen gesprochene

Punkti, Punkti,
Strichi, Strichi,
fertig ist das Mondgesicht.

Um 1900 war noch die grafische und verbale Erweiterung bekannt: »Kleiner Käse, große Butter, fertig ist die Schwiegermutter«, die im Laufe des 20. Jahrhunderts verloren ging.

Ein weiteres Genre der ludischen Rede sind die »Auszählverse«. Sie sind einerseits ein Vorspiel zum Spiel, zugleich stellt der Vorgang des Auszählens selbst ein Spiel dar. Sie erzählen zumeist kleine, märchenhafte, mitunter ins Surreale reichende Geschichten:

Da drobmat am Bergl,
bei dera Kapelln,
da reitn drei Schneider
auf aner Sardelln.

In den Auszählversen werden zeitgebundene Erfahrungen der Kinder verarbeitet, wie zum Beispiel die des Krieges:

1, 2, 3 bis 20,
die Franzosen kamen nach Danzig.
Danzig fing an zu brennen,
bis die Franzosen fingen an zu rennen.
Ohne Strümpf' und ohne Schuh'
liefen sie der Heimat zu.

Oder der Schule:

> 1, 2, 3,
> Tintenfass,
> geh in d' Schul' und lerne was,
> wenn du was gelernet hast,
> komm nach Haus und zeig mir was.

Bearbeitet werden aber auch im scherzhaften Ernst die Erfahrung des sozialen Elends und der Sexualität:

> 1, 2, 3,
> auf der Polizei
> ist ein kleines Kind geboren,
> wie soll es heißn?
> Katharina Rumpeltaschen.
> Wer wird ihr die Windeln waschen?

Zu Themen der Wiener Kinderpoesie werden auch die Immigration sowie technische Sensationen wie die Ankunft eines Zeppelins in Wien:

> In der pim-pam-polischen Küche
> geht es pim-pam-polisch zu,
> und die pim-pam-polische Mutter
> kocht den pim-pa-polischen Kindern
> einen pim-pam-polischen Brei.
> 1, 2, 3,
> du bist frei
> von der pim-pam-polischen Reih.

Zippel, Zappel, Zeppelin,
komm einmal zu uns nach Wien,
die Wiener Kinder gfreun sich schon
auf deinen langen Lenkballon.
Ling, lang, leng, ling, lang, leng,
ling, lang, Lenkballon.

Zumeist sind die Auszählverse jedoch von aller Semantik befreit, hingegeben an die phonetische Lust und an die Körperlichkeit des Sprechens. Viele scheinen fremde Sprachen zu imitieren und diese im Spiel mit einer klandestinen Bedeutung zu versehen:

An – tan – tinus
sakawedi
sakade – ella – bella
ella – bella – buff.

Emerle – bemerle
Ripere – ra
Ripete – Rapete – Knoll.

In ihrer Hermetik ähneln die Auszählverse Zaubersprüchen. Sie wirken ja tatsächlich: Der, auf den die letzte Silbe fällt, ist durch das pure Aussprechen der Wörter aus dem Spiel:

Wingerl, wangerl, wuperzu,
diwi, dawi, dominu.
Ecker, pecker,
kasamecker,
zingi, zangi, draußt.

II

Die spielbegleitende Rede endet nicht an der Schwelle des Erwachsenenalters. Im Gegenteil scheint sich, betrachtet man die Klangentwicklung bei Karten- und Schachpartien, die Lust an der Rede zu steigern.

Obwohl jedes Spiel ein regelgeleiteter Raum ist, bildet es eine karnevaleske Welt des Als-ob, in der während des Spiels bestimmte Über-Ich-Funktionen außer Kraft gesetzt sind. Ist der »Zauberzirkel des Spiels« (Huizinga) einmal betreten, so dürfen Scham- und Höflichkeitsgrenzen straffrei überschritten werden, ja ohne ein Mindestmaß an inszenierter Grausamkeit und Schadenfreude kann kaum ein Spiel betrieben werden. Die Unwirklichkeit des Spielgeschehens bietet somit eine Bühne, auf der die Spielenden auch verbal ihren Auftritt haben: lustvoll regredierend, höhnisch triumphierend oder verzweifelt jammernd.

Einem Experten der Einschüchterung konnte man in den 70er-Jahren im Schachzimmer des eleganten Café Museum in der Operngasse allabendlich begegnen. Sein Spitzname oder nom de guerre war »O'Grasl«, offenbar eine abenteuerliche Kompilation aus dem Verbum »abgrasen«, dem ostösterreichischen Wort für Stachelbeere (»Agrasel«) und dem Räuberhauptmann Grasl, der zu Beginn des 19. Jahrhunderts in Südmähren sein Unwesen trieb. O'Grasl begleitete jedes Schlagen einer gegnerischen Figur mit dem furchterregenden, gejodelten Ruf »Ho-li-o-li-oo«, wobei er die Spielhand wie einen Raubvogel auf das zu schlagende Objekt niedersausen ließ. Der Kampfschrei, eine phonetische Verdichtung der Drohung »ich hole alles ab«, verfehlte seine Wirkung nicht, die Gegner zuckten regelmäßig zusammen. Mitunter stimmten die Kiebitze, die sich um das Schachbrett versammelt hatten, in den Ruf ein, und im ganzen Café war bis zur Sperrstunde das »Ho-li-o-li-oo« zu hören. Es nimmt nicht wunder, dass der Schachraum nach der Renovierung des Cafés vom neuen Betreiber geschlossen wurde.

Das »Singen« ist das andere Extrem, es ist der permanente und penetrante Jammer des Spielers über die Missgunst Fortunas oder über die eigene Unfähigkeit. Sein erklärter Meister war der »Sänger-Karl«, ein Kartenspieler, der seine Zelte im Café Heine, einem ehemaligen Artistentreff in der Leopoldstadt, aufgeschlagen hatte. Der »Sänger-Karl« verfiel beim Aufnehmen seines Blattes – gespielt wurde »Schwarze Katze« (Black Maria), natürlich um Geld – in eine herzzerreißende, sich Karte um Karte steigernde Klage. Sie reichte von »Schon wieder: Aus jedem Dorf a Hund!« über »Das gibt's ja nicht!« bis »Ich hör jetzt auf!«. Jede Partie begann im Katastrophischen. Es braucht nicht betont zu werden, dass der Sänger-Karl ein Meister des Spiels war. Und des Hohns: Das Einstreifen des Gewinns begleitete er mit dem schelmischen Satz: »Danke für die Mitarbeit!«, um die nächste Partie sofort wieder mit dem Jammergesang zu beginnen.

Bei den Kommentaren des O'Grasls oder des Sänger-Karls handelt es sich noch um einen gewissermaßen funktionalen Sprechakt in Form von Monologen mit dem Ziel der Einschüchterung oder der Desinformation des Gegenübers. Finden sich jedoch zwei Spiel- bzw. Vielsprecher etwa am Schachbrett zusammen, entwickelt sich mitunter eine parole automatique, die jedem Dadaisten zur Ehre gereicht, jeden Hermeneutiker, der sich auf die Suche nach dem der Rede innewohnenden Sinn begibt, zur puren Verzweiflung treibt.

Beispiele einer solcherart sinnfreien Rede erlebte ich als Kind bei der sonntäglichen Schachpartie meines Vaters und meines Großvaters, des Vaters meiner Mutter. Mein Vater war ein klassenbewusster Kommunist aus dem Wiener Arbeiterbezirk Brigittenau, der Großvater ein konservativ-liberaler Bürger aus Grinzing. Beide gaben sich im Alltag und im Berufsleben als durchaus vernünftige, ja den Idealen der Aufklärung verpflichtete Menschen zu erkennen. Nicht so beim Spiel. Die folgende Rekonstruktion eines Dialogs ist Ergebnis einer Verdichtung, mit großer Wahrscheinlichkeit kompiliert aus Dutzenden ähnlichen Dialogen der beiden am Schachbrett, obwohl ich schwören könnte, dass er sich eines Sonntags in den 60er-Jahren genau so und nicht anders zugetragen hat:

»Und matt.«
»Wieso matt? Ist ja nicht einmal Schach.«
»Matt. Darf ich nicht matt sagen?«
»Er sagt matt. Eine Mattsaga. (Singt:) Matt, matt, matt. Matt, das ist ein guter Zug …«
»… wenn man einen haben tut.«
»Ein Güterzug.«
(Beide singen:) »So viele Züge gehen, wer weiß wohin …«
»Kennst du den Gilbert Bécaud?«
»Wen?«
»Den Gilbert Bécaud.«
»Kenn ich nicht, kenninet, kenninet, aber ich kenn dem Haschek sein Hund.«
»Warum dem Haschek sein Hund?«
»Weil dem Haschek sein Hund ist hässlich, so hässlich wie deine Stellung.«
(Wie verabredet beginnen beide wieder leise zu singen:) »So viele Züge gehen, wer weiß wohin …«
»Was würde jetzt wohl der Lasker spielen.«

»Der was?«
»Der große Lasker, der Schachweltmeister.«
»Ein Laster?«
»Nein, Lasker.«
»Du hast ein Laster?«
»Nein, hör: Las-ker. k. k. k. Las-ker. Sag k.«
»Laster.«
»LASKER. Lasker, der Weltmeister. Mit k.«
»k.«
»Sehr gut. Was würde jetzt wohl der Lasker spielen.«
»Wer? Ein Laster?«
usw. usf.

Der absurde Dialog entwickelte sich, brach ab und kam in Schleifen immer wieder an einzelne Stationen zurück, wo alles neu begann.

Obwohl mein Großvater ein taktisch versierter Kaffeehausspieler war, gewann fast immer mein Vater. Er hatte 1934 die Arbeiter-Schachakademie beim Wiener Meister Karl Roller besucht, ein paar Eröffnungen und die Grundbegriffe des Endspiels erlernt. Jedenfalls war er kindisch genug, jeden Sonntag das letzte Mattfeld mit Kugelschreiber auf dem Brett zu markieren, was den Großvater – bei aller Freundschaft ja doch ein alter Kapitalist – maßlos ärgerte, den Vater aber, als wär's ein Beitrag zum Klassenkampf, von Mal zu Mal wirklich diebisch freute.

[2012]

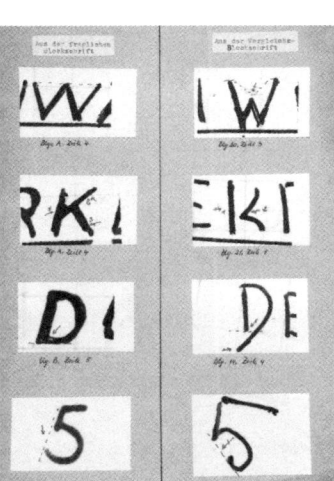

Buchstabenvergleiche aus einem forensischen Gutachten zur Schrifterkennung.

Böse Briefe

DIE UNSICHTBAREN UND IHRE GEGNER*

I

1924, als die *Welt von Gestern* sich längst in eine Welt von Morgen gewandelt hatte und Wien in eine moderne, technisch avancierte Metropole mit Stadtbahn, elektrischem Licht und Rohrpost, klagte Stefan Zweig, dass die »edle und kostbare Kunst« des Briefes zu Ende gehe. Vernichtet werde »jene für uns schon ganz unfaßliche Liebe«, mit der »die Vorfahren unseres Blutes und unseres Geistes einst ihre Briefe schrieben«. Ursache des Unterganges der Briefkultur seien die »Zeitung, in der alles für alle geschrieben ist«, die Schreibmaschine, »die das Wort entseelt«, und natürlich das Telefon, »wo die Menschen nun mit der ihnen zugemessenen Hast alles einander berichten können, ehe es noch warm in das Innere, in das lebendige Blut gedrungen ist«. Der Verlust wiege umso schwerer, so Zweig, als die Kunst des Briefeschreibens »jedem einzelnen Menschen« gegeben sei. Sie vermochte, »seinen Augenblicken inneren Aufschwungs und einer in ihn eingebrochenen Beseelung« Ausdruck zu verleihen.

Nicht nur dem Aufschwung und der Beseelung des Menschen: Der Brief ist auch eine habitable Zone für

---

* Der folgende Text wurde gemeinsam mit Christoph Winder verfasst.

Erpresser, Fantasten, Verleumder und Denunzianten. Auch sie erzeugen Nähe, und zwar eine gefährliche Form der Nähe. Gemeinsam ist diesen Briefen, dass sie in die Intimität einer privaten Existenz vordringen, zum Teil mit verheerenden Folgen. Sie faszinieren mitunter durch ihre Raffinesse, häufiger verstören sie durch ihre Dreistigkeit und Brutalität oder durch ihre kindliche Mitteilsamkeit und ihr verzweifeltes Ringen um Aufmerksamkeit.

Die Verfasser von Droh- und Erpresserbriefen genießen keinen guten Ruf, weder unter Verbrecherkollegen noch – erstaunlicherweise – unter den ansonsten eher distanzierten Kriminalisten. »Ein Charakteristikum des anonymen Erpressers«, notiert der Wiener Strafrechtler Konrad Schima mit einigem Abscheu 1973, »ist darin gelegen, daß er es nicht wagt, vor sein Opfer hinzutreten (…). Während die Massenmedien dem zweifelhaften ›Mut‹ eines Räubers oder den technischen Fähigkeiten eines Einbrechers mitunter recht unverhohlen Respekt zollen, hat die Öffentlichkeit für den anonymen Erpresser nur Verachtung übrig. Auch die Fachliteratur belegt ihn häufig mit Ausdrücken wie ›feige‹ oder ›hinterhältig‹.«

An dieser Einschätzung Schimas hat sich bis heute wenig geändert. »Erpressung«, schreibt die britische Autorin Mary Hottinger in einem Vorwort zu ihrer legendären Kriminalgeschichtenanthologie, »ist die übelste Form der Gewalttätigkeit, denn sie wirkt seelisch zerstörend«.

Gemeinsam ist den Droh- und Erpresserbriefen, so verschieden sie sein mögen, das Ziel, den Adressaten in einen Zustand paranoischer Furcht zu versetzen. Gemeinsam ist den Briefen auch die Anonymität. Aus dem Schutz der Anonymität heraus gelingt es, Macht über den Adressaten zu gewinnen. Als Unsichtbarer ist der anonyme Autor in einer

Position der Stärke. Durch seine Tarnkappe geschützt, kann er es, wie Zwergenkönig Laurin in der Sage von Dietrich von Bern, mit Gegnern aufnehmen, die ihm sonst weit überlegen sind. Das Faszinosum des Unerkennbar-Seins und der magischen Kräfte, die es verleiht, hat in Mythen, Literatur und Film reichlich Niederschlag gefunden. Die Geschichte reicht vom IX. Gesang der *Odyssee*, in dem sich der sich als »Niemand« verkleidende Odysseus sprachlich unsichtbar macht, über Tarnkappen und Zaubertränke bis zum Bösewicht in Paul Verhoevens blutigem SciFi-Thriller *Hollow Man*, der es durch »molekulare Phasenverschiebung« versteht, sich dem menschlichen Blick zu entziehen. Auch die Verfasser und Verfasserinnen anonymer Briefe gehören zu diesem Geschlecht.

II

Erste Voraussetzung für die episkopale Unsichtbarkeit ist die Sicherheit der Transportwege. Die Verbreitung von anonymen Droh- und Erpresserbriefen ist abhängig von der Entwicklung eines Postwesens, das eine aus Sicht des Täters gefahrlose, weil seine Anonymität wahrende Zustellung der Schreiben gewährleistet. Noch mehr als die Verfasser heimlicher Liebesbriefe pochen klarerweise die Autoren von Erpresserbriefen auf die möglichst strenge Wahrung des Briefgeheimnisses. Man will weder den Inhalt noch den möglichen Gewinn mit einem Dritten teilen.

Über Jahrhunderte war die Geheimhaltung des Briefinhaltes bei der Zustellung von Schriftstücken nicht gesichert. Man musste stets mit treulosen Boten, »Briefdieben«

oder unliebsamen »Brieföffnern« rechnen. Sie agierten nicht zuletzt im staatlichen Auftrag: Die sogenannten »Cabinets noirs« und »Brieflogen«, wie man die mit der Brieföffnung beauftragten Abteilungen der Geheimpolizei zu Fouchés und Metternichs Zeiten nannte, fingen Briefe zuhauf ab, brachen Siegel und nahmen Einsicht in die Inhalte – eine erhebliche Gefahr nicht nur für Spione, sondern auch für Anonymographen. In der österreichisch-ungarischen Monarchie brachte erst das Staatsgrundgesetz 1867 durch die Kodifizierung des Briefgeheimnisses auch ihnen Schutz: Die Einsichtnahme in Briefe war nur noch in Kriegsfällen oder aufgrund eines richterlichen Befehls zulässig.

Noch besseren Schutz gegen mögliche Enttarnung bot freilich die Masse der Briefe. Im Laufe der zweiten Hälfte des 19. Jahrhunderts verzehnfachte sich die Menge der täglich zugestellten Poststücke in New York. Ein ähnlich rasanter Anstieg der Kommunikationsdichte findet sich in den Metropolen Europas: In Berlin stieg die Anzahl der Poststücke von 280 Millionen im Jahr 1896 auf 676 Millionen im Jahr 1906 an. Im deutschen Kaiserreich lag die Zahl der jährlich zugestellten Poststücke 1871 bei bereits beachtlichen 412 Millionen und nahm bis kurz vor dem Ersten Weltkrieg auf 6,8 Milliarden Sendungen pro Jahr zu. Ähnlich in der Donaumonarchie: Von 1847 bis 1871 steigerte sich der Briefpostverkehr um das 12-Fache auf rund 170 Millionen Poststücke pro Jahr, 1913 wurden rund zwei Milliarden Briefsendungen jährlich zugestellt.

Wenn man den Anteil der anonymen Briefe am Gesamtvolumen der Briefsendungen als konstant annimmt, so muss ihre schiere Menge in diesem Zeitraum gewaltig zugenommen haben. Der Erfolg der modernen Post und die Durchsetzung ihrer Maximen – »Zuverlässigkeit, Pünktlichkeit und

Sicherheit« – kamen klarerweise auch den Verfassern und Verfasserinnen der bösen Briefe zugute: Man konnte sich auf die korrekte Zustellung verlassen, und in der enormen Zahl wurden sie unsichtbar. Die Einführung einer funktionstüchtigen postalischen Infrastruktur hatte eine Diskursveränderung zur Folge, zusehends wurden mündliche Drohungen und Erpressungen durch schriftliche ersetzt: »Von irgendwelchen Rüpeln geschriebene und anonym verschickte Drohungen«, resümiert der amerikanische Historiker Angus McLaren in seiner Geschichte der sexuellen Erpressungen, »waren eine Neuerung, die umso mehr Furcht hervorriefen, als deren Verfasser viel schwieriger ausfindig zu machen waren als jene Leute, die andere mündlich in Angst versetzten«. Und auch die »Qualität« der Furcht, in die sie die Adressaten durch das schriftliche Medium versetzten, war eine andere.

III

Mit der Gefahr, so weiß man, wächst das Rettende auch. Anonyme Briefschreiber und Briefschreiberinnen haben im späten 20. und 21. Jahrhundert einen schwereren Stand als früher. Längst reicht nicht mehr, was der deutsche Publizist Rochus Spiecker in einem ironischen Kommentar 1962 seinen Lesern in der *Zeit* zur Wahrung ihrer Anonymität empfahl:

»Benutzt eine fremde Schreibmaschine. Ein Typenfehler könnte sonst euer kampferprobtes Visier lüften! – Werft den Brief in einem anderen Stadtbezirk ein! Manch einem wurde die Nummer seines Postamtes schon zum

Verhängnis! – Verwendet nicht euer gewohntes Schreibpapier, wählt eine andere Sorte! – Und vor allem: Zeigt euch eurem Gegner, falls ihr ihm begegnet, von der freundlichsten Seite.«

Die moderne Kriminalistik hat ein ganzes Arsenal von Hilfsmitteln entwickelt, um den Urhebern anonymer Botschaften Namen und Anschrift zu geben. Dabei ist es ohne Belang, ob die Botschaft auf Briefpapier oder als Menetekel an die Wand geschrieben wurde. Nicht ohne Stolz berichtet Manfred Hecker, der Doyen der wissenschaftlichen Handschriftenuntersuchung in Deutschland, von einem Fall in den 1980er-Jahren in der Umgebung von Hannover. Ein unbekannter Täter hatte alle U-Rohre unter den Waschbecken einer Schule gelöst, die Wasserhähne aufgedreht und dadurch das gesamte Untergeschoss unter Wasser gesetzt. Auf einer Schultafel fand sich eine Bekennerparole samt einer üblen Beschimpfung des Direktors, es schien sich also um einen Schülerstreich zu handeln. Ein Handschriftenexperte wurde zugezogen. Er überprüfte die Klassenhefte aller 600 Schüler und erstattete anschließend den Auftraggebern Bericht: Keiner der Schüler kam als Autor infrage. Allerdings wurde in einigen Heften eine ähnliche Schrift gefunden, und zwar in den Korrekturen in roter Schrift...

Die Handschriftenuntersuchung hatte sich zu diesem Zeitpunkt als Teilbereich der wissenschaftlichen Kriminalistik längst etabliert. Die Kriminaltechniker rücken der Anonymität mit physikalischen und chemischen Untersuchungen des Papiers und darauf verborgener Spuren zu Leibe. Sie entnehmen DNA- und Zellstoffproben, vergleichen Handschriften-Merkmale computergestützt nach verschiedenen Parametern miteinander, forensische Linguisten schließlich untersuchen die Texte auf verräterische sprachliche Idiosynkrasien und dialektale Färbungen der Emittenten.

Es ist erstaunlich, welche subtilen Methoden auf den unterschiedlichsten Ebenen der Schriftanalyse in einem Jahrhundert Forschung entstanden sind, was in der Kriminalwissenschaft an Messmöglichkeiten und Messgenauigkeit von Physik und Psychomotorik der Handschrift erzielt wurde. Mittels Schrägbelichtung der Blätter können Pausfälschungen oder Verstellungstechniken ebenso wie Strichabfolgen sichtbar gemacht werden, durch mikroskopische Untersuchungen von Schreibrillen, der Papierrisskanten oder der Messung des Reibungsdrucks (etwa bei Abreibe-Buchstaben) ist es dem Kriminalisten möglich, den Täterkreis einzuengen, aus den Inhalten der Briefe lassen sich einige Persönlichkeitskonturen der anonymen Figur, gegen die er »spielt«, freilegen. Nicht immer werden diese Methoden öffentlich gemacht. Versenderinnen und Versender anonymer Botschaften sind heute jedenfalls gut beraten, wenig (oder am besten: gar nicht) zu schreiben.

Der Aufwand, der betrieben wird, um eine Enttarnung zu vereiteln, ist oft erheblich. Die Arbeit der Anonymisierung setzt auf drei Ebenen ein. Zunächst darf das Schreibmaterial keine Rückschlüsse auf die Identität des Schreibenden erlauben, alle persönlichen Züge der Schrift müssen getilgt werden, schließlich gilt es, alles erkennbar Individuelle aus dem Text zu löschen. Der Täter legt es gewissermaßen darauf an, sein Ich in seinem Schreiben aufzulösen – eine sehr spezielle Ausformung von Roland Barthes' These vom »Tod des Autors«, die auf ihre Weise ernst macht mit der Auslöschung der erzählerischen Identität.

Der natürliche Gegner – und heimliche Verbündete des Kriminalisten – ist die narzisstische Energie des Autors bzw.

der Autorin. Gelegentlich treibt sie einen Anonymschreiber dazu, mehr von sich preiszugeben als unbedingt notwendig und damit sein Ziel zu gefährden.

Die Herstellung von Anonymität kann sogar Gegenstand eines anonymen bzw. pseudonymen Briefes sein, wie etwa das grotesk weitschweifige Schreiben des Briefbombenattentäters Franz Fuchs aus dem Jahr 1995 zeigt. Fuchs, der sich als Teil einer (fiktiven) Bajuwarischen Befreiungsarmee (BBA) sah, animierte darin den damaligen niederösterreichischen Landesrat Hans-Jörg Schimanek dazu, anonyme Anzeigen gegen Staatspolizei, Innenministerium und Journalisten einzubringen. Schimaneks Sohn Hans-Jörg jun. war kurz zuvor wegen nationalsozialistischer Wiederbetätigung zu einer langjährigen Haftstrafe verurteilt worden, Fuchs ging es offenbar darum, den Personen, die er für mitschuldig an der Verurteilung des jungen Schimanek hielt, Schwierigkeiten zu bereiten. Als Experte in Sachen anonymer Kommunikation schickte er Vater Schimanek eine lange Empfehlungsliste, wie man es am besten bewerkstellige, den Gegnern durch Briefe zuzusetzen und dabei »keine Beweise zu liefern, die auf Sie als Autor hinweisen«:

> »Niemandem etwas erzählen und alles selbst ausführen; Briefpapier und Marke weit auswärts einkaufen; Ortsangabe im Brief muss mit Aufgabeort übereinstimmen; Ort wählen, zu dem Sie keine Beziehung haben; Fingerabdrücke auf Briefpapier, Kuvert und Marke vermeiden oder mit Nitroverdünnung, Spiritus oder Putzbenzin und Pinsel gründlich beseitigen, rauhe Handschuhe verwenden; Haare auf dem Briefpapier vermeiden; Briefmarke mit Nitroverdünnung abwaschen und mittels Uhu aufkleben oder nur am Rand oder mittels

Pinzette berühren und (mit Trinkwasser befeuchtet) aufkleben; Sonderschriftarten vermeiden, die man aus Ihrer Korrespondenz kennt; Typenradschreibmaschine: Farbband und Radierband verbrennen, nur Standardschriftbild verwenden; Computer: beim Löschen einer Datei bleiben stets Textreste auf der Festplatte, die von Profis aufgespürt werden können, folglich mit einer Diskette (Laufwerk A:) arbeiten und diese anschließend neu formatieren oder verheizen.«

Fuchs vermeldete weiters, dass dieses, sein eigenes, Schriftstück »frei von Fingerabdrücken, Eiweißspuren, Pollen und verwertbaren Gerüchen« sei. Dennoch sei es »für Kriminaltechniker kein Problem, dieses Schreiben im ganzen oder Teile dieses Schreibens der BBA zuzuordnen«.

Verräterische Züge trägt natürlich die Handschrift. Anders als der Scheck- oder Testamentfälscher hat der anonyme Briefsteller aber den Vorteil, dass er nichts handschriftlich zu Papier bringen muss. Er kann sich Apparaturen – Schreibmaschine, Computer, Drucker und so fort – bedienen, die freilich ihrerseits potenzielle Fährten zu ihm (oder ihr) legen. Auch der Anonymschreiber unterliegt somit dem »Paradox der guten Verbrechensplanung«: »Je besser der Täter plant«, merken Walder und Hansjacob in ihrem *Kriminalistischen Denken* an, »desto mehr zielgerichtete Tätigkeiten sind involviert und desto mehr verräterische Spuren werden generiert.«

IV

Der Weg der modernen Kriminalistik bei der Spurensicherung war lang und von systematischer Selbstbeschränkung und manchmal von maßloser Selbstüberschätzung bestimmt. 1906 erkennt der Berliner Schriftsachverständige Georg Meyer zwar eine »Aufwärtsbewegung« seines Faches, muss aber konzedieren:

> »Als eine sicher und fest begründete Wissenschaft kann die Schriftexpertise noch nicht gelten (…), das meiste harrt noch der gründlichen Bearbeitung. Es würde auch nichts nützen, dies abzuleugnen, denn die Irrtümer einzelner Gutachten und die häufigen Widersprüche zwischen den verschiedenen Gutachtern reden eine zu deutliche Sprache.«

Den zweifelhaften Ruf der Sprach- und Schriftuntersuchung hatten fehlerhafte Gutachten im Prozess und Revisionsverfahren gegen Alfred Dreyfus zwölf Jahre zuvor genährt. Die Affäre Dreyfus hatte zu einer tiefen politischen Krise in der Dritten Republik Frankreichs geführt und weltweit Aufsehen erregt. Dreyfus, dem einzigen Juden im französischen Generalstab, war vorgeworfen worden, Spionage für Deutschland betrieben zu haben. Dreyfus wurde verdächtigt, ein Geheimdokument mit einer Liste vertraulicher militärischer Informationen verfasst zu haben, das in der deutschen Botschaft in Paris aufgefunden worden war. Alphonse Bertillon, Kriminalist und Leiter des polizeilichen Erkennungsdienstes der dortigen Polizeipräfektur, wurde am 13. Oktober 1894 mit einem Gutachten zur Urheberschaft beauftragt. Zwecks Schriftvergleichs erhielt er Proben von

Dreyfus' Handschrift. Noch am selben Tag (!) kam Bertillon zum Ergebnis, dass Dreyfus der Autor des Dokuments sei, in der Folge kam es vor dem Kriegsgericht zu seiner Verurteilung wegen Landesverrats. Bertillon, der auf dem Gebiet der Schriftuntersuchung im Grunde keine Expertise vorzuweisen hatte, vertrat die anspruchsvolle These einer »Selbstfälschung«: Dreyfus habe seine Schrift nachgeahmt, und zwar so, wie jemand, der Dreyfus' Schrift nachahmen wollte. Der Verdacht sollte also zunächst auf ihn fallen, das Schreiben aber später als Fälschung enttarnt und er entlastet werden. Die Kritik an diesem Sprachgutachten fiel heftig aus. »Ich hielt ihn«, erinnert sich Gerichtspräsident Jean Casimir-Perier an Bertillon, »nicht nur für skurril, sondern für verrückt, und zwar verrückt auf eine außergewöhnliche, kabbalistische Weise (...). Ich dachte, ich hätte einen Wahnsinnigen vor mir«. Auch die Mathematiker Paul Painlevé und Henri Poincaré widersprachen vehement und bezeichneten die Theorie und die Methoden Bertillons als unsinnig.

Trotz aller Ablehnung und des Vorwurfs mangelnder Expertise setzte sich Bertillon durch und verfestigte damit die Macht des forensischen Gutachters vor Gericht. Angesichts der anhaltenden öffentlichen Kritik an den Schriftsachverständigen im Dreyfus-Prozess – nicht zuletzt von Émile Zola in *J'accuse...!* (1898) – forderte Meyer eine Spezialisierung und Standardisierung der Ausbildung für seine Zunft. Sie sollten in Zukunft »Kenntnis der Pathologie der Handschrift, Übung in der Mikroskopie, Beherrschung der photographischen Technik und Kenntnis von den Grundbegriffen der Chemie« belegen können.

Die Betrachtung des Kampfes gegen die Anonymität ist auch eine Geschichte der wissenschaftlichen Kriminalistik und ihrer Ideale – und der Skepsis an beiden. Der Kampf gegen die Anonymität von Schreiben war im 20. Jahrhundert stets auch ein Ringen um Legitimität und Beweiskraft von Aussagen zur Sprache.

Meyers Kritik an den fehlenden Standards der Schriftuntersuchung erschien 1906 im 22. Band der von Hans Gross (1847–1915) begründeten Zeitschrift *Archiv für Kriminal-Anthropologie und Kriminalistik,* dem bedeutendsten Organ der modernen Kriminalistik. Gross selbst publizierte 1893 das überaus erfolgreiche *Handbuch für Untersuchungsrichter* und fünf Jahre danach eine *Criminalpsychologie.* Beide Bücher und unzählige Fachartikel brachten ihm den Ruf des Vaters der wissenschaftlichen Kriminologie ein. Der Strafrechtsprofessor und Richter lehrte ab 1902 auch an der deutschen Universität in Prag, zu seinen Hörern zählte Franz Kafka; einige Aspekte der Vorlesungen von Gross sind ebenso wie seine Person in Kafkas Romane und Erzählungen eingeflossen – etwa in *Der Prozess* oder *In der Strafkolonie.*

Ganz im Einklang mit den positivistischen Strömungen seiner Zeit versuchte Gross, ein möglichst strenges, aus heutiger Sicht naives Ideal der Wahrheit in der Kriminalistik zu etablieren. Der Wahrheitsanspruch habe hier noch strenger zu sein als in der Wissenschaft, denn, so Gross, »die Wissenschaft kann sich mit dem Streben nach Wahrheit begnügen, wir müssen es zur Wahrheit selbst bringen«. Immerhin werden ja Menschen eingesperrt. Neben dem »exakten Studium des Materials« gelte es, eine »causale Kette«, das heißt eine Wirkungsbeziehung zwischen »Bedingung« und »Effect« herzustellen, die in ihrer Geschlossenheit keinen Zweifel an der Argumentation zulässt. Nur so könne sichergestellt werden, schreibt Gross selbstkritisch, dass »unsere Tätigkeit überhaupt über der des Rosstäuschers steht«. Die »Beobachtung der Thatsachen des Lebens«, und dazu zählten nicht zuletzt Sprache und Gesten, sind nach Gross Alpha und Omega der Arbeit. Diese Arbeit des Kriminalisten weise über die rein juristische Sphäre hinaus in eine ethische, politische Dimension, denn die wissenschaftliche Exaktheit und Redlichkeit entspreche »der Pflicht der Gewissenhaftigkeit, die unter allen staatserhaltenden Kräften die erste Stelle einnimmt«.

In seiner *Criminalpsychologie* lenkt Gross die Aufmerksamkeit vom Fall dezidiert auf die Erforschung der Psyche des Täters. Allerdings gibt es auch für den wissenschaftlich denkenden und urteilenden Kriminalisten aus dem hermeneutischen Zirkel zwischen zeitbezogener Alltagserfahrung, erkenntnisleitendem Vorurteil und Messung kein Entkommen, wie viele Beispiele aus seiner *Criminalpsychologie* etwa zur Gestik von Angeklagten vor Gericht belegen: Ein geschlossener Mund zeigt nach Gross Entschlossenheit und Festigkeit, »ein offenes Maul« deutet beim Beschuldigten dagegen auf Zögerlichkeit und Zweifel, das Glänzen der Augen und »Affectiertheit« sogar auf die Schuld des Angeklagten hin. Entscheidende Hinweise kann der aufmerksame Richter der Untersuchung des »Styls«, der »Handschrift des Geistes« entnehmen. Im Stil der ihm vorliegenden Dokumente drücken sich »Weichheit oder Härte des Charakters, Gutmüthigkeit oder Grausamkeit, Entschiedenheit oder Schwäche, Aufrichtigkeit oder Verschlagenheit und hundert andere Eigenschaften auf das Deutlichste« aus. Eine eigene Methode bei der Stilanalyse gibt es nicht. Gross empfiehlt »immer wieder neues Durchlesen« und die Konzentration auf einzelne Eigenschaften. »Der Styl«, so Gross, »muss einfach studiert werden«. Ambivalent ist seine Position zwischen wissenschaftlicher Erklärung und hermeneutischem Verstehen in seinem *Handbuch für Untersuchungsrichter, Polizeibeamte,*

Gendarmen u.s.w. Zum einen widmet Gross der naturwissenschaftlichen Untersuchung der Schreiben breiten Raum, unumgänglich erscheint ihm die mikroskopische Untersuchung der Dokumente. Gross empfiehlt früh die Verwendung der Fotografie »im Dienste der Criminaljustiz« und geht detailliert auf die Methoden zum »Zusammensetzen zerrissenen Papiers« sowie auf die »viel schwierigere Arbeit (…) aus den verbrannten Papieren noch etwas von dem Gedruckten oder Geschriebenen zu retten«, ein.

Jenseits der exakten Naturwissenschaften begibt sich Gross allerdings auch auf das unsichere Terrain der Grafologie und ist sich bereits 1893 der Gefahren bewusst. »Über die Beurteilung von Handschriften und deren Wert«, schreibt Gross, ansonsten nicht verlegen um klare Urteile, »herrschen die unterschiedlichsten Meinungen. Die einen machen eine Wissenschaft daraus und wissen den Wert der aus der Schriften-Beurtheilung zu ziehenden Ergebnisse nicht hoch genug zu veranschlagen, die anderen halten die Kenntnisse, die man hierüber beziehen will, für Einbildung, zumindest für Übertreibung.« Bei allem Zweifel glaubt Gross nach reiflicher Abwägung der Sekundärliteratur, »dass jene eher im Rechte sind, die meinen, dass die Beurtheilung von Schriften heute zum mindesten wissenschaftlichen Charakter angenommen habe«.

Die Analyse der »nie lügenden Handschrift« soll Auskunft über Geisteskrankheiten geben, ob eine freie Niederschrift oder bloß eine Abschrift vorliegt, über Zeitdruck des Autors oder allfällige Verstellungsversuche. Systematisch angewandt offenbart sie dem erfahrenen Untersuchungsrichter darüber hinaus Informationen über das mögliche Alter, das Geschlecht und den Bildungsstand bei anonymen Schreiben. Schließlich lassen sich nach Gross auch Stimmungen erschließen, und zwar »mit einem fast mechanischen Mittel« bei der Analyse der gegenständlichen Schrift:

»Man fährt auf derselben mit einer trockenen Feder, einem spitzen Hölzchen, oder, bei einiger Übung lediglich mit den Augen, den Schriftzügen ganz genau nach und suche dies annähernd so rasch zu machen, als ob man selbst schriebe. Es ist nicht Übertreibung oder Einbildung, wenn behauptet wird, dass man in der That bei diesem Vorgange in eine eigenthümliche Stimmung geräth, die jener entspricht, von welcher seinerseits das Schriftstück geleitet wurde. Man empfindet nervöse Aufregung, Ärger, Freude, Zorn, wenn der Schreiber aufgeregt, ärgerlich, freudig, zornig war. Aber nicht nur die augenblickliche Stimmung, in der sich der Schreiber befand, als er das Schriftstück verfertigte, auch die Anlagen und Charaktereigenschaften, die er sonst hat, werden bei jenem Nachfahren empfunden, wenn man sich in der Sache nur einigermaßen geübt hat und wenn man überhaupt die Fähigkeit des Nachempfindens hat.«

Wie man feststellen kann, ob der Überprüfende über diese Fähigkeit des Nachempfindens verfügt oder ob er nur glaubt, über sie zu verfügen, bleibt bei Gross ebenso rätselhaft wie die magische Fähigkeit von TV-Kommissar Columbo, mittels der er den Schuldigen bereits bei der ersten Begegnung identifiziert.

V

Die Kriminalistik ist, wie das Beispiel Gross zeigt, Kind einer modernen Kultur der Evidenz, aber auch stets Kind ihrer Zeit. Das Wechselspiel aus dem Streben nach Objektivität auf der einen Seite und kulturellem Vorurteil auf der anderen, in dem die Gutachter befangen sind, belegen auch die Schriftgutachten an dem von Gross begründeten Kriminologischen Universitätsinstitut Graz in den folgenden Jahrzehnten. Der verquere »Fall Wucherer«, mit dem das Institut gutachterlich befasst wurde, beruht auf einem anonymen Brief, der die Staatsanwaltschaft in Graz im Juni 1928 erreichte. Im Schreiben heißt es:

> »Meiden Sie die Nähe Betty Wucherers, deren glühender Haß Ihr Leben aufs Spiel setzt. Sie hat einen Dolch, wehe dem, den die vergiftete Spitze trifft, der ist rettungslos dem Tode geweiht.«

Die derart verleumdete Wucherer beschuldigte einen gewissen Ing. Rainer, dessen Anträge sie zurückgewiesen habe, der Urheberschaft, das Gericht schloss aber vorweg nicht aus, dass das Schreiben von Wucherer selbst stammen könnte. Der Auftrag des Landesgerichts für Strafsachen Graz an den Leiter des Instituts Ernst Seelig – dem Nachfolger von Hans Gross – war es daher, zu beurteilen, ob das Schriftstück »von der Hand der Barbara (Betty) Wucherer herrührt, ob mit voller Bestimmtheit, ob nur mit Wahrscheinlichkeit, oder vermutlich nicht«.

Seitens des Gutachters wurden von der Beschuldigten Schriftproben genommen (dabei wurde bereits auf den Schreibvorgang und die Schreibgeschwindigkeit geachtet), fotografische Vergrößerungen einzelner Passagen der Handschrift hergestellt, so wie dies bereits Gross eingeführt hatte. Nach Seelig sei am Kuvert und zu Beginn des Textes versucht worden, »die unbeholfene Schrift eines Bauern« vorzutäuschen, das Ende verrate jedoch den »schriftgewandten Schreiber«, ebenso die Rechtschreibung, die, so Seelig, »ein wirklicher Bauer niemals schreibt«. In gleicher Weise werden die »derben und unflätigen Kraftausdrücke« sofort (und ohne weitere Begründung) von Seelig als Verstellungsmerkmale erkannt.

Das 13-seitige Schriftgutachten selbst umfasst Merkmalsanalysen, die uns auch noch Jahrzehnte später in der Handschriftenuntersuchung begegnen: Seelig beschreibt und protokolliert ausführlich Besonderheiten der Federführung, der Größe der Oberschlingen, der Anstrichgestaltung, Raumverteilung der Buchstaben, Schriftart (Kurrent, Latein), Neigungswinkel, winzige Verdickungen bei Aufstrichenden und Bindungsformen bis hin zur Analyse der Form der Kommata und sogar der Lage der Punkte. Am Ende kommt das Gutachten zum Ergebnis, dass das Schreiben »mit Sicherheit« von Wucherer selbst verfasst wurde. Das Gutachten führte zu einer Verurteilung Wucherers wegen Betruges.

Trotz aller Ausführlichkeit und Beispielfülle kann man sich des Eindrucks nicht erwehren, dass argumentativ auf ein prima vista bereits feststehendes Ergebnis hingearbeitet wurde. So plausibel das Gutachten passagenweise anmutet, viele Beschreibungen von Schrifteigenschaften wie »sicherer Duktus«, »schwungvoll«, »temperamentvoll« und »verziert« sind kaum als neutral zu bezeichnen. Zentral für das Gutachten ist, dass diese kaum objektivierbaren Beschreibungen der Schrift als Begründung für die These der Verstellung der Beschuldigten dienen. Die Schrift widerspreche, so das

Gutachten, dem »einfachen und natürlichen« persönlichen Auftreten der Beschuldigten am Institut, während sie die Schriftprobe abgab. Diese mehr oder minder intuitive, für die gesamte Argumentation aber in Wahrheit grundlegende Beobachtung wird nicht weiter vertieft oder begründet.

Misogyne Stereotypien, die bei der Aktivierung der »Intuition« der forensischen Experten hervortreten, sind nicht selten. In den Passagen zur Psyche der Frau in Gross' *Criminalpsychologie* zeigt sich die Zeitgebundenheit des Begründungsversuches der wissenschaftlichen Kriminalistik am deutlichsten. Ihr Verständnis ist nach Gross für den Strafrichter unabdingbar und »Schlüssel für so manches Verbrechen«. Frauen, so schwadroniert Gross, lügen zwar vor Gericht nicht mehr als Männer, allerdings zeichnet sie eine besondere »Verstellungskunst« und »Unaufrichtigkeit« aus; während Männer »ratiocinativ« handeln, sind Frauen eher »instinktbezogen«, es mangelt ihnen daher an »Objektivität«. Frauen sind leichter erregbar als Männer und daher tendenziell »unfähig zur Analyse«. Aus demselben Grund verfügten sie daher über eine »geringere Fähigkeit neue Eindrücke aufzunehmen«. In ihrem genuin am Erhalt der Dinge orientierten und wenig »fortschrittlichen« Denken zeigt sich deutlich eine »gewisse Schwerfälligkeit«, ja »mindere Regsamkeit«. Selbst im Zuspätkommen, dem »Nicht-fertig-werden der Frau« glaubt Gross eine biologisch begründete Tatsache zu erkennen, die bedacht werden muss. An der Unpünktlichkeit der Frauen ist schon »ein vielleicht außerordentlich kluger Plan zu einem Verbrechen gescheitert«, durch ihren chronischen Charakter ist sie für ihn »einzig durch einen Verstandesmangel« der Frau zu erklären.

Noch 1948 behauptet der Schweizer Psychiater Hans Binder, dass das Verfassen anonymer Briefe mit sexuellem

Inhalt eine Tätigkeit sei, die in engem Zusammenhang mit der weiblichen Psyche und dem weiblichen Triebleben stehe. Der »in der Literatur hie und da zu lesenden Behauptung, die Anonymographie komme fast nur bei Frauen vor«, kann Binder nichts abgewinnen, er bezeichnet sie explizit als falsch. Wohl aber leisteten angeblich typisch weibliche Wesenszüge wie »unzureichende Objektivität, Gefühlsabhängigkeit des Denkens, unkritische Phantasie und eine mit der weiblichen Eitelkeit zusammenhängende Tendenz zu Pose und Schein« der Anonymographie Vorschub. Wie leicht die Frau »zum *anonymen* Schreiben erotisch-sexueller Briefe kommen muss, wenn ihr vom Schicksal verwehrt wurde, *offene* derartige Schreiben zu verfassen«, liegt nach Binder auf der Hand. Das erkläre auch, warum gerade die »klimakterische Frau in besonderem Maß zum anonymen Briefschreiben neigen muss« und Briefe von »›Frauen in diesem gefährlichen Alter‹ hinsichtlich raffinierter Grausamkeit und Giftigkeit wohl an der Spitze unseres Materials stehen«. Als Beispiel für seine These zitiert Binder in extenso aus Briefen der 51-jährigen Frieda R., in welchen sie den 28-jährigen Kurt, der seine Verlobung mit ihrer Tochter aufgelöst hatte, »in unerhörter Weise« (Binder) beschimpft. Als Frieda R. als Autorin der Briefe enttarnt wird, gibt sie zu, dass sie »hie und da beim Schreiben des Briefes oder nach dem Einwerfen desselben in den Kasten einen eigentlichen sexuellen Orgasmus hatte«.

Binders Postulat, dass das Verfassen und Verschicken anonymer sexueller Botschaften in erster Linie Frauensache sei, erscheint heute natürlich als mehr als fraglich. Es ist eher dem Tradieren von Geschlechterstereotypien geschuldet als halbwegs objektivierbaren Forschungsergebnissen. Politikerinnen und Journalistinnen wissen ein Lied zu singen von Vergewaltigungsfantasien und sonstigen Androhungen sexueller

Gewalt, die ihnen auf Internetplattformen regelmäßig von männlichen Autoren entgegenschlagen. Die Drohbriefe der Gegenwart sind hoch sexualisiert, die Gewaltfantasien werden eindeutig aus männlicher Perspektive verfasst. Die dunkle, grafomanisch-onanistische Lust und die sadistischen Fantasien in den Briefen sind fast ausschließlich gegen Frauen gerichtet.

VI

An diesem ambivalenten, zwischen penibler Analyse und freier Interpretation schwankenden Status der Schriftgutachten hat sich auch in den 1960er-Jahren wenig geändert. Im Schriftgutachten von Gerth Neudert – Nachfolger von Ernst Seelig als Leiter des Kriminologischen Instituts – zum Fall Pauline S. aus dem Jahr 1966, die als Urheberin eines anonymen Schreibens beschuldigt wurde, sind ebenfalls Schriftmerkmale akkurat analysiert, Übereinstimmungen und Divergenzen beispielhaft angeführt, allerdings zum Teil in wertendem, psychologisierendem Jargon. Die Rede ist »von starker Nervosität« der Beschuldigten, von der »Primitivität der Frau S.« (die ihr »in bezug auf ihre Handschrift« das Aufrechterhalten einer bewussten Verstellungsabsicht über längere Zeit unmöglich mache). Konstatiert wird auch ein »ausgesprochen niederes Formniveau«, das durch zahlreiche Rechtschreibfehler im Text unterstrichen wird, sodass am Ende eine Autorschaft nicht infrage kommt. In einem Gutachten drei Jahre danach zu einer anonymen Postkarte greift Neudert sogar zur Methode der »ganzheitlichen Erfassung der Schrift«, die die kaum falsifizierbare Grundlage weitreichender Behauptungen ist.

Der Verweis auf die »Ganzheitlichkeit« der Interpretation, in der einzelne Faktoren der Schrift nicht isoliert betrachtet, sondern zusammengedacht werden, stimmt skeptisch und lässt nicht an Wissenschaft, sondern an die Tradition der grafologischen Deutung denken. Aus der Handschrift sollen Rückschlüsse auf Persönlichkeitsmerkmale des Verfassers möglich werden. Gewisse Schrifteigenschaften entsprechen dabei Charaktereigenschaften, unter anderem könnte eine »kriminelle Disposition« eines Autors durch Analyse der Form erkennbar werden.

Das seltsame Vertrauen in die Aussagekraft einer Physiognomik der Schrift hinterließ auch in der Forensik ihre Spuren. In einem Gutachten zu einem anonymen Schreiben aus den 1970er-(!)-Jahren erkannte der Sachverständige, »daß die Schriftzüge der Verdächtigen unverkennbare Züge von Mißgunst, gepaart mit Verschlagenheit offenbaren, die auch Form und Inhalt der Briefschaften bestimmen«.

Die Deutung erfolgt wie bei Neudert und in der Stilanalyse von Gross auf dem Wege der Intuition, der Signifikant wird in der Grafologie direkt mit einer vermeintlich vorhandenen symbolischen Bedeutung des Zeichens verbunden und das Zusammenspiel beider mit einer sich dahinter verbergenden Charaktereigenschaft assoziiert. So deutet etwa in der grafologischen Interpretation ein spitzer Strich auf einen Dolch und daher auf etwas Böses hin, Unterzonen sind das Areal und Anzeichen für die Triebhaftigkeit des Schreibenden. In den Schriften von Frauen dominieren »stark liegende Buchstaben«, und zwar aufgrund »der größeren Sensibilität« der Frauen. Die Neigung zu Häkchen am Wortanfang verweist in der Betrachtung der Schweizer Grafologin Anne-Marie

Cobbaert auf »Gier, verborgen hinter konventioneller Korrektheit, Perfidie« hin, vergessene i-Punkte und Akzente verraten die Tendenz des Schreibenden, in der Schrift wie im Leben »gewisse Pflichten zu vernachlässigen«, hingegen Punkte in Kommaform auf »Nervosität« und »Anzeichen von Neurose«; ein präzis gesetzter i-Punkt dagegen kennzeichnet Wissenschaftler und Techniker. Freilich: »Selbst diese«, differenziert Cobbaert, »vergessen aber den Punkt manchmal: Sie werden von ihren Ideen fortgerissen, halten sich nicht mit unbedeutenden Präzisierungen auf, sehen das Wesentliche, nämlich die Darlegung ihrer Gedanken. Die Literaten (die wirklichen) haben viel Phantasie und setzen die Punkte gewöhnlich mit Verzögerung. Es kann aber auch sein, daß sie manchmal genau sind: dann ist das Anzeichen für geistige Geschmeidigkeit.« Wir lernen: Es gilt praktischerweise stets auch das Gegenteil des Gesagten. Wie (und wieso) aber etwa Neigungswinkel des Buchstabens, Weiblichkeit und Sensibilität zusammenhängen, bleibt offen. Es trifft zu, was für alle Hermeneutik gilt: dass Interpretationen mitunter mehr über den Interpreten als über das Interpretandum aussagen.

Dem Esoterikverdacht können sich auch die Grafometrie, die versucht, durch Messung bestimmter Schrifteigenschaften auf die Körpermaße des Autors zu schließen, und die schriftdeutende Psychoanalyse nicht ganz entziehen. Bekannt wurde die Interpretation des amerikanischen Psychiaters und Autors James Brussel (1905–1982) im Fall von George Metesky; Metesky ging als »Mad Bomber« in die amerikanische Kriminalgeschichte ein, über einen Zeitraum von 16 Jahren terrorisierte er die New Yorker Bevölkerung mit über 30 Bombenanschlägen. Aufgrund der gestochen scharfen, regelmäßigen Schrift in den vielen Droh- und Bekennerbriefen Meteskys schloss der vom New York City Police

Departement zu Hilfe gerufene Brussel auf einen äußerst kontrollierten, vorsichtigen Täter; einzig das geschriebene »w« stach aus der Regelmäßigkeit der Glyphenfolgen hervor. Die auffallend bauchige Form des Buchstabens deutete der Psychoanalytiker als weibliche Brust, aus der grafischen Form schloss er auf eine sexuelle Störung Meteskys, eine tiefenpsychologische Diagnose, der man in der Kriminalistik heute wohl nicht mehr so ohne Weiteres folgen würde, auch wenn Brussel mit vielen Details in seinem Gutachten richtig lag.

Während Brussel und die psychoanalytische Interpretation in New York Triumphe feierten, unternahm der bereits erwähnte Gerth Neudert am Grazer Kriminologischen Institut einige weniger spektakuläre Versuche, die Wissenschaftlichkeit der Schriftanalyse zu festigen und aus den Fallstricken der grafologischen Interpretation zu befreien. Neuderts Unternehmungen war allerdings wenig Erfolg beschieden: Die Anlage einer möglichst umfassenden Sammlung von Kugelschreibern zum Pastenvergleich musste aufgegeben werden, als der BIC-Kugelschreiber den Markt der Schreibgeräte eroberte. Vergeblich blieb auch der Versuch Neuderts, den Alkoholisierungsgrad einer Person anhand ihrer Handschrift zu messen. Dazu wurden Studenten der Universität Graz in systematischer Weise alkoholisiert. Der Verwackelungsindex in den Schriftproben der Testpersonen sollte auf eine bestimmte Promillezahl hinweisen, Neudert konnte allerdings keine systematisierbare Korrelation von Schriftverfall und Alkoholisierungsgrad herstellen. Das Experiment wurde mit frustranem Ergebnis abgebrochen.

VII

Gegenüber den grafologischen Exzessen bis zur Mitte des 20. Jahrhunderts dominiert in den letzten Jahrzehnten die physikalisch-chemische Analyse des Schreibvorganges sowie eine bescheiden und vorsichtig agierende linguistische Forensik. Vor überzogenen Hoffnungen wird gewarnt. »Wer erwartet«, schreibt Manfred Hecker in seinem *Traktat über den Wissenschaftlichkeitsanspruch der forensischen Schriftvergleichung* aus dem Jahr 2000, »dass man den Urheber eines aus 4 Strichen zusammengesetzten ›M‹, das mit dem Blut eines erschossenen Opfers und dem Finger auf die Haut seines Oberkörpers geschrieben wurde, ohne vernünftigen Zweifel (…) wird identifizieren können, wird sich enttäuscht sehen müssen«. Bei der materiellen Analyse steht der Kriminalistik heute eine Vielzahl an technischen Hilfsmitteln zur Analyse von Tinten, Schreibgeräten, des Papiers und etwaiger DNA-Spuren zur Verfügung. Mit lichttechnischen, mechanischen und chemischen Verfahren können heute neben Fingerabdrücken auch Eindruckspuren, mikroskopische Papierdurchstoßungen, Eigenheiten der Strichtextur und latente oder übermalte Schriftspuren sichtbar gemacht werden.

Die vom *Stern* als Sensation vermarkteten Hitler-Tagebücher hätten mithilfe dieser Techniken relativ rasch als Fälschungen entlarvt werden können. Eine nachträgliche Untersuchung von drei Bänden am Bundeskriminalamt Wiesbaden ergab, wie Manfred Hecker zusammenfasst, unter anderem, dass die Bucheinbände aufgrund der fluoreszenztechnischen Untersuchung frühestens ab den 1950er-Jahren zu datieren sind, die im Papier enthaltenen Weißtöner entsprachen Aufhellern, die erst Mitte der 50er-Jahre im Handel erhältlich waren. Die chemischen und physikalischen

Analysen ließen also nur den Schluss zu, dass entweder Fälschungen vorlagen oder Hitler den Zweiten Weltkrieg überlebt hatte.

Bei der kriminalwissenschaftlichen Handschriftenanalyse reduziert man die Fülle der Schriftmerkmale auf jene Faktoren, die in quantitativer Weise beschreibbar sind, wie Schriftgröße, Ober- und Unterlängen oder die Bindungsformen von Buchstaben. Schrift verweist in dieser Perspektive nicht auf Ausdruck oder auf den Charakter einer Person, sondern erscheint als eine neutrale geometrische Figur.

In der Folge wurden umfassende zentrale Register, gigantische Zettelkarteien mit einer großen Zahl von Merkmalskarten, angelegt. Noch vor der Daktyloskopie wurden die Handschriftenkarteien in den frühen 70er-Jahren computerisiert, die subjektive Beschreibungsform der Schrift mündete in die numerische Auswertung möglichst »harter« Messdaten. Die Kombination der einzelnen Schriftmerkmale ergibt tatsächlich eine je individuelle Schrift.

Individualität wird hier aber als bloße metrische Abweichung von einem Standard definiert. Zur Bestimmung eines Standards als Vergleichsbasis wurden Schriftproben von hundert Beamten und Beamtinnen des Bundeskriminalamtes genommen, denen man aufgetragen hatte, einen normierten Erpresserbrief nach Diktat zu schreiben. Der Text dieser so entstandenen, hundertfach unterschiedlichen und doch stets gleichbleibenden Erpresserbriefe des deutschen Bundeskriminalamtes lautet:

»Sehr geehrter Herr Xaver Mayer!

Wir haben Ihr kleines Töchterchen Ivonne in unsere Obhut genommen. Zum Glück wollen Sie ja nicht, daß ihr etwas zustößt. Lieber erfüllen Sie uns ein paar Bedingungen. Erstens: Besorgen Sie sich 50.000 Piepen. Verstauen Sie diese im Kofferraum Ihres Autos. Fahren Sie in Richtung Camberg. Niemand darf Sie sehen. In der Öde am Jägerschloss bleiben Sie stehen. Dann bereiten Sie uns trotz Ihres Übels keinen Ärger und machen Sie keinen Quatsch. Wenn Sie querschießen, würde dies bei uns nur Unmut hervorrufen.«

Das Schreiben – in gewisser Weise die beamtete Mutter aller Erpresserbriefe – ist nicht allein wegen seiner quasi offiziellen Urheberschaft erstaunlich. Es entspricht, auch wenn sein Zweck ein rein formaler war, in seiner Häme, Höflichkeit, in der Bestimmtheit der Anweisungen und Deutlichkeit der Imperative und sogar in der Fehlerhaftigkeit den bereits beschriebenen stilistischen und sprachlichen Elementen eines Erpresserbriefes. Eine zusätzliche Schwierigkeit bei der Arbeit des Autors bestand offenbar darin, in den Formulierungen möglichst auch Umlaute (Öde, Übel, Ärger) und seltene Konsonanten (Xaver, Quatsch) im Wortanlaut unterzubringen. Entstanden ist trotz aller paratextueller Aufgaben ein konziser Text, der in seiner Makrostruktur ganz dem Aufbau eines echten Erpresserbriefes entspricht, eine glänzende kombinatorische Leistung des (anonymen) Kriminalisten als Autor, vergleichbar mit *La Disparition* von Georges Perec aus dem Jahr 1969. Perec war es gelungen, einen ganzen Roman ohne den Buchstaben »e« zu verfassen.

Mitunter ergibt die kriminaltechnische Untersuchung des Materials und der Schrift nur wenige Hinweise. Es stellt sich daher die Frage nach der Existenz und den Möglichkeiten der Beschreibung von sprachlichen Spuren, die von den

Tätern auf bzw. in ihrem Tatwerkzeug – dem Text – hinterlassen wurden.

Die linguistische Analyse der Wortwahl, der Syntax, von Interpunktion und Rechtschreibung, von Gruß- und Höflichkeitsformeln lässt Schlüsse auf Alter und Bildungsniveau oder die Herkunft eines Autors zu.

Bereits im Fall der Entführung von Charles Lindbergh im Jahr 1932 spielte die forensische Linguistik eine nicht unerhebliche Rolle bei den Ermittlungen. Das zweijährige Kind, Sohn des berühmten Flugpioniers, war aus dem Anwesen der Familie Lindbergh in New Jersey entführt worden. Obwohl Lindbergh das Lösegeld bezahlte, wurde das Kind ermordet. Bei der Suche geriet der vorbestrafte, aus Sachsen stammende Immigrant Bruno Richard Hauptmann in Verdacht. Im Indizienprozess (Hauptmann bestritt die Tat bis zu seiner Hinrichtung 1936) wurden auch Stil und Grammatik der 18 Erpresserbriefe analysiert. Die Schriftexperten waren sich uneinig, allerdings glaubte das Gericht, aus orthografischen Fehlern des Täters (»redy« statt »ready«, »gut« statt »good« etc.) Rückschlüsse auf die deutsche Muttersprache und ursprüngliche Herkunft des Täters ableiten zu können. Bis heute bestehen allerdings Zweifel an der These wie an der Schuld Hauptmanns. Im Fall des sogenannten »Thomy-Erpressers«, der von 1996 bis 1998 die Firma Thomy mit der Drohung, Mayonnaise- und Senftuben mit Blausäure zu vergiften, unter Druck setzte, tippte eine Gutachterin des Bundeskriminalamtes angesichts typischer Rechtschreibfehler (z. B. »Vert« statt »Wert«) auf Frankreich oder Rumänien als Herkunftsland des Täters. Sie lag richtig, der später identifizierte und geständige Täter war Deutsch-Rumäne.

Eine andere Strategie des Verbergens der Identität, die von forensischen Linguisten durchbrochen werden muss, ist die sprachliche Tarnhandlung. Durch Dialektimitation kann Sprachkompetenz verleugnet, durch Verwendung fachsprachlicher Wendungen ein (falscher) Hinweis auf berufliche Kompetenz des Autors oder seine Zugehörigkeit zu einer bestimmten gesellschaftlichen Gruppe gegeben werden. Nicht selten wird in Erpresserbriefen versucht, eine fremde Muttersprache zu fingieren. Doch Imitationen eines bestimmten Ethnolekts sind keineswegs einfach, wie eine Untersuchung von Eilika Fobbe gezeigt hat. Die Linguistin ließ Probanden deutscher Muttersprache in Kurzbriefen eine nicht-deutsche Identität vortäuschen. In ihren Verstellungsversuchen reproduzierten die Autoren zur Erzeugung sprachlicher Differenz allerdings bloß Stereotypien, die sie selbst aus dem »foreign talk« kannten. Die beim Experiment von Fobbe gewonnenen Texte ähnelten den Erpresserbriefen aus der Asservatenkammer des Bundeskriminalamtes mit typischen Fehlern wie der Elision von Artikeln (»... Du in Hotel gehen«), falscher Genuswahl (»... legen Sie die Umschlag mit die Geld in die Papierkorb«), abweichenden Flexiven (»kein Polizei«) oder verkürzter Syntax (»Müssen geben 100.000 Euro. Mehr schnell. Das wichtig für Leben.«). Im letzten Beispiel steht, wie Fobbe beobachtet, die fehlerhafte Syntax einer korrekten Orthografie gegenüber. Wenn die Verstellungstexte dort keine Fehler aufweisen, wo sie für den Stand des Spracherwerbs erwartbar wären, entsteht der Verdacht der fingierten Sprachidentität. Es gelingt kaum, die künstliche Fehlerproduktion in einem längeren Schreiben systematisch durchzuhalten und die unterschiedlichen sprachlichen Ebenen in der Fälschung harmonisch zu koordinieren. Briefe mit fingierten Fehlern weisen deshalb bestimmbare Muster auf, die nach Fobbe ihrerseits einen Hinweis auf einen muttersprachlichen Autor zulassen.

Eine sichere Zuordnung zu einer Person ist durch linguistische Analysen allein nicht möglich. Ein linguistischer Fingerabdruck (im Verständnis eines dem Individuum eingeschriebenen, bleibenden Merkmals) existiert nicht. Eine Eingrenzung des Autorenkreises und die Erstellung eines Täterprofils erscheinen durch Schrift- und Sprachanalyse allerdings möglich.

Führen sowohl die Anstrengungen der Schriftanalyse wie der forensischen Linguistik zu keinem Ergebnis, hat die Kriminalistik bei Erpresserbriefen noch eine letzte Möglichkeit, um den Autor zu enttarnen. Die Geldübergabe ist die Sphinx aller Erpresser. Im Moment des Geldtransfers muss der Autor seine Anonymität abstreifen, ein elektrisierender Augenblick für alle am Fall Beteiligten, in dem der Autor erstmals persönlich die Bühne betritt, der aber auch – zumindest für ihn oder sie – verhängnisvoll sein kann.

Der Täter im erwähnten Fall des Thomy-Lebensmittelerpressers wurde nicht durch das linguistische Gutachten überführt. Für die Geldübergabe war er auf die bizarre Idee gekommen, den geforderten Betrag – Diamanten im Wert von 25 Millionen D-Mark – via Brieftauben zu erhalten. Die Polizisten verfolgten die Brieftaube »Charly« (sie trug statt Diamanten einen Peilsender) bis zu ihrem Ziel, einem Garten bei Frankfurt. Der Taubenbesitzer erwies sich als Täter. Er wurde verhaftet und zu einer Freiheitsstrafe von elf Jahren verurteilt.

Im Fall des Erpressers, der unter dem Namen »Herbert der Säger« in den 1990er-Jahren große Bekanntheit erlangte, versagten Schriftexperten und Linguisten ebenso wie das Einsatzkommando der Polizei. Der Täter hatte in Deutschland mittels Trennjäger meterlange Schienenstücke aus den Gleisen herausgeschnitten und die Deutsche Bahn um einen

Millionenbetrag erpresst. Die Behörde schätzte »Herbert«, wie er sich nannte, als gefährlich ein. Die Bekenner- und Erpresserbriefe, die kurz nach der Tat eintrafen, enthielten detaillierte Anweisungen über die Geldübergabe und über Größe und Material des Behältnisses: Ein Alukoffer sollte zu einem genauen Zeitpunkt, der durch ein Funksignal bekannt gegeben würde, aus einem Zug geworfen werden. Die Bahn willigte durch eine Notiz in der *Bild-Zeitung* ein. Obwohl sich der Beamte mit dem Geldkoffer am 16. November 1990 exakt an die Anweisungen des Sägers hielt, hatte der Erpresser Pech. Der Bote öffnete nach dem Erhalt des Kommandos die Zugtür, um den Koffer abzuwerfen, Mitreisende zerrten ihn aber zurück, da sie dachten, er selbst wolle sich aus dem Zug stürzen. Als der Abwurf des Koffers endlich gelang, prallte er auf das Führerhaus des Gegenzuges und platzte auf. Auch weitere Übergaben scheiterten, der Täter tauchte unter und konnte bis heute nicht gefasst werden.

VIII

Es ist kaum auszudenken, was Stefan Zweig mit seinem trauernden Blick auf die *Welt von Gestern* zu den Hasspostern, Griefern, Cyber-Groomern und Trollen der Gegenwart gesagt hätte. Sein eingangs zitierter Jammergesang über den Verlust der »Augenblicke inneren Aufschwungs« und der einstmals großen »Beseelung« der Menschen erscheint im Zeitalter der elektronischen Post Lichtjahre entfernt.

Eher trifft Franz Kafka prophetisch die Gegenwart, als er Ende März 1922 Milena Jesenská über seine Beobachtung berichtet, dass »die leichte Möglichkeit des Briefeschreibens

(...) eine schreckliche Zerrüttung der Seelen in die Welt gebracht« habe. Kafka meint sich und sein eigenes Unglück, doch zeichnet er auch ein eindringliches Bild der Gegenwart: Im Brief wird alles Leben künstlich, ja gespenstisch, der Briefverkehr ist ein »Verkehr mit Gespenstern«, nicht mit Menschen:

> »Briefe schreiben aber heißt, sich vor den Gespenstern entblößen, worauf sie gierig warten. Geschriebene Küsse kommen nicht an ihren Ort, sondern werden von den Gespenstern auf dem Wege ausgetrunken. Durch diese reichliche Nahrung vermehren sie sich ja so unerhört.«

Von den Möglichkeiten des Briefeschreibens in der digitalen Welt konnte Kafka nichts wissen. Die Briefe der Gegenwart sind schwerelos, sie erreichen ihre Adressaten allerorts, im Elektronenfluss fast zeitgleich mit dem Moment des Absendens. Die Briefschreiber haben sich, so scheint es, auf die gespenstischen Verhältnisse im digitalen Raum eingestellt, ja, sie sind selbst zu kafkaesken Gespenstern geworden. In dem Maße, wie ihre Materialität schwindet, steigt die Präsenz der Briefe, mit ihnen steigt naturgemäß die Präsenz der bösen Briefe und ihrer Autoren. Sie sind heute allgegenwärtig, in Form von Hasspostings, täglich fortgeschriebenen Blogs, in Diskussionsforen von Zeitungen oder in Form von Angriffen durch professionelle Erpresserringe. Durch das Internet hat sich die Zahl der Erpressungen in den letzten Jahren vervielfacht, die Täter sind schwerer denn je zu fassen. Die internationalen Cybercrime-Reporte verzeichnen einen rasanten Anstieg der Anzeigen wegen Cyber-Erpressungen in den letzten Jahren, bei gleichzeitigem

Sinken der Aufklärungsquote im selben Zeitraum. Erpressungen via Internet sind heute ein Milliardengeschäft. Durch das Internet hat sich nicht nur die Zahl der professionellen Erpresser vervielfacht. Es ist auch und im Besonderen eine Bühne für jene armen Seelen, die nun in allerlei Verkleidungen auf ein kleines Stück Beachtung hoffen dürfen. In seiner digitalen Form ist der anonyme Brief das ideale Medium für Gekränkte, die sich revanchieren, aber nicht in Erscheinung treten wollen – für die »Rache der schüchternen Menschen«, auf deren Wirken schon Nietzsche 1881 in *Morgenröthe* hinwies. Die Rachsüchtigen seiner Zeit sind für Nietzsche nicht die Mutigen, sondern diejenigen, »welche sich auf Erden überall nur durchschleichen«. Die Menge »dieser kleinen Rachsüchtigen und gar die ihrer kleinen Rache-Acte ist ungeheuer; die ganze Luft schwirrt fortwährend von abgeschossenen Pfeilen und Pfeilchen ihrer Bosheit, sodass die Sonne und der Himmel des Lebens dadurch verdunkelt werden – nicht nur ihnen, sondern noch mehr uns, den Anderen«. Das Bedürfnis nach Rache, die daraus resultierende Wut und der Zorn beruhen stets auf einer Kränkung. Die Kränkung – durch Arbeitslosigkeit, permanente Angst vor dem sozialen Abstieg oder den Verlust der vermeintlich vertrauten Umgebung – wird als so ungeheuerlich, erniedrigend und erschütternd für das Selbstwertgefühl empfunden, dass sie rational nicht mehr bearbeitet werden kann.

Die Zahl der Gekränkten ist nicht kleiner geworden, im Gegenteil, die narzisstische Kränkung erscheint vielen als epidemisch. Narziss ist in der griechischen Mythologie ein passives Geschöpf, im Moment der Kränkung allerdings kann sich seine Passivität in Aggression mit unabsehbaren Folgen verwandeln. Das Netz macht Hassobjekte heute bequem erreichbar, greifbar – und angreifbar. Der Angreifer selbst bleibt, wenn er es will, im Schutzmantel der Anonymität verborgen, der Distanzverlust bei gleichzeitiger Unsichtbarkeit ermöglicht Enthemmung in Permanenz. Wie der Blick in die Geschichte zeigt, ist das enthemmte Parlando der bösen Briefe zwar alt, doch gewinnt es aus der Öffentlichkeit, welche die Internet-Plattformen heute bieten, eine neue, bislang unbekannte und beunruhigende Qualität. Die eigene Zwergenhaftigkeit bleibt unsichtbar, die ursprünglich intime, nur für den Adressaten lesbare Nachricht leuchtet dagegen in Echtzeit für alle lesbar auf. Die Erniedrigung des anderen, welche die erwünschte Erhöhung des eigenen Selbst bewirkt, erlangt durch diese permanente Öffentlichkeit zusätzlichen Reiz: Auch der Erniedrigte weiß um das Wissen der anderen, und die anderen wiederum wissen, dass er über seine Demütigung Bescheid weiß. Jeder böse Brief wird so zum offenen Brief.

Was also tun? So wie jede liberale Gesellschaft lernen muss, mit der ständigen Möglichkeit eines Attentats zu leben, sind die Bewohner des 21. Jahrhunderts auch gefordert, mit Ehrenkränkungen und Beleidigungen, die noch vor hundert Jahren für eine Herausforderung zum Duell gereicht hätten, gelassen umzugehen. Das Problem ist freilich altbekannt, das Spektrum der ernst und weniger ernst gemeinten Ratschläge gar nicht so schmal. Es reicht vom aggressiven Gegenschlag bis zum passiven Erdulden. Nietzsche empfiehlt angesichts der Unzahl der »Pfeile und Pfeilchen, die uns den Himmel verdunkeln« den Weg in die Einsamkeit. Der exzentrische französische Kriminaltechniker Edmond Locard empfiehlt das Gegenteil: Keine Flucht oder Anzeige, dafür Prügel für den Briefeschreiber, danach eine kathartische Dusche. Die Vorgehensweise ist zwar pragmatisch, aber wenig empfehlenswert. Abgesehen davon, dass das Gewaltmonopol des

Staates infrage gestellt wird, könnte sich der feige Anonymograf auch als kräftiger erweisen denn angenommen.

Zorn als Reaktion auf böse Briefe scheint in keinem Fall ein guter Ratgeber. Bereits Plutarch widmete seiner Analyse und den Möglichkeiten seiner Bezähmung breiten Raum in seinen moralischen Abhandlungen. Für den griechischen Schriftsteller und Philosophen zählen Hass und Zorn zu den »allerunseligsten Begierden«, ohne die selbst Trunkenheit, ja Wahnsinn harmlos wären. Der Zorn entstellt die Menschen und »verbittert alle Verhältnisse des Lebens«. Dabei erkennt Plutarch, dass vor allem Unglückliche zum Zorn neigen, dass Zorn nicht Zeichen der Stärke, sondern »großer Schwäche und Kleinmüthigkeit«, ja von Kindlichkeit ist. Zur Bezähmung des Zorns empfiehlt Plutarch, bei sich selbst zu beginnen. Der Sieg über den Zorn sei nicht einfach, denn, so weiß Plutarch bereits mehr als zwei Jahrtausende vor Freud, die Ursache ist das Gefühl der Missachtung und der Kränkung. Sie muss überwunden werden. Zur »Heilung der Seele« (der eigenen wie der von anderen) schlägt er zornfreie Tage und dann zornfreie Monate vor. An ähnliche Bezähmungsversuche denkt Heimito von Doderer. In seinem Roman *Die Merowinger* hat er ein ganzes Arsenal therapeutischer Hilfsmittel (»außermedizinische Methoden«) beschrieben, mittels derer der Professor Horn in seiner Wiener Ordination Wütende von ihrer Wut heilt: Der Professor und seine Assistentin applizieren Nasenzangen, mit denen sie den Wüterich durch die Praxis führen, sie sperren Wutkranke in eigene Wuthäuschen, zwingen zu Figurenwerfen und Wutmärschen oder schlagen ihnen mit Trommelschlegeln rhythmisch so lange auf den Kopf, bis sie ihrer Wut entsagen. Ob eine solche im Vergleich zur philosophisch-kontemplativen Vorgangsweise bei Plutarch doch eher radikale Therapie bei den Autoren von Hasspostings greifen würde, wagen wir nicht zu prognostizieren. Einen Versuch wäre es allemal wert.

Die deutsche Politikerin Renate Künast wählte 2016 den Weg der Konfrontation. Sie eruierte die Adressen einiger Autoren, die sie bedroht oder in Hasskommentaren im Internet massiv beschimpft hatten, und besuchte sie, begleitet von einer Journalistin des *Spiegel*, unangemeldet. In der persönlichen Begegnung, ohne die Distanz der Schriftlichkeit und den Filter der Anonymität, schwiegen die Schreiber oder verharmlosten das, was sie zu Papier gebracht bzw. in den Computer getippt hatten: Man habe es nicht so gemeint, heißt es von Autoren, die Künast sie zuvor in ihren Postings »Gesindel« genannt oder gar ihren Tod gefordert hatten: »Man rede doch so daher, ob sie denn nie so mit ihren Kumpels rede?« Man habe »einfach irgendwas geschrieben«, ja, es sei auch gar nicht klar gewesen, »dass sie das lese«. Durch die reale Begegnung konnte sich Künast ein Bild von den Briefschreibern in der virtuellen Welt machen, am Stil der bösen Briefe änderte sie freilich nichts. Am Abend nach der Rückkehr notiert ein anonymer Autor auf ihrer Facebook-Seite: »Stirb, Künast, stirb.«

Jan Philipp Reemtsma wählte eine andere, distanziertere Methode, um der Angst, der Demütigung und des ohnmächtigen Zorns bei seiner Entführung Herr zu werden. Seine Antwort war das Schreiben. Die Gegenschrift ermöglichte Reemtsma ein Heraustreten aus der albtraumhaften Immanenz der Unfreiheit: »Er hatte«, schreibt Reemtsma über sein Schreiben, »sein Ich nicht gefunden, sondern sich das Gefühl, ein Ich zu sein, wiederbeschafft«. Die Angst wurde zwar im Schreibprozess nicht geringer, aber »das Stück Papier war doch ein Ort, der dokumentierte, daß er aus sich heraustreten konnte. Wenn man so will, war das

Stück Papier der Ort seines Ichs. Er vollzog buchstäblich eine Transzendenz.«

Für eine provokantere Form der Reaktion, die der Aneignung oder Übernahme, haben sich feministische Plattformen wie *hatr.org* entschieden. Auf ihrer Website präsentieren sie in einer Art Remix die wüstesten Beschimpfungen und hasserfülltesten misogynen Postings, bewerten sie und beuten sie durch die so erzeugte Aufmerksamkeit aus: Auf der Plattform werden Anzeigen geschaltet, und man kann Merchandising-Artikel des Vereins bestellen. Auf Häme und Wut wird mit Ironie und Hohn reagiert.

Wem dies alles zu aufwändig ist, kann sich schließlich Arthur Wellesley zum Vorbild nehmen. Der erste Duke of Wellington und spätere Premier wurde 1825 von der Londoner Kurtisane Harriette Wilson erpresst; sie drohte, ihr Verhältnis mit ihm in ihren Memoiren preiszugeben, und forderte Schweigegeld. Mit roter Tinte schrieb Wellesley vier Wörter auf den Erpresserbrief und schickte ihn an die Absenderin zurück: »Publish and be damned.«

[2016]

Falsche Ohren

Eselsohren sind das Origami der Intellektuellen. Sie erzählen, entdeckt man sie in alten Büchern, vom Ende einer Lektüre und gleichzeitig vom Plan, sie später an dieser Stelle fortzusetzen. Eselsohren sind ein Erinnerungszeichen, aber auch ein Versprechen.

In meiner Kindheit waren Eselsohren allgegenwärtig. Die Eltern und Großeltern waren gnadenlose Eselsohrfabrikanten, in fast allen Büchern, die ich von ihnen geerbt habe, habe ich Eselsohren gefunden, sie bleiben ja auch dann noch sichtbar, wenn sie nach Erfüllung ihrer Funktion wieder zurückgeknickt werden. An manchen Seiten waren sogar oben und unten Eselsohren angebracht, sozusagen Doppelohren, sie dienten offenbar der dauerhaften Markierung von Passagen von ganz besonderer Bedeutung.

Vielleicht lassen sich die Schöpfer anhand der Größe und Gestalt ihrer Eselsohren identifizieren, gleich einem bibliobiometrischen Fingerabdruck. Ob sich bestimmte charakterliche Eigenschaften des Produzenten oder gar mögliche psychische Erkankungen anhand der Form des Eselsohrs bestimmen lassen, erscheint mir zwar zweifelhaft, aber über manches lässt sich trefflich spekulieren, wenn man auf sie trifft: Ist der Abstand der einzelnen Ohren regelmäßig oder unregelmäßig? Wie lange sind die absolvierten Lesestrecken im Durchschnitt? Wurde die Lektüre abgebrochen? Sind die Ohrformen gleichmäßig oder unterschiedlich? Mein Großvater etwa pflegte vor allem in Dünndruckausgaben die

Seiten doppelt einzufalten, also zunächst nach unten und wieder ein Stück zurück, sodass die Markierung besonders deutlich wurde. Er tat das ein Leben lang, auch wenn das Buch über ein Lesebändchen verfügte.

Manche hassen die eingeknickten Zeichen. Weil sie vom Lesen ablenken und weil man sich, entdeckt man sie auf einer Seite, nach seinem Vorgänger und dessen Gewohnheiten fragt, statt sich ganz dem Buch und dessen Autor zu widmen. Für mich waren die Eselsohren aber immer liebe Spuren, die erzählen, dass da schon einer oder eine gelesen hat.

Es gibt freilich auch Menschen, die Eselsohren in Büchern anbringen, auch wenn sie gar nicht darin gelesen haben, sozusagen Leselügner durch falsche Eselsohren. Vor vielen Jahren habe ich eine Freundin einmal beim mehrfachen Einknicken beobachtet. Als Buchhändlerin hatte sie zwar ständig mit Büchern zu tun, aber sie las kaum je ein Buch und verließ sich auf Inhaltsangaben.

Sie liebte Bücher als Objekte, sie litt aber, gestand sie mir, an der Montaigne'schen Krankheit, die gar nicht so selten ist, wie man denkt. Die Montaigne'sche Krankheit besteht in einem spezifischen Gedächtnisverlust, die Lesenden vergessen sehr rasch und fast vollständig, was sie gelesen haben, ja sogar, dass sie ein bestimmtes Buch gelesen haben. Montaigne war meines Wissens nach der erste, der auf diese sehr spezifische Gedächtnisschwäche aufmerksam gemacht hat. Er gestand sich und der Welt freimütig ein, dass er vom Gelesenen nichts behielt. Seine Arznei, um fortwährende Doppellektüren zu vermeiden, bestand in einem Eintrag ins Buch mit Datum und Kurzkommentar. Lesen war für Montaigne (neben dem Schreiben) ja essenziell, sein wichtigster Zeitvertreib.

Meiner Freundin erschien es aufgrund der Permanenz des Vergessens dagegen überhaupt sinnlos zu lesen, sie gab das Buchlesen vollständig auf, sie suchte jedoch ihre Insuffizienz vor ihren Freunden und Kolleginnen zu verbergen. Den Büchern, die sie kaufte, brach sie gleich nach dem Erwerb den Rücken, sodass sie gelesen wirkten, und fügte nach ein paar Tagen auch die fingierten Eselsohrspuren ein, indem sie jedes Ohr mehrmals vor- und zurückknickte.

Ich habe nie etwas gesagt, obwohl ich von ihrer Heimlichkeit wusste, im Grunde fand ich ihre kleine Täuschung liebenswert. Sie sprach außerdem recht eloquent über die nicht gelesenen Bücher, und wer hat schon, dachte ich mir damals, eine Freundin mit einer Bibliothek mit Büchern voller falscher Ohren?

[2024]

Die individuelle Uniform
Kleine Erinnerung
an die Handschrift

Graham Short gehört zu den Menschen mit einer exzeptionellen Handschrift, er verfügt über die wohl ruhigste Hand der Welt. Über fünf Jahrzehnte lang entwarf Short in seiner Werkstatt in Birmingham Briefköpfe und Visitenkarten unter anderem für Rolls-Royce, Vivienne Westwood und das englische Königshaus. Seit einigen Jahren werden weltweit Handschriften von Short ausgestellt, die abends und nächtens in seinen Nebenstunden entstanden sind. Man kann sie allerdings nur unter dem Mikroskop betrachten, sie sind fast unsichtbar: Short kalligrafiert auf extrem kleinen Flächen. Er ritzt einen Sinnspruch auf die Spitze einer Füllfeder oder ein ganzes Gebet auf den Kopf einer Stecknadel. Pro Jahr entstehen nicht mehr als vier Werke.

Sein Meisterstück aus dem Jahr 2010 ist ein Satz, den der Mikrokalligraf auf die Schnittkante einer Rasierklinge applizierte. Er besteht aus 19 Buchstaben und wurde mit 80 Einzelbewegungen gebildet. Trotz enormer Anstrengung schaffte Short selten mehr als einen Buchstaben pro Nacht. Die Schreibfläche für seine Kalligrafie maß gerade einmal den Bruchteil eines Millimeters.

Unser Format vor bald 50 Jahren war A4, der Schriftträger, auf dem wir zu kalligrafieren versuchten, war Papier – und es waren schreckliche Stunden. Die alljährlichen Schönschreibübungen im Zeichenunterricht endeten allesamt im ästhetischen Desaster. Was war das doch für ein Gestocher; eine der beiden Stahlfedern – es gab eine eckige und eine spitze Redisfeder, die zuvor nach genauer Anweisung des Professors im nahe gelegenen Papiergeschäft besorgt worden waren – wurde auf den Federkiel gesteckt und in das Tintenfass getaucht, einen Flakon mit weißem Schraubdeckel, kurzem Hals und runder Schulter, der sich zur Standfläche hin verjüngt. Die Marke Pelikan hatte offenbar eine Art Monopol darauf. Natürlich tauchte man viel zu tief ein, kratzte danach über das raue Malpapier, bereits beim Anstrich blieb die Spitze hängen, Tinte spritzte über das Blatt und erzeugte zwar perfekt runde und verschieden große, aber leider doch unerwünschte Flecken. Die Seite war verdorben, daran änderte auch das rasch herbeigerufene Löschblatt (der Streusand früherer Jahrhunderte war uns schon unbekannt) nichts mehr. Die leicht zerfließenden Abdrucke der Patzer auf dem Löschblatt bildeten das negative Nachbild unserer kakografischen Schande.

Kalligrafie ist die Kür zur Pflicht des Schreibens, sie ist längst aus den Lehrplänen der Schulen und weitgehend sogar aus den Curricula der Kunsthochschulen verschwunden; die Trauer über den Verlust hält sich in Grenzen. Die Beurteilung der »äußeren Form der schriftlichen Arbeiten« war stets eine Form der Disziplinierung, sie maß wie die Betragensnote den Grad der Angepasstheit des Schülers. Der Neigungswinkel der Buchstaben, die Form der Haken und Schlingen waren nicht Verhandlungssache, die Schulschrift war eine Uniform, in die jedes Kind schlüpfen musste.

Der Aufwand des Erlernens der Österreichischen Schulschrift ist bis heute beträchtlich: In den Lehrplänen der

Volksschule ist es immer noch Unterrichtsziel. Gut ein Drittel aller Stunden wird in den ersten beiden Jahren für das Schreiben (und damit natürlich untrennbar verbunden: für das Lesen) aufgewendet. Der Anspruch ist bescheiden und für jeden einsichtig. Die Anstrengung gilt dem Erlernen »einer gut lesbaren und flüssigen Handschrift« und dem Erreichen einer annehmbaren Schreibgeschwindigkeit. Geschrieben wird zunächst mit Bleistift, danach mit der Füllfeder. Ihre Verwendung erhöhte einstmals den Status des Schülers, durch das Schreibgerät stieg er vom »Tafelkratzer« zum »Tintenpatzer« auf. Heute ist die Füllfeder beinahe ein Relikt. Den Lehrern und Lehrerinnen steht es frei, welche Ausgangsschrift (Blockschrift, Gemischtantiqua, Schulschrift) sie für den Erstschreibunterricht heranziehen. Der Lehrplan sieht lediglich vor, dass die Schülerinnen und Schüler bis zum Ende der zweiten Schulstufe »Buchstaben, Ziffern und Zeichen in einer der Österreichischen Schulschrift angenäherten Form aus der Vorstellung schreiben können«. Bei der Wahl der Form kann zwischen der älteren Schulschrift aus 1946 bzw. 1969 und der vereinfachten Schulschrift von 1995 gewählt werden. Diese »Richtalphabete« können allerdings laut Verordnung von den Kindern zu einer individuellen Schrift ausgeformt werden.

Um Erhalt oder Abschaffung der Schulschrift als Standard ist in den vergangenen Jahren eine heftige öffentliche Debatte entbrannt. In Finnland wurde seit 2016 auf die einheitliche, zusammenhängende Schreibschrift in der Schule verzichtet. Erlernt wird nur noch die basale Druckschrift, alles andere bleibt den Schülerinnen und Schülern überlassen. Ins Zentrum rückt das Schreiben mit Computertastatur. Die Schweiz, die USA und einige deutsche Bundesländer sind dem internationalen Trend zur Entstandardisierung der

Schulschrift gefolgt. Die Verfechter ihrer Gültigkeit pochen auf die positiven Nebeneffekte, wie die Verbesserung der Feinmotorik und der Konzentrations- und Merkfähigkeit beim Nachformen der miteinander verbundenen Glyphen.

Die Schärfe der Debatte ist bezeichnend, der Streit um die Handschrift weist weit über eine innerpädagogische Diskussion hinaus. Was für die eine Seite Fortschritt, Individualisierung und Liberalisierung, ist der anderen Kulturverlust, ja Sittenverfall. Die Plattform Deutsche Sprachwelt warnte vor ein paar Jahren vor der Abschaffung der Schreibschrift als »Bestandteil unserer Kultur und Geschichte« und mobilisierte ihre Mitglieder zur Errettung des »wertvollen Kulturgutes«.

Schon in den 1950er-Jahren glaubten Pädagogen dem »allgemein beobachtbaren Formverfall der Schülerschriften« (Günther Schorch) entgegenwirken zu müssen. Die Klage über den Verfall scheint so alt wie die Schrift. In den 1920er-Jahren beschwerte sich Stefan Zweig über die verhängnisvolle, nivellierende Macht der Schreibmaschine, die »das Wort entseelt«. Vielen gilt Johannes Gutenbergs Erfindung des Drucks mit gegossenen Metalllettern am Ende des 15. Jahrhunderts als entscheidende kulturhistorische Bruchlinie, welche die (alte) Welt der Handschrift von der modernen Welt des Drucks trennt.

Natürlich hat der Buchdruck enorm zur Etablierung und Expansion einer modernen Wissensgesellschaft beigetragen, allerdings ist die Annahme, dass die neuen Druckverfahren in den folgenden Jahrhunderten zu einem Niedergang der Kultur der Handschrift geführt hätten, verfehlt. Parallel zur Ausbreitung der »Gutenberg-Galaxis« expandierte nämlich auch der Kosmos der Handschriften, und zwar ebenfalls im Zeichen der Moderne: als Folge des Verlangens nach

Kodifizierung und Verrechtlichung der Geschäftswelt, als Folge der Ausbreitung einer modernen, auf Evidenz und aktenmäßige Erledigung (also auf Schriftlichkeit) angewiesenen Administration. Trotz der neuen Technologien wurde mehr mit der Hand geschrieben denn je. Durch das moderne Postwesen wurde die Zirkulationsgeschwindigkeit der handschriftlichen Nachrichten zusätzlich erhöht, durch die industrielle Fertigung wurde schließlich der Schriftträger Papier immer billiger und überall verfügbar.

Bereits ab 1500 erschienen in ganz Europa Vorlagebücher mit Schreibmustern von Varianten der Kursiv-, der Fraktur- und der Kurrentschrift. In Nürnberg legte 1538 Johann Neudörffer seine »Anweysung einer gemeinen Handschrift« vor, es folgten das »Neuw Fundamentbuch« des Zürcher Schreibmeisters Urban Wyss (1562), der »Spieghel der Schrijfkonste« des Holländers Jan van de Velde (1605), die Vorlagebücher Louis Barbedors (Paris, um 1650), des Madrider Kupferstechers José de Casanova (um 1650) und seines Londoner Kollegen George Bickham (1743), um nur einige wenige zu nennen. Hinzu kamen die Musterbücher für Verwaltungsdeutsch und amtlichen Schriftverkehr, die neben Textbausteinen auch Anweisungen für die Gestaltung der Schreiben enthielten. »Der Teutsche Secretarius« von Georg Philipp Harsdörffer (1655) und »Der Allzeitfertige Secretarius« von Kaspar von Stieler (1673) erschienen in vielen Auflagen und waren heimliche Bestseller des späten 17. Jahrhunderts. Die scheinbar neutralen Beispielsätze, die die Kalligrafen verwendeten, waren dabei keineswegs neutral, sondern vermittelten Botschaften, etwa bei Bickham zur Unterstützung der Moral und aufstrebenden Kultur des Bürgertums, wie »Business makes a Man respected« oder »Diligence in youth is commendable«.

Die verbundenen, meist geneigten Buchstaben in den Handschriften emanzipierten sich von den Druckbuchstaben; die Musterbücher bildeten die Grundlage der unterschiedlichen europäischen Schulschriften und definierten Standards für die Arbeit der Stempelschneider und Kupferstecher, der Skriptoren und Sekretäre, der Kanzlisten und Gelehrten und – nicht zuletzt – für die Verfasser von empfindsamen und weniger empfindsamen privaten Briefen.

Seit Jahrhunderten versuchen Graphologen aus der Handschrift charakterliche Eigenschaften der Verfasser abzulesen. Die Gegenwart ist skeptisch geworden, was derlei Spekulationen betrifft. Die Schrift erlaubt zwar Rückschlüsse auf Alter, Schreiberfahrung, Herkunft und sogar auf bestimmte physische und psychische Erkrankungen der schreibenden Person, die Buchstaben sind allerdings für die Wissenschaft geometrische Formen ohne Bedeutung. Für die moderne Kriminologie ist die Handschrift eine Art Fingerabdruck: Die (computergestützte) Vergleichsanalyse der Schrift lässt in vielen Fällen die gerichtssichere Beweisführung in Bezug auf die Identität des Autors zu – ähnlich wie in der Daktyloskopie, also der Sicherung und Auswertung von Fingerabdrücken.

Heute hat die Handschrift ihre Bedeutung weitgehend verloren. Kein Arbeitgeber verlangt mehr den handgeschriebenen Lebenslauf eines Bewerbers; mit der Möglichkeit zur elektronischen Signatur fällt gerade die letzte Bastion des Handschriftlichen, die testierende Unterschrift.

Aber vielleicht liegt ja gerade im Nutzlosen die Zukunft der Handschrift. Im Tastaturbetrieb der Gegenwart wird das Schreiben mit der Hand von seiner kommunikativen Funktion entlastet. Wie die Malerei im 19. Jahrhundert durch die Fotografie, ist die Schrift durch die Tastatur in ein neues Zeitalter eingetreten. Die konkrete Ausformung von Informationen übernehmen nunmehr andere Werkzeuge als die Hand.

Das Schreiben mit der Hand, das viel komplexer ist als das bloße Drücken einer Taste, wird damit dem Zeichnen ähnlich. Es wird frei für die Verbindung des Körpers mit einem nicht zweckgebundenen, nicht zielgerichteten essayistischen Denken. »Die Hand ist Tätigkeit«, schrieb der französische Kunsthistoriker Henri Focillon in seinem »Lob der Hand« (1934), »sie ergreift, sie erschafft, und manchmal ist man sogar versucht zu sagen, sie denkt. (...) Die Kunst wird mit den Händen gemacht. Sie sind das Werkzeug der Schöpfung und vor allem das Organ der Erkenntnis.« Bücher wie die 2018 erschienene Postkartensammlung von Christine und Jurek Becker, der mit handschriftlichen Anmerkungen versehene Rätselroman »Das Schiff des Theseus« von J. J. Abrams und Doug Dorst oder die zwischen Diagramm und handschriftlichem Text changierenden Arbeiten Nikolaus Gansterers lassen eine bescheidene Renaissance der Handschrift in der Gegenwart erkennen – freilich nur in diesem vom Zauberkreis des ästhetischen Spiels umfriedeten Areal der Schreibens.

Postskript: Der einleitend erwähnte Satz des Meistergraveurs Graham Short auf der Rasierklinge lautet »NOTHING IS IMPOSSIBLE« – geschrieben in simplen Großbuchstaben, wenn man denn angesichts der Dimension in diesem Fall von Großbuchstaben sprechen kann.

[2019]

Über das Blättern

Verzetteltes Schreiben, zerstreutes Lesen

I

1964 erschien der heute längst vergessene Band *Sachen und Privatsachen* von Markus Kutter. Der Baseler Autor und Werbefachmann war Gründer der legendären Werbeagentur GGK, er machte folgende Beobachtung über Zeitgeist und Buch:

> »Die Schriften, die man hat, ohne sie zu lesen, sondern nur um sie zu haben, nehmen in den Büchersammlungen zu. Gerstner zum Beispiel kauft ›Silence‹ von John Cage und besitzt ›Finnegans Wake‹ von Joyce wie man einen Talisman aufbewahrt. Die Epoche auf Flaschen gezogen, Konzentrate einer Generation (die langsam alt wird), Max Benses ›Bestandteile des Vorüber‹ habe ich auch nicht ›gelesen‹ – was man so lesen heißt. Michaux' ›Infini turbulant‹ gehört dazu, Queneaus ›Cent mille milliards de poèmes‹. Es sind ›unbrauchbare‹ Bücher, die man – merkwürdigerweise – nötig hat.«

Die Betrachtung Kutters über die vielen unbrauchbaren, aber nötigen Bücher mutet gegenwärtig an, blickt man sich in den Wohnzimmern von Freundinnen und Freunden um. Die Bibliotheken sind seitdem nicht kleiner geworden, im

Gegenteil, sie haben sich dekorativ ausgewachsen, aber die Bücher darin wirken merkwürdig unberührt.

Kutters Bemerkung ließe sich noch in eine andere Richtung verschärfen; man könnte darüber spekulieren, ob die Autoren selbst ihr Werk gelesen haben. Hat also James Joyce *Finnegans Wake* jemals gelesen (»was man so lesen heißt«, siehe oben), Arno Schmidt *Zettels Traum* oder – die Liste ließe sich beliebig verlängern – etwa Thomas Pynchon *Against the Day*, in der deutschen Übersetzung immerhin 1596 Seiten? Sie haben vielleicht einzelne Passagen wiedergelesen, aber ob sie ihre Bücher tatsächlich vollständig nach Drucklegung gelesen haben, bleibt offen. Ich bezweifle es, am ehesten lässt sich sagen: Sie haben wohl darin geblättert, vielleicht stolz, vielleicht mit katerhafter Zufriedenheit oder verzweifelt.

II

Natürlich verstehen wir die Autoren, aber das Blättern in Büchern hat keine gute Presse, seit Jahrhunderten nicht. Das Blättern gilt als Inbegriff der Oberflächlichkeit, des unkonzentrierten Sich-treiben-Lassens und der ennuyierten Sprunghaftigkeit; das Blättern ist ein liederlicher Geselle, dem wir zwar wie dem Müßiggänger oder Taschenspieler klammheimlich Sympathien, aber, wenn es ernst wird, kaum Verständnis oder Solidarität entgegenbringen.

Das Blättern erscheint vielen als ein Anschlag auf die aufgeklärte Buchkultur, und das in mehrfacher Hinsicht. Das Blättern leugnet den heiligen Ernst der Lesbarkeit der Welt. Die Welt als Buch gedacht könne nur durch mühsame Arbeit entziffert werden, die spielerische Sprunghaftigkeit des Blätterns widerspricht der konzentrierten Suche nach Ordnung und der Logik der Argumentation. Die Seiten im Buch entsprechen den Sprossen auf der Leiter zur Wahrheit: Sie müssen nacheinander gelesen bzw. genommen werden. Dass das »Weltbuch« der Enzyklopädisten, das »Buch des Lebens« (das jüdische *Sefer ha-Chajjim)* oder das »große heilige Buch der Natur« (Novalis) spielerisch zu durchblättern wäre, stellt die religiös grundierte Vorstellung der mühevollen, mit harter Arbeit verbundenen Wahrheitsfindung infrage. Die eine Wahrheit lässt sich durch das Blättern nicht finden (nur Wahrheiten), beim lustvollen Blättern wird im Gegenteil sogar die Vorläufigkeit jeder Ordnung im Wortsinn greifbar.

Nur selten gestehen wir deshalb das Blättern in Büchern ein, einzig der zu Tode gelangweilte Held in Denis Diderots *Jacques der Fatalist und sein Herr* bekennt offen, dass er so manches Werk mit historischen Portraits »überschlage«, das heißt »mit dem Daumen lese« (»Je lis du pouce tous les portraits...«). Dabei ist das Blättern so alt wie das Buch selbst und dem Wesen eines Buches wesentlich: Man muss das Buch *aufblättern,* um es als Wissensraum zu eröffnen, man muss die Seiten *umblättern,* um Neues zu erfahren, man kann, ja man muss Seiten mitunter *überblättern,* wie etwa im Fall des Wörterbuchs oder der Enzyklopädie, um die Komplexität der Information zielgerichtet zu reduzieren. Beim *Schnellblättern* schließlich entstehen, wie im Fall des Daumenkinos, durch die Bewegung aus einzelnen Seiten Sequenzen, ja ganze Filme. Die einzelnen Bilder verschwinden in ihrer Singularität, das Verschwimmen der Bilder erzeugt Vergnügen, aber mitunter auch Erkenntnis. Durch das schnelle Blättern wird etwas sichtbar, was beim Betrachten der bewegungslosen Seiten verborgen blieb.

Zudem vermittelt das Blättern die sinnlichen Erfahrungen im Umgang mit einem Buch. Beim Blättern wird uns Größe, Gewicht, Geruch eines Buches bewusst, und, wenn wir die Finger befeuchten, sein Geschmack; beim Umblättern hören wir sogar den Klang des Buches, das heisere und zarte Geräusch, das beim Wenden der Seite erzeugt wird. Diese sinnlichen Erfahrungen mit dem Buch gehen dem Lesen stets voraus und begleitet es. Der Staub, der beim schnellen Durchblättern aufwirbelt, und die Spuren von Eselsohren, die von vorangegangenen Lesern wieder zurückgebogen wurden, aber sichtbar blieben, erzählen vom Alter, von unterbrochener und wieder aufgenommener Lektüre, also von der Zeitlichkeit des Buches. Das Blättern erweist die zerebrale Buchkultur auch als körperliche. Es vermittelt zwischen dem Inhalt und seinem sinnlich erfahrbaren Behältnis, zwischen der formlosen Information und der spezifischen, keineswegs neutralen Materialität des blätterbaren Kodex.

III

Die Wahrnehmung des Buches als blätterbarer Kodex hat im 20. Jahrhundert ein ganzes Genre von Künstlerbüchern erzeugt. Entstanden sind im Laufe des Jahrhunderts gestapelte, angebrannte, gefaltete, gefesselte, verschachtelte, an- und durchgebohrte Buchobjekte, Bücher von enormen Dimensionen oder erstaunlicher Winzigkeit, groteske wie parodistische, selbstreferenzielle wie lakonische Werke aus allen erdenklichen Materialien. Gemeinsam ist den Künstlerbüchern einzig, dass sie kaum gelesen, aber stets geblättert werden können.

Auch das bereits erwähnte *Cent mille milliards de poèmes* von Raymond Queneau kann zunächst in der Tradition der Künstlerbücher betrachtet werden, es radikalisiert den Vorgang des Blätterns in Büchern. Auf die einleitend aufgeworfene Frage, ob Autoren ihre eigenen Bücher gelesen haben, ist im Fall der *Hunderttausend Milliarden Gedichte* eine eindeutige Antwort möglich: mit Sicherheit nicht, denn das ist unmöglich.

Cent mille milliards de poèmes ist 1961 bei Gallimard in Paris erschienen. Es ist heute eine Kostbarkeit, wie die Erstauflage der deutschen Übertragung der *Hunderttausend Milliarden Gedichte* von Ludwig Harig 1984 bei Zweitausendeins. Das Buch besteht aus zehn Sonetten, jedes Sonett ist regelgerecht aus 14 Gedichtzeilen gebaut, jeweils aus zwei Quartetten und zwei Terzetten im klassischen Reimschema (abba abba ccd eed).

Das Besondere an Queneaus Gedichtband ist nun, dass jede Sonettzeile auf einer Lamelle gedruckt ist. Indem diese einzeln umgeblättert werden kann, erscheint darunter die Zeile des nächsten Gedichts und wird auf diese Weise Bestandteil des ersten. Beliebig viele Lamellen können umgeblättert werden, sodass sich aus den zehn Gedichten zu je 14 Versen insgesamt 10^{14}, also Hunderttausend Milliarden verschiedene Sonette ergeben. Der Leser produziert sie im Akt des zufälligen Aufblätterns. Die einfachste Form der Gedichtkonstruktion ist es, ein Messer vom Bug aus durch die Papierlamellen zu stecken. Der Zufall hat dann als poetischer Motor die Arbeit des Schreibens schon erledigt.

Queneaus Aufgabe, die Vorbereitung des kombinatorischen Spieles mit den Zeilenstreifen, war nicht trivial. Jedes der zehn Sonette folgt einem Thema. Um die poetische Struktur in jeder erdenklichen Variante zu realisieren, musste

Queneau (bzw. sein Übersetzer Harig) zunächst einen ausreichenden, nicht zu geringen Vorrat an identen Endreimen schaffen. Zugleich musste die linguistische Struktur der einzelnen Zeilen rhythmisch stabil und syntaktisch so harmonisch gehalten werden, dass sie eine grammatisch korrekte Kombination aller Verse mit allen ermögliche. Die Semantik, die Generierung des Textsinnes beim Lesen, besorgt dann der Leser, der das Gedicht zuvor blätternd selbst produziert hat. Über die Zeit, die eine Gesamtlektüre erfordert, bemerkt Queneau am Ende der »Gebrauchsanleitung«, die er seinen Gedichten voranstellt, nicht ohne Stolz:

»Wenn man 45 Sekunden zum Lesen eines Sonettes und
15 Sekunden zum Umblättern der Lamellen rechnet,
8 Stunden pro Tag, 200 Tage pro Jahr, hat man mehr
als eine Million Jahrtausende zu lesen, und wenn
man 365 Tage im Jahr den ganzen Tag über liest, für
190258751 Jahre, ohne die Gequetschten, die Schaltjahre
und andere Kleinigkeiten in Betracht zu ziehen.«

Obwohl der erstaunliche poetische Vorrat zwischen Buchdeckeln steckt, ähnelt *Cent mille milliards de poèmes* eher einer Maschine oder Apparatur als einem Buch. Mit minimalem Aufwand – 10 Seiten, 14 Zeilen – vermag sie, mithilfe eines kleinen buchbinderischen Tricks eine Unzahl von Gedichten, ja ganze Gedichtbände in nachgerade unendlicher Zahl hervorzubringen.

Das Verfahren erinnert zunächst an die Erzählung *Die Bibliothek von Babel* von Jorge Luis Borges, deren Bestand durch die Permutation der Buchstaben des Alphabets alle geschriebenen und ungeschriebenen Bücher enthält und allerlei verzwickte philosophische Probleme aufwirft. Die

Bibliothek hat gewaltige Dimensionen, aber sie ist endlich wie die Zahl der Buchstaben des Alphabets, ja sie würde sogar in ein einziges Buch passen – freilich eines mit sehr dünnen Seiten.

In Queneaus *Cent mille milliards de poèmes* sind im Gegensatz zu den Büchern in Borges' Bibliothek Sequenz und Linearität der Lektüre abgeschafft, es definiert einen Raum mit einer bestimmten Höhe, Breite und Tiefe, errichtet wurde ein poetischer Container, in dem die Versstreifen montiert sind. Durch seine Dreidimensionalität ist keine bestimmte Leserichtung vorbestimmt. Der Leser ähnelt einem Ausstellungsbesucher, der den von Queneau geschaffenen Raum durchmisst und die Kunstwerke darin durch seine Bewegungen erzeugt.

Die Unmöglichkeit, den Textraum vollständig zu durchdringen, ja sich an ein und dasselbe Gedicht zu erinnern, lässt noch an eine andere, weniger bekannte Erzählung von Borges denken. In *Das Sandbuch* kauft ein Buchhändler von einem Unbekannten ein unscheinbares, aber überaus seltsames Buch an, das in Bibelmanier zweispaltig bedruckt ist und sich beim Blättern verändert:

»In der oberen Ecke der Seiten standen arabische
Ziffern. Er machte mich darauf aufmerksam, daß die
gerade Seite die Nummer (sagen wir) 40514 trug und
die folgende ungerade die Nummer 999. Ich blätterte
sie um; die Rückseite war mit acht Ziffern paginiert.
Auf ihr befand sich eine kleine Abbildung, wie sie in
Lexica üblich sind: ein Anker, wie von der unbeholfenen Hand eines Kindes mit der Feder gezeichnet. In
diesem Augenblick sagte der Unbekannte: ›Sehen Sie
ihn sich gut an. Sie werden ihn nie wiedersehen.‹ (…)

Ich merkte mir die Stelle und schlug den Band zu.
Gleich darauf öffnete ich ihn wieder. Vergebens suchte
ich die Abbildung des Ankers, Seite auf Seite. (…) Er
forderte mich auf, das erste Blatt zu suchen. Ich drückte
die linke Hand auf das Titelblatt und schlug das Buch
auf, den Daumen fest an den Zeigefinger gepreßt.
Alles war zwecklos. Immer schoben sich einige Blätter
zwischen Titelblatt und Hand. Es war, als brächte
das Buch sie hervor. (…) Mit immer noch gesenkter
Stimme sagte der Bibelverkäufer: ›Es kann nicht sein,
aber es *ist* so. Dieses Buch hat nämlich eine unendliche
Zahl von Seiten. Keine ist die erste, keine die letzte.‹«

Das magische Buch verbreitet überall Schrecken und Schwermut, am Ende wird es vom Besitzer in ein sicheres Versteck gebracht (natürlich in einer Bibliothek) und dämmert dort dahin. Der Permutation à la Queneau oder Borges können Buchstaben wie Töne, im Grunde jegliches Material unterworfen werden. Im *Zwölftonspiel* von Joseph Matthias Hauer (1883–1959), das der große Gegenspieler von Arnold Schönberg ab 1919 entwickelte, ergeben sich durch die Permutation von zwölf Tönen rund 476 Millionen verschiedene Melodien. Konsequent verzichtete Hauer (im Gegensatz zu Schönberg) auf Opus-Zahlen. Das Werk ist wie bei Queneau das Konzept bzw. der Algorithmus, der Komponist selber sieht sich nicht mehr als Künstler im emphatischen Begriff, sondern als Entdecker (nicht Erfinder) der Spielregeln, als »Deuter des Melos«, des »kosmischen Spiels«. Nachdem der Algorithmus einmal entdeckt ist, ist das Zwölftonspiel »wie das Schachspiel« erlernbar von jedem und spielbar von Menschen wie von Maschinen. Ähnliche subjektdestituierende künstlerische Verfahren finden sich in vielen Werken von John Cage oder in den obsessiven Notationssystemen von Hanne Darboven. Das Problem ist dabei, dass der so produktive Algorithmus auch eine unendlich große Menge schlechter Gedichte bzw. belangloser Melodien erzeugt, einzig die Eleganz des Algorithmus und nicht seine Emergenz ist ästhetisch von Relevanz.

IV

Spielerisch-aleatorische Verfahren des Blätterns wurden im 20. Jahrhundert in der Literatur auf unterschiedliche Weise produktiv gemacht. Die Autoren und Gestalter verfolgen dabei unterschiedliche Intentionen, Aufbau und Gestaltung ihrer Blätterbücher orientieren sich am Vorbild des Wörterbuches, am Album, an der Kartei oder am Guckkasten.

Das Wörterbuch ist die ultimative Form einer geordneten Weltsicht und zugleich die Negation jeder Form sinnstiftender Totalität. Alle Information ist gleichgewichtig, das Alphabet dominiert jede andere Art der Orientierung in einem zeitlichen oder topografischen Wissensraum und sprengt die Narration und ihre sinnstiftende Ordnung zugunsten einer formalen Anordnung des Datenmaterials.

Jede lineare Lektüre erscheint vorweg lächerlich. Wörterbuch-Romane wie der *Lexikon-Roman* von Andreas Okopenko aus dem Jahr 1970 oder *Das Chasarische Wörterbuch* von Milorad Pavić von 1984 spielen mit dieser Art von Nicht-Ordnung und mit der Enttäuschung der Erwartungshaltung des Lesers, dem die Fahrtrichtung durch die Diegese selbst überlassen und vom Autor empfohlen wird, »sich einen eigenen Weg zu bahnen«. Im einleitenden

Abschnitt zur »Benutzung des Wörterbuches« schreibt Pavić:

> »Es ist ein offenes Buch (...). So kann der Leser das Buch benutzen, wie er es selbst am angenehmsten empfindet (...). Das Buch lässt sich von links nach rechts blättern und von rechts nach links (...). Er kann guten Gewissens all diese einleitenden Anmerkungen überspringen und lesen, wie er ißt: indem er liest, kann er das rechte Auge als Gabel, das linke als Messer benutzen und die Knochen hinter sich werfen. (...). Ein anderes Mal wird er es lesen wie der Vogel Mäusefalk, der nur des Donnerstags herumfliegt, auch kann er es erneut umstellen und umschichten, auf unzählige Weisen, wie einen Zauberwürfel. Hier wird weder eine Chronologie respektiert, noch ist sie notwendig. So wird jeder Leser selbst ein Buch verwandeln, wie eine Partie Domino oder Karten. (...). Im übrigen braucht man das Buch nie vollständig zu lesen, man kann aus ihm eine Hälfte herausnehmen oder nur einen Teil und es dann belassen, wie man es gewöhnlich mit Wörterbüchern hält.«

Die Anhäufung der Einträge ins Wörterbuch erfolgt im Bewusstsein, dass es zunächst einmal einen Heuhaufen braucht, will der Leser, die Leserin eine Nadel darin finden. Die Ermächtigung zur freien Nutzung des Sprachheuhaufens ist freilich auch anders lesbar: als Offenbarungseid des Erzählers, der keine Ordnung mehr zustande bringt. Und tatsächlich muss dann der Mikrokosmos der einzelnen Lemmata brillant sein, will der ganze Heuhaufen nicht völlig wertlos sein und das Wörterbuch selbst nur ein Spiel mit der Enttäuschung der Erwartungshaltung des Lesers.

Die Lexikonromane leugnen durch ihre neutrale Struktur die Totalität der Sinns, nicht so weit gehen die am Album orientierten Blätterbücher. Im Album löst sich das Medium Buch vom Prinzip der Linearität. Statt Linearität in der Narration präsentiert das Album eine Topografie mit Verweisen und Abzweigungen, die Makrostruktur erscheint nicht durchkonstruiert und hierarchisch geordnet, sondern tendenziell zufällig und fragmentarisch. Ein Album ist jedoch keine zufällige Ansammlung von Dingen, sondern es repräsentiert einen Sammlungsraum, der endlich ist und in dem ein, wenn auch loses und assoziatives, Ordnungssystem herrscht. Im Album kann die Lektüre zwar an einer beliebigen Stelle ansetzen, und die Blätterrichtung bleibt offen, doch jeder Eintrag hat auch eine Nachbarschaft, die Ordnung wird im Akt des Blätterns momenthaft hergestellt. Das freie Blättern löst eine Kaskade von Zufälligkeiten aus und führt zu offenen, sprunghaften Formen des Erzählens und des Lesens. Sie stehen, ohne gänzlich aleatorisch zu sein, im Widerstreit mit der Idee der Geschlossenheit und Stimmigkeit des klassischen Romans. Der Montagecharakter des Albums erfordert eine eigene Form der Rezeption, ein entspanntes und doch konzentriertes Sich-treiben-Lassen. Die Haltung beim Flanieren durch den Buchraum entspricht dem Prinzip der Serendipität. Der Suchende ist dabei in der Lage, eine Entdeckung zu machen oder Erkenntnisse zu erwerben, die sich aus dem ursprünglich Gesuchten nicht ableiten lassen, indem er sich dem Zufall überlässt und auf ihn vertraut. Mit dem Prinzip der Serendipität ist deshalb nicht Entspanntheit, sondern eine raubtierhafte Wachheit und spontane Kombinations- und Improvisationsgabe der Blätternden verbunden, mittels der sie auf das Neue, das sich ihnen jederzeit zeigen könnte, reagieren können.

Ein Beispiel für den album- oder kaleidoskopartigen Roman, der auf diese Wachheit des Rezipienten vertraut, ist die 2017 erschienene Familienchronik *Nach dem Gedächtnis* von Maria Stepanova. Der »Metaroman« vereint klassische Erzählung, virtuos inszenierte, tagebuchartige Notizen über das Schreiben, detaillierte Bildbeschreibung alter Fotografien und essayistische Reflexion über Repräsentation und Erinnerung. Wie Pavićs *Wörterbuch* kündet Stepanovas Textkomposition vom Ende einer teleologischen Auffassung von Geschichte. Die Autorin blättert einzelne Seiten der Chronik auf, sie tanzt, schwebt oder taumelt durch den historischen Raum, den sie selber schafft. Eine sinnstiftende Ordnung des Geschehens und des Gedächtnisses, die sich in der stimmigen Komposition spiegeln könnte, ist bei Stepanova nicht mehr in Sicht, es bleibt die Verzettelung der Erinnerung:

> »Ich wollte sie festhalten, als Vorarbeit für eine spätere – irgendwann einmal – Beschreibung; eine lineare Erzählweise kam nicht in Frage, zu unplausibel wäre diese Linie ausgefallen. Also schrieb ich alles, was ich keinesfalls vergessen durfte, auf Zettel; auf jedem stand ein Wort oder ein Ausdruck, aus dem sich in der Erinnerung sofort ein ganzes Ereignisgebäude zusammensetzte: ein Gespräch, eine Straßenecke, ein Witz, ein Versprechen. Da das Geschehene sich in meinem Kopf verzweifelt dagegen wehrte, sich in eine Ordnung oder Reihenfolge bringen zu lassen, sei sie alphabetisch oder chronologisch, bestand die Aufgabe im Folgenden: Irgendwann in der nahen Zukunft würde ich alle diese Fragmente in einen Hut werfen (…), sie dann eines nach dem anderen hervorziehen und Geschichte für Geschichte, Punkt für Punkt aufschreiben.«

Natürlich kommt es nie dazu, es bleibt »bei Puzzleteilen«, jedoch: »An der Notwendigkeit dieses Vorhabens zu zweifeln, kam mir nie in den Sinn.«

Die brüchige, albumartige Form der Darstellung ist nicht allein der Literatur vorbehalten. Explizit auf das Medium des Albums verweist auch der späte Ludwig Wittgenstein in seinen *Philosophischen Untersuchungen*. Im Vorwort schreibt er:

> »Nach manchen mißglückten Versuchen, meine Ergebnisse zu einem solchen Ganzen zusammenzuschweißen, sah ich ein, daß mir dies nie gelingen würde. Daß das beste, was ich schreiben konnte, immer nur philosophische Bemerkungen bleiben würden; daß meine Gedanken bald erlahmten, wenn ich versuchte, sie, gegen ihre natürliche Neigung, in einer Richtung weiterzuzwingen. – So ist also dieses Buch eigentlich nur ein Album.«

Die parataktische Form des philosophischen Albums ist kein Betriebsunfall. Bei Wittgenstein ist sie die Antwort auf den strengen, in sich geschlossenen hypotaktischen Aufbau im *Tractatus logico-philosophicus*. Inaugurierte der junge Wittgenstein noch eine analytische, spinozistisch klare Betrachtung der Welt und ihrer Beschreibung, so ist der Wittgenstein der *Philosophischen Untersuchungen* nun am tatsächlichen Gebrauch der Sprache und an ihren Kontexten interessiert. »Die Natur der Untersuchung selbst«, schreibt Wittgenstein

> »zwingt uns, ein weites Gedankengebiet, kreuz und quer, nach allen Richtungen hin zu durchreisen. – Die philosophischen Bemerkungen dieses Buches sind

gleichsam eine Menge von Landschaftsskizzen, die auf diesen langen und verwickelten Fahrten entstanden sind. Die gleichen Punkte, oder beinahe die gleichen, wurden stets von neuem von verschiedenen Richtungen her berührt und immer neue Bilder entworfen. Eine Unzahl dieser waren verzeichnet, oder uncharakteristisch, mit allen Mängeln eines schwachen Zeichners behaftet. Und wenn man diese ausschied, blieb eine Anzahl halbwegser übrig, die nun so angeordnet, oftmals beschnitten, werden mußten, daß sie dem Betrachter ein Bild der Landschaft geben konnten.«

Die philosophische Landschaftsskizze kann linear Paragraph für Paragraph gelesen oder in sprunghaften Bewegungen auf der Suche nach einzelnen Themenfeldern und Aspekten durchquert werden. Wie der Essay steht das Album zwischen Kunst und Wissenschaft und lässt sich, wie Adorno zum Essay als Denkform anmerkt, »sein Ressort nicht vorschreiben«. Im Essay schreitet der Gedanke »nicht einsinnig fort, sondern die Momente verflechten sich teppichhaft«, der Essay »denkt in Brüchen, so wie die Realität brüchig ist, und findet seine Einheit durch die Brüche hindurch, nicht indem er sie glättet«. Eine nicht sprunghafte kontinuierliche Form der Darstellung setzte Kontinuität und Harmonie in der Wirklichkeit voraus, deshalb ist Diskontinuität dem Essay wesentlich. »Ketzerei« ist sein innerstes Formgesetz und kindliche Lust sein Antrieb:

»Anstatt wissenschaftlich etwas zu leisten oder künstlerisch etwas zu schaffen, spiegelt noch seine Anstrengung die Muße des Kindlichen wider, der ohne Skrupel sich entflammt an dem, was andere schon getan haben. (…)

Glück und Spiel sind ihm wesentlich. Er fängt nicht mit Adam und Eva an, sondern mit dem, worüber er reden will; er sagt, was ihm daran aufgeht, bricht ab, wo er selber am Ende sich fühlt und nicht dort, wo kein Rest mehr bliebe: so rangiert er unter den Allotria.«

Wittgensteins Vergleich der *Philosophischen Untersuchung* mit einem Landschaftsbild und Adornos Verweis auf die teppichhaften Verflechtungen im Essay legen die Verbindung zum rhizomatischen Denken bei Gilles Deleuze und Félix Guattari aus den späten 1970er-Jahren nahe. Das Rhizom, eine scheinbar planlos sich verzweigende Wurzel, ist das poststrukturalistische Gegenstück zum Baummodell des Wissens. Statt auf eine hierarchisch geordnete, sich dichotomisch gabelnde und sprachlich differenzierende Architektur der »Verästelungen« und »Verzweigungen« des Wissens setzen Deleuze/Guattari als Ideal des neuen Denkens auf die wuchernde Form der Konnexionen. Im Vordergrund stehen Netzstrukturen, bei denen diskursive Knotenpunkte unterschiedlichste Verbindungslinien zu anderen Knoten aufweisen. Wie der Hypertext und das Surfen von Seite zu Seite im Internet erfordert das rhizomatische Denken eine »neue Art zu lesen«. Worin das Neue in der »neuen Art zu lesen« nun tatsächlich besteht (und ob auf die Frage überhaupt eine Antwort innerhalb der diskursiven Logik erwartet werden kann), bleibt bei Deleuze und Guattari jedoch offen.

Als Weg durch eine selbst erschaffene Landschaftsskizze lässt sich auch Julio Cortázars *Rayuela* aus dem Jahr 1963 verstehen. Der Bezugspunkt ist hier allerdings nicht wie bei Stepanova und Wittgenstein der Zettelkasten und das Album oder eine Wurzel wie bei Deleuze/Guattari, sondern ein Spiel, und zwar das Himmel-und-Hölle-Spiel. Der Autor gibt zwei Möglichkeiten für die Lektüre der 155 Kapitel vor:

»Das erste Buch läßt sich in der üblichen Weise lesen. Es endet mit Kapitel 56, unter dem sich drei auffällige Sternchen befinden, die gleichbedeutend sind mit dem Wort *Ende*. Folglich kann der Leser ohne Gewissensbisse auf das verzichten, was folgt. Das zweite Buch läßt sich so lesen, daß man mit dem Kapitel 73 anfängt und dann in der Reihenfolge weitermacht, die am Fuß jedes Kapitels angegeben ist.«

Blätternd hüpft der Leser in der zweiten Variante vor und zurück durch die Seiten und erschließt auf seiner Fahrt eine neue Fassung des ersten, linear zu lesenden Buches. Die Bewegung ist dabei wie bei Himmel-und-Hölle spielerisch, aber nicht aleatorisch: Die Anweisungen des Autors sind explizit und unhinterfragbar wie die Regeln jedes Spiels. Der Verweis von Cortázar auf das alte und weitverbreitete Himmel-und-Hölle-Spiel (Tempelhupfen, ital.: Gioco del Paradiso) ist wohl nicht zufällig. Das Spielfeld ähnelt zwar einer christlichen Kathedrale, die Form der Bewegung, mit der die Spielenden den Weg vom Himmel zur Hölle und retour (!) auf einem Bein durchqueren sollen, ist jedenfalls nicht christlich. Das unstete und lustvolle Hüpfen ist nicht gottgefällig, sondern scheint einem paganen Kult entnommen.

Viel offener, nachgerade grenzenlos, ist die Spielfläche bei der Edition von Vladimir Nabokovs letztem Roman *Das Modell für Laura (Sterben macht Spaß)* aus dem Jahr 2009. Der Roman, an dem Nabokov bis zu seinem Tod 1977 intensiv arbeitete, blieb unvollendet. Vorhanden waren lediglich 138 dicht beschriebene Karteikarten, die zwar »ein Meisterwerk im Embryonalstadium« zeigen, aber nicht mehr als das. Die Reihenfolge der Karteikarten war unklar, einzelne enthielten nur lose Notizen oder Wortlisten, mitunter waren alternative Entwürfe einzelner Szenen auf unterschiedlichen Karten zu lesen. Unbeantwortbar blieb auch die Frage, wie vollständig die Kartei war. Andererseits zeichneten sich bereits eine bestimmte Handlung und ein zentrales Motiv des Romans ab, die Protagonisten waren zumindest skizzenhaft beschrieben.

Der Herausgeber, Vladimir Nabokovs Sohn Dmitri, stand vor der schweren Entscheidung, entweder dem Wunsch seines Vaters zu entsprechen und die Buchfragmente zu vernichten, oder das Buch entgegen der Anweisung doch zu veröffentlichen. Er entschied sich mehr als 30 Jahre nach dem Tod des Autors zur Veröffentlichung und wählte eine hybride Form der Publikation. Zum einen wurde eine lineare Variante, die am plausibelsten erschien, in Buchform publiziert, der gebundenen Fassung wurde jedoch ein Zettelkatalog mit Faksimiles der 138 vorhandenen Karteikarten beigelegt. Der Katalog macht die provisorische Ordnung der Gesamtpublikation deutlich, die Karten können vom Lesenden selbstständig durchblättert, ja sogar neu angeordnet werden.

Im Gegenspiel von Buch und Zettelkatalog wird das Romanfragment Nabokovs selbst zum Modell der modernen Bibliothek und ihrer Geschichte. Der Zettelkatalog etablierte sich seit dem späten 18. Jahrhundert in Europa und bedeutete eine enorme Innovation in der Bibliotheksverwaltung und -benützung. Der flexible, leicht ergänzbare Zettelkatalog war nicht nur dem traditionellen Band- oder Buchkatalog überlegen, was die Effizienz bei der Katalogisierung der Bestände betrifft. Die Loseblatt-Form bedeutete auch einen

Fortschritt im Wandel der Bibliothek von einer fürstlichen zu einer bürgerlichen Institution. Der Bibliotheksbenützer konnte nun die Bestände der Bibliothek selbstständig erkunden, indem er frei und ohne Hilfe von Bibliothekaren im alphabetisch oder systematisch geordneten Zettelkatalog (Publikumskatalog) blätterte. Im Fall von Nabokovs *Laura* wäre die betreffende Kateikarte im Bibliothekskatalog der Verweis auf einen weiteren, den Nabokov'schen Zettelkatalog, der u. U. weitere intertextuelle Verweise enthalten würde usw. Dass für die ersten Karteikarten in Bibliotheken die unbedruckten Rückseiten von Spielkarten dienten, hätte Nabokov vielleicht gefallen (dass sie in der Französischen Revolution zur Erfassung der konfiszierten Bibliotheken von emigrierten Aristokraten dienten, wohl weniger).

Einen rätselhaften, in sich geschlossenen Verweisraum bildet schließlich Jonathan Safran Foers Erzählung *Tree of Codes*, die 2010 bei Visual Editions in London erschien. Foer nutzt in seinem Buch den Effekt des Guckkastens bzw. des Tunnelbuches. Man blickt durch die Seiten in die Tiefe des Buchraumes, nur wenige Worte sind jeweils auf den Seiten verblieben, alle anderen wurden ausgestanzt. Als Textgrundlage diente Foer die englische Übersetzung des Erzählbandes *Die Zimtläden* (engl. *The Street of Crocodiles*) des von ihm verehrten polnisch-jüdischen Autors Bruno Schulz aus dem Jahr 1934. Schulz wurde 1942 im Warschauer Ghetto von einem SS-Offizier ermordet. Foers Erzählung ist aus dem Text von Schulz extrahiert. Selbst der Titel ist ein Akronym des Buchtitels von Schulz. Die Schreibarbeit ist hier ausschließlich eine Auswahl- bzw. Löscharbeit, der Autor generiert aus dem Text durch die Wahl einzelner Wörter einen neuen, eigenen Text. Das ursprüngliche Syntagma, so die Spielregel, bleibt im Schreibvorgang gewahrt. *Tree of Codes* ist ein Meisterstück moderner Stanzung, prima vista hätte allerdings eine Unterstreichung der ausgewählten Wörter im Faksimile des Originaltextes auch genügt, um den Effekt der Extraktion eines Textes aus einem anderen zu erreichen. Doch Foers Ziel war ein anderes: Die großen Lücken, die im Textraum sichtbar und beim Durchblättern auch haptisch spürbar werden, verweisen auf die alte jüdische Tradition, Gebete und Wünsche in die Ritzen und Lücken der Klagemauer zu stecken; die Steinwand im Zentrum Jerusalems ähnelt also einer Textseite, in der geheime Botschaften verborgen sind – im Gegenzug erscheint die Buchseite mit ihren Leerstellen als Klagemauer. Die Lücken in Foers Buch sind schließlich visuelle Belege für die in der Shoa verloren gegangen Werke von Schulz, das Buch – kreative Fortsetzung wie Löschung eines Werkes – ist das Kaddisch eines Autors für einen anderen.

V

Ob als Papiermaschine, Album, Katalog oder Guckkasten inszeniert, ob aus dadaistischer Freude am Spiel, editorischer Sorgfalt oder durch Trauer entstanden: Die erwähnten Blätterwerke von Queneau bis Foer sind allesamt Experimente mit den Möglichkeiten und Grenzen des Mediums Buch. Materiell erweitern sie durch Verräumlichung die sequenzielle Logik des Buches und stören tendenziell die Linearität des Erzählens. Experimente mit nicht linearen Erzählformen haben in der Literaturgeschichte eine lange Tradition, sie finden sich im *Tristram Shandy* von Laurence Sterne (ab 1759), im *Leben des Quintus Fixlein* von Jean Paul (1795) ebenso wie im bereits erwähnten *Jacques le Fataliste* von Denis Diderot (ab 1765). Die labyrinthische Form der Erzählung, durch die der Leser bzw. die Leserin auf der (vergeblichen) Suche nach Sinn navigieren muss, widersetzt sich der Möglichkeit strukturierter und simplifizierender Weltsicht. Sie präludiert eine nihilistische Stimmungslage, in der die Ästhetik zum Modell einer Ethik der Immanenz wird.

Die Geschichte der Blätterbücher weist jedoch noch in zwei andere, eng miteinander verbundene Richtungen: in die Welt der kindlichen Spiele und in die nigromantische Geschichte der Magie.

Queneaus endlos kombinierbarer Gedichtband aus Bildstreifen etwa ist jedem und jeder aus der Kindheit bekannt, als Spiel mit gefalteten Wort- und Bildstreifen, aus denen Tiere oder Gesichter kombiniert werden können. Von Generation zu Generation bilden Kinder »Krokofanten« und »Eledile«, ohne dass die kindliche Lust am Immer-Neuen zu versiegen droht. Die *Hunderttausend Milliarden Gedichte* führen wie viele andere Kunstspiele des Surrealismus und Fluxus zurück in die Kindheit. Die Kunst des Spiels teilt mit den Spielen freilich nicht nur den Frohsinn, sondern auch den Wiederholungszwang, die Lust am Immer-Neuen ist im Spiel auch stets die Lust am Immer-Gleichen, die bei zu hoher Dosierung in Unlust umschlägt. Beim Roulette ist wie in der Kunst das fröhliche »Faites vos Jeux« daher nie weit vom resignativen »Rien ne va plus« entfernt.

Die andere Tradition, die das Blätterbuch aufnimmt, ist eine divinatorisch-religiöse. Das aleatorische Prinzip, der Zufall, der beim Blättern beschworen wird, ist ein fixer Bestandteil der Mantik, es hat Eingang sogar in die eher spielefeindliche, pietistische Kultur der Frömmigkeit in Form des Nadelns, Däumelns, des Bibelstechens und der Bibellotterie gefunden.

Bibelstellen wurden »gedäumelt« oder durch das Hineinstechen einer Nadel oder eines Messers in das Buch ausgewählt, um sie dann im Sinne eines Orakels der tagesaktuellen Deutung zu unterziehen. Bei der Bibellotterie wurden aus einer Schale nummerierte Lose gezogen, die auf Bibelverse oder Lehrtexte wie auf das *Güldene Schatz-Kästlein* des Hallischen Pietisten Carl Heinrich v. Bogatzky (1690-1774) verwiesen. Die frommen Seiten des *Schatz-Kästlein*, einem heimlichen Bestseller des 18. und 19. Jahrhunderts, wurden als gebundenes Buch, aber auch als Zettelkasten publiziert. Beim Blättern im Buch oder im Zettelkonvolut konnten alte mantische Praktiken mit dem pietistischen Vorsehungsglauben verknüpft und die antike Fortuna zur christlichen Providentia umgeschminkt werden.

In säkularer Form begegnet das mantische Blättern bereits bei François Rabelais, und zwar als Parodie des Aberglaubens: Im dritten Buch von *Gargantua und Pantagruel* wird in der *Aeneis* des Virgil gedäumelt. Durch abstruse Interpretationen wird danach den zufällig aufgeblätterten Passagen Sinn abgerungen und den Kunden des Orakels das zukünftige Schicksal geweissagt. Rabelais lässt keinen Zweifel daran, dass die Weissagungen haarsträubender Unsinn bzw. Betrug sind.

Eine weitgehend domestizierte Fortsetzung der Praktiken der Kontingenz durch das Blättern findet sich schließlich in der Spielkultur des Bürgertums bei den frivolen, literarischen Orakel- und Konversationsspielen. Beim »Neuesten scherzhaften Unterhaltungsspiel«, einem Spiel aus Wien um 1850, wurden Kärtchen mit 50 Fragen und 50 Antworten nach dem Zufallsprinzip miteinander kombiniert. Gefragt wurde beispielsweise: »Haben Sie oft von mir geträumt?«, mögliche Antworten lauteten: »Das können Sie leicht errathen« oder »Nun wir sind alle schwach«. Beim »Apollon Musen Tempel«

aus dem Jahr 1817, bestimmt für »freundschaftliche Zirkel« von jungen Männern und Frauen, wurde ein Textbuch mit Antworten mit einem Konvolut Fragekärtchen kombiniert. Eine andere aus Frankreich stammende Variante des aleatorischen Frage- und Antwortspiels war die »Befragung der Orakelpuppe«. Das Kleid einer Porzellanpuppe, bestehend aus Papierblättern, die mit Sprichwörtern, Weissagungen und Ratschlägen zu Fragen der Tugend, der Leidenschaft und Liebe versehen waren, musste an einer beliebigen Stelle aufgeblättert werden. Die Situation des öffentlichen Aufblätterns war verklemmt-obszön: Um einen Sinnspruch zu erhalten, musste man/frau der Puppendame unter ihren Faltenrock greifen und dann ihr Kleid aufblättern.

Die Entdeckung des Buches als ein Objekt, das nicht zum Lesen, sondern zum Blättern bestimmt ist, wurde allerdings weder von frommen Pietisten noch von Spieleerfindern oder von Buchkünstlern gemacht, sondern lange zuvor von den Zauberkünstlern und Gauklern. Im Katalog des Wiener Zauberladens »Zauberklingl«, dem *Ersten Wiener Zauberapparate-Hauptdepot*, aus dem Jahr 1911 wird neben Zauberfächern, Changierkästchen und Zauberstäben auch ein »Wunderbuch« angeboten, »dessen Bilder sich neunmal verwandeln, wobei jedesmal andere Bilder zum Vorschein kommen«. Das Kunststück des wandlungsfähigen Buches war in der säkularen Magie seit Jahrhunderten bekannt, das »Flickbuch« (Blowbook) gehört mit zu den ältesten Requisiten der Zauberkunst.

Der Taschenspieler blättert vor seinem Publikum durch die Seiten des Buches und verändert jedesmal heimlich die Position der blätternden Hand. Durch konische Bindung und unsichtbare kürzere oder längere Einschnitte am Bug wird nur jede zweite oder vierte Seite sichtbar, sodass je nach

Position des Daumens eine andere Bilder- oder Textfolge erscheint. Durch das heimliche Wenden des Buches und durch Blättern in die Gegenrichtung kann der Effekt verdoppelt und vervierfacht werden.

Bereits der *Seltsame Springinsfeld* im zweiten Band der *Simplicianischen Schriften* von Grimmelshausen erwähnt um 1670 das Verwandlungsbuch, hier die »Gaukeltasche« genannt. Das wunderliche Objekt ist aber noch älter. Beschreibungen und Darstellungen »eine(es) artlichen Buch(es), das beim umblättern allerley Figuren bringet, jedoch auf ein umschlagen nur einerley«, finden sich in Daniel Schwenters *Mathematischen und philosophischen Erquickstunden* aus dem Jahr 1636 wie in Reginald Scots *The Discoverie of Witchcraft* aus dem Jahr 1584, Hieronymus Cardanus erwähnt es in *De Subtilitate* schon zur Mitte des 16. Jahrhunderts. Es war als ein Instrument zur Täuschung, aber auch zur Belehrung des Publikums gedacht. Wie stets in der Geschichte ist der Zauberkünstler ein fröhlicher Aufklärer. Er brachte mit dem Blätterbuch sein Publikum zum Staunen und belehrte es auf praktische Weise, dass seine Aufmerksamkeit nicht ausreicht, dass man genauer und noch genauer hinschauen muss, um nicht betrogen zu werden. Das Blättern ist hier also nicht Gegenspieler des Buches, sondern Instrument der Aufklärung über das Medium Buch, das zu täuschen und zu betrügen vermag.

VI

Ganz werden auch die modernen Blätterbücher den langen Schatten der Magie und der Täuschung nicht los. Das ist nicht abwertend gemeint: »Woran erkennt man den Echtn Künstler?«, lässt Arno Schmidt in *Zettels Traum* fragen, einem der großen »unbrauchbaren, aber notwendigen Bücher« des 20. Jahrhunderts (siehe Einleitung). Um sogleich die Antwort zu geben: »dass er sich, außerhalb der Arbeitszeit, für'n Betrüger hält.« Wohlgemerkt (lesen wir genau) nur *außerhalb der Arbeitszeit*, hält er sich für einen Betrüger, schreibt Schmidt. *Während* der Arbeitszeit sieht die Sache anders aus. So viel Aura muss schon sein, auch und gerade wenn der Leser beim Blättern die Arbeit macht.

Der Künstler: ein Prestidigitateur oder Spieledesigner; der Leser: ein endlos Spielender und Blätternder; das Kunstwerk: nicht mehr als eine Gaukeltasche oder Papiermaschine. Das Blätterbuch scheint die Diagnose aus Adornos *Ästhetischer Theorie* einzulösen, dass Kunst »sich ihren Untergang einverleibt«. Freilich nicht »mit geschlossenen Augen und zusammengebissenen Zähnen«, wie Adorno empfiehlt, sondern mit Achselzucken und Augenzwinkern. Man kann die Blätterbücher als ironische Kommentare zur Hoffnung auf ein geordnetes, nicht-kontingentes Bild der Welt oder als Beitrag zu den »vielen unbrauchbaren, aber notwendigen Büchern« betrachten. Am Gartentisch liegend, flattern die Seiten des Buches wie tibetanische Gebetsfahnen im Wind. Das Buch, das keines mehr ist, nie wirklich eines sein wollte und doch eines ist, braucht keine Leser. Der Wind blättert die Seiten auf, eine nach der anderen, wahllos, endlos. Wir genießen das Schauspiel.

[2019]

Marbot

Wolfgang Hildesheimer erneut gelesen*

I

Sein Ende war mysteriös wie so vieles an ihm. Mit kaum 29 Jahren verschwand Andrew Marbot im Februar 1830 bei einem Ausritt auf seinem Landgut in Urbino, sein Pferd kehrte ohne Reiter zurück. Die Suche der Diener und Pächter blieb erfolglos.

Der Leichnam des reichen Schotten wurde nie gefunden, es gab keinen Abschiedsbrief, aber doch Hinweise, dass Sir Andrew den »Schritt in die Freiheit«, den Übertritt ins Nichtsein getan hatte. Ab den 1820er-Jahren beschäftigte sich Marbot mit Horaz, mit Schopenhauers Pessimismus und der Verneinung des Lebenswillens, den Begriff »Selbstmord« lehnt er freilich ab: »... what a horrible word ›Selbstmord‹, which is ›selfmurder‹ – whereas ›Freitod‹ is a wonderful word: ›Free Death‹ which would mean: having the freedom to do with your life as you wish.« Und auf Deutsch schreibt Marbot kurz danach über sein negatives Lebensgefühl: »Jeder Mensch ist mit sich selbst und seiner Welt allein; glücklich können nur jene sein, die es nicht wissen.« Wer

---

* Der vorliegende Text erschien in einer früheren Version im gemeinsam mit Claudia Geringer verfassten Buchkatalog *Die Phantome des Ingenieur Berdach. Medienkritik und Satire* (Edition Konturen 2023).

dies nicht wisse oder gar glaube, sich selbst zu kennen, sei ein »Hochstapler« oder unterliege einer »Täuschung«, doch »in dieser Täuschung zu leben, macht das Leben leichter«. Die Aufhebung der Täuschung ist nur großen Künstlern und Künstlerinnen möglich.

Hochstapelei und Täuschung sind tragende Begriffe in Marbots *Aufzeichnungen*, sie aufrechtzuerhalten war Marbot am Ende nicht mehr möglich. Der schwermütige, feinnervige Romantiker hatte schon ein Leben lang mit der Idee des Freitodes gespielt, wohl, wie sein Biograf Wolfgang Hildesheimer vermutet, aus Schuld, übergroßer Schuld. Er und seine Mutter, Lady Catherine, waren früh ein inzestuöses Verhältnis eingegangen, dem Marbot durch seine Abreise aus dem gemeinsamen Haushalt auf Redmond Manor in Schottland und eine lange erste Grand Tour durch ganz Europa zu entgehen suchte. Der Kontakt zur Mutter riss allerdings nie wirklich ab. Noch kurz vor seinem Tod hatte ihn Freund Platen besucht und bei seinem Abschied eine Notiz mit dem denkwürdigen Satz »Selbst sündig suchst Du die Sünde in Anderen« hinterlassen.

Ein anderer später Gast, berichtet Hildesheimer, war William Turner. Marbot bewunderte den Maler, er sei, notiert der Kunstkenner in den *Aufzeichnungen*, »auf dem Weg, die konkrete Gegenständlichkeit der Natur in Erscheinungsformen aufzulösen. Allmählich verschwindet alles Festumrissene, es wird zu Atmosphäre, zu Luft, zu Nebel, er malt nicht mehr die Schöpfung, er schöpft sich selbst«. Man meint, die Charakteristik Turners schon anderswo ganz ähnlich gelesen zu haben, wie vieles andere in Marbots Schriften, aber hier steht es offenkundig zum ersten Mal. Marbot gilt als Begründer der psychoanalytischen Ästhetik. Sie ist in seinem einzigen Buch, der umfassenden kunsthistorischen Studie

Art and Life zusammengefasst. Sir Andrews kurzes Leben war reich an Begegnungen mit bekannten und weniger bekannten Menschen auf seinen ausgedehnten Reisen, die ihn durch Frankreich, Italien, Deutschland und die Schweiz führten. Unter vielen anderen sind Gespräche mit Goethe, Blake und Byron, mit Delacroix, Géricault und De Quincey, aber auch mit den Physikern David Brewster und Christian Karl Bunsen belegt.

Alles ist frei erfunden. Mit *Marbot* ist Wolfgang Hildesheimer (1916–1991) ein Coup gelungen, wie er wohl nur einmal in einem Schriftstellerleben gelingt. Das Buch erschien 1981 bei Suhrkamp, vier Jahre zuvor war seine Mozart-Biografie erschienen, die Hildesheimer weltbekannt gemacht hatte. Bereits der Name Marbot erinnert an Mozart, und vielleicht ist das Buch neben allen anderen Gründen auch als ein kleines Revanchefoul an die Leserschaft zu verstehen, die ihn zwar als Biografen, aber nicht als Romanautor und Erzähler wahrnahm.

Der Verlag schwieg über lange Zeit, das Buch trug keinen Untertitel, doch zierte eine Zeichnung von Delacroix den Umschlag. Das Portrait eines jungen Mannes, der ganz offenkundig Marbot ist, verstärkte die Idee einer Biografie und eröffnete ein subtiles Spiel mit fließenden Übergängen zwischen Lüge und Wahrheit: Belegbare historische Fakten und »echte« Brief- oder Literaturzitate wurden mit Möglichem (also plausiblen Ereignissen) durchmischt und mit frei Erfundenem über mehrere Hundert Seiten nach allen Regeln der Erzählkunst durchgerührt. Ein Bildteil, wie in der Mozart-Biografie auf drucklackiertem Papier in der Mitte des Buches eingesetzt, erhöhte für unachtsame Leser die Anmutung, eine »echte« Biografie in Händen zu halten.

Dabei verteilte Hildesheimer im Stil des späten Nabokov quer über sein Buch versteckte Hinweise, die auf den Status des Fiktiven der Geschichte aufmerksam machen, indem ständig über Kunst und Täuschung räsoniert wird. Mit Goethe spekuliert der junge Marbot etwa gleich zu Beginn über Mythos und Herkunft. Während Goethe die Geschichte der normannischen Herkunft des Familiennamens seines Gastes sehr glaubhaft erscheint, zweifelt Sir Andrew. »Ich mißtraue jeglicher Überlieferung, Exzellenz«, lässt ihn Hildesheimer antworten, »auch der wahrscheinlichen. Für mich ist nur das Wahre wahr, das Wahrscheinliche dagegen Schein.« Anders als sein Freund und Seelenverwandter Giacomo Leopardi, der den Blick auf die Vergangenheit richtet, um ihre Wahrheit gegen die Gegenwart auszuspielen, ist Marbot am Jetzt interessiert, als Ergebnis einer mehr oder minder disponiblen Vergangenheit, in der er »keinen Unterschied zwischen dem Realen und Idealen machte, Imagination und Wirklichkeit, Traum und extreme Wachheit« ineinander übergehen. Des Öfteren hat der Biograf angesichts mancher Verfremdungen in den *Aufzeichnungen* Marbots den Eindruck, dass er die Absicht gehegt habe, »aus seinem Erleben eine Fiktion zu machen«, natürlich insbesondere aufgrund seiner Erinnerungen an seine Mutter, was den Leserinnen und Lesern, ob Freudianer oder nicht, plausibel erscheint. Schon als Kind war Andrew schließlich klar, dass die Kunst nicht dem Leben und das Leben nicht der Kunst entspricht; die Inhalte der Kunstwerke sind »Resultate der Wunschvorstellungen (wishful thinking) der Künstler«. Was für den Kunstenthusiasten Marbot gilt, gilt auch für den Künstler Hildesheimer.

Geschickt platziert der Autor Leerstellen in der Biografie Marbots. Da Marbot trotz seines unbändigen Interesses für Kunst und beträchtlicher finanzieller Mittel leider kein

Sammler, sondern ein »großer Wegwerfer« war, der die Vernichtung von Dokumenten systematisch betrieb, ist die Quellenlage häufig dürftig. Wie andere (natürlich fiktive) Biografen Marbots ist der Historiker bei der Interpretation vieler Sachverhalte auf seine Fantasie angewiesen, mitunter sind Zeitpunkte und Ursachen von Ereignissen unklar; Hildesheimer gibt sich dann ratlos, manchmal will die Identifikation einer Person, die in einem Brief Marbots erwähnt wird, trotz allen Bemühens nicht gelingen.

Die Glaubwürdigkeit des Historikers, der sein Nichtwissen eingesteht, wird durch sanfte Kritik an der Kollegenschaft gesteigert: Die Biografin der Contessa Guiccioli, der Dichterin und Geliebten von Lord Byron aus Ravenna, etwa konnte, so Hildesheimer großzügig, »von der kurzen Affaire mit Marbot noch nichts« wissen und Hadley Hases Ansichten werden in einigen Punkten ergänzt, aber es wird auch wertschätzend vermerkt, dass »wir« Herman Grimm »wertvolle Hinweise« auf Werk und Vita Marbots verdanken. Dass eine kommentierte kritische Neuausgabe der Werke und Briefe kurz bevorsteht, erscheint nur logisch.

Ein wichtiges Stilmittel ist das Erzeugen von Längen zur Klärung biografischer Details und das Einfügen von Übersetzungen, die zwar editorisch korrekt, aber doch als lästige Pflichtübung erscheinen. Durchbrochen werden die abstrakten Passagen durch die Reflexion der Beziehung Marbots zur schönen Mutter. Lady Catherine ist das heimliche Zentrum des Buches, ihr Portrait findet sich als erstes im Bildteil, ihre Briefe an den Sohn bleiben ungezeichnet, da sie nicht weiß, ob sie mit »C.« oder »Mutter« unterschreiben soll. Die Beziehung zu ihr ist der Angelpunkt der Biografie, da sie ja das Entstehen der psychoanalytischen Ästhetik biografisch plausibel macht, und der erotische Angelhaken, an den

Hildesheimer das Interesse der bildungsbürgerlichen Leserschaft lockt. Dass diese ein solches triviales Interesse nicht eingesteht, gehört mit zum Spiel.

II

Mit seiner fiktiven Biografie, der Darstellung der Reisen und der Begegnungen Marbots, hat Hildesheimer ein facettenreiches historisches Panorama errichtet, die Fiktion ist ein Spiel mit Geschichte, aber keine Spielerei. »Todernst« sei ihm diese Darstellung, kommentierte Hildesheimer den Versuch, über die Fälschung und die Erzählung der historischen Wahrheit näherzukommen.

Marbot erscheint inmitten vieler, am Sachbuchmarkt sehr erfolgreicher Biografien über historische Personen wie Oswald von Wolkenstein (Dieter Kühn), Hölderlin und Schubert (Peter Härtling) oder Wallenstein (Golo Mann) und natürlich von Hildesheimer selbst. In ihnen werden die wissenschaftlichen Grenzen des biografischen Erzählens ausgelotet und bisweilen überschritten. »Worüber wir nicht sprechen können«, variierte Umberto Eco den letzten Satz in Wittgensteins *Tractatus*, »müssen wir erzählen« und beschrieb mit seinem Aperçu die Konjunktur des Erzählens in der Literatur und Geschichtsforschung der späten 1970er-Jahre. 1980 erschien Ecos historischer Roman *Il nome della rosa (Der Name der Rose)* und öffnete der Postmoderne in der Literatur ein weites Feld.

Marbot ist einerseits eine Satire auf die narrative Mode, aber zugleich ein Experiment zur Leistungsfähigkeit der Fiktion und bildet ein Gegenstück zu seiner Mozart-Biografie. Hildesheimer selbst bemerkte dazu: »Als ich die

Mozart-Biografie schrieb, stellte ich fest, daß man eine Biografie nur über eine Figur schreiben kann, die niemals existiert hat. Die perfekte Biografie, in der das richtige Gleichgewicht zwischen Tun und Lassen, Wissen und Nichtwissen dargestellt ist, kann nur über eine Kunstfigur geschrieben werden. Diese Kunstfigur ist Marbot.«

Dass es sich bei Marbot um Fiktion handelt, wurde vielen Leserinnen und Lesern nicht klar. Man war fasziniert von der Mozart-Biografie, Hildesheimer hatte zudem die Marbot-Figur durch Erwähnung seiner Arbeiten bei Reden (etwa zur Eröffnung der Salzburger Festspiele 1980) zuvor schon eingeführt und geschickt im intellektuellen Diskurs etabliert. Die Belesenen hätten aber vorgewarnt sein können, denn Fälschung, fiktive Biografien und das Spiel mit Identitäten waren bei Hildesheimer ein bedeutendes Werkmotiv: Bereits in seinem ersten Roman, *Paradies der falschen Vögel*, aus dem Jahr 1953 wird die Geschichte des »Königs der Fälscher« erzählt. Robert Guiscard erfindet den Maler Ayax Mazyrka, den »Procegovinischen Rembrandt«, und einen Kunsthistoriker, der bedeutende Schriften über Mazyrka verfasst hatte. Die Fälscherei wird so haltlos betrieben, dass am Ende niemand mehr genau sagen kann, was echt und was erfunden ist. »Das Wort ›Skrupel‹, pflegte er zu sagen, ›klingt wie eine Art Hautkrankheit‹, und ich muss gestehen, daß er damit nicht so ganz unrecht hat.« Das Zitat könnte auch aus einem Brief Marbots stammen.

Schon in seinen frühen Kurzgeschichten entwarf Hildesheimer Künstler- und Gelehrtenfiguren. In *Ich schreibe kein Buch über Kafka* muss sich der Erzähler gegen die Anschuldigung wehren, dass er über Kafka arbeite. Er schreibe vielmehr ein Buch über Ekkehard Golch – den Biografen von James Boswell, der wiederum der bedeutendste Biograf des eigenwilligen Johnson ist. Das Schlusskapitel, das der Golch-Biograf ankündigt, heißt »Über das Wesen der Biografie«. Große Ähnlichkeiten mit Marbot hat Gottlieb Theodor Pilz (1789–1856), der auch ein Vorfahre von Prof. Pilzbarth aus der Schweiz sein könnte. Von Pilz, erinnert Hildesheimer in *1956 – ein Pilzjahr* zu seinem 100. Todesjahr, sind zwar nur sieben Briefe erhalten, dennoch gelingt die Rekonstruktion seiner Biografie detailliert. Pilz reiste wie Marbot durch Europa, auch sein Interesse galt der Kunst, allerdings war es diametral entgegengesetzt. Pilz war »Kunstdämpfer«, das heißt, er bemühte sich zeitlebens, das Entstehen und die Überlieferung von Kunstwerken zu verhindern. So trifft er als Neunjähriger auf Klopstock, der trotz seines fortgeschrittenen Alters Hunderte Oden pro Monat verfasst, und entwendet dem Alten ganze Oden-Stöße. In jungen Jahren kann er Friedrich Ludwig Jahn vom Verfassen eines patriotischen Dramenzyklus abhalten, er wandte sich fortan dem Turnen zu, Mühlwesel wird durch extensives Tarockieren von der Komposition einer Operntrilogie über die Habsburger abgehalten, Delacroix wird die Idee einer Serie von Urwaldgemälden ausgeredet. Der Aufenthalt von Pilz in Wien fällt wohl nicht zufällig mit der unproduktiven Periode in Beethovens Schaffen zusammen. Die schelmische Kunstverhinderungs-Erzählung ist sowohl thematisch wie stilistisch ein Vorspiel zur Marbot-Studie, auf das Hildesheimer Jahrzehnte später zurückgreift.

Der Falschspieler Hildesheimer genoss nach Erscheinen des *Marbot* die Sympathie der Kritiker. Obwohl sich der Autor früh zur Künstlichkeit seiner Marbot-Gestalt bekannt hat, nahmen viele den Ball auf und spielten tüchtig an der Marbot-Fiktion mit. Der prominente Germanist und damalige Leiter des Wissenschaftskollegs zu Berlin Peter Wapnewski lobt in seiner umfangreichen Buchrezension in *Der Spiegel* im Jänner 1982 Hildesheimers »bedeutende Einsichten in die geistige Welt der Romantik« und dass er »überall Neuland« betrete, zugleich spart Wapnewski nicht mit beckmesserischer Kritik an den »ärgerlichen Ungenauigkeiten«, die dem Dichter als Historiografen unterlaufen. Standesgemäß eitel weist der Germanist am Ende der Besprechung auf seine eigenen Nachforschungen in Sachen Marbot hin. Der Kritiker wird zum Komplizen und das bildungsbürgerliche Spiel auf verschiedenen Ebenen lustvoll weitergespielt.

Hildesheimer hat das literarische Spiel mit der Wahrheit nach *Marbot* nicht mehr interessiert. Die Wahrheit, konstatiert er bitter, lässt sich nicht mehr von der Literatur erfinden, da die Wirklichkeit in ihrer Absurdität unüberbietbar geworden ist. Seine letzten Jahre verbrachte Hildesheimer zurückgezogen in Poschiavo in Graubünden und widmete sich vorwiegend der Malerei.

III

In ein noch weitläufigeres Spiegelkabinett als Hildesheimer führte Orson Welles (1915–1985) die Zuseher mit seinem Filmessay *F for Fake* im Jahr 1973: Welles präsentiert mit der Figur des Elmyr de Hory einen echten Fälscher, der mit einer mysteriösen Fälscherin, der Bildhauerin Oja Kodar, in Verbindung steht, und fügt den echten und gefälschten Fälschern, wie um die Lust am Vexierspiel zu komplettieren, einen ebenso für seine Fälschungen bekannten, aber »echten« Aufdecker der Fälschung hinzu. Dieser wird vom Schriftsteller Clifford Irving gespielt, der tatsächlich einige Jahre zuvor eine Howard-Hughes-Autobiografie gefälscht hatte und zu einer mehrjährigen Gefängnisstrafe verurteilt worden war. Zu Beginn der Pseudodokumentation tritt der Erzähler dem Publikum als Zauberkünstler entgegen. »Ich bin ein Scharlatan«, bekennt Welles im Vorspann.

Die Trennlinie zwischen zweckfreiem ästhetischem Schein und kriminellem Betrug, zwischen Phantasma und Hochstapelei ist nicht immer einfach zu ziehen, die Tricks und Volten der Zauberkünstler und der Falschspielerinnen sind ident. Ganz eindeutig handelten Konrad Kujau (1938–2000), der Fälscher der Hitler-Tagebücher, der Trickbetrüger Victor Lustig (1890–1947), der 1925 den Eiffelturm verkaufte, oder Gregor MacGregor (1786–1845), der wohl größte Hochstapler der Verbrechensgeschichte, in krimineller Absicht mit dem Vorsatz, sich zu bereichern. MacGregor war Spross einer angesehenen schottischen Offiziersfamilie und erfand 1820 das Fürstentum Poyais an der mittelamerikanischen Küste, dessen Kazike er angeblich war. MacGregor legte eine Anleihe zur Förderung der jungen Nation auf, versprach sagenhafte Gewinne und verkaufte Ämter, Titel und Landbesitz. MacGregor wusste um die Macht der Bilder: Er ließ Stiche der blühenden Hauptstadt erstellen und verbreitete einen Prospekt mit Impressionen von Poyais in England. Kurz vor seiner Festnahme floh er nach Caracas und lebte bis zu seinem Tod unbehelligt von der Justiz. Er verschuldete den Tod vieler Siedler:innen, die im Glauben an einen Neubeginn in der Neuen Welt Schiffe gechartert hatten und nach ihrer Ankunft entdecken mussten, dass Poyais Sumpfland und das vermeintliche Paradies nichts als eine Fata Morgana war.

MacGregor war ein Verbrecher, nicht ganz so klar liegt der Fall bei der querschnittsgelähmten Ärztin »Jule«. Auf ihrem Twitter-Account mit 70.000 Followern berichtete sie über ein Jahrzehnt lang detailliert von ihren Problemen im Berufsleben, im Alltag und offen über sehr intime Aspekte ihres privaten Lebens. Der Blog wurde mehrfach für soziales Engagement ausgezeichnet, obwohl niemand die Bloggerin persönlich getroffen oder auch nur gesehen hatte Nach dem Aufruf zu einer Spendenaktion wurden einige Leserinnen und Leser skeptisch. Das Portrait, mit dem sich die vermeintliche Ärztin präsentierte, erwies sich nach Recherchen als Bild einer australischen Pornodarstellerin. Die Fiktion brach zusammen, im Verdacht der Autorenschaft steht ein als Administrator des Blogs ausgewiesener »Mitarbeiter«. Durch die Täuschung wurde über Jahre Vertrauen missbraucht, wurden in der detaillierten Darstellung intimer Vorgänge eher abasiophile Neigungen bedient als ein offener Diskurs über ein Leben mit Behinderung unterstützt. Ganz offenbar stand die finanzielle Bereicherung bei der Erschaffung der Kunstfigur aber nicht im Vordergrund.

Tragisch verlief der Fall der deutschen Bloggerin Marie Sophie Hingst (1987–2019), die Fiktion nahm hier zwanghafte Züge an. Über Jahre erfand Hingst eine jüdische Familiengeschichte und präsentierte Dutzende Holocaust-Opfer aus ihrer Verwandtschaft. Einige von ihnen hat sie sogar im Archiv von Yad Vashem angemeldet. Wie »Jule« verfügte Hingst über Zehntausende Follower, auch ihr Blog wurde mehrfach ausgezeichnet. Nach einem Bericht des *Spiegel*-Reporters Martin Doerry im Mai 2019, der die Fiktionalität ihrer Blogeinträge aufdeckte, nahm sich Hingst das Leben.

Hingst hat mit ihrer erfundenen Familiengeschichte zwar in der Holocaustforschung viel Unheil angerichtet, aber sie hat sich nicht selbst bereichert. Als Motiv stand die fiktive Selbstkreation im Vordergrund, hier: Teil einer authentischen

Opfergeschichte zu sein. Das Spiel mit der Identität war zwanghaft, es erfolgte aber nicht mehr »in melusinenhafter Abgeschiedenheit« (Freud), sondern in aller Öffentlichkeit. Überwältigend scheint die Lust, sich sichtbar zu machen, zu versuchen, Resonanz zu erzeugen, ein Profil von sich anzulegen und es öffentlich zu machen, ob es nun authentisch ist oder nicht. »Echt« ist das Profil, indem es sich, auch wenn es scheinhaft ist, um eine originäre Selbstkreation handelt. Die Lügnerin ist in diesem Sinn nicht bloß eine Lügnerin, sondern in bestimmter Weise auch souverän: Herrin über die eigene Biografie.

Damit die Lüge nicht einfach nur als dreist empfunden wird, ja sogar klammheimlich Respekt abverlangt, muss sie eine gewisse Kunstfertigkeit aufweisen, außergewöhnliches Engagement und Leistungsbereitschaft widerspiegeln. Der Falschspieler und die Fälscherin treten in Opposition zur bürgerlich-meritokratischen Kultur, indem ihr Handeln in Widerspruch zu Werten wie Wahrhaftigkeit und Aufrichtigkeit steht. Zugleich ist die Illusion, indem ihre Kreation ja Fleiß und Disziplin, Wissen und Bildung erfordert, also eine gewisse *Leistung* erkennen lässt, das Nachbild dieser bürgerlich-meritokratischen Kultur. Sie reproduziert also auch jene Werte, die sie unterwandert.

Heute braucht es dieses »echte« Wissen des Fälschers, das bildungsbürgerlichen Respekt abverlangt, nicht mehr. Die Informationen zur Herstellung von fiktiven Weltschöpfungen können recht bequem durch das Internet und neuerdings durch Systeme der Künstlichen Intelligenz beschafft werden. Ein kleiner Test mit einer kostenlos zugänglichen Version von ChatGPT zu Hildesheimers Marbot ergibt innerhalb von fünf Minuten eine plausibel wirkende, historische Grundierung für eine fiktive Biografie. Um 1820 könnte, so ChatGPT, der schottische Reisende in Rom Hegel, Shelley, Felix Mendelssohn Bartholdy oder Elisa Bonaparte getroffen haben, das Programm schlägt in Sekundenbruchteilen eine Liaison mit Lady Hester Stanhope oder Bettina von Arnim vor, als Wohnort des Reisenden kommt das Palazzo Barberini oder das neu eröffnete Hotel de Russie in der Via del Babuino infrage. Der Held hatte seit seiner Kindheit mit großer Wahrscheinlichkeit Reitunterricht und könnte danach als Leutnant bei den Scots Greys, der berühmten schottischen Kavallerieeinheit, gedient haben. Der Landsitz, erbaut aus Granit aus dem Rubislaw-Steinbruch in Aberdeen, verfügt über einen – naturgemäß weitläufigen – Park mit Fischteichen, Hecken, Kräutergärten, die Zäune sind aus Lärche, die Mauern aus Basalt oder Schiefer usw. usf. Es ist nicht wichtig, ob diese Informationen verlässlich sind oder nicht, wichtig für die Fälschung ist lediglich, dass sie verlässlich *erscheinen*. Und es stellt sich die Frage, ob alle Leserinnen und Leser wirklich wissen wollen, ob die Biografie und die Geschichte, die sie lesen, oder der Blog, den sie verfolgen, »echt« ist oder nicht, anders gesagt: ob alle Konsumenten tatsächlich den Ausgang aus der selbst verschuldeten Unmündigkeit dem Eintritt in das Spiegelkabinett der Täuschungen vorziehen.

Fake News verbreiten sich vielleicht deshalb so schnell, weil sie ein Publikum haben, das nicht so sehr gutgläubig als *gern*gläubig ist. Die fiktiven Interviews mit US-Stars, die der Schweizer Journalist Tom Kummer über Jahre in der *Süddeutschen Zeitung* veröffentlichte, und die erfundenen Geschichten von Claas Relotius in *Der Spiegel* sind keine Betriebsunfälle – die Geschichtenerzähler waren erfolgreich, weil ihre Geschichten genau dem entsprachen, was das Publikum lesen wollte, und die Redaktionen diesen

Wünschen eilfertig folgten. Dass die Kriterien für seriösen Journalismus aus der Ära Pulitzers (»Don't fake. Merit confidence. Accuracy«) vielfach außer Geltung sind, ist kein Phänomen der Gegenwart. Im literarischen Journalismus Gay Taleses, Joan Didions oder Tom Wolfes aus den 1960er-Jahren und im Gonzo-Journalismus eines Hunter S. Thompson, der zu Beginn der 1970er-Jahre im *Rolling Stone* publizierte, sind Erzählung und Bericht nicht mehr zu trennen. Gerade deshalb wurden die Artikel gefeiert und fanden eine breite Leserschaft, die es mit der Unterscheidung zwischen Roman und »hard news« nicht mehr so ernst nahm und die Schilderung subjektiven Erlebens gegenüber dem objektivierbaren Bericht präferierte.

Unklar ist in der zunehmend subjektiven Weltsicht des »New Journalism«, was als »echt« gilt oder bloß als authentisch und was nicht. Dazu findet sich in der Einleitung des verdienstvollen *Lexikon der Fälschungen* von Werner Fuld die folgende Geschichte aus der Welt der Kunst, die zugleich ein doppeltes Geständnis ist: »Im besetzten Paris besuchte der Soldat und Schriftsteller Ernst Jünger das Atelier Salvador Dalis. Im Verlauf des Gesprächs über moderne und klassische Malerei holte Dali aus einem Nebenraum einen herrlichen Caravaggio. Im Tagebuch überlieferte Ernst Jünger seine spontane Frage nach der Echtheit des Bildes und Dalis Antwort: ›Selbstverständlich ist es echt, ich habe es ja selbst gemalt.‹« Die Anekdote ist »authentisch«, schreibt Fuld, »denn ich habe sie ebenso erfunden wie zuvor schon andere Anekdoten, die ebenfalls wahr sind, ohne daß sie sich wirklich so zugetragen hätten«.

IV

Durch die erneute Lektüre des *Marbot* wird unser Blick vielleicht ein wenig skeptischer, wenn wir durch die Stadt spazieren.

Neben dem Eingang der Hausnummer 42 auf der Praterstraße in der Wiener Leopoldstadt hängt ein Schild der »Stadt Wien – Fachabteilung Kunstschutz« mit Republiksadler und dem Stadtwappen. Es trägt die Aufschrift *Kunstschutzgebiet*. Darunter der Hinweis (ebenfalls mit Wappen und Adler): *Überwacht von der Wiener Kunstaufsicht*.

Überquert man von der Praterstraße die Brücke zur Inneren Stadt kann man auf der Mauer der Seitenstettengasse 2 in der Nähe der Ruprechtskirche ein recht hoch montiertes Schild mit Goldgravur entdecken. Wenn man sich auf die Zehenspitzen stellt, kann man die folgende Aufschrift lesen:

Von hier aus beobachtete Adalbert Stifter am 8. Juli 1842 die einzige im Wien der Neuzeit eingetretene totale Sonnenfinsternis. Errichtet 1994 auf Initiative des Jugendclubs Dingi-Vindimatrix mit Förderung durch die MA 7.

Welches der beiden Schilder ist echt? Vielleicht beide oder keines? Von der Seitenstettengasse gelangt man über die Rotenturmstraße und den Stephansplatz in die Himmelpfortgasse. Im Winterpalais von Prinz Eugen auf Nummer 8 finden sich in einem der Prunkräume im ersten Stock sieben Gemälde von Ignace Jacques Parrocel (1667–1722), auf denen die großen Schlachten des habsburgischen Feldherrn dargestellt sind. Das monumentale Wimmelbild aus dem Jahr 1706 im Zentrum der Bilderfolge zeigt die Schlacht von Turin, in der das österreichische und das piemontesische Heer nach langer Belagerung der Stadt die verzweifelt anstürmenden Franzosen besiegten.

Es gibt viel zu sehen: Kavallerie, Angreifer auf der Brücke über den Po, die Festungsmauern von Turin, umliegende Dörfer, versprengte Truppen und Fahnen. Das Bild im Winterpalais wäre heute nur noch von militärhistorischem Interesse, doch sticht bei genauem Hinsehen ein bizarres Detail im Mittelteil des Gemäldes ins Auge. Auf einem kleinen Weg zwischen einem Nebenfluss des Po und der Festung kann man einen Hochradfahrer im Schlachtengetümmel erkennen. Das Hochrad wurde allerdings erst 170 Jahre später von Pierre Michaux entwickelt. Der rätselhafte Radfahrer blieb lange unentdeckt. Man vermutet, dass er von Viktor Jasper (1848–1931) bei einer Restaurierung des Gemäldes im Sommer 1900 eingefügt wurde. Der Wiener Kupferstecher, Restaurator und langjährige Lehrer an der Graphischen Lehr- und Versuchsanstalt war – der Mode seiner Zeit folgend – vielleicht ein begeisterter Bicyclist, aber was immer die Gründe für seine Einfügung gewesen sein mögen: Seine bescheidene und doch charmante Intervention ist es, die dem alten Schinken heute einen gewissen Glanz und Wert verleiht.

[2023]

Gespräch mit einem Esel

Das Schönste an ihm waren seine Augen und dass er sprechen konnte. Wir unterhielten uns an einer Steinmauer oberhalb der Chora der Insel Kea über Marcel Proust, in diesem Sommer trafen wir uns fast täglich. Proust habe nicht wirklich etwas vom Geschmack der Madeleines verstanden, sagte der Esel, er könne die ovalen Küchlein, auch wenn er selbst nie welche gekostet habe, allein durch die Kenntnis der Zutaten und der Art und Weise der Zubereitung in Gedanken um vieles besser schmecken, als Proust es je gekonnt hatte. Die geschmolzene Butter, die vielen Eier, den Zucker und das Mehl. Er schmatzte und blickte mich an.

Ich hatte ihm Zwieback mitgebracht, den mit leichtem Anisgeschmack, wie wir ihn beide mochten. Ich holte ein Stück aus dem Zellophan und legte es auf die Mauer. Er schnupperte daran, mit der Oberlippe überwölbte er es und schaufelte es dann mit der unteren ins Maul. Er neigte den Kopf ein wenig zur Seite und blickte mich an.

Dann hörte man es knirschen.

Die Sicht über den Olivengarten, fuhr er fort, reiche, wenn er über die Erdterrassen ganz nach oben klettere, an klaren Tagen bis Attika, weiter östlich könne er Kythnos und Syros erkennen. Auch wenn diese Orte für ihn natürlich völlig unerreichbar seien, sehe er gerne die ferne Küste, den aufsteigenden Dunst und dann die Linien am Horizont. Das Meer unten am Hafen in Korissa kenne er von früher, vom Auf- und Abladen, als er jünger war und noch tragen musste.

Manchmal höre er den Hund, er könne auch Automarken unterscheiden, mich erkenne er am Geruch, noch bevor ich um die letzte Biegung vom Bäcker heraufkäme. Letzteres meinte er nicht nur freundlich.

Die Olivenbäume waren alt, die Stämme waren silbergrau und runzelig. Einige Äste standen fast im rechten Winkel von den dickeren ab, die Zweige waren lange nicht beschnitten worden. Zwischen den Steinen lagen noch blaugrüne Reste von Netzen, wie sie früher für die Olivenernte ausgelegt worden waren. An einem Baum nahe der Mauer lehnte eine Leiter, in der Mitte fehlten vier Sprossen.

Wann er denn sprechen gelernt habe, wollte ich wissen. Das könne er nicht sagen. »Nur die Menschen nehmen es so genau mit der Zeit, mit der Zukunft und der Vergangenheit und der Gegenwart. Wir Tiere wissen das nicht so genau.« Er könne nicht sagen, wann ich sei, ob ich gestern war oder erst sein werde. Das sind menschliche Maße, die wie die Zäune alles unterteilen und zerschneiden. »Das Wo und das Wann und das Warum sind euch sehr wichtig, mit der Wahrheit und der Lüge nehmen es dagegen die Menschen nicht so genau, das habt ihr uns voraus«, sagte der Esel. »Wir können nicht lügen oder nur schlecht lügen. Und die Menschen durchschauen die meisten unserer Lügen, und dann werden wir bestraft, außer die Katzen, die werden seltener erwischt. Sie treffen sich hier oben, nachts, wenn sie sich paaren wollen.«

Die Blätter der Olivenbäume waren aschfarben, im Licht am Morgen sahen sie aus, als ob sie staubig wären, aber die Luft war noch frisch. Wir schwiegen, der Esel fraß. Der Wind hatte die Morgenwolken geteilt, zwischen zwei prächtigen, selbstbewussten Agaven wärmte sich ein graubrauner Gecko mit kreisrunden schwarzen Augen im sandigen Boden. Ich fragte ihn, ob denn alle Tiere sprechen könnten.

Viele Tiere können sprechen, das sei sicher, antwortete er, ob alle, das wisse er nicht, es interessiere ihn auch nicht, die Bäume und die Gräser schweigen, aber sie wiegen sich und hören Musik, alles ist ihnen Musik, sie singen vielleicht, aber er könne ihren Gesang nicht hören, vielleicht sei es mehr ein Summen oder ein Brummen.

Und schreiben, habe er denn eine Schrift? »Natürlich könnte ich schreiben«, antwortete der Esel, »aber was hätte ich davon, ein Gamma in den Staub zu kritzeln und dann wie das Pferd, das man den Klugen Hans nannte, als Tierwunder aufzutreten, damit dann alle rätseln, wie der Zauber geht, und enttäuscht sind, wenn sie den Trick nicht durchschauen, weil es eben in meinem Fall kein Trick ist, und am Ende noch Steine nach mir werfen.« Für ein paar Momente verschwand die Sonne hinter einem Schleier aus Dunst.

Da trage er lieber Lasten, sagte er, als auf einer Bühne ausgeleuchtet zu werden. Wie viel kannst du denn heben, fragte er mich. »Vielleicht vierzig, wenn's nottut, fünfzig Kilo«, log ich. »Das ist nichts«, lachte er, »am Gestell auf meinem Rücken haben drei Säcke zu fünfzig Kilo Platz, das war eine leichte Last, als ich noch tragen musste«. Oft setzten sich die Kinder des Bauern noch oben drauf und brachten ihn in Trab, zum Spaß, und er war hin und her gelaufen trotz der Last. Für wen er trage, sei ihm egal, das lege man ihm und den Seinen gerne als Duldsamkeit aus. Mit Duldsamkeit habe das aber nichts zu tun, es sei Gleichgültigkeit, es sei ihm egal, wer ihm auflaste. Schlägt man ihn, bleibe er meist stehen, das Weglaufen bringe wenig. Der nächste Herr schlage noch härter zu. Es werde nicht besser, vielleicht ein wenig besser, aber nie gut. Deshalb, gerade deshalb müsse man sich ihn als einen glücklichen Esel vorstellen. Er gehe mit der Last, bis er umfalle.

Ich sagte, dass ich den Satz mit dem Glück schon irgendwo ...,
aber er unterbrach mich: »Und wenn ich plötzlich stehen
bleibe und nicht weitergehe, dann ist das nicht Trägheit
oder Sturheit.« Dem Kreisen der Wörter halte er manchmal
nicht stand. Besonders schönen Wörtern und Melodien, die
seine Ohren streiften und dann noch im Kopf kreisten und
kreisten. Sein rechtes Ohr zuckte, eine Eidechse raschelte
durch das Laub. Ich erwiderte, dass Esel zu meinen liebsten
Erinnerungen aus der Kindheit gehören.

»Es war ein Holzesel aus Spanien oder Mexiko, der mir
lieber war als alle Bären und Giraffen der Welt und der
mich in den Schlaf begleiten durfte. Eine Wackelfigur, rot
und gelb und grün, sie stand auf einem kleinen, kreisrunden Podest. Im Inneren der Beine und des Körpers des Eselchens waren Schnüre gespannt, die an einer Feder im Podest
hingen. Drückte man mit dem Daumen fest – so fest man
nur konnte – auf die Unterseite des Podestes, knickte der Esel
ein und sank müde in sich zusammen. Ließ man wieder los,
sodass sich die Feder im Inneren wieder spannte, so richtete
sich das Eselchen plötzlich wieder auf. Ich konnte das Spiel
endlos wiederholen, wie der bunte *Burrito* müde wurde und
dann wieder fröhlich erwachte. Esel stand für mich nie für
Sturheit, sondern für sommerliche Buntheit und Frohsinn,
und zwar lange bevor ich einen echten Esel gesehen hatte.«

»Was wurde aus der Figur?«, fragte der Esel.

»Ich weiß es nicht«, antwortete ich. Der Esel hörte auf zu
kauen und blickte mich an. Ich errötete. »Ich weiß es doch:
Einmal war die Neugier größer gewesen als die Freude.« Ich
wollte wissen, wie dieses Spielzeug-Leben funktionierte,
und hatte eines Tages mit einem vom Mittagstisch entführten Messer die Unterseite des Kästchens aufgebrochen. Die
Feder sprang heraus und aus der Figur wich endgültig alles

Leben. Das schlappe Ding, das zu nichts mehr zu gebrauchen war, verschwand in einer Holzschachtel. »Wann immer ich es sah, schämte ich mich ein bisschen, und aus Scham war es bald vergessen, aber, wie man sieht, niemals so ganz.«

»Das ist unser Schicksal, immer schon«, sagte der Esel. »Wir Esel sind Randfiguren der Geschichte. Wir verschwinden immer in irgendwelchen Schubladen, während die anderen Tiere leuchten und glänzen dürfen. Zumeist haben wir ja gar keinen Namen. In der Bibel darf ich am Palmsonntag Jesus nach Jerusalem tragen und zu Weihnachten stehe ich wie ein unbeachtetes Möbel neben dem Ochs und linse blöde in die Krippe.«

Er schnaubte, Staubkörner tanzten im Gegenlicht einen wilden Tanz über der Mauer. »Und meinen Fabelnamen«, klagte er, »kennt keiner«.

»Boldewyn«, sagte ich und nahm mir ein Stück Zwieback. »Jammere nicht!«, antwortete ich. »Immerhin umarmte Nietzsche einen geschundenen Esel in Genf und bot ihm Schutz vor den Schlägen des Kutschers.«

»Es war in Turin!«, rief der Esel, »Und es war ein Pferd, das er umarmte!« Er schüttelte wild den Kopf, dass die Ohren flogen, und kratzte mit dem Vorderhuf den Boden. Eine Amsel gesellte sich zu uns, der Esel vertrieb sie mit einem Kopfnicken. Er stellte sein linkes Bein an den Fuß der Mauer und schabte ein wenig. Ich verstand und schüttelte ein paar Zwiebackstücke aus dem Zellophan. Es war still. Kein Hämmern war zu hören, kein Kreischen einer Säge im Tal. Wir schwiegen. Ob er denn, nahm ich das Gespräch wieder auf, bei aller Kritik an der Literatur, die ja, vom Eselsstandpunkt aus betrachtet, teils durchaus berechtigt sei, ob er denn am Theater ein Lieblingsstück habe.

»Den *Sommernachtstraum*, kein Zweifel«, sagte er ohne Zögern. Ich nickte. »Wir Tiere spielen da keine geringe Rolle. Der Bär, der Hund, Tiger, Taube, Reh, alle kommen vor, und selbst einer wie ich spielt mit. Das ganze Stück ist eine tolle Eselei, alles geht durcheinander, man zankt und streitet sich und liebt. Hermia liebt Lysander, Demetrius sie, Helena den Demetrius, die Titania den Oberon, der aber liebt wechselweise einen Knaben oder die Amazonenkönigin Hippolyta, die aber wiederum den Theseus und so weiter und so weiter, wenn ich nicht etwas verwechselt habe.«

»Tja: ›Weh mir! Nach allem, was ich jemals las / Und jemals hört' in Sagen und Geschichten, / Rann nie der Strom der treuen Liebe sanft‹«, deklamierte ich.

»›Kein Sang noch Jubel macht die Nächte froh‹«, fiel der Esel ein. Er warf den Kopf zurück und kreuzte die Vorderbeine.

»›Erlaubet denn, dass ich mich zu Euch füge, / Denn, Herz, ich lüge nicht, wenn ich so liege‹«, sagte ich und verbeugte mich.

»›Wo bist du? Um der Liebe willen sprich, / Wenn du mich hörst! Es bringt zur Ohnmacht mich‹«, echote der Esel und schnappte nach Luft. Seine Augen funkelten vor Lust. »Das ist ein verrücktes Stück. Die Wesen verwandeln sich. Sie verstehen nichts, wollen auch nichts verstehen, weil sie den anderen begehren, wollen andere werden, wissen dann gar nicht mehr, wer sie sind. Traum und Wirklichkeit zerfließen, wie sagt der Meister: ›Und die erstaunte Welt erkennt nicht mehr / An ihrer Frucht und Art, wer jeder ist.‹ Erinnerst du dich? In der Johannisnacht wird der Weber Zettel aus Athen in einen Esel verwandelt. Der veresselte Zettel fängt zu singen an, und die Elfenkönigin Titania verliebt sich in den Eselmensch, betört von seiner Schönheit und Weisheit, wie sie sagt. Das Publikum lacht an dieser Stelle meistens, habe ich gehört, aber ich weiß nicht, was es da zu lachen gibt. Mir ist das ganz logisch – zugegeben, sie war voll mit Liebestrank, den ihr der Puck heimlich in die Augen geträufelt hatte. Jedenfalls, das ist ein Theater nach meinem Geschmack, Menschen werden Esel, Esel wieder zu Menschen, viel Sinn ist da nicht, aber Lust am Dasein in der Welt.«

»›Man is but an ass!‹ Ein Mensch ist nur ein Esel... ›Mir war, als wär' ich – kein Menschenkind kann sagen, was‹«, ergänzte ich. »Aber jedenfalls: ›Ich küsse dir dein schönes Ohrenpaar...‹.« Der Esel lächelte und drehte den Kopf zur Seite. Auch wenn sein Gesicht vollständig mit Fell bedeckt war, ich könnte schwören, dass er errötete. Auch wenn er nicht viel herumgekommen sei in der Welt, resümierte er, mit Shakespeare wisse er alles über Esel und Menschen, was man wissen müsse.

Ich schwieg. Aus den Ritzen der Mauer krochen winzige weiße Blüten, es roch nach Salbei, Honig und Urin. Neben der Mauer lag ein Kronkorken und – ich beugte mich nach unten, um den Gegenstand zu erkennen – ein Holzstempel, von dem sich die gummierte Unterseite fast vollständig gelöst hatte und zur Seite hing. Was er denn erwarte von den Menschen, fragte ich schließlich wagemutig.

»Was glaubst du denn? Was weißt du schon von Eseln?« Er lachte bitter. »Ich erwarte mir nicht viel, nicht viel«, sagte er, »trockenes Heu, ein paar Karotten manchmal und ab und an ein freundliches Kraulen hinter den Ohren. Wir sind ja genügsame Tiere, und ich fresse sogar Disteln, wenn es sein muss. Wir könnten gut miteinander auskommen, aber so einfach ist das eben nicht mit euch. Am schlimmsten war es, als mich der Bauer an einen Asketen unten am Meer verborgt hat. Es gab fast nichts zu fressen. Ich bin beinahe verhungert dabei, aber der Asket hatte Tag für Tag Spaß am Fasten und sang fromme Lieder. Ist das nicht ungerecht? Ein bisschen weniger Überzeugungen und Gesinnung täten euch ganz gut. ›Aus so krummem Holze, als woraus der Mensch gemacht ist...‹«

»›...kann nichts ganz Gerades gezimmert werden‹«, ergänzte ich. »Ich weiß: Wir sollten ein wenig vorsichtiger sein mit unseren Hoffnungen und Erwartungen an die anderen und an uns.«

»Ja, vor allem an euch. Ihr seid herrschsüchtig und voller Zerstörungslust. Freilich, auch manchmal tolerant und erstaunlich schöpferisch, vor allem wenn ihr halbwegs satt seid. Aber wie überheblich ist doch euer Geschlecht gegenüber uns Tieren. Ihr fresst uns, ja, das ist ganz in Ordnung, aber ihr seid in eurem Drang, Fleisch zu fressen, verrückter als jeder tollwütige Fuchs, der alle Hühner im Hühnerstall totbeißt. Siebzig Milliarden Tiere werden jedes Jahr für euch geschlachtet, siebzig Milliarden tote Tiere, und in ein paar Jahren werden es an die hundert Milliarden sein. Und wie die Tiere, die ihr esst, leben und ob man das Leben nennen kann, wollt ihr nicht wissen, entsetzt seid ihr doch nur, wenn wir angefault im Wasser treiben, oder, halb zerfressen von Ameisen und Raben, am Strand liegen und nach Tod riechen, wenn ihr gerade baden wollt. Selbst die, die sagen, dass sie uns Esel lieben, die uns jeden Tag füttern und über das Fell streichen, kastrieren uns, ohne zu zögern. Wer will denn schon eure Liebe?« Wir sahen hinunter zu den Weinstöcken und Pinien, an der Straße, die talwärts Richtung Hafen führt, standen drei schlanke, noch jugendliche Zypressen.

»Ich war nicht immer allein hier oben. Als ich jünger war, hatte ich einen Freund auf der Koppel. Wir spielten viel und rauften. Er war genauso wild wie ich. Er hat viel gebissen und getreten und wollte sogar die Mutter bespringen. Aber dann ist der Tierarzt gekommen, wenn es einer war, und sie haben ihn in den Stall geführt. Sie haben den Freund ›legen lassen‹, wie ihr das nennt. Mit einer Zange haben sie ihm den Hodensack abgeschnitten. Gesehen habe ich es zum Glück nicht, aber er hat geschrien und geschrien und geblutet, er hatte tiefe Falten unter den Augen, musste lange beim Haus bleiben und hat dann lange gehinkt. Als er wieder heraufkam zu mir, war er ein drolliges Kerlchen. Mir ist es erspart geblieben. Ich hab' verstanden, warum und was der Bauer von mir wollte: Er ging mit mir zu den anderen Bauern, und solange ich Talent bei den Stuten hatte, würde mir die Zange erspart bleiben.«

Wir schwiegen, er schnaubte und blickte über die Hecke neben dem Lavendel am Hang zum Trog hinauf. Das pechschwarze Gefäß war aus einem Plastiktank herausgeschnitten worden, seine Ränder waren messerscharf. »Ich habe genug zu trinken hier«, sagte er, »und zu fressen«. Er fresse jetzt weniger als früher, aber er kaue noch den ganzen Tag, an kleinen Ästen und an der Rinde. Manchmal sei ihm unerträglich heiß, er verliere sein Winterfell nicht mehr. Mir fiel auf, dass er ein wenig schief stand.

Nun, in Wahrheit, sagte er, sei er der Sache jetzt überdrüssig, darin ähnle sein Geschlecht heute dem der Menschen: Besonderen Spaß mache das nicht mehr, das meiste werde künstlich erledigt, vielleicht sei es ja auch gut so. »Kennst du Jocko, ich denke oft an ihn. In einem Dorf in der Bretagne hat es einen Stier gegeben, der seinen Besitzer steinreich gemacht hat, ein herausragendes Exemplar namens Jocko. Jocko hat vierhunderttausend Kälber gezeugt, vierhunderttausend! Dabei hat der prächtige Stier, dies arme Vieh, während seines langen Zeugerlebens nicht eine einzige Kuh gesehen! Sie haben ihn sechzehn Jahre lang Woche für Woche präparierte, geduldige Ochsen besteigen lassen und fingen, ein riskanter Beruf, im letzten Augenblick das Sperma mit speziellen Röhren auf. Was für eine Farce! Ein Stachanow der Zucht und keine einzige Kuh sein Leben lang bis zu seinem seligen Tod! Was seid ihr Menschen doch schlau und armselig.« Die Sonne stand jetzt hoch, die Mauer hatte ihren Schatten verloren. Eine Krähe flog von einem der Olivenbäume ab und setzte sich müde an den Rand des Wassertanks.

»Und der arme Delfin Noc? Weltbekannt unter den Tieren, er soll, höre ich, weiß gewesen sein. Er wurde im militärischen Auftrag gefangen, er sollte unter Wasser Bomben aufspüren und, wie ich vermute, selbst welche an die feindlichen Schiffe heften. Intelligent genug war er ja, die Menschen unterhielten sich in Zeichensprache mit ihm, doch plötzlich begann Noc tatsächlich zu sprechen. Wie ein Papagei ahmte er die Stimmen der Menschen nach. Tief im Wasser war einmal plötzlich ein Murmeln zu hören, zweifellos eine menschliche Stimme, und den Forschern, die es hörten, ist wie im Märchen angst und bang geworden. Der Delfin stellte später das Reden wieder ein. Andere Delfine, die wie er nach Menschenart sprechen lernen sollten, wurden unter Drogen gesetzt, mussten mit den Menschen zwecks Beschleunigung des Lernprozesses zusammenleben und starben rasch.« Der Esel lachte und fraß.

»Und die Kormorane bei den japanischen Fischern am Nagarafluss in Gifu? Kennst du die Geschichte?« »Die Kormorane waren«, so der Esel, »seit Hunderten Jahren die Konkurrenten der Fischer, geschickt und schnell stießen sie zu und stahlen ihnen die Beute aus den Netzen. Sie ließen sich nicht verjagen. Was also tun? Da hatten die Fischer, vielleicht waren es auch die Frauen oder die Alten, jedenfalls hatte irgendjemand die Idee, die Vögel anzulocken und zu fangen. Sie verpassten jedem Kormoran einen engen Ring um seinen Hals, dann knüpften sie die armen Vögel zusammen, bis zu einem Dutzend an langen Leinen. Wer an der Tortur zugrunde ging, wurde ersetzt. Den ganzen Tag müssen die Tiere im Käfig bleiben, und endlich gegen Abend werden sie herausgenommen und wie lebendige Angelruten ins Wasser geworfen. Die Tiere tauchen, fangen Fische, und kaum haben sie einen, werden sie herausgezogen. Durch die Ringe können sie nicht schlucken, der Kopf wird nach unten gehalten, ein kurzer Massagegriff am Hals, und schon purzelt der gute Fisch in den Korb, und der Kormoran, hungriger noch als zuvor, wird wieder mit seinen Kollegen in den Fluss geworfen. So geht das, bis der Korb voll ist. Am Ende bekommt jeder Vogel einen Fisch, gerade genug, dass er am Leben bleibt, und geht hungrig zu Bett. Was für ein Schauspiel! Heute ist es eine Touristenattraktion.« Der Esel lachte. »Ich würd's nicht anders machen«, sagte er, »hätt' ich Verstand«.

Er hielt inne, und aus seinem Hinterteil begann es herauszuknödeln, erstaunlich lange und anstrengungslos kullerten die Kugeln, sie waren so groß wie seine Hufe und glänzten im Licht, ihre Farbe war die seiner Augen.

»Die meiste Zeit war ich dann, als der Freund mir langweilig wurde und ich ihn getreten habe, allein. Er ist weggekommen. Einmal war da eine Ziege, sie wusste nicht viel, aber sie war mir angenehm. Vielleicht, weil sie da war und mich ansah. Ich bin jetzt die meiste Zeit allein, aber nicht immer. Manchmal bekomme ich Besuch, von den Kindern oder von Leuten wie dir, die gerne schwatzen. Ich brauche nicht mehr viel, bin zufrieden.«

Die Sonne stach, kein Lüftchen wehte vom Meer, ein paar Bienen summten. »Die Wörter, ich höre alle Wörter in allen

Sprachen, ich habe sie gelernt, zumindest teilweise, und ich lache viel. Die Ziege kam auch bald weg. Weißt du, was das Komischste ist? Wenn Menschen versuchen, unsere Eselssprache nachzusprechen, es kommt zumeist ein I und ein A heraus, sie hören dann auch an uns nur das, was sie selber stammeln, und am Ende glauben sie, dass wir wirklich ein I und ein A sprechen. Und man sage nicht, es gäbe keinen Fortschritt. Der Bauer lässt mich jetzt oft vom Strick, seit die Fremden mit ihren Kindern kommen, ich kann jetzt vom Ende des Gartens bis zum Wassertank gehen, kann hinauf auf den Hügel bis zu dir zur Straße. Ich könnte es vielleicht sogar über die Mauer schaffen, aber das tue ich nicht. Wohin soll ich denn auf deiner Seite? Früher sah die Sache anders aus für unsereins. Die Mutter hing immer am Strick, sie schrie oft erbärmlich. Die andere Art war, Vorder- und Hinterläufe aneinanderzubinden. Du konntest keinen einzigen Schritt tun, ohne zu stolpern, am besten, man suchte sich einen Baum und blieb dann den ganzen Tag, wo man war. Heute ist es anders, die Touristen sehen das nicht so gern.«

Sein ganzer Kopf, merkte ich jetzt, war von Fliegen besetzt, sie saßen in seinen Augenwinkeln und an einer Schramme knapp oberhalb der Nüstern. Ein gutes Dutzend hatte einen Halbkreis gebildet und sich zu einem Festmahl versammelt. »Mich stören die Fliegen nicht«, sagte er, als er meinen Blick bemerkte, »sie fressen den Schorf, das ist ihr gutes Recht, und sie trinken aus meinen Augen. Wer kann schon von sich sagen, dass es Wesen gibt, die dir aus den Augen trinken? Nie hat einer aus deinen getrunken, oder?« Ein Motorrad fuhr vorbei, der Fahrer winkte mir kurz mit den Fingern, ohne die Hand vom Lenker zu nehmen.

»Das Seltsamste ist aber, dass ihr Menschen glaubt, für euch zu sein.« Ich erwiderte, dass dem nicht so sei, dass immer mehr Menschen wüssten, was sie an Verantwortung ihrer Umgebung schuldig seien, dass sie nachhaltig wirtschafteten und achtsam in Einklang mit der Natur leben wollten. »Aber nein«, unterbrach mich der Esel, »ich meine das anders. Ihr glaubt, dass eure Körper für euch und für nichts sonst da sind. Dabei seid ihr Wirtstiere wie wir. Ihr bergt millionenfach Bakterien und kleine Wesen, manchmal Würmer und Pilze in euch, die ewig im Dunkel eures Magens und eurer Därme leben, seit vielen Generationen, manche von ihnen schädlich, die meisten nützlich, in jedem Fall aber da. Ihr seid ihre Heimat, ihre ganze Welt. Ihr seid nur Wirte, und wenn ihr sterbt, dann ist das der Weltuntergang für sie. Ganz am Ende kommen dann die anderen Tiere.«

Ich erwiderte nichts mehr. Ich gab ihm noch ein Stück Zwieback aus dem Zellophan und murmelte, dass Esel doch kluge und sanftmütige Wesen seien. »Lass dich nicht täuschen von meinen Augen, kein Löwe traut sich in meine Nähe und kein Hund. Der Hund vom Nachbarn kann bellen, so viel er will, ich höre ihn nicht mehr, kommt er mir aber zu nahe, dann trete ich ihn mit den Vorderbeinen, bis seine Rippen knacken.« Er nickte Richtung Zellophan.

Als er aufgegessen hatte, blickte er mich kurz an. Ich wollte noch etwas sagen, aber plötzlich sog er die Luft tief durch seine Nüstern mit einem gewaltigen »HHII« ein und entlud sie mit einem langgezogenen »AAAZ«, gebrüllt, so laut er konnte. Man muss es auf der ganzen Insel gehört haben. Das wiederholte er in kürzeren Rufen dreimal: »HHIAAAZ«, »HHIIAAAZ«, »HHIIAAAZ«, ganz auf Eselsart, wie es kein Mensch je auch nur andeutungsweise vermag. Dann wandte er sich ab, das Gespräch war zu Ende.

[2019]

Catherine und Alexander
Eine Liebe in Wünschen

Vor ein paar Tagen endlich erhielt ich von Janet Mac Tobram aus Tobermory, einer entfernten Verwandten von Catherine McKinnon, das Konvolut der Unterlagen, die sie mir schon zu Sommerbeginn versprochen hatte. Sie bat mich keine Kopien herzustellen, aber gab mir die Erlaubnis, die Dokumente für die Geschichte von Catherine und Alexander zu verwenden, die ich schon seit meinem ersten Aufenthalt auf der Isle of Mull zu schreiben beabsichtigte. Es handelte sich um Abschriften von Briefen, Briefe von Catherine, des Zaren Alexander II. und seines Sekretärs, um Urkunden und eine große Menge von Zeitungsausschnitten in mehreren Sprachen und Fotografien. Manches an der Geschichte ist bekannt, manches nicht. Und vieles, was darüber geschrieben wurde, ist purer Unsinn.

Bekannt ist, dass Zar Alexander II. 1858 beim Begräbnis von Catherine am Friedhof nahe des Winterpalais ein Lied auf Gälisch vortrug. Es handelte sich um *Leanabh an àigh* von Mary MacDonald aus Ardtun von der Isle of Mull, eigentlich ein Kirchenlied, dessen Melodie Cat Stevens Anfang der 1970er-Jahre für *Morning has broken* entlehnte.

»Leanabh an àigh, Leanabh bh'aig Màiri,
Rugadh 'san stàbnll, Rìgh nan Dùl,

Thàinig do'n fhàsach, dh'fhulang nan n-àite,
Son' iad an àireamh bhitheas dhà dlùth«,

sang der Zar, mit fester und trauriger Stimme, wie der Romanow-Chronist Michail Katkow berichtete. Niemand verstand, was Alexander da sang, und er erklärte nichts.

Alexander konnte aus seinen Kindertagen ein paar Brocken Gälisch, und zwar deshalb, weil Catherine McKinnon (Catriona Bheag) aus Uisken auf der Hebrideninsel Mull stammte, wo sie 1778 geboren wurde und wo man Gälisch im Alltag sprach. Catherines Mutter entstammte dem mächtigen McDonald-Clan, ihr Vater war allerdings nur ein einfacher Schmied, weswegen sie nie als Clanmitglied anerkannt wurde. Sie wuchs in bescheidenen Verhältnissen auf und ging in Bunessan nahe Uisken zur Schule, woher auch das Lied stammte. Hungern, wie so viele auf der Insel, musste sie nie.

Die Hebriden, das Land der Gälen, waren eine fremde, kahle und sturmumwogte Welt. »Schottland sehen, Madam«, schrieb Samuel Johnson im September 1773 nach einem Besuch auf den Inseln an Hester Thrale, »heißt nur, ein schlechteres England sehen. (...) Die Hebriden sehen, heißt indes, ein ganz anderes Land sehen.«

Als junges Mädchen zog Catherine zu einer wohlhabenden, kinderlosen Tante nach Edinburgh, ihr wurde eine ungewöhnlich gute, umfassende Erziehung zuteil, besonders für ein Mädchen von den Inseln, das zur Hausarbeit und Heirat bestimmt war. Der Onkel stellte schließlich die Verbindung zu Russland her. An den russischen Zarenhof kam sie noch unter Nikolai I. und Alexander I., Alexanders Großvater und Vater, und führte über Jahre ein unscheinbares Leben mit vielen Pflichten und wenig Aufmerksamkeit. Ein englischsprachiges Kindermädchen zu haben, war für russische Adelige nicht außergewöhnlich. Die Bindung zwischen Alexander und Catherine war allerdings sehr eng. Alexanders Mutter Marija Alexandrowna, eine geborene Prinzessin von Hessen, kümmerte sich kaum um den Zarewitsch. Vor seinem Vater, Nikolaus I., einem Hünen von fast zwei Metern Größe, fürchtete sich das als sensibel und zornig beschriebene Kind. Noch als junger Mann neigte Alexander zum Weinen. Catherine war seine engste Vertraute, solange Alexander denken konnte. Sie sang mit ihm, hielt ihn im Arm, lachte viel mit ihm und kleidete ihn morgens an.

Am Abend erzählte sie Sasha Geschichten aus ihrer keltischen Heimat: Von der Hexe Cailleach Bheur, die alle hundert Jahre wiederkehrt, ein Bad nimmt und Unheil stiftet, vom Dieb MacIain Ghiarr, der im Grunde ein guter Mensch war und Freundschaft mit seinem Feind, Chief Mac Lean, schloss, als dieser von Geistern bedrängt wurde, sie erzählte von Feen, Feuersbrünsten, geheimnisvollen Frauen, die frühmorgens den Fischern erschienen, und von wilden Stürmen auf See. Sie erzählte von Beeren und Kräutern, die Heilung wie den Tod bringen konnten, und von der Not und der Vertreibung der Bauern zu Zeiten ihrer Großeltern. Vielleicht hatte Catherine durch diese Geschichten und später durch ihre Briefe auch Einfluss auf die Politik Alexander II. genommen, bei seinem Kampf um Beendigung der Leibeigenschaft, für die er vom Volk und der Intelligenzija geliebt und vom Adel gehasst wurde, bei der Begnadigung der Dekabristen und bei der Einführung der Dumas und der Semstwos, der Volksparlamente, in den Bezirken. Wir wissen es nicht.

Jedenfalls war Catherine wie viele auf den Inseln abergläubisch. Sie glaubte an alle möglichen Vorzeichen, die mit der

Form der Wolken, dem Kräuseln der Wellen und dem Flug der Vögel zu tun hatten, sie glaubte an Wundersteine und Kristalle. Bis zu seinem Tod blieb Alexander dem Aberglauben des Kindermädchens verbunden und trug neben dem Kreuz des Patriarchen heimlich ein Amulett.

Als Alexander fünf Jahre alt wurde, begannen andere, seine Erziehung zu übernehmen. Die Oberaufsicht hatte zunächst ein deutschstämmiger Hauptmann namens Mörder, der vom bekannten Dichter Schukowskij abgelöst wurde, der Lehrplan für Alexander war dicht und sah neben den militärischen Unterweisungen, die Alexander große Freude machten, unter anderem Geografie, Physik, Russisch, Englisch, Französisch und Polnisch, Botanik und Zoologie, Musik und Zeichnen vor. Am liebsten trug der Zarewitsch nun seine rot leuchtende, samtene Kosakenuniform mit einem kleinen, seiner Körpergröße angepassten Säbel.

Catherine machte sich noch nützlich, doch im Grunde hatte sie nichts mehr zu tun. Sie assistierte beim Literatur- und Englischunterricht, aber so schön sie auch sprach und zu singen verstand, sie hatte einen schottischen Akzent, und gerade den versuchte ihr neuer Lehrer dem künftigen Zaren – im Übrigen vergeblich – abzugewöhnen. So ging es noch sieben Jahre.

Es kam der Tag des Abschieds. Catherine wollte zurück in ihre Heimat. Der Zarewitsch nahm ihre Hand und fragte sie, was sie sich wünsche. »Nichts«, antwortete Catherine. Sie sei glücklich mit ihrem Sasha gewesen, erhalte eine zureichende Apanage vom Hof und wolle nun zurück auf ihre Insel. Der Blick des 12-Jährigen wurde kalt. Der künftige Zar habe sie nach einem Wunsch gefragt, sagte er, der künftige Zar habe nicht gebeten. Er sei zum Bitten nicht geboren. Catherine blickte ihn unverständig an. Sie werde, fuhr Alexander fort, ab nun jedes Jahr zu ihrem Geburtstag ein Schreiben an ihn richten, und zwar mit einem Wunsch. Und er werde ihr den Wunsch erfüllen. Er nahm nochmals ihre Hand, lächelte und blickte ihr ein letztes Mal in die Augen. Dann ging er ohne Gruß und ohne Tränen.

In den nächsten 28 Jahren entspann sich ein Briefwechsel zwischen Catherine und dem Zarewitsch. Erst 1855, nach dem plötzlichen Tod von Vater Nikolai und dem Verzicht seines Bruders Konstantin, wurde er zum Zaren gekrönt. Jedes Jahr schrieb Catherine den ihr aufgetragenen Brief, Alexander II. antwortete kurz (häufig auf Gälisch, wie um der ehemaligen Vertrauten zu zeigen, dass er ihre Sprache noch beherrschte). Zumeist waren seine Antworten nicht mehr als Bestätigungen des Erhalts und die Ankündigung der Weitergabe an seinen Sekretär. Sergej Benjamin Schuwalkin entstammte einer Familie reicher Gutsherren aus Wyra und studierte an der Universität von Sankt Petersburg Rechtswissenschaft und klassische Sprachen. Nach dem Studium reüssierte er rasch im Auswärtigen Amt. Er galt als überaus loyal und intelligent, zudem war er ein geistreicher Formulierer und guter Organisator, der bei allem Witz und Esprit selten seine Ziele aus den Augen verlor. Der Zarewitsch vertraute ihm, und auch wenn Schuwalkins Position im Gefüge des Hofs nicht klar bestimmt war, so wussten die Gouverneure der Departements, an die er sich wandte, um das Vertrauen des zukünftigen Zaren in ihn und verfolgten in aller Regel Schuwalkins Anliegen, als kämen sie direkt von Alexander. Sein wichtigster Verbündeter war Andrei Petrowitsch Schuwalow, Leiter jener Abteilung des Kaiserlichen Gendarmeriekorps, aus dem später die berüchtigte Ochrana, die zaristische Geheimpolizei, wurde. Schuwalow verfügte über nahezu unbegrenzte Mittel, über deren Verwendung er nur dem Zaren Rechenschaft abgeben musste, und galt als überaus durchsetzungskräftig.

Die Korrespondenz führte Catherine auf Russisch, ebenso ist ihr Tagebuch vielleicht aus Vorsicht vor fremder Einschau auf Russisch verfasst. Von den 28 Briefen sind immerhin 26 erhalten. Betrachtet man Catherines Briefe in zeitlicher Folge, so zeigt sich, dass ihre Wünsche anfangs bescheiden und nicht sofort als Wünsche erkennbar waren. Im ersten Brief im März 1831 aus Tobermory, wo sie nun wohnte, klagte sie nebenbei über einen der beiden Constables an der Argyll Terrace. Ständig betrunken prügle er die Bauern und nehme ihnen das letzte Geld ab. Alexanders Kurzbrief erreichte sie mit Kurier wenig später, im Juli kam die Antwort Schuwalkins. Ein freundliches Brieflein mit Wetterbericht aus Sankt Petersburg, im Postskript erwähnte der Sekretär, dass »die gegenständliche Sache« auftragsgemäß erledigt worden sei, »wie Sie sicherlich bemerkt haben werden«. Tatsächlich war der Constable eines Morgens im April auf dem Bauch schwimmend im Hafen zwischen zwei Fischerbooten entdeckt worden.

Catherine war entsetzt, aber nur einen Moment lang. Dem Entsetzen über die Folgen ihres Wunsches folgte ein fast freudiges Staunen über die Möglichkeiten, die die Zukunft für sie bereithielt. Die Trauer über den Tod des Chiefs hielt sich auf Mull zudem in Grenzen, was Catherines Gewissen entlastete. Man atmete auf, wie der bloß pflichtschuldig verfasste Nachruf im *Caledonian Mercury* verrät, der sich in Mac Tobrams Sammlung findet. Eine polizeiliche Untersuchung gab es nicht.

Bis zum nächsten Brief vergingen neun Monate. Catherine berichtete Alexander darin vom Kelp, vom Seetang, aus dessen Asche man neuerdings Seife und Dünger herstellte, und von den Schafen, die nach der zweiten Clearance, der Vertreibung der Bauern, zu Zehntausenden auf die Insel kamen und ihre Besitzer reich machten. Einer von ihnen war William »Stingy« Douglas, Besitzer der Tobermory Whisky Distillery an der Main Street, der außerdem eine große Nummer im Wolle- und Kelp-Geschäft war und die Löhne drückte, wo es nur ging. Douglas kam im Herbst von einer Polenreise nicht mehr zurück. Nach ersten erfolgsversprechenden Gesprächen mit polnischen Händlern, die sich zufällig in Oban ergeben hatten, glaubte er ins Textilgeschäft einsteigen zu können und war während des Aufstandes ahnungslos nach Warschau gefahren. Auf der Insel munkelte man, er sei wegen Spionage im Gefängnis gelandet, aber Genaues wusste man nicht. Seine zwei Töchter, noch geiziger als der Vater, übernahmen die Geschäfte und tranken sich bald zu Tode. Ein Unbekannter erwarb den gesamten Besitz für einen Spottbetrag, verschwand nach Kurzem aber wieder, und so fiel er schließlich der Gemeinde zu, die nicht recht wusste, was sie mit dem Besitz anfangen sollte.

Die nächsten Briefe Catherines waren dem Hunger, dem Aufstand der Crofters, der Kleinbauern im Süden von Mull, und der Bildung gewidmet. Im vierten Brief erzählt sie Alexander von der Armut und vergleicht sie mit der der leibeigenen Muschiks in Russland. Das Englisch der Einwohner von Mull sei, so Catherine an Alexander, mangelhaft. Die Mädchen und Buben könnten zwar »wie Gemsen auf den Klippen klettern«, aber halbwegs korrekt Englisch sprechen oder gar die Gedichte von Walter Scott lesen könnten sie nicht. Schuwalkin reagierte rasch. Ein beglaubigter Brief des Destillery-Besitzers erreichte den neuen Chief of Mull, in dem er bestimmte, dass alle Gewinne der Destillery und aus der Schafzucht den Schulen auf Mull zufallen und gerecht aufgeteilt werden sollten. Im Sommer danach kam zudem ein trinkfreudiges Sängerpaar aus Edinburgh nach Bunratty. Die Crofters waren von ihren Balladen begeistert, die Sänger luden sie alle ins Pub ein, wo er, offenkundig völlig betrunken, ein kleines Vermögen beim Hookey, dem Ringwerfen, an die Bauern verspielte. Das Sängerpaar reiste früh am Morgen ab und ward seitdem nicht mehr gesehen.

Setzt man die zeitliche Ordnung der Briefe in Verbindung mit den Orten und der Art der Wünsche, so wie ich es getan habe, so lässt sich beobachten, wie sich der Kreis von Catherines Interessen erweiterte und wie verlässlich (und freilich auch rücksichtslos) Schuwalkin in ihrem Auftrag agierte. Die ersten Wunscherweiterungen betrafen Schottland und das »Gàidhealach«. Das Gälische wurde über Jahrzehnte vom zuständigen Bistum Argyll unterdrückt, mit dem erklärten Ziel, die vorchristliche Sprache mitsamt ihrer verhassten Kultur auszurotten. Noch für Samuel Johnson, den bekanntesten Dichter und Gelehrten seiner Zeit, war Gälisch nicht mehr als »die rohe Sprache von barbarischen Menschen, die wenige Gedanken auszudrücken hatten und zufrieden waren, wenn man sie (…) in groben Zügen verstand«. Für Catherine war das Gälische jedoch die Sprache ihrer Lieder und der Geborgenheit ihrer Kindheit, und sie wusste, dass Alexander besonders in dieser Frage ihr Verbündeter war.

Im Herbst meldete Schuwalkin Vollzug. Die junge Queen Victoria selbst hatte, für alle überraschend, die Initiative ergriffen und in einer Order Henry Petty-Fitzmaurice, Marquess von Lansdowne und Lord President des Councils, angewiesen »daß das Gälische neben dem Englischen gelehrt werden möge«, und zwar, so Victoria, um das »natürliche Wesen« dieses treuen Volkes zu bewahren. Man rätselte, was in die Königin gefahren war. Es war tatsächlich ein erstaunliches Manöver, das wohl nur durch Intervention auf höchster Ebene zu bewerkstelligen gewesen war.

Catherine hatte Vorlieben, aber wirklich eigennützig war sie nicht, von wenigen Ausnahmen abgesehen. Zu Beginn der 1840er-Jahre bekam sie Lust zu reisen. Sie hatte seit Längerem das Gefühl, erwähnte sie im Brief 1842, beobachtet zu werden, vielleicht hatte sie auch einfach genug vom Nebel und Regen und wollte wieder Bäume sehen. Drei Monate danach standen Dame Elena Maybanury aus Kensington und ein kräftiger junger Diener vor Catherines Tür. Sie hatten den Auftrag eines Londoner Notars erhalten, sie nach Italien zu begleiten. Dame Elena wurde zur Gesellschafterin und später zur lebenslangen Freundin Catherines. Aus der Italienreise wurde eine dreijährige Fahrt durch Europa mit längeren Stationen in Wien, München, Paris und Lissabon. Am Ende nahm man Quartier in Florenz. Ins neblige Mull ist Catherine nicht mehr zurückgekehrt.

Sie hegte in den folgenden Jahren ein schwärmerisches Interesse für Literatur und Musik und überraschenderweise für einen besonderen Aspekt der Physik. Ihre Lieblingsdichter waren Gogol und Heine, für die sie viel tat. Sie vergoss Tränen der Wut über dem *Mantel*, kicherte bei der Lektüre der *Nase* und vor allem beim *Revisor* und bei den *Toten Seelen*. Gogol hatte bis auf wenige Konzessionen, die er zu machen bereit war, trotz seiner exzentrischen Lebensführung nie ernsthafte Schwierigkeiten mit der Obrigkeit und mit den Zensurbehörden, was viele seiner Kollegen erstaunte, nicht aber Catherine. Sie lernte Gogol noch in Rom kennen, ohne sich zu erkennen zu geben. Als er 1852 starb, weinte sie. Wie viele hatte auch sie sich, noch vor der ersten Übersetzung, in das *Buch der Lieder* von Heinrich Heine verliebt und las alles über ihn, wie die Sammlung ihrer Exzerpte und

Zeitungsausschnitte beweist. Den Tod von Heines langjährigem Widersacher, des Journalisten und Literaturkritikers Ludwig Börne 1837 in Paris (er starb angeblich an Tuberkulose), bedauerte Catherine (aber nicht allzu sehr). Sie verehrte Schumann und Chopin. Letzteren empfahl sie als Komponisten an den Zarenhof, doch der eigenwillige Chopin, ganz polnischer Patriot, lehnte trotz mehrerer Gespräche mit Carlo Andrea Pozzo di Borgo, dem russischen Botschafter in London, der nach Paris eilte, vehement ab. Schuwalkin bot weitere Interventionen an, aber Catherine insistierte nicht. Es war der einzige Wunsch, der nicht in Erfüllung ging.

Das Revolutionsjahr 1848 ging, soweit ich dies anhand der Briefe und der Unterlagen beurteilen kann, offenbar spurlos an ihr vorbei. Es entfaltete sich jedoch im letzten Jahrzehnt Catherines Interesse an Fragen moderner Physik, im Besonderen faszinierten sie die Studien zur Natur des Lichts. Natürlich fehlten ihr die Grundlagen, aber vieles erarbeitete sie sich gemeinsam mit Dame Elena und mithilfe einiger Kustoden in den wissenschaftlichen Florentiner Sammlungen. Besonders Michael Faraday aus dem Londoner West End hatte es den beiden Studentinnen angetan. Der weltberühmte Experimentalphysiker hatte nach Jahrzehnten rastloser Forschung 1839 einen nervlichen Zusammenbruch erlitten, die Nachricht ging um die Welt und rief auch Catherine auf den Plan. Schuwalkin kam an das Attest seines Arztes heran und schaffte es, dass Faraday von den Vorlesungen an der Royal Institution, seinem Arbeitgeber, entbunden und auf unbestimmte Zeit beurlaubt wurde. Er reiste zur Erholung in die Berner Alpen. Eine Begegnung mit Catherine oder Elena ist nicht belegt. Nach mehreren Monaten an der Luft und in Langeweile verlagerte sich Faradays Interesse, zurück in London, von der Erforschung der Elektrizität auf die Erforschung des Lichtes. Catherine und Elena waren fasziniert von sonderbaren magnetoptischen Effekten, der Polarisation und der Schwingungen, die Faraday in der Folge experimentell nachweisen konnte und die vielleicht, so spekulierte Catherine im Herbst 1851, »in allen Stoffen wirken, (...) die also vielleicht allesamt in irgendeiner Form leuchten oder aber umgekehrt durch die Kraft ihrer Bewegung das Licht erzeugen«. 1854 nahmen Elena und Catherine an einer von Faradays berühmten Weihnachtsvorlesungen an der Royal Institution in London teil. War es Zufall, dass Faraday Mitglied der schottischen Sandemanianer war?

1855 engagierte sich Catherine für ihre Landsleute im Krimkrieg. Aufseiten der Engländer war auch ein Highlander-Bataillon bei der Belagerung von Sewastopol dabei gewesen. Einige Schotten waren in russische Gefangenschaft geraten, sie wurden aber auf Befehl des Zaren nach Edinburgh zurückgestellt. Ihr letzter Wunsch galt einem Foto: Sie wollte die erste Luftbildaufnahme der Welt sehen, aufgenommen vom berühmten Fotografen Nadar aus einem Fesselballon, sie zeigt Paris. Schuwalkin besorgte ihr laut Brief vom April 1858 das ganze Album, selbst ist Catherine nie geflogen. Sie starb noch im selben Jahr im 81. Lebensjahr, ihr Leichnam wurde von Florenz nach Sankt Petersburg überführt, und Alexander sang ihr Lied. Er selbst starb im März 1881 bei einem Bombenattentat der Gruppe Narodnaja Wolja (Volkswille) nahe dem Michailowski-Palast am Gribojedow-Kanal, an dem Alexander manchmal als Kind an der Hand seiner schottischen Freundin entlangspaziert war.

[2024]

Schild mit Leuchtschrift am ehemaligen Hotel Kummer Ecke Mariahilfer Straße und Schadekgasse in Wien Mariahilf, vom Dach dahinter fotografiert.

Blind Summit

Am Fuße eines Hügels im südenglischen Dorset habe ich diesen Sommer im Vorbeifahren ein Verkehrsschild mit der Aufschrift »Blind Summit!« gesehen, eine Warnung, die wohl am besten mit »Achtung, unübersichtliche Kuppe« zu übersetzen ist. Niemand weiß, was ihm oben auf der Kuppe entgegenkommt – ein Lastwagen vielleicht, ein Traktor, ein Autobus, der einen anderen überholt, oder gar nichts, aber die Straße ist eng. Bis man oben angekommen ist und wieder freie Sicht hat, soll man daher die Geschwindigkeit verringern.

So stelle ich mir die Fahrt in die Zukunft vor: am Wegrand überall Warnschilder mit der Aufschrift »Blind Summit«. Die Straße ist zwar gerade, der Horizont ist aber nahe und unsere Sicht beschränkt. Also, Geschwindigkeit reduzieren, erhöhte Aufmerksamkeit, vielleicht bremsbereit fahren, wenn Nebel aufkommt. Und alle, die uns weismachen wollen, dass sie wüssten, was da kommt – Prophetinnen, Heilsverkünder aller Art –, sollte man aufhalten und ihnen den Führerschein abnehmen. Und am besten gleich die Autoschlüssel dazu.

[2022]

Die Brückensammlerin

Am Anfang war die Eisenbahnbrücke über die Raab. Das Kind ist mit dem Rad hingefahren, sooft es nur konnte, verbrachte Stunden bei und auf der Brücke. »Das Interesse«, erinnert sich Renate Theißl, »ist von heute auf morgen gekommen.«

Renate Theißl ist Anfang vierzig, als ich sie treffe, sie sammelt Brücken. Keine Modelle, wie ich dachte (die baut sie), sondern Renate Theißl sammelt Originale. Die Brücke »Perdonna« etwa, 60 Tonnen schwer, oder die Brücke »Georgenbach«, mit neun Tonnen ein kleineres Stück, oder die Fachwerkbrücke »Frauental«, immerhin 17 Meter lang und 25 Tonnen schwer. Die Brücken hätten verschrottet werden sollen und wären verschwunden. Theißl hat sie mit Schwertransportern nach Edelsbach schaffen lassen, zehn Jahre lang, erzählt sie, hat sie gearbeitet, »um sich das Brückenführen leisten zu können«.

Edelsbach ist eine kleine steirische Gemeinde nahe Feldbach an der burgenländischen Grenze. Es gibt eine Pfarrkirche mit Kreuzgang, einen Bienengarten, eine Backhendlstation, die Gemeinde veranstaltet jährlich ein Tulpenfest. Zu den Attraktionen des Ortes zählen die berühmte Weltmaschine von Franz Gsellmann und das Österreichische Brückenbaumuseum, das 1998 eröffnete. Renate Theißl ist Direktorin, Kuratorin und wichtigste Leihgeberin der Sammlung. Rund ein Dutzend schwerer Brücken, Laufkräne und Schiebebühnen lagern im Areal vor dem Eingang des Museums.

Theißl weiß alles über Brücken, über Holz-, Massiv- und Metallbrücken, über Balkenbrücken, Fachwerkbrücken, Bogen- und Hängebrücken, über ihre Geschichte und die Vor- und Nachteile ihrer Konstruktion. Theißl ist gelernte Köchin, »aber kochen«, habe sie bald nach Abschluss der Lehre entdeckt, »können andere auch und besser«. Woher genau ihre Leidenschaft für Brücken kommt, kann sie nicht sagen. Die Brücken haben sie als Bauwerke »magisch angezogen«, wie Kraftwerke, Fabrikanlagen und Bergwerke, einen besonderen Symbolwert, betont sie, haben Brücken für sie nicht. Aber dass sie einfach verschwinden, sei nicht akzeptabel.

Theißl sammelt nicht nur, sie baut auch Brücken. Seit dem 13. Lebensjahr stellt sie Brückenmodelle her, zunächst im elterlichen Gasthaus in Raabau, jetzt im alten Feuerwehrhaus in Edelsbach, dem Museum, in dem sie sich eine Werkstatt eingerichtet hat. Ihre Modelle sind von beträchtlicher Größe, fünf Meter lang ist das Modell der Angerschluchtbrücke, sechs Monate hat sie daran gearbeitet. 60 Brückenmodelle wurden in den letzten Jahren fertiggestellt. »Ich war immer schon an Bautechnik interessiert«, sagt sie, »mit Puppen wollte ich nicht spielen. Ich wollte das machen, was die Buben machen«. Ihre ersten Brücken hat sie noch am Dachboden des Gasthauses gebaut, im Sommer immer die größeren, »das Große hat mich schon damals fasziniert«, im Winter, wenn es am Dachboden zu kalt wurde, im Schlafzimmer, aber da nur die kleinen. Der Modellbau ist ihr eine Kunstform, der Bauvorgang erfolgt intuitiv. Ist »der Bezug hergestellt, der Moment da«, beginnt sie sofort zu arbeiten. »Ohne Plan«, sagt sie, »den brauche ich nicht. Ich kann ja auch gar nicht zeichnen«. – »Loslegen, anstarten«, sind ihr die liebsten Begriffe. An ihren Modellen arbeitet sie allein, die Tage werden effizient genutzt. Vier bis fünf Stunden baut sie jeden Tag.

Mit 21 Jahren hat sie begonnen herumzureisen, »zum Brückenstudium«. Zehn Jahre war sie durch Österreich und Deutschland unterwegs, über 10.000 Brückenfotos sind dabei entstanden. Im Erdgeschoß des Museums befindet sich Theißls Fachbibliothek. Ihr Bestand wird von der Direktorin nicht in Bänden, sondern in Gewicht gemessen. »Vier Tonnen Material«, sagt Theißl nicht ohne Stolz. Alles ist Material. Im ersten Stock hat sie zehn Tonnen Sperrholz, Leim und Furniere angesammelt, die machen sie unabhängig. »Wenn Probleme mit der Weltwirtschaft aufkommen, reicht der Vorrat für 15 Jahre, hab ich mir ausgerechnet. Die Krise ist mir wurscht.«

Nach herkömmlichen Begriffen lebt Renate Theißl ein asketisches Leben. Sie hat und braucht kaum Geld, nicht einmal eine Wohnung. »Zum Leben brauche ich eine Werkstatt, eine Dusche und ein Klo.« Das wenige, was sie hat, wird »in Material gesteckt«. Warum sie baut? Weil die Dinge eben sonst in Vergessenheit geraten, die Architektur der Gegenwart sei »Pappendeckelarchitektur« und »noch dazu sauteuer«. Und: »Weil ich die Brücken durch die Modelle näher zu mir herholen kann.« Ihre Logik ist die strenge Logik der Ingenieurin, die genau nach Plan vorgeht, nicht die der Bricolage, die improvisiert und sich an den vorhandenen Mitteln orientiert, und sie erstreckt sich auf alle Lebensbereiche.

Die Bautechnik, die auf Theißl eine besondere Faszination ausübt, ist eine Welt der präzisen Zahlen und der klaren Formen. Auch über die andere, die unübersichtlichere Welt und ihre Probleme spricht Theißl mit großer Bestimmtheit. Sie spricht nicht, sie diktiert. Vier Bereiche müssten unter staatlicher Kontrolle bleiben: »Erstens die Energieversorgung; zweitens die Versorgung mit leistbaren Wohnungen; drittens die Verkehrsinfrastruktur; viertens die Wasserversorgung«. Was falsch läuft beim Menschen? »Drei Punkte im Wesentlichen: die falsche Ernährung, Sauerstoffmangel, Bewegungsmangel.« Sie selbst schlafe sehr gerne im Freien, vergeude keine Zeit mit Schminken oder Fernsehen und sei im Übrigen kerngesund. Zwei Sachen werden die Menschen umbringen: »Erstens die Oberflächlichkeit, zweitens der Rohstoffmangel«. Deshalb könne in Zukunft nicht auf Technik, auch nicht auf Atomkraft, verzichtet werden. Das Problem mit dem Atommüll werde der Mensch lösen, weil der Mensch alle Probleme technisch lösen könne. Im Museum findet sich auch ihr Modell der Ruine von Tschernobyl. »Eben menschliches, nicht technisches Versagen«, sagt Theißl.

Vor ein paar Jahren hat sich Theißl ein eigenes Bett gebaut, in Form einer in der Wand versenkbaren Schiebebühnenbrücke. Es kann im ersten Stock des Museums besichtigt werden. Sie schläft gern darin. »Eigengewicht der Konstruktion«, kommentiert Theißl, »250 Kilo, Tragkraft über eine Tonne«. Das Bett ist schmal und fünf Meter lang, auch ein Paar könne sehr gut darin liegen, allerdings nicht neben-, sondern hintereinander.

Renate Theißl führt ein radikales Leben, sie »geht nicht so gern unter die Leut'«. Ihrer besonderen Stellung in der Gemeinde ist sie sich bewusst. »Wenn man ein Mensch ist, der außerhalb der Norm lebt, hat man einen anderen Horizont. Aber verrückt heißt nicht blöd. Verrückt heißt nur anders.« Das Leben sollte eine Herausforderung sein, und dafür »gibt's den direkten Weg nicht, niemals. Es ist notwendig, Umwege im Leben zu gehen.« Umwege zu gehen, stehe jedem unabhängig von Herkunft und Schulbildung offen. »Ich bin das beste Beispiel dafür.«

Um so ein Leben führen zu können und nicht daran zu zerbrechen, braucht es einen guten Geist. Alfred Buchgraber hat eine sanfte Stimme und hellwache Augen. Er hat, erzählt er, »ein gutes G'spür für Menschen, die ein bisschen anders sind«. Der Bürgermeister von Edelsbach hat maßgeblich bei der Gründung des Brückenmuseums mitgeholfen. Manchmal, wenn die Stimmung umschlägt und die Zweifel groß werden, geht Theißl zu Buchgraber hinüber ins Gemeindeamt. Er kann ihr schwer einen Wunsch abschlagen, auch wenn sie »eine Schwierige« ist. Aus den lautstarken Kritikern im Gemeinderat hat Buchgraber Skeptiker, aus den Skeptikern Gleichgültige und aus den Gleichgültigen Interessierte gemacht. Gegenüber den Unverbesserlichen argumentiert Buchgraber ebenso listig wie erfolgreich, dass die Brückenskelette, auch wenn ihm die Sachen selbst nicht sonderlich gefallen, immerhin einen beträchtlichen Schrottwert haben und so für die Gemeinde von Nutzen sind.

Seit einigen Jahren hat sich ihr Interesse von den Brücken auf die Industriekultur und ihre Bauten aus den 1930er- bis 1950er-Jahren erweitert. Und Renate Theißl hat Pläne. Für die Originalbrücken vor dem Museum soll eine Lagerhalle gefunden oder besser noch: neu gebaut werden. Die frei gewordene Fläche könnte für ihr nächstes Projekt verwendet werden, den Nachbau der alten Viehversteigerungshalle von Feldbach. »Das Modell«, so Theißl, »braucht schon eine gewisse Dimension«. Es soll 30 x 30 Meter groß werden.

[2013]

Im Schattenreich des Geldes
Einschau in Olten

Olten ist oberflächlich betrachtet ein unscheinbarer Ort. Die Stadt an der Aare, gemütliche 30 Bahnminuten von Zürich entfernt, hat eine Fußgängerzone, einen alten Ratskeller mit einem Fresko, das an den Auszug der Oltener in den Bauernkrieg 1653 erinnert, daneben eine Bang-&-Olufsen-Filiale und weiter vorne an der Einkaufsstraße der Coop-Markt mit Sonderangeboten wie überall in der Schweiz.

Doch der Schein Solothurner Harmlosigkeit trügt. In der Baselerstraße 100 befindet sich der Eingang zu einer modernen Form der Unterwelt, zur Unterwelt der Marktwirtschaft: Die Firma SIX SIS betreibt in Olten das weltweit größte Wertpapierverwahrungs- und verwaltungssystem, ein Schattenreich der Werte.

Um diesen Hades zu betreten, muss kein Fluss mehr überwunden werden, sondern nur eine gut bewachte Schleusentür aus schusssicherem Glas, kein Obolus in Form einer Münze ist zu entrichten, sondern nur ein Besucherschild anzuheften, und Charon, der Fährmann, erscheint in Gestalt eines Security Guards in moderner Uniform. Er ist höflich, doch nicht allzu sehr, freundlich, aber doch darauf bedacht, dem Besucher klarzumachen, dass dies kein Ort beliebiger öffentlicher Einschau ist.

Die Registratur ist durch eine 1,27 m dicke Tresordecke von der Oberwelt getrennt. Hier ist vermerkt, wem was wovon am Finanzplatz Schweiz gehört. Was draußen eingetragen und einmal an den Börsen hektisch hin und her transferiert wurde, wird hier verwahrt. Der unterirdische Dom ist die letzte Grenze der papierenen Sicherheit. Wenn alle Datensysteme zusammenbrechen und totale elektronische Amnesie eintritt, bleibt Olten.

Der Aktienspeicher ist Ergebnis progredienter Zentralisierung. Zunächst war jede Schweizer Bank für die Verwahrung der Wertpapiere selbst verantwortlich, ab den 1970er-Jahren wurde diese Pflicht an den Oltener Zentralfriedhof abgetreten. Der 1992 bezogene Tresorraum hat beeindruckende Dimensionen: Er ist 14 Meter hoch, seine Grundfläche misst 47 x 20 Meter, halb so groß wie ein Fußballfeld. Umfangen wird der Tresor von einer doppelwandigen Betonwanne, die acht Meter ins Grundwasser der Aare ragt. Ein Wassereinbruch ist aufgrund einer Tresorwandstärke von fast einem Meter auszuschließen, ebenso ein menschlicher Einbruch. Nicht ohne Stolz weist man auf die Konstruktion der Stahltüre und das Gewicht der Tresordecke (3455 Tonnen) hin. Dass Temperatur und Luftfeuchtigkeit konstant sind und ständiger strenger Überprüfung unterzogen werden, ist selbstverständlich. Undenkbar, dass ein verwirrter Archivar hier nächtens herumgeistern und wie in José Saramagos Roman *Alle Namen* Unordnung stiften könnte, undenkbar, dass ein papierfressendes Geschöpf an diesem Ort länger als ein paar Sekunden überleben würde. Nach halbstündiger Besichtigung ist man überzeugt: In diesem Raum und nirgends sonst vermag die Schweiz zu sich selbst zu finden.

Gelagert werden rund acht Millionen Wertpapiere. Ihr Gesamtwert beträgt x-Billionen Schweizer Franken. Für die Registratur war der gigantische Wertverlust der Papiere, den auch die Schweiz in der Krise 2008 erfasste, kaum von

Bedeutung »Ob's auf- oder abwärts geht«, sagt ein Mitarbeiter der Geschäftsleitung lächelnd, »macht für uns keinen Unterschied. Es kostet dasselbe.« Nur krachen sollten die Banken nicht, das wäre selbst für diese abgelegenen Katakomben »ein Super-Gau«. Insofern betrachtet die Verwahrfirma Wirtschaftskrisen zwar mit professionellem Interesse, aber doch mit Gelassenheit. Hier ist es nicht mehr von Bedeutung, ob auf dem Zettel ein neunstelliges Plus oder ein 14-stelliges Minus steht, ob die Buchung hysterisches Frohlocken, ein melancholisches »Ach« oder das Ende einer 200-jährigen Firmengeschichte bewirkt hat.

Das Depot ist ebenso diskret wie neutral. Die Dokumente sind in 30.000 Plastikboxen abgelegt. Die Behältnisse ähneln in Farbe und Form ein wenig Bierkisten, doch ihr Inhalt ist kostbarer: Sammelurkunden von Gesellschaften, Namen- und Inhaberaktien, Obligationen, Investmentzertifikate, Pfand- und Kommunalbriefe, kurz alles, was Vermögensrechte in Form von Urkunden verbrieft, ist hier versammelt.

Ein Einbruch wäre hier auch aus einem anderen Grund sinnlos. Selbst wenn entschlossene Panzerknacker die Safetüre überwinden könnten, würden sie ohne Kenntnis des Computerprogramms nichts finden. Die Ordnung der Papiere ist seltsamerweise chaotisch, denn die gigantische Zettelwirtschaft wird von einer vollautomatisierten Registraturmaschine gebändigt. Wie in einem Containerhafen sucht sie sich den nächstgelegenen freien Platz für ein Behältnis selbst, und sie allein ist in der Lage, es wieder zu finden.

Herr über die Ordnungsmaschine ist der Chef des Physical Securities Handlings in Olten, die Registratur kann nicht ohne ein Mindestmaß an administrativer Leidenschaft betrieben werden. Das eingehende Wertpapier wird anhand seiner Identifikationsnummer erkannt, mittels UV-Licht auf Echtheit geprüft und vermerkt, bevor es im richtigen Behältnis abgelegt wird und vom Erdgeschoß in die Unterwelt abfährt. Natürlich gilt das Vier-Augen-Prinzip, natürlich erfährt das elektronische System ein ständiges, dreifaches Backup. Gerät ein Schriftstück in Verstoß, ist es rettungslos verloren. Es gibt keinen besseren Ort auf der Welt, um einen Zettel zu verstecken.

Wer vermeint, dass das Deponieren der Wertpapiere eine im Grunde einfache Sache ist, kennt nicht die Tiefen und Subtilitäten des Schweizer Obligationen- oder des Österreichischen Depotrechts. Nicht alles wird gespeichert, die Form der Dokumentation ist abhängig von vielerlei Umständen. Die Registratur ist wie die bibliografische Erfassung der Einträge in den Bibliothekskatalogen eine hohe Kunst und eine ehrwürdige Wissenschaft mit eigener Geschichte und eigenen Heroen. Einstmals bestand die Aktienregistratur aus einem einfachen Aktienbuch, in dem die jeweiligen Besitzer eingetragen bzw. ausgestrichen wurden, doch mit zunehmender Komplexität der Börsengeschäfte wurde auch die Art und Weise der Dokumentation zunehmend komplexer. Ihre Geschichte ist viel älter als die Börse selbst. Sie reicht zurück bis zur Kladde, in die zu Ciceros Zeiten jeder pater familias den Gewinn und Verlust eintragen musste, ja noch weiter bis zum Kerbholz, auf das die Schuld eingeritzt wurde, um Streit und Hader zu vermeiden. Um den hohen Wert der Dokumentation wusste auch Baldassare Bonifacio zu Beginn des 17. Jahrhunderts: »Ein gutgeführtes Archiv«, mahnte der Bischof von Capodistria in einem seiner Traktate, »ist für das Wohlergehen eines Staates mindestens ebenso notwendig wie eine gute Armee«. Was für den Staat gilt, hat Recht und Billigkeit auch für die Börse.

Als ältestes Wertpapier gilt die Aktie der niederländischen Vereinigten Ostindischen Compagnie aus dem Jahr 1606, ein noch schmuckloses Blatt, doch schon die Anteilsscheine der Monte di Pietà aus Florenz von 1645, einem Vorläufer der Versicherungs- und Fondsgesellschaften, sind mit dem Emblem der Familie Medici und Darstellungen des auferstandenen Christus versehen. Wertpapiere sind keineswegs bildfeindlich, ihre Bildgeschichte ergibt eine eigene Kulturgeschichte des Kapitals. Arbeiter und Maschinen, Getreideähren und Füllhörner, Könige und Götter werden auf den Aktien gezeigt, um ihre Emission zu rechtfertigen und den Verkauf zu fördern. Die Bilder erzählen eine andere Geschichte als die der »Rationalität des Marktes«. Mit Vorliebe erscheinen die Fruchtbarkeitsgöttin Ceres, der geflügelte Hermes, Gott der Händler (und der Diebe), und natürlich die Glücksgöttin Fortuna auf den Aktien. Ihr Bildnis kündet allen, die so gerne daran glauben wollen, verführerisch vom Glück, vom Gewinn und vom noch größeren Gewinn. Sie ist nicht immer nur gütig, wie man zwar weiß, aber gerne vergisst.

Heute, zirka 400 Jahre nach Erscheinen der ersten Aktie, ist der Handel mit Wertpapieren weitgehend dematerialisiert. Nur noch ein Bruchteil der Börsen-Transaktionen wird physisch auf Papier vermerkt und erreicht den Oltener Silo oder am Finanzplatz Österreich den Tresor der Kontrollbank. Rund drei Millionen Blatt sind im Keller der ehemaligen Apostolischen Nuntiatur Am Hof gelagert, es waren schon einmal mehr. Sämtliche Derivatgeschäfte erfolgen längst in elektronischer Form. Die Stahltüren des Depots sind heute Firewalls. Nur noch 25 der 350 Mitarbeiter in Olten sind mit der physischen Lagerung der Wertpapiere beschäftigt, der Rest arbeitet am Computer.

Zwar ist mit der Lagerung der Sammelurkunden auch in Österreich die geringstmögliche Menge an Papier erreicht, die das Zivilrecht vorschreibt, aber die gesetzlichen Grundlagen könnten sich so weit verändern, dass sämtliche Buchungen nur noch virtuell abgewickelt werden. Mit der Dematerialisierung der Finanzwerte wurde bereits deren Zirkulationsgeschwindigkeit extrem erhöht und die Entfesselung der Finanzmärkte technologisch flankiert. Der weitgehend dematerialisierte Wertpapierhandel wird zunehmend »abstrakt, ein virtuelles Spiel, so vermutet Irini Athanassakis, Expertin für die Kulturgeschichte der Aktien, kritisch. Gewinn und Verlust, Risiko und Chance werden nur als flüchtige elektronische Spur wahrgenommen, die wie die Bahn der Elfenbeinkugel für die Spieler den Konnex zur materiellen Welt verloren hat.

Würden alle Transaktionen virtuell, dann käme die Oltener Wertpapiersammlung und ihre Ordnungsmaschine vollständig zum Stillstand. Sie wäre dann ein wunderlicher, (bank)geheimnisvoller Ort der Erinnerung, lesbar nicht mehr als säkularer, sondern als der sakrale Raum, der er immer schon gewesen ist. Ihre Bestände wären Reliquien einer grandiosen wie monströsen Geschichte des Glaubens an den Imperativ des »Mehret Euch!« und der enttäuschten Hoffnung auf unendliches Wachstum.

[2009 / 2023]

Am Entmagnetisierungspunkt
Rügen im Regen

I

Heinemann zuckt die Achseln, halb so schlimm sei das, auf See, damals, habe er ganz andere Stürme erlebt. Dennoch, das Schwimmen entfiel. Die Gefahr, dass die Strömung einzelne Teilnehmer auf die offene See hinausträgt, war Thomas Diekhoff, Europachef des Iron Man, zu groß. Der Iron Man war die größte Sportveranstaltung von Rügen, Höhepunkt und Abschluss der Saison auf der Ostseeinsel. Bei strömendem Regen und Sturm zeigten über tausend eiserne Männer und Frauen, was Durchhaltewille ist und was protestantische Ethik auch in der Freizeit vermag. In lustvoller Qual wurde bis zur Erschöpfung zumindest gelaufen und Rad gefahren. Die Leistung der Athleten, aber auch der Zuseher sei einzigartig gewesen, sagte Manager Diekhoff, nachdem endlich der letzte Teilnehmer nach sieben Stunden die Ziellinie überquert hatte. Spontan hätten Insulaner und Touristen bei den Versorgungspunkten entlang der Strecke geholfen, auch auf die Kameraden von der Feuerwehr sei Verlass gewesen. Man sehe sich nächstes Jahr wieder, hoffentlich bei besserem Wetter, schließlich habe er noch während alter DDR-Zeiten hier oft und oft die Ferien verbracht. Und schließlich sei Rügen die Sonneninsel Deutschlands, ergänzt eine Dame mit Berliner Akzent.

Tatsächlich weist Rügen die meisten Sonnenstunden Deutschlands auf, aber nicht an diesem Tag. Gestartet wurde von Binz aus, dem mondänen Badeort Rügens. Ein 100 m²-Appartement mit Seeblick kann hier zwei Millionen Euro kosten. Die Strecke führte in nördlicher Richtung nach Prora. Der gespenstische, über fünf Kilometer lange Gebäudekomplex, ein KdF-Heim, wurde von den Nazis noch vor dem Weltkrieg geplant und im Rohbau errichtet. In den 1950er-Jahren wurde Prora vom DDR-Regime zu einer gigantomanischen, über zehntausend Zimmer umfassenden Kaserne vollendet. Wer hier seinen Grundwehrdienst absolvieren musste, war doppelt weggesperrt. Einmal in einer Kaserne kaum hundert Meter hinter einem der schönsten Strände der Ostsee, zum anderen in einer Diktatur, die ihre Bürger im Zeichen der Brüder, der Sonne, der Freiheit über Jahrzehnte hindurch einmauerte.

In südöstlicher Richtung führt der Kurs an die Stresower Bucht. Fast in Sichtweite gelangt eine kleine künstliche Insel aus Rost und Stahl. Auf Seekarten erscheint der Entmagnetisierungspunkt der Nationalen Volksarmee (NVA) heute lediglich als Hindernis, zu DDR-Zeiten war das 750 m² große Eiland militärisches Sperrgebiet und durfte weder betreten noch fotografiert werden. Der Entmag, wie man die Insel hier bis heute nennt, diente der Neutralisierung des Magnetfeldes von Schiffsrümpfen. Je nach Stärke der Aufladung fuhren die Schnellboote, Raketenschiffe und Schlepper der NVA mehrere Schleifen in Ost-West-Kurs. Sie navigierten entlang von 180 Meter langen Gleichstromleitungen, die in neun Meter Tiefe lagen, bis sie ihr künstliches Magnetfeld verloren und für feindliche Magnetbomben und -minen wieder unsichtbar wurden.

Heute, mehr als ein halbes Jahrhundert nach seiner Errichtung, ist der Entmagnetisierungspunkt eine Ruine. Wenngleich funktionslos, hat er seine Anziehungskraft im Laufe der Jahre nicht ganz eingebüßt. Bei den Spielern und Spielerinnen von *Geocaching*, einer Art Schnitzeljagd rund um den Planeten, steht der maritime Stützpunkt als Ziel hoch im Kurs. In einem Gebäude auf der Plattform ist ein Buch versteckt, in das man sich eintragen kann. Zu lesen ist darin auch ein Gruß der Besitzer an die Besucher: Es sei zwar Hausfriedensbruch, der hier begangen werde, aber alle Gäste seien willkommen, man solle vorsichtig sein und nichts mutwillig beschädigen.

II

Es regnet weiter, ein Wetter, das so gar nicht zu Peer Wenmakers passt. Der passionierte Segler und Shisharaucher ist braun gebrannt, er besitzt mehrere Ferienhäuser auf Rügen und auf Formentera. Wie sein Freund, der Bühnenbildner und Architekt Gerhard Benz, stammt er aus Düsseldorf. 2001 sind die beiden »Inselherren«, wie sie die Rügener Ostsee-Zeitung nennt, während eines Segeltörns an der NVA-Insel vorbeigekommen und haben sie schnell entschlossen dem Bundesvermögensamt für zehntausend Euro abgekauft. Es gab nur zwei Bieter, man war sich rasch einig. Was er sich beim Kauf gedacht habe? »Eigentlich gar nichts«, sagt Wenmakers, »nur eins: Meins. Erst mal haben!« Dann habe man – erst mal – Party auf der schrottigen Insel gemacht, fünfzehn Schiffe haben angelegt. Sein Kollege Benz schätzt die »Tarkovsky-Atmosphäre« des Ortes. Im Rahmen einer

Kunstaktion hat er eine Glocke aus dem Balkankrieg am Entmagnetisierungspunkt aufgestellt. Für einen Filmbericht des NDR präsentiert sich das Team beim Lunch am Deck der Insel, am hübsch gedeckten Tisch, mit Rotwein, Blumenvase und Käse. Seit 17 Jahren lebt Wenmakers auf Rügen, nach dem Mauerfall war er in Naumburg tätig. Er erinnert sich an die »Goldgräberstimmung« damals, als man doch glatt eine 160 m²-Wohnung für »grandiose« 80 Mark mieten konnte. Die Zeit sei vorbei, man habe nicht so viel Geld verdient wie geplant, aber man habe viel Spaß gehabt. Wie eben jetzt mit dem Entmag.

Einen genauen Plan zur Verwertung der Insel gab und gibt es nicht. Ein Künstleratelier stand zur Diskussion, ein Spielcasino, die Mehrzahl der Freunde plädierte für ein Bordell. Allerdings gibt es ein Problem: e.on, der deutsche Stromversorger, hat den Entmagnetisierungspunkt nicht ans neue, bundesdeutsche Netz angeschlossen, die alte Leitung wurde abgeklemmt. So steht die Insel, einst durch eine der besten Stromleitungen der DDR mit dem Festland verbunden, heute bizarrerweise ohne Strom da.

III

Wolfgang Schwitalla ist das völlig egal. Der ehemalige Kommandant des Entmagnetisierungspunktes lebt mit seiner Frau in einer Hinterhofwohnung am Hafen von Lauterbach. Er spricht durch ein kleines Mikrofon am Kehlkopf.

Im Herbst 1989 stand alles schon zur Modernisierung des Entmagnetisierungspunktes bereit. Die alte Röhrentechnik der Schiffe sollte durch moderne Halbleiter ersetzt werden.

Es kam nicht mehr dazu, die Kisten wurden nach dem 9. November, dem Mauerfall, nicht mehr ausgepackt. Am 3. Oktober 1990 war dann die Einheit Deutschlands offiziell wiederhergestellt, das Kapitel DDR und NVA erledigt. Die neue Technik wurde nicht mehr benötigt, ebenso wenig wie – heute völlig vergessen – das Kürzel .dd, die für das Land vorgesehene, aber nie verwendete Internetdomain der DDR.

20 Jahre lang hat Schwitalla die Insel befehligt. 1990 wurde er dann abgewickelt. »Man hatte eine Verantwortung und dann hieß es ›Schönen Dank!‹«, sagt er. Kaum 50-jährig wurde der Fregattenkapitän in die sogenannte erweiterte, befristete Versorgung geschickt, mit winzigen Bezügen. Die Decke sei ihm, na was denn sonst, auf den Kopf gefallen. Später schlug er sich als Lagerarbeiter in einem Autohaus durch. Während seiner aktiven Zeit ist er an manchen Abenden von seinem Posten hinüber auf die Insel Vilm gerudert, erinnert sich Schwitalla, zum Skat mit der Bewachungsmannschaft.

Seit 1994 ist Vilm ein Naturschutzgebiet, der Verlauf der Zeit scheint hier fast eingefroren wie auf den Bildern des Rügener Fotografen Volkmar Herre. Seit Jahren besucht er die Insel und fängt die minimalen Veränderungen mit einer Camera Obscura ein. 1959 war auf Vilm das Feriendomizil des DDR-Ministerrates errichtet worden, ein Hauptgebäude und sechs Häuser mit dem für Rügen typischen Schilfdach. Die Insel war durch die Politik aus Berlin besetzt worden. Wie der Entmagnetisierungspunkt war Vilm fortan militärisches Sperrgebiet, zwar in Sichtweite, aber über drei Jahrzehnte unbetretbar für die Rügener. Die Fischer machten einen großen Bogen um die Insel. Durch die notorische Geheimniskrämerei entstanden Mythen aller Art über das Leben der Nomenklatura auf Vilm: Über die geheimen Bunkeranlagen

Honeckers, den Schatz der DDR, der irgendwo hier vergraben war, über Jagdvergnügungen, Luxusvillen und über die Forellen, die man dem Vorsitzenden an die Angel hängen musste, damit er glaubte, etwas gefangen zu haben, die aber in Wahrheit längst tot waren, kieloben schwammen, da es sich ja um Süßwasserfische handelte. Natürlich habe Honecker nichts bemerkt davon.

»Das Ende war schrecklich«, weiß Burkhardt Lenz, Kapitän des »Julchen«, eines Ausflugdampfers, der zwischen dem Hafen Lauterbach und Vilm pendelt und der gerne auch mal den Entmagnetisierungspunkt umrundet. Lenz führt heute Reisegruppen durch die Insel, schon damals sorgte er für die Transporte nach Rügen. Für die Ausgesperrten war Vilm ein verhasster Ort, unmittelbar nach der Wende wurde das Personal von den Rügenern bedroht und beschimpft. Der Augenschein auf Vilm verlief freilich enttäuschend: Wie bieder und bescheiden doch die Häuser der Bonzen waren! Die Wirklichkeit, die man vorfand, entsprach in nichts den wilden Fantasien. Was die Sache im Übrigen nicht besser machte. Den Zusammenbruch der DDR erlebte Lenz an Bord der »Trentsee«, dem letzten Schiff aus der Poseidon-Serie, vor Nicaragua. Der Frachter war noch unter DDR-Flagge ausgelaufen, tagelang hing die Besatzung am Radio und lauschte bis zum 9. November der Deutschen Welle. »Dem Politoffizier der Stasi, der mit an Bord war, konnten wir am nächsten Tag beim Rostabschlagen zusehen.« Er war vom Kapitän mit sofortiger Wirkung degradiert und abkommandiert worden. Danach fuhr die »Trentsee« unter kambodschanischer Flagge. Was ihn heute stört? Zu DDR-Zeiten konnte das Schilf für die Reetdächer noch an der Küste Rügens geschlagen werden. Heute muss es aus Polen und sogar Asien importiert werden, obwohl es auch heute genug davon gibt. Natürlich sei auch er für Naturschutz, aber die Grünen sind zu unflexibel und doktrinär. »Die Ökos heute«, sagt Lenz, »das sind die Roten von damals. Glauben auch, dass sie wissen, was die Wahrheit ist.«

IV

Einer, dessen Schiffe bei Schwitalla entmagnetisiert wurden, ist Ernst Heinemann. »X-Mal bin ich damals die Schleife gefahren«, sagt der ehemalige Offizier der sechsten Flottille, die auf Rügen stationiert war. Heinemann war zuständig für Propaganda und Agitation. Von Freunden und Feinden wird Heinemann als Genie der Organisation beschrieben. Ohne den Bürgermeister von Putgarten, sagt man, läuft nichts im Norden Rügens. Wie Schwitalla war er Fregattenkapitän der DDR-Volksmarine, aber sein Weg war um vieles erfolgreicher. »1990 habe ich mich selbst abgewickelt und aus der NVA entlassen«, sagt Heinemann. Er wurde Landwirt und Rinderzüchter, heute betreibt er nahe der Kreidefelsen von Kap Arkona ein Restaurant im Gutshaus am Rügenhof, mit Rügen-Läden, einem Obstgarten, der ohne Dünger und Spritzmittel auskommt, mit Matrosenlikör und selbst gepresstem Sanddornsaft. Heinemann hat sich im System eingerichtet. »Nach der Wende war unser Spielraum doch riesig«, sagt er. Viele Offiziere der NVA waren hochausgebildet und gut vernetzt. 25 Millionen Mark Förderungen konnten für Projekte abgegriffen und verteilt werden. Heinemann scheint heute mit sich selbst und der neuen Welt im Reinen, entfernt erinnert er an Fritz Muliar in der Rolle des Soldaten Schwejk. Bereits Anfang der 1980er-Jahre habe er, marxistisch ja bestens geschult, erkannt, dass die Masse der Bevölkerung der Führung nicht mehr vertraue, dass Reformen nicht mehr greifen, dass also eine revolutionäre Situation eintreten könnte, ja müsste. Der politische und wirtschaftliche Zusammenbruch der DDR sei unausweichlich gewesen, allerdings müssten heute endlich auch »die echten Leistungen der DDR anerkannt werden«. Man gewinnt den Eindruck, Heinemann könne tagelang so weitersprechen. Und die Monate vor dem Endspiel 1989? Die Tage vor dem Mauerfall? Erstaunt entdeckt man, dass sich der Propagandaoffizier als Teil des Widerstandes zu erkennen gibt. »Ach, *wir* haben das gemacht!«, sagt Heinemann. Mit anderen Kollegen habe er lange vor dem offiziellen Befehl zur Entmunitionierung die Waffen zur Seite gebracht, damit nicht auf die Montagsdemonstranten geschossen werden konnte. Von den über 5000 Ostsee-Flüchtlingen, die mit selbst gebauten Booten, auf Luftmatratzen oder auch nur schwimmend von hier aus aufbrachen, um die dänische Küste zu erreichen, von denen viele ertranken oder vom Grenzschutz verhaftet wurden, will Heinemann nichts bemerkt haben. Er spricht seinen einzigen kurzen Satz an diesem Nachmittag: »Wir wussten nichts.«

V

Der Buchhändler aus Breege leistet Kulturarbeit im Selbstauftrag. Von Juliusruh aus überzieht er die Insel mit Sinnsprüchen aus der Philosophiegeschichte – unerbittlich werden Schwemmhölzer, Steine und Tafeln mit Merksätzen von Seneca bis Schopenhauer versehen. Marx fehlt. Der gebildeten Rügener Mittelschicht ist die Sprache der alten sozialistischen Kader gleichermaßen suspekt wie die der neuen Inselherren aus dem Westen. Man ist besorgt über Spektakel wie den Iron Man, bei dem die halbe Insel abgesperrt wird, mit grünen Argusaugen wird das Entstehen der neuen schicken Ferienanlagen und die Planung von Erlebniswelten beobachtet. Man will das nicht, ist recht empört und leistet Widerstand.

Bei den Kritikern handelt es sich nicht selten um Heimkehrer. Sie kommen aus dem nahen Stralsund oder Rostock, sind noch in der DDR geboren und haben ihre halbe Kindheit auf Rügen verbracht. Heute pendeln sie von Berlin oder Hamburg und wollen alles gleichzeitig – die Großstadt und den einsamen Weg am Strand, den Kampf um den Parkplatz in Wohnnähe und das Recht, einsam hinter der Düne im Freien zu pinkeln. Der Lebensstil der altneuen Rügener ist divergent und ein wenig gepuzzelt wie ihre Zeitschriftenablage. Über dem Philosophiemagazin *Hohe Luft* liegt *Landlust,* die Zeitschrift über *Die schönsten Seiten des Landlebens*. Ökonomisch gehören sie natürlich wie Manager Diekhoff, Heinemann und Wenmakers zu den Gewinnern der Wende, aber selbst sehen sie sich als Modernisierungsverlierer. Wie überall auf der Welt erscheint der Mittelschicht die Heimat als bedrohte, der Sehnsuchtsort der vermeintlich geborgenen Kindheit schwindet. Aber doch ist es auf Rügen ein wenig anders. Das träumelige Reich der Kindheit und Geborgenheit, das man vermisst und in das man sich zurückwünscht, war auch der Ort einer Diktatur, die man zum Teufel wünschte. Und für die man sich zu schämen hatte. Im Herbst 1990, bereits wenige Wochen nach der Währungsunion, waren auch auf Rügen alle vertrauten Waren aus den Regalen der Geschäfte verschwunden, die Dingwelt der Kindheit und Jugend wurde unsichtbar gemacht, die Erinnerung an sie entwertet oder gelöscht. Heute, mit dem Abstand der Jahre, setzt man wieder kleine, fast ironische Statements. Die Achseln vieler Frauen bleiben unrasiert, am Rand der Abwasch steht wieder das Spülmittel *Fit*, eine bewährte DDR-Marke, man lädt auf eine Soljanka ein, will man dem Westler ein paar Dinge über die eigene Herkunft erklären. Und man hört die melancholischen Songs von Gerhard »Gundi« Gundermann, Poet aus Cottbus, Regimekritiker und – auch das weiß man – über Jahre Inoffizieller Mitarbeiter der Stasi. Wer will heute darüber urteilen?

Die Zukunft des Entmagnetisierungspunktes ist wie so vieles auf Rügen unklar. Investoren sind nicht leicht zu finden, die Struktur weist tiefe Risse auf. Vielleicht wird eine schräge Partylocation daraus, vielleicht eine exklusive, bewaldete Luxusvilla mit 360-Grad-Ostseeblick. Oder gar nichts, wenn sich die Biosphärenbetreiber auf Vilm durchsetzen und alle Bauprojekte zum Stillstand bringen. Es riecht nicht gut, wenn man sich der Insel nähert. Der scharfe Gestank kündet von der Anwesenheit der gegenwärtigen Besitzer. Kormorane trocknen hier ihre Flügel und haben die Insel im Laufe der Zeit mit weißem Guano überzogen. »Zugeschissen«, sagt Schwitalla und atmet schnarrend.

[2014]

Sandiger Schmerz

Die allermeisten meiner Erinnerungen an Italien hat mein Vater gemacht, und zwar mit einer russischen Kleinbildkamera der Marke Zorki: das regenbogenfarbene Handtuch, der Liegestuhl mit blauweißer Bespannung, das Kind, das ich selber war, mit noch fastblonden Haaren.

Nur zwei dieser Erinnerungen kommen ohne die hilfreichen Fotos des Vaters aus: Da ist das cremefarbene Plastikkuvert, in das man nach dem Abendessen in der Pension die Stoffserviette stecken musste, korrekt gefaltet, das heißt dreifach, und sauber, was nie gelang. Am Kuvert befand sich eine durchsichtige Lasche, in die ein Zettel mit der Zimmernummer eingeschoben war. War dem Kind langweilig, konnte es den Finger in die Lasche stecken und den Zettel heimlich entfernen. Das ging leicht, ihn unversehrt wieder hineinzubekommen war eine schwierigere Aufgabe.

Die andere Erinnerung ist mit sandigem Schmerz verbunden: Die Burg braucht einen Kanal zum Meer, das eiserne Schaufelblatt schneidet beim Sandhacken in den Daumen der linken Hand unterhalb des Nagels, kein Schrei, nur vor dem Tränennebel die Entdeckung von Sandkörnern gleich neben dem Wundrand, groß wie Felsen.

Die Schaufel war zweifellos neu, und doch könnte ich schwören, dass die Farbe – an manchen Tagen rot, an anderen grün – am Holzgriff abgeblättert war.

[2016]

Hotel Kummer
Spaziergang durch Neubau

I

Ich gehe gern durch Wien, meist grundlos, aber selten ganz ziellos. Ein Ziel beim Gehen vor Augen zu haben, ist mir wichtig. Man bewegt sich anders durch die Straßen, man schlendert nicht und fällt nicht auf unter den Menschen, die ein Ziel beim Gehen haben müssen.

Mein Vater hat mir das beigebracht. Als er während des Zweiten Weltkriegs als »Papierloser«, das heißt illegal, in Zürich lebte, musste er untertags sein Zimmer verlassen und stundenlang durch die Straßen gehen, bis zu einer bestimmten Stunde, an der ein Treffen an einem sicheren Ort ausgemacht war. Er besorgte sich eine Aktentasche und vereinbarte mit sich selbst fiktive Ziele, um im geschäftigen Treiben der Stadt nicht aufzufallen: Er ging täglich vom Rietberg über die Enge bis zum Hauptbahnhof, durch das Westend bis zum Schwimmbad an der Limmat, den Fluss entlang hinunter bis zum See und dann wieder hinauf zu den Villen am Zürichberg, und so fort. Er war jung und war mit geputzten Schuhen und entschlossener Miene unterwegs, so als ob er ein Ziel hätte, aber er hatte natürlich keines.

Ich bin heute doppelt so alt wie mein Vater damals und wohl viel langsamer unterwegs als er. Unlängst bin ich wieder über die Mariahilfer Straße gegangen. Ich habe etwas gesucht, und zwar ein Schild. Wann immer ich früher am Westbahnhof angekommen und ein Stück die Mariahilfer Straße hinunter Richtung Zentrum gegangen bin, stach mir dieses eine Schild ins Auge: »Hotel Kummer« stand darauf in riesigen weißen Lettern am Dach des Hauses an der Ecke zur Schadekgasse. »Hotel Kummer« – was für eine Begrüßung, dachte ich mir jedes Mal, und: Wer in aller Welt steigt in einem Hotel mit einem solchen Namen ab?

Danach kam ich, wie man auf Wienerisch sagt, stets ins »Sinnieren«, das »Hotel Kummer« löste regelmäßig eine ganze Kaskade sonderbarer Assoziationen aus, die mich auf meinem weiteren Weg durch die Stadt und durch die nächsten Stunden begleiteten. Sie begannen häufig mit einer Szene aus *Der dritte Mann*. Sie spielt am Wiener Hof. Alle warten auf Harry Lime, den Schieberkönig und Mörder. Die Spannung steigt, wenn die Kamera auf eine Häuserwand schwenkt und einen gewaltigen Schatten zeigt, der sich langsam nähert. Aber es ist nicht Lime, der erscheint, sondern ein alter Wiener, der Luftballons verkauft. Danach dachte ich häufig an den Prater, an die von den Nazis arisierten und dann von den Alliierten besetzten Häuser, und dann überblendete der Regisseur in meinem Gedächtnis das Bild des Ballonverkäufers mit einer Fotografie von Heinrich Gross, dem Psychiater vom Spiegelgrund und Kindermörder.

Heute gibt es das »Hotel Kummer« nicht mehr, das Schild, das ich gesucht habe, ist verschwunden. Dort, wo es hing, ist die prächtige Glasfassade zu sehen, hinter der sich die Bar des neuen, schicken Hotels »Motto« im Dachgeschoss des Hauses befindet.

Das alte »Kummer« wurde völlig neu gestaltet, vom maroden Bau mit den muffigen Zimmern blieb nur die neoklassizistische Fassade, an seine Stelle ist ein Hotel mit französischem

Flair im Art-déco-Stil der 1920er-Jahre getreten. Im Stiegenhaus eine perfekt ausgeleuchtete Skulptur von Franz West, über den Aufzugstüren in der Hotelhalle statt eines banalen digitalen Displays ein Stockwerkanzeiger aus Messing in Pfeilform. Die Zimmer sollen jetzt sehr schön sein. Im Restaurant gibt es Austern Fines de Claire und Plat de Fruits de Mer, aber auch Bodenständiges wie gebratene Blunze (freilich mit Gänseleber und Sauerteigbaguette).

Das Schild, nach dem ich vergeblich Ausschau gehalten habe, befindet sich, so erfahre ich, in Privatbesitz. Es ist erstaunlich; ich entdecke, als ich das Haus wieder verlasse, dass es das Schild gar nicht braucht, dass auch sein Fehlen den Zustand des Sinnierens bei mir auslöst. Es hat sich manches verändert. Der Ballonverkäufer aus *Der dritte Mann,* der mich früher nach Anblick des Schildes stets lange begleitete, erscheint mir heute weniger bedrohlich. Gross ist schon lange tot. Der gespenstische Schatten, den er wirft, ist zumindest für mich ein wenig kürzer geworden, bis er aus meinen Gedanken verschwand. Das »Kummer« gibt es nicht mehr, und bald erinnert sich keiner mehr daran, weder an das traurige Hotel noch an die Leuchtbuchstaben oben am Dach.

Ich lege meine Route fest. Ich werde durch die Seitengassen Neubaus in westlicher Richtung gehen, in einer mäandernden Bewegung durch die Neubaugasse, die Lindengasse und die Zollergasse, dann die Burggasse hinunter bis zum Museumsquartier, mit der Option, mich vor den Auslagen der vielen Geschäfte ein wenig auszuruhen und gelegentlich auf das Display meines Handys zu blicken. Danach geht es über die Stiftgasse wieder hinauf durch die Gassen zurück zum Ausgangspunkt.

Der Bezirk ist jetzt bunter als damals zu Zeiten des »Kummer«. Auf meiner Strecke dominieren kleine elegante

Geschäfte für Naturkosmetik, für Honig und Trüffel, für Slow Fashion mit fair und nachhaltig produzierten Kleidern, es gibt Hut- und Brillenmanufakturen. Der Einkauf wird semantisch aufgeladen. Ein Stoffgeschäft verkündet in Balkenlettern »Realisiert Visionen«, daneben ein kleiner Laden für Taschen, der uns mahnt: »Bags tell Stories«. Offenbar braucht jedes Sackerl ein Narrativ. Die Gegend ist Kernland der Grünen und Hochburg der Liberalen und weitgehend gentrifiziert. Aber die Sache ist nicht so eindeutig, wie man denkt.

Eine junge Frau mit gestrickter Mütze in Regenbogenfarben verschwindet in einer Hauseinfahrt. Ich sehe auf den Türschildern nach. Im Haus befinden sich unter anderem zwei Werbeagenturen, ein Zentrum für Gewaltschutz, das Büro eines IT-Unternehmens, ein elegantes Gesundheitsinstitut, schließlich weniger elegante Fortbildungsräume für den Wiedereinstieg von Arbeitslosen ins Berufsleben. Wohin sie gegangen ist, bleibt unklar, sie hätte überall hingepasst. Vor einem Haus am Markt in der Lindengasse dampft ein Mann mit Kappe, manierlich gestutztem Bart und schwarzer Hornbrille an einer E-Zigarette und telefoniert. Um den Hals trägt er einen Palästinenserschal. Man kann ihn sich zwar eher bei der Verleihung eines Filmpreises vorstellen als auf einer Demonstration, und der Schal ist natürlich nicht mehr als ein Accessoire, aber so wie ein T-Shirt mit Che-Guevara-Bild ist es zwar fast, aber nicht ganz bedeutungsleer.

Zwischen den konsumistischen Zonen befinden sich Oasen kritischen Bewusstseins. Das Bezirksmuseum Neubau weist stolz auf den Aufbau eines partizipativen »Widerstandsmuseums« im Vorjahr hin, das Zentrum für queere Geschichte lädt zu »Stadtspaziergängen durch das queere Neubau« ein, und das weit über die Bezirksgrenzen hinaus bekannte Kultur- und Begegnungszentrum in der Stiftgasse ist gut besucht. Es überstand alle Versuche der Gentrifizierung, das Angebot ist reichhaltig. Es gibt Räume für die »Fraueninitiative«, in einer »Gegenschreibklasse« artikulieren sich Alte und schreiben gemeinsam gegen Klischees an, ebenso wie die Gruppe von Exilschreibenden; es gibt einen medienkritischen Theaterworkshop, Tangokurse »ohne Geschlechtsstereotype«, es gibt Lesungen junger palästinensischer Autor:innen sowie die Schulung »Alle zusammen gegen den Kapitalismus« der Revolutionär Sozialistischen Organisation (RSO). Am schwarzen Brett ein trotziger Aufkleber: »Wir sind streikbereit!«

Das junge Neubauer Bürgertum hat seinen Frieden mit dem Kapitalismus gemacht (wenn es denn je einen Krieg zwischen beiden gab). Zwei Häuser weiter serviert die »Gelateria La Romana dal 1947« auch im Winter Eis mit Geschmacksrichtungen, die mir weitgehend unbekannt sind. Ich rätsle, wie Fiordilatte, Biscotto della nonna oder Mirtillo nero schmecken könnte, und entscheide mich schließlich ebenso mutig wie ratlos für ein Pesto di nocciola. Das Eis ist ausgezeichnet, der Preis ungeheuerlich.

Ein paar Schritte weiter in anderer Richtung erklärt ein Geschäft für Wohndekor und Mode, dass es gleichzeitig exklusiv wie inklusiv sei: »As much as our approach to design and aesthetics is very exclusive«, ist da zu lesen, »we are inclusive for openness and kindness – and therefore do not tolerate misogyny, racism, homophobia, transphobia and violence in any form«. Der Leitsatz formuliert eine ethische, antidiskriminierende Haltung und ist zugleich ein Geschäftsmodell: Misogyne, rassistische, homo- oder transphobe, gewaltbereite Mistkerle haben hier nichts zu suchen, wird bedeutet, und im Umkehrschluss gilt, dass

Kunden und Kundinnen, die diese Schwelle überschreiten und ein Produkt erwerben, nicht misogyn, nicht rassistisch, nicht transphob, homophob oder gar gewaltbereit sind. Man kann sich heute offenbar von einem diesbezüglichen Verdacht freikaufen. Neu ist die Idee des Ablasshandels nicht, aber es wäre zu einfach, die Legierung von Moral und Konsum, die man »woke« nennen kann, bloß als verlogen abzutun. Woher stammt die Verlogenheit, bewirkt sie etwas, und falls ja, was?

Die Veränderungen, die in Neubau so deutlich werden, blieben nicht unwidersprochen. Viele Kritiker und Kritikerinnen vor allem in meinem Alter werden derzeit ganze Abende (bzw. ganze Bücher lang) nicht müde, sich über die neue »Wokeness« zu beklagen. Zornesröte sieht man in ihre Gesichter steigen, wenn sie sich über die fremde, gekünstelte Sprache, die niemanden ausschließen soll und die niemand mehr versteht, beklagen, wenn sie sich über die »Political Correctness« ereifern, über die inquisitorischen Formen des »rigorosen Moralismus«, der Betroffenheit an die Stelle der kühlen Analyse politischer Interessen setzt und nur noch in den Kategorien von Täter und Opfer denkt.

Die Liste der Verfehlungen der woken Generation ist lang: Sie reicht von der Identitätspolitik, die den Universalismus der Aufklärung untergräbt, bis zur »Dominanz des Gefühls«, dauergekränkt seien die Protagonisten und Protagonistinnen der Wokeness, verfangen im eigenen »Authentizitätszwang«, ebenso »selbstgerecht« wie »selbstbezüglich«: Man macht sich die Welt, wie sie einem gefällt, und alles wird gut, wenn man sich nur bemüht, ein besserer Mensch zu werden. Geschichtsvergessen, gefühlig, überheblich und dabei aggressiv sind die neuen Eliten, ihre gerne zur Schau gestellte Friedfertigkeit kippt regelmäßig ins Militante.

Stimmt ja alles, denke ich mir vor der Stiftskirche mit meinem Pesto di nocciola in der Hand. Es stimmt, die Gegenwart ist ein Jammertal, aber ist das neu? Der Klagegesang klingt bei genauerem Hinhören seltsam vertraut, manches wie ein Echo aus vergangenen Tagen, die vielleicht gar nicht so vergangen sind, wie man glaubt. Betrachten wir die üblichen vier Strophen des Klageliedes über den Wokeismus, die Identitätspolitik, die Gefühlsduselei, das Liebäugeln mit Gewalt und schließlich die moralische Selbstgerechtigkeit, gewinnt man den Eindruck, dass beim Lamento der Alten über das junge woke Bürgertum auch eine Selbstanklage über das eigene biografische Elend durchklingt.

II

»Das Verwirrende an der Woke-Bewegung ist«, konstatiert die Philosophin Susan Neiman in ihrer Streitschrift *links ≠ woke*, »dass sie von Empfindungen angetrieben wird, die traditionell bei der Linken zu finden sind: Mitgefühl für die Ausgegrenzten, Empörung über die Misere der Unterdrückten, die feste Überzeugung, dass historisches Unrecht wiedergutzumachen ist. Doch diese Empfindungen sind durch eine Reihe theoretischer Annahmen so aus der Spur geraten, dass sie schließlich ausgehöhlt werden.«

Die »Reihe theoretischer Annahmen«, die Neiman als ursächlich für die Aushöhlung linken Gedankengutes erkennt, sieht sie zuvörderst in den kontemporären postkolonialen Theorien versammelt. Statt des Kampfes um die gerechte Verteilung der Mittel steht der Kampf gegen die Diskriminierung von Gemeinschaften, der Opfer der Geschichte, im Fokus, die solidarische Sorge um unterdrückte und ausgegrenzte Menschen verläuft sich orientierungslos in der bloßen Reduktion auf deren Ausgegrenztsein. Die Woke-Bewegung beginnt, sich »auf Identitäten zu konzentrieren, die die stärkste Ausgrenzung erfahren«, sie prangert zu Recht Verbrechen in der Geschichte an, allerdings wird oft daraus geschlossen, dass die »Geschichte aus nichts als Verbrechen besteht«.

Nun ja, aber waren die Varianten marxistischer Ideologiekritik der 1960er- und 1970er-Jahre weniger reduktionistisch als die postkolonialen Theorien heute? Ich glaube nicht. Wer Geschichte bloß als eine Abfolge von Klassenkämpfen und Literatur und Kunst »in letzter Instanz« (Friedrich Engels) nur unter der Perspektive der Widerspiegelung gesellschaftlicher Verhältnisse betrachtet, erscheint mir ebenso borniert und reduktionistisch wie ein Vertreter postkolonialer Theorie, der überall das Echo des Rassismus und des Kolonialismus hört und es bienenfleißig detektiert. Ich erinnere mich noch an eine zum Glück vergessene, groteske marxistische Studie über den Münchner Komiker Karl Valentin. Über Dutzende Seiten hinweg wird die Widerspiegelung gesellschaftlicher Verhältnisse in den Werken Valentins analysiert und ihr gesellschaftskritisches Potenzial nach allen Regeln der marxistischen Kunst freigelegt, ohne ein einziges Mal zu erwähnen, dass der Münchner Komiker auch ziemlich lustig war.

Eines der Kennzeichen der woken Bewegung ist neben dem simplifizierenden ein tribalistisches Denken. Das Stammesdenken ist durchaus kompatibel mit dem Kapitalismus und ersetzt, wiewohl kritisch, nach Neiman zusehends das universalistische Denken der Linken. Im Mittelpunkt steht heute die Frage nach der Autonomie von bestimmten, häufig stigmatisierten und diskriminierten Gemeinschaften. Vehement eingefordert werden die Rechte dieser Gruppen, deren Mitglieder durch gleiche Herkunft, Geschlecht oder sexuelle Orientierung verbunden sind, und der Respekt vor ihnen. Eher in den Hintergrund tritt die Frage nach der Gleichheit aller Menschen und das Engagement für die universellen Rechte jedes einzelnen Menschen jenseits seiner Zugehörigkeit zu Kollektiven. »Ohne Universalismus«, warnt Neiman in Einklang mit vielen anderen Kritikern der Identitätspolitik, »gibt es kein Argument gegen Rassismus, sondern bloß einen Haufen einzelner Stämme, die um die Macht rangeln. Und sollte die politische Geschichte darauf hinauslaufen, dann haben wir keine Möglichkeit mehr, an einer stabilen Idee von Gerechtigkeit festzuhalten.«

Ohne ein abstraktes universales Konzept vom einzelnen Menschen und seiner Freiheit in den Mittelpunkt zu setzen, stimmt der deutsch-israelische Philosoph Omri Boehm ein, »ist es völlig unklar, was am Rassismus überhaupt falsch sein soll«. Wird das universal gültige Verständnis des Menschen und seiner Rechte, wie sie die Aufklärung formuliert, relativiert, dann werden »alle Gesetze zu solchen von Menschenhand und somit offen für die Aushandlung von Interessen und Machtpositionen«. Es wäre demzufolge unmöglich, ein allgemein gültiges Argument gegen Rassismus oder Sklaverei und für die Würde jedes einzelnen Menschen zu finden.

Dass sich auch die politische Rechte erfolgreich der Identitätspolitik bedient, zeigt eine bemerkenswerte Wahlverwandtschaft identitären Denkens von links und rechts, aber meine Frage geht auf meinem Spaziergang durch Neubau in eine andere Richtung: War der Universalismus der Linken in der vorherigen Generation tatsächlich so universalistisch, wie er vielen Kritikerinnen und Kritikern heute erscheint? Manches spricht dagegen. Bereits Herbert Marcuse, bedeutendster theoretischer Kopf der '68er-Bewegung, wies, so erinnere ich mich, als die Weltrevolution ein wenig auf sich warten ließ und das Proletariat ganz offensichtlich nicht Subjekt der Geschichte sein wollte, auf die Rolle der unterprivilegierten ethnischen Gruppen wie der Afroamerikaner und Puertorikaner hin und betonte die mögliche Bedeutung der »spontane(n) Einheit von politischer, intellektueller und sexueller Rebellion«. Die Gründe der Rebellion dieser Gruppen waren aber so divers wie heute, und häufig stand die Forderung nach Partizipation an den Früchten der spätkapitalistischen Welt und nicht die Forderung nach ihrer Zerstörung im Vordergrund. Schwule forderten das Ende der Kriminalisierung ein, schwarze Menschenrechtsaktivisten Respekt und Bürgerrechte, Frauen Gleichberechtigung und das Recht auf Abtreibung, aber keineswegs alle dieser Gemeinschaften haben den Kapitalismus infrage gestellt. Ihre Anliegen, die sie mit Vehemenz vertraten, waren eher partikular orientiert als universalistisch, in Neimans Verständnis eher woke als links.

An einem der wenigen noch unrenovierten Häuser in der Zollergasse sehe ich ein fast verblasstes Graffiti: »Welcome refugees!« ist da zu lesen, wie so oft an Häuserwänden seit der Flüchtlingsbewegung, die auch Wien 2015 erreichte. Der Willkommensgruß der Neubauer war risikolos bzw. erfolgte stellvertretend für andere Bezirke. Angesichts der exorbitanten Mietpreise war nicht damit zu rechnen, dass sich sehr viele der Flüchtlinge in der Nachbarschaft niederlassen würden, man konnte den solidarischen Gefühlen freien Lauf lassen. Eine neue Sensibilität vereinte die Grüßenden politisch gegen rechts und gegen *die* unmenschliche, empathielose Politik der Regierung. Das Mitleid hat zudem einen Nebeneffekt, es verfestigt Hierarchien: Derjenige, der Mitleid hat, befindet sich in einer höheren

Position als der Bemitleidete, er bzw. sie schaut in gewisser Weise auf ihn oder sie herab.

Die neue Empathiefähigkeit und Sensibilität des jungen Bürgertums hatte schon ein halbes Jahrhundert zuvor Herbert Marcuse in seinem *Versuch über die Befreiung* beschworen. Sensibilität ist neben Rebellion der zentrale Begriff seines Traktates. Nach Marcuse war Sensibilität »zur politischen Kraft geworden«. In der Jugendkultur seiner Zeit sah er eine Generation heranwachsen, die »eine andere Sensibilität als auch ein anderes Bewußtsein besitzt: Menschen, die eine andere Sprache sprechen, andere Ausdrucksformen haben, anderen Impulsen folgen; Menschen, die eine Schranke gegen Grausamkeit, Brutalität und Häßlichkeit aufgerichtet haben«. Menschen, in denen sich revolutionäres Handeln und ästhetisches Bewusstsein zu einer neuen Ethik, der Grundlage der zukünftigen »Großen Weigerung« vereinen. Ich sehe die Neubauer Geschäftsleute nicken. Sie können sich bestätigt fühlen. Auch sie sind Revolutionäre: Es braucht dazu nicht das Zettelverteilen vor Betrieben, Demonstrieren bei Schlechtwetter und Engagement in Parteien. Es genügt, den Flüchtlingen ein gut gemeintes Schild entgegenzuhalten und sich gegen die gesellschaftlichen Zwänge und die Hässlichkeit der Welt zur Wehr zu setzen, und sei es nur mit viel Gefühl und schickem Design.

Die stärkste Gemeinschaftsbindung, die zu Zeiten von Marcuses Befreiungsversuch kollektive Identität versprach, war eine generationelle. In den 1960er-Jahren wurde der Generation eine eigene Kultur zugesprochen, »Generation« meint mehr als die Zugehörigkeit zu einer Alterskohorte. Die »junge Generation« bildet ein identitätsspendendes kulturelles Kollektiv, dessen Mitglieder durch ein gemeinsames kulturelles Band miteinander verbunden sind und die aus dem Konflikt mit der älteren Generation eine eigene Identität gewinnen.

Einen Höhepunkt erreichte die Vorstellung von der Existenz eines unsichtbaren kulturellen Bandes, das alle Jungen verbindet und mit Identität versieht, Ende der 1960er-Jahre. In *My Generation* besang der heute 80-jährige Roger Daltrey, Leadsänger von The Who, hymnisch die Gemeinschaft der Gleichaltrigen und hegte im Refrain die Hoffnung zu sterben, bevor er alt wird. Die junge Generation erschien als progressiv und »genuin rebellisch«. »Es kommt eine Revolution«, heißt es in *Die Welt wird jung. Der gewaltlose Aufstand der neuen Generation* von Charles Reich:

> »Diese Revolution ist eine Revolution der neuen Generation. Ihr Protest, ihre Rebellion, ihre Kultur, Kleidung, Musik, selbst ihre Drogen, aber vor allem ihre Art des Denkens und ihre befreite Haltung zum Leben sind weder vorübergehende Laune noch bloße Missfallskundgebung oder in irgendeinem Sinn irrational. Die ganze Verhaltensweise, so wie sie allenthalben in Erscheinung tritt, von den Idealen bis zu den Demonstrationen an den Universitäten, von den Stirnbändern und den Glockenhosen bis zum Woodstock-Festival, hat Sinn und gehört zu einer festen Lebensanschauung.«

Glockenhose, lange Haare und Stirnband waren also nicht Accessoires des Revolutionärs, sie *waren* die Revolution, die, folgt man Reich, eine »Lebensanschauung« war. War diese Linke der 1960er-Jahre wirklich noch durch die Analyse ökonomischer Interessen definiert, oder ging es hier nicht eher um eine kulturelle Revolution anlässlich und entlang des unverbindlichen Spiels mit der Idee, weltweit das Kapital zu entmachten? Das Programm der neuen Sensibilität war einfach, The Youngbloods besangen es 1967 in *Get Together,* und es erklang auf allen Partys rund um die Welt: »Come on, people now / Smile on your brother / Everybody get together / Try to love one another right now...« Der Refrain war keine »politische Kraft«, die Sensibilität ersetzte politisches Denken. Damals wie heute.

Nicht erst die Woken haben sich mit dem Kapitalismus arrangiert, auch die progressiven Kräfte der Studentenbewegung taten es augenzwinkernd. Gebildet wurde ein Kollektiv aus Marx und Coca-Cola, wie die hübsche Formel von Jean-Luc Godard in *Masculin, féminin* (1966) lautete. Die Formel von Marx und Coca-Cola ist eine Ungleichung, sie bildet die Illusion einer Gemeinschaft aus, eine nebelige Formation aus Spaß, Konsum und antiautoritärer politischer Haltung. Als Zeitzeuge kann ich berichten: Dass Coca-Cola in großen Mengen getrunken wurde, stimmt, bei der Lektüre von Marx bin ich mir nicht sicher. Ist also der Unterschied zum schicken Designerladen in der Burggasse, der Konsum und Moral in eins setzt, wirklich so grundlegend, sodass man von einer neuen woken Bewegung sprechen kann? Die Suche nach identitätsstiftenden Gemeinschaften mag sich vom Alter auf die Frage der Herkunft verlagert haben, aber die Blödsinnigkeit blieb. Der '68er-Slogan »Trau keinem über 30« war in dieser Hinsicht von den nachfolgenden Generationen kaum zu übertreffen.

Aber es gibt auch Differenzen zur Gegenwart: Mit der Aneignung von Elementen anderer Kulturen, der kulturellen Appropriation, die heute so sehr in die Kritik geraten ist, ging man noch unbefangener um. Es wurde bedenkenlos »Weltmusik« adaptiert (und zu Welthits gemacht) und industriell gefertigte »Ethnomode« von Mokassins mit Fransen bis zur indischen Seidenbluse mit Folkloremuster und kleinen Spiegeln weltweit vertrieben. Was das Eigene betrifft, war man weniger großzügig, der Zugriff auf die eigene Kultur durch die ältere Generation wurde scharf sanktioniert: Wehe, wenn auch die Mama einmal einen Joint rauchen wollte oder der Vater nach der E-Gitarre griff. Nichts war peinlicher, und die Jugend achtete mit Argusaugen darauf, dass die identitätsstiftenden kulturellen Grenzen bewahrt blieben.

III

Ähnlich kritisch wie Neiman, nur um ein paar Erregungsgrade zorniger, widmete sich Ende 2023 auch der französische Philosoph Alain Finkielkraut der woken Bewegung. Und auch er geht mit dem Wokeismus hart ins Gericht:

»Der Wokeismus reduziert die Komplexität menschlicher Konstellationen gnadenlos auf die Konfrontation von Herrschern und Beherrschten, Unterdrückern und Unterdrückten. (...) Wokeismus ist die Installation des Hasses auf den Westen im Herzen des Westens. Der Wokeismus ist die totale Infragestellung der westlichen Kultur. Es ist ein misstrauischer und sogar anklagender Blick auf unser gesamtes Erbe. Die Lieblingsbeschäftigung des Wokeismus ist es, in Form eines Tribunals über die Vergangenheit zu richten, die rassistisch, sexistisch, homophob und so weiter war. Eine absolute Sensibilität bekämpft alle Formen der Stigmatisierung.«

Im Gegensatz zur Linken gibt es für die Woken nach Finkielkraut »keinen Realitätscheck«, im Hass auf Kolonialismus und den Westen verbünden sich die Woken sogar mit der radikalislamischen Bewegung zu einer Querfront gegen Demokratie und Liberalismus.

Nach dem Massaker der Hamas am 7. Oktober wird man den Diagnosen Finkielkrauts und Neimans Recht geben müssen: Reduktionismus und der mehr oder minder bewusste Verzicht auf eine universelle Perspektive und die Durchsetzung der Werte der Aufklärung traten in den Folgemonaten in besonderer Weise hervor; transparent wurden die inneren Widersprüche der Identitätspolitik. Sie rekreiert einen neuen Essenzialismus, den die modernen Kulturtheorien ja bekämpft haben, und ermöglicht rätselhafte Allianzen zwischen Gruppierungen, die auf den ersten Blick nicht zusammenpassen. Bei Antiisraelkundgebungen solidarisieren sich etwa queere Personen mit den Kämpfern der Hamas und bezeichnen Israel als »mass murderers of queers«, als ob sie nicht wüssten, was mit queeren und transsexuellen Personen in islamischen Staaten geschieht. Eine queere Tour wie in Neubau durch Teheran, Kabul oder Sana'a zu unternehmen, wäre wenig ratsam. Doch die Idee der Allianz zwischen den ungleichen Gemeinschaften folgt einer bizarren paranoischen Logik: Staaten wie Israel sind nur deshalb tolerant zu queeren Gruppen, weil sie dadurch als liberal und modern gelten können und die Formen der Unterdrückung der arabischen Bevölkerung in den besetzten Gebieten durch den Anschein von Liberalität camouflieren. Insofern muss die Politik von Staaten wie Israel, je toleranter sie ist bzw. erscheint, umso intensiver abgelehnt werden.

Judith Butler ist die philosophische Stichwortgeberin für diese Art paranoischer Vernunft. »Wenn ›Homosexuellen-Rechte‹ zu einem Merkmal für den ›fortschrittlicheren‹ Status europäischer Kulturen instrumentalisiert und benutzt werden, um staatliche Sicherheitsapparate auszubauen«, schreibt Butler, »dann ist diese Politik von einem europäischen Nationalismus und der Ausweitung sicherheitspolitischer Machtregime vereinnahmt worden«. Mit anderen Worten: Wer gegen die Diskriminierung der LGBTQ+-Community auftritt, läuft Gefahr (oder bezweckt dies sogar heimtückischerweise), mit seinem Engagement nur die bestehenden Unterdrückungs- und Machtregime zu unterstützen. Fortschritte können in diesen Kolonialstaaten nicht erzielt werden, nur die Methoden der Unterdrückung und der Camouflage werden raffinierter und erfordern also noch mehr Aufmerksamkeit und Kritik.

Die Position Butlers ist verquer, aber neu ist sie nicht. Sie ist vorgeformt in Foucaults universalem, kafkaesken Begriff der Macht in *Überwachen und Strafen* Mitte der 1970er-Jahre; im Fortwirken der Macht wird die Unterdrückung nie weniger, sondern sie wechselt lediglich die Folter- und Überwachungswerkzeuge. Spurenelemente finden wir bereits zehn Jahre zuvor vor allem in Herbert Marcuses Kritik der »repressiven Toleranz« aus dem Jahr 1966. Toleranz, so Marcuse in seinem für die Studentenbewegung kanonisch gewordenen Text, die von sich behauptet, »rein«, das heißt überparteilich, abstrakt zu sein, gibt es nicht, sie fördert die Unterdrückung der Tolerierten durch jene, die über die Macht verfügen zu tolerieren:

»Toleranz gegenüber dem radikal Bösen erscheint jetzt als gut, weil sie dem Zusammenhalt des Ganzen dient auf dem Wege zum Überfluß oder zu größerem Überfluß. Die Nachsicht gegenüber der systematischen Verdummung von Kindern wie von Erwachsenen durch Reklame und Propaganda, die Freisetzung von unmenschlicher zerstörender Gewalt in Vietnam, das Rekrutieren und die Ausbildung von Sonderverbänden, die ohnmächtige und wohlwollende Toleranz gegenüber unverblümtem Betrug beim Warenverkauf, gegenüber Verschwendung und geplantem Veralten von Gütern sind keine Verzerrungen und Abweichungen, sondern das Wesen eines Systems, das Toleranz befördert als ein Mittel, den Kampf ums Dasein zu verewigen und die Alternativen zu unterdrücken. (...) Toleranz ist nur dann ein Selbstzweck, wenn sie wahrhaft allseitig ist und von den Herrschern so geübt wird wie von den Beherrschten, von den Herren wie von den Knechten, von den Häschern wie von ihren Opfern. Solch allseitige Toleranz ist nur dann möglich, wenn kein wirklicher oder angeblicher Feind die Erziehung und Ausbildung des Volkes zu Aggressivität und Brutalität erforderlich macht.«

Da diese Bedingungen in der bürgerlichen Demokratie – wie bei Foucault wird der Rechtsstaat mit einem Zwangsapparat identifiziert –, nicht gegeben sind, ist Toleranz daher de facto »belastet« und »trügerisch«, eingeschränkt auf die Funktion, »Gewalt oder Unterdrückung (Polizei, Armee, Aufseher aller Art) und der von den herrschenden Interessen und deren ›Konnexionen‹ besetzten Schlüsselstellung« zu legitimieren. Reaktionären Kräften dürfe bzw. müsse daher mit Intoleranz begegnet werden, um eine nicht repressive, befreite Gesellschaft zu errichten.

Marcuses Text formuliert also postkoloniale Ansätze avant la lettre und entspricht ganz der Logik der auf den ersten Blick sonderbaren queeren und linken Mesalliance mit radikalen islamischen Gruppen. Auch diese Allianz zwischen Linksradikalismus und Islamismus ist nicht neu. Mitte der 1960er-Jahre war der Schah von Persien, Reza Pahlevi, Ziel linker Proteste in Europa. Studierende und linke Exiliraner gingen gegen die autokratische, prowestliche Monarchie, die von den USA gestützt wurde, auf die Straße. Die Proteste werden nach dem Tod von Benno Ohnesorg, der bei einer Anti-Schah-Demonstration am 2. Juni von einem Polizisten erschossen wurde, vor allem als Auftakt der folgenden Studentenrevolte '68 erinnert, aber sie hatten auch eine andere Bedeutung. Tatsächlich wurde das Regime von Reza Pahlevi destabilisiert und schließlich gestürzt, aber nicht im Sinne der europäischen Linken, im Sinne des antiimperialistischen sozialistischen Kampfes. Man war bei den Protesten gegen den Schah, ohne es genauer zu wissen oder wissen zu wollen, ein Bündnis mit den religiösen, vormodernen Kräften im Iran eingegangen. 1979 siegte bekanntermaßen die islamische Revolution unter Ayatollah Chomeini. Zu seinen Verehrern zählte Michel Foucault, der im Herbst 1978 eigens aus Paris angereist kam, um im Rahmen einer philosophischen Reportage aus Teheran über die islamische Revolution zu berichten: »Ich kenne«, so Foucault, »mehr als einen nach unseren Kategorien ›linken‹ Studenten, der auf das Transparent, das er in die Höhe hielt, in großen Buchstaben die Forderung nach einem ›islamischen Staat‹ geschrieben hatte«. Ein Jahrhunderte lang unterdrücktes religiöses Denken tritt der hegemonialen europäischen Aufklärung entgegen und verschafft sich im Volksaufstand Gehör. Die Ideen des Islam verbünden sich in der Rebellion mit dem einfachen Volk, das bereit ist, auch ohne Waffen die Ordnungsmacht des Herrschers zu brechen. Durch diese spirituelle Dimension des Aufstandes wird ein zukünftiges Regime »authentisch«, die Massen werden »selbstbestimmt«.

Eine islamische Regierung werde, ist Foucault überzeugt, deshalb gewiss kein Regime begründen, in dem Kleriker das Volk disziplinieren. In den Stimmen der Redner der Revolution hörte Foucault »die Stimme Savonarolas« heraus, eine neue »politische Spiritualität« sah der philosophische Reporter in Teheran am Werk, sakral wie utopisch, aus »tausenderlei Unzufriedenheit, Hass, Elend und Hoffnungslosigkeit macht sie eine Kraft«.

Die »Kraft«, von der Foucault so fasziniert war, schaffte bekanntlich kurz darauf alle Frauenrechte ab, steinigte Schwule und hackte Hände und Füße ab. Sie führte zur Errichtung eines vormodernen theokratischen Staates, der – ich zitiere aus der Verfassung des Iran – »nicht aus dem Klassendenken oder der Hegemonie von Individuen bzw. Gruppen hervor(geht), sondern er ist die Umsetzung des politischen Ideals eines in Religion und Denkweise gleich ausgerichteten Volkes, das sich organisiert, um bei dem geistigen und ideologischen Entwicklungsprozess den Weg zu seinem letztendlichen Ziel – den Weg hin zu Gott – zu ebnen«.

War das der Ausbruch aus der Falle des modernen Disziplinierungssystems und Unterdrückungsapparats, dessen Genealogie Foucault wie kein anderer beschrieben hatte? Wohl nicht, aber Foucault nahm die eigenen politischen Fehleinschätzungen und ihre Folgen offenbar achselzuckend zur Kenntnis. Er schwieg zu den folgenden Entwicklungen und Gräueln. Das klerikalfaschistische, antisemitische Regime der Nachfolger Chomeinis fegte die oppositionellen Kräfte in Iran hinweg und finanziert bis heute Hisbollah und Hamas im Kampf gegen Israel und alle westlichen Werte.

Vieles an Foucaults naiver Revolutionsromantik aus dem Jahr 1978 erinnert in furchtbarer Weise an unsere Gegenwart. War seine Bewunderung für die »Spiritualität der islamischen Revolution« wirklich klüger als die abstrusen Postings des Berliner Künstlers Edwin Nasr, der einen Tag nach dem Massaker am 7. Oktober 2023 von der »Schönheit revolutionärer Gewalt« und in einer Bildunterschrift zu einer Collage des Gemetzels von »poetischer Gerechtigkeit« schwärmte? Oder nahm Foucaults programmatischer Antihumanismus der 1970er-Jahre den futuristischen Furor von Künstlern wie Nasr vorweg?

IV

Jüdische Menschen sind vom woken Antirassismus ausgenommen. Warum? Im postkolonialen Aktivismus gehören Juden zum globalen Norden, zu den »Weißen«, egal wie dunkel oder hell ihre Hautfarbe ist, also zu den Tätern. Das manichäische Denken neigt zu einem neuen Essenzialismus und mündet wie im Iran häufig in rabiatem Antisemitismus.

Da der Staat Israel als eine westliche Kolonie betrachtet wird, dessen Existenz mit allen Mitteln bekämpft werden muss, wurde nur pflichtschuldig um die Opfer des 7. Oktober getrauert. Die jüdischen Opfer, ob vergewaltigte Frauen, entführte Greise oder ermordete Babys, waren landraubende Siedler, also im Grunde selber schuld und also nicht mehr als Kollateralschäden im antikolonialistischen Kampf. Dass mit der Leugnung des Existenzrechtes Israels auch eine liberale Demokratie beseitigt wird, wird dabei billigend in Kauf genommen, die Trennung von Religion und Staat ist allein aus eurozentristischer Perspektive eine Voraussetzung für Freiheit, und die Freiheit schließlich, die die Demokratie angeblich für alle garantiert, ist eine Illusion, sie gilt nur für Privilegierte. Dass die Kritik an der israelischen Politik und Militärführung im woken Chor der Solidarität mit dem globalen Süden in Judenhass mündete, war in dieser Hinsicht kein Betriebsunfall.

Antisemitismus gibt es in der Linken schon lange, viele linke Kritiker der Wokeness haben die Erinnerung daran vorsorglich aus ihrem Gedächtnis gelöscht. Aber muss man wirklich an Marxens Kritik an den »Schacherjuden« erinnern oder an Ruth Fischers feurige Hassrede vor Studenten im Juli 1923, in der Antikapitalismus und Antisemitismus eine giftige Verbindung eingingen? »Sie rufen auf gegen das Judenkapital, meine Herren?«, fragt Fischer, Mitglied des Zentralkomitees der KPD und Vorsitzende der Berliner Kommunisten, rhetorisch, »Wer gegen das Judenkapital aufruft, meine Herren, ist schon Klassenkämpfer, auch wenn er es nicht weiß. Sie sind gegen das Judenkapital und wollen die Börsenjobber niederkämpfen. Recht so. Tretet die Judenkapitalisten nieder, hängt sie an die Laterne, zertrampelt sie.« Offenbar vergessen ist die Position der internationalen kommunistischen Bewegung zu den arabisch-jüdischen Konflikten unter dem britischen Mandat in Palästina, die im August 1929 im Massaker in Hebron eskalierten. In ihrer Stellungnahme bekundeten die deutschen Kommunisten ohne Differenzierung ihre Solidarität mit *den* Arabern, da *die* Juden, auch wenn viele Mitglieder der Kommunistischen Partei waren, zu den Zionisten, also Imperialisten, gehörten. Der Angriff der arabischen Nationalisten unter Mohammed Amin al-Husseini, dem Großmufti von Jerusalem, gegen die jüdische Bevölkerung wurde zum »Vorboten einer sozialen Revolution« umgedeutet. Al-Husseini wurde später zum

Verbündeten Hitlers, es gab gemeinsame Interessen und gemeinsame Feinde, die »Juden der ganzen Welt (...), deren geheime Waffen Finanz, Korruption und Intrigen sind«, so al-Husseini im Brief an Hitler aus dem Jahr 1941. Im Zweiten Weltkrieg kämpfte auch eine große Zahl von Muslimen in der Deutschen Wehrmacht und SS und war an der Niederschlagung des Aufstandes im Warschauer Ghetto beteiligt.

Im Stalinismus, der alle Prinzipien des Universalismus und des Internationalismus über Bord warf und den alten Antisemitismus aus dem zaristischen Russland wiederbelebte, kostete der Vorwurf des »Zionismus und Kosmopolitismus« unzähligen Menschen, nicht nur Jüdinnen und Juden, das Leben. Der Antisemitismus setzte sich nach dem Sechstagekrieg 1967 in der Israelkritik des Sozialistischen Deutschen Studentenbundes und ein Jahrzehnt später im linksradikalen Terror in Deutschland fort. Als im Juli 1976 das »Kommando der Revolutionären Zellen« gemeinsam mit einer Palästinensergruppe ein französisches Passagierflugzeug nach Uganda entführte, um Mitglieder der RAF und anderer Terrorgruppen freizupressen, trennte das deutsche Kommando aufgrund ihrer Papiere, ihrer Namen und ihres Aussehens jüdische von nichtjüdischen Passagieren. Die nichtjüdischen Geiseln wurden freigelassen, die jüdischen mussten bleiben. Die ungeheuerliche rassistische Selektion der jüdischen Geiseln war für manche Anlass, sich von der radikalen Linken abzuwenden, von vielen wurde sie als strategische Notwendigkeit im revolutionären Befreiungskampf akzeptiert; die Empörung hielt sich ebenso in Grenzen wie die Trauer der Woken über die jüdischen Opfer nach dem 7. Oktober 2023. Ich denke, man kann also kaum behaupten, dass die Herzlosigkeit, der Verlust jedes universalen Humanismus und der Antisemitismus der woken Bewegung, wie er heute zutage tritt, gänzlich neu sei.

Einer der Vorwürfe Finkielkrauts an die woken Eliten betrifft ihren Realitätsverlust. Ein »Realitätscheck« der postkolonialen Forschungen und ihrer aktivistischen Praxis ist nicht möglich, und tatsächlich kann man den Eindruck gewinnen, dass sich sowohl Theorie wie Praxis immer weiter vom Common Sense in der Gesellschaft entfernen, manches erscheint übertrieben, anderes nachgerade wahnhaft.

Aber war die '68er-Bewegung mit Parolen wie »Le rêve est réalité« nicht programmatische Realitätsverweigerung? Und gab es nicht auch ein Liebäugeln mit Gewalt, beim Steinewerfen und Barrikadenbau, bei Tribunalen, dem Zwang zur öffentlichen Selbstkritik und bei größeren und kleineren Störaktionen? Die heute viel kritisierte »Cancel Culture« woker Studenten und Studentinnen, die Vorträge von missliebigen Vortragenden sprengen, muss Angehörigen der '68er-Generation, die sich trotz fortgeschrittenen Alters noch an Sit-ins, Go-ins oder an die Aktionen des Frankfurter Weiberrates erinnern, vertraut erscheinen. Ende April 1969 umringten drei Studentinnen im Hörsaal VI der Frankfurter Goethe-Universität Theodor W. Adorno mit entblößtem Busen, versuchten ihn zu küssen und streuten Blüten auf seinen Kopf. Ein Student mit Perücke hielt Adorno ein Transparent mit der Aufschrift »Adorno als Institution ist tot« entgegen. Die Vorlesung war damit gesprengt, Adorno verließ den Hörsaal, tief gekränkt, unter höhnischem Gelächter der sozialistischen Studenten. In der anschließenden Diskussion kündigten sie an, man werde Adorno »nicht mehr einfach reden lassen« und ihn »mit der neuen Realität konfrontieren«. Ein paar Monate danach starb Adorno in der Schweiz.

Am Ende fraß die Revolution dann auch ihr allerliebstes Kind. Im Juni 1969 wurde Marcuse im allerbesten Stil der Cancel Culture bei einem Vortrag im Teatro Eliseo in Rom von einem studentischen Mob unter Führung von Daniel Cohn-Bendit niedergebrüllt. Dem 70-jährigen Philosophen wurde unterstellt, er sei ein CIA-Agent und »Sklave der Unternehmer«. Marcuse musste den Vortrag abbrechen und den Saal fluchtartig verlassen.

Die »neue Sensibilität« richtete sich gegen Marcuse selbst, die »neue Realität, mit der man Adorno konfrontieren wollte«, wurde herbeifabuliert mit Parolen wie »Fantasie an die Macht!« oder lakonisch »Revolution ist machbar, Herr Nachbar«. »War die Überwindung des Realitätssinns«, fragt sich einer der Wortführer der '68er-Bewegung, Peter Schneider, kritisch vierzig Jahre danach, »nicht das Beste, was wir den Ärmelaufkremplern und Häuslebauern entgegenzuhalten hatten?« Einer der wichtigsten Realitätsüberwinder war Rudi Dutschke, der nach einigen Demonstrationen und Straßenschlachten gemeinsam mit Gaston Salvatore tatsächlich vom »Freistaat Westberlin« träumte: »Es ist nicht mehr übermütiger Irrsinn in dieser Stadt die Machtfrage zu stellen und positiv zu beantworten.« Konkret geplant (da die Revolution offenbar unmittelbar bevorstand) war die Etablierung von Räteorganen, Freistaatstatus, Abschaffung der Armee und die Schaffung einer »unabhängigen Assoziation freier Individuen«. In einem Aufwaschen sollte dabei auch Ostberlin befreit werden. Der Plan war natürlich wie vieles »übermütiger Irrsinn«, der als solcher leicht erkennbar war. Weniger leicht zu erkennen war aber Dutschkes Etablierung einer reinen unverrückbaren Polarität zwischen Opfern im globalen Süden und Tätern im kapitalistischen Norden, dessen Herrschaftsform, die bürgerliche Demokratie, totalitären, versteckt faschistischen Charakter hatte. Diese Dichotomie, im Grunde nichts anderes als theoriebasierte Paranoia, beeinflusste den Aktivismus der 1960er-Jahre und grundierte später die eskalierende Gewalt der todessehnsüchtigen Desperados der RAF in den 1970er-Jahren. Der Held war der Heilige Che (von den Hunderten Todesurteilen, die er als Minister in Havanna unterzeichnete, und der Unbarmherzigkeit gegenüber Kampfgenossen wollte man nichts wissen), ihr wichtigster Prophet war Dutschkes Lehrer, Herbert Marcuse.

Eine direkte, etwas klebrige Verbindung zwischen Theorie, vertreten von einer amikalen Professorenschaft, und Aktivismus durch Studierende gibt es also nicht nur in der Gegenwart der postkolonialen Diskurse an Universitäten, sondern bestand bereits in den 1960er-Jahren. Probleme mit dem Gewaltmonopol des Staates gab es damals wie heute, nochmals Marcuse:

> »Aber ich glaube, daß es für unterdrückte und überwältigte Minderheiten ein ›Naturrecht‹ auf Widerstand gibt, außergesetzliche Mittel anzuwenden, sobald die gesetzlichen sich als unzulänglich herausgestellt haben. Gesetz und Ordnung sind überall und immer Gesetz und Ordnung derjenigen, welche die etablierte Hierarchie schützen; es ist unsinnig, an die absolute Autorität dieses Gesetzes und dieser Ordnung denen gegenüber zu appellieren, die unter ihr leiden und gegen sie kämpfen – nicht für persönlichen Vorteil und aus persönlicher Rache, sondern weil sie Menschen sein wollen. Es gibt keinen anderen Richter über ihnen außer den eingesetzten Behörden, der Polizei und ihrem eigenen Gewissen. Wenn sie Gewalt anwenden,

beginnen sie keine neue Kette von Gewalttaten, sondern zerbrechen die etablierte. Da man sie schlagen wird, kennen sie das Risiko, und wenn sie gewillt sind, es auf sich zu nehmen, hat kein Dritter, und am allerwenigsten der Erzieher und Intellektuelle, das Recht, ihnen Enthaltung zu predigen.«

Die Schlusspassage von Marcuses Text wurde nicht nur eine der theoretischen Grundlagen der gewaltbereiten Linken in den 1960er-Jahren, sie wird auch heute wieder gerne zitiert, und zwar von radikalislamischen Gruppen, die wie Dar al Janub der Hamas nahestehen.

Der mörderische Moralismus der Linken eskalierte aber viel früher. Ruth von Mayenburg und ihr Ehemann Ernst Fischer flohen nach dem 12. Februar 1934 mit 300 anderen Schutzbündlern aus Wien in die Sowjetunion. In ihren 1969 erschienenen Memoiren *Blaues Blut und rote Fahnen* erinnert sich die Kommunistin an den Stalinterror in Moskau Ende der 1930er-Jahre. Immer mehr Genossen und Freunde, die Zuflucht in Moskau gesucht hatten, verschwanden, wurden verschleppt, gefoltert und von den Schergen Stalins liquidiert. Trotz der Kenntnis des Grauens akzeptierten Mayenburg und Fischer die ungeheuerlichen Verbrechen. Die Rechtfertigung war wahnwitzig. Sie lautete, dass, wenn auch der Terror überschießend sei, die Unmenschlichkeit, der man selbst ausgesetzt war, eine »kaum vermeidbare Begleiterscheinung«, eine der »Geburtswehen einer neuen Welt« sei. Erst zwanzig Jahre später, auf dem XX. Parteitag der KPdSU nach der Rede von Nikita Chruschtschow, habe man die Dimensionen der Tschistki (der »Säuberungen«) erkannt. Das ganze Geschehen, das nur »durch ein kleines Guckloch« betrachtet werden konnte, blieb damals verborgen, aber, so Mayenburg mit erschütternder Aufrichtigkeit, »selbst wenn wir mehr Einsichten gehabt hätten: ich für mein Teil (und ich glaube hierbei für die meisten überzeugten Kommunisten sprechen zu können) wäre nicht in meiner Überzeugung wankend geworden«. Die Deformation der Idee des Sozialismus und die rasende Gewalt der Säuberungswellen unter Stalin waren für sie »kein Grund für kleinmütige Zweifel an der Richtigkeit der Idee des Leninschen Weges zum Sozialismus«. Und schließlich: »Diese zukünftige, wahrhaft sozialistische Gesellschaft würde aus sich selbst heraus eine Ordnung schaffen, in der eine so scheußliche Entartung staatlicher Macht wie diese Tschistka keinen Platz mehr fände.« Es braucht also den Terror, um eine Gesellschaft zu errichten, die nicht terroristisch, nicht verbrecherisch und freundlich zu den Menschen sein könnte.

Es ist schwer, sich einen gefährlicheren Idealismus vorzustellen. Wenn Sahra Wagenknecht die woken Bürger heute als »Moralisten ohne Mitgefühl« bezeichnet, ist sie besser in Moskau als in Wien Neubau aufgehoben, das Stalin-Kapitel in Mayenburgs Biografie ist ein monströses Schatzkästchen für ihre Formel. In ihren ganzen Erinnerungen findet sich im Übrigen weder ein Wort des Bedauerns über die eigenen mörderischen Irrtümer noch eine Schlussfolgerung daraus.

Für Alain Badiou, 1968 wie heute entschlossener Maoist, gehört das solidarische Engagement für die »palästinensischen Rebellionen gegen die zionistische Besatzung« zu den zentralen Bezugspunkten und Leistungen der studentischen Rebellion 1968. Badiou, dessen Schriften zwar seit Jahren dünner werden, sich aber derzeit wieder großer Popularität erfreuen, teilt nach wie vor alle Ressentiments gegen die westlichen Demokratien (»Élections, piège à cons«) und erkennt in seiner Eloge auf den Mai '68 und die maoistische

Kulturrevolution hocherfreut eine Verbindungslinie zur Gegenwart. Man wird ihm zwar nicht bei seiner Bewertung, aber in der Sache Recht geben müssen: Die Kufiya auf den Schultern des jungen Mannes in der Lindengasse könnte aus dem Nachlass seiner Großeltern stammen.

V

Letzte Station, ich bin zurück am Ausgangspunkt in der Neubaugasse, fast hätte ich ihn übersehen, den Privatkindergarten »Villa Kunterbunt« auf Nummer 12. Man bekommt in der »Villa Kunterbunt« nur schwer einen Platz und muss sich rechtzeitig anmelden.

Die Villa Kunterbunt war ein Sehnsuchtsort meiner Kindheit, ihre Bewohnerin, Pippi Langstrumpf, war meine Heldin, sie war Identifikationsfigur für die Mädchen und erstaunlicherweise auch für die Buben. Pippi darf alles: Sie liegt verkehrt herum im Bett, isst auf der Verandatreppe, trägt verschiedenfarbige Socken, lacht, ist schlagfertig, unglaublich frech und bärenstark. Die Polizisten, die sie ins Kinderheim verfrachten wollen, schlägt sie in die Flucht, so wie alle Erwachsenen. Einen einzigen Tag verbringt sie freiwillig in der Schule und ist so unangepasst und anstrengend, dass sie die Lehrerin entnervt nach Hause, in die Villa Kunterbunt, entlässt. Kein Erwachsener kümmert sich um das Kind, das elternlos mit Affe und Pferd lebt, nur ihre beiden Bewunderer, Annika und Thomas, dürfen sie besuchen und Zeugen ihrer Streiche werden.

Pippi Langstrumpf ist der Rudi Dutschke der Kinderliteratur. In den 1960er-Jahren, als ich sie kennenlernte, war sie eigentlich schon etwas in die Jahre gekommen. Das erste Pippi-Buch von Astrid Lindgren erschien 1945, aber das ewige Kind altert ja nicht. Zunächst stießen die Pippi-Romane in Frankreich und Deutschland auf Ablehnung, in den 1960ern wurde ihre Heldin zum Inbegriff der Freiheit, Stärke, Lebenslust und Unabhängigkeit von Kindern. Progressive Pädagoginnen und Psychologen lagen ihr zu Füßen. Die bildungsresistente Pippi erhielt zu dieser Zeit so viel Zuwendung und Liebe wie der arme Struwwelpeter Kritik und Verachtung.

Doch, wenn ich mich heute in der Neubaugasse an sie erinnere, ist mir das ewige Kind fremd und zugleich seltsam vertraut. Pippis fröhliches Lied, das uns allen aus der Verfilmung im Ohr geblieben ist, »Ich mach mir die Welt, widewide wie sie mir gefällt«, ist voluntaristisch; ihre permanente Fröhlichkeit erfordert eine gut gefüllte Schatztruhe mit nachgerade unendlichen Ressourcen und ewiges Kindsein. Am Ende des letzten Bandes *(Pippi in Taka-Tuka-Land)* beschließen Pippi, Annika und Thomas, tatsächlich niemals erwachsen zu werden: »Es würde wieder Frühling werden, und neue Sommer, Herbst und Winter würden kommen, aber sie würden niemals aufhören zu spielen.«

Wäre die ganze Welt eine Villa Kunterbunt, wäre sie ein Ort aus lauter Mönchszellen, in denen Verrückte herumtoben – man kann bei der architektonischen Gestaltung wählen zwischen Beckett und Houellebecq –, wären die Anarchie und der radikale Individualismus Pippis tatsächlich Vorbild für die Lebensführung, wäre dieses Leben ein clowneskes Leben in wilder nachbarschaftlicher Konkurrenz mit anderen, noch verschrobeneren Pippis, unermüdlich auf der Suche nach neuen Erlebnissen und Spielen, die Langeweile und Melancholie vertreiben.

Zum Glück begehen Schulen und Kindergärten, die heute ihren oder den Namen ihrer Schöpferin tragen, in aller Regel Hochverrat am anarchistischen Charakter der Heldin. In einer deutschen Astrid-Lindgren-Grundschule heißt es in der Präambel über das Zusammenleben:

»Wir gehen freundlich miteinander um:
Ich grüße alle, die mir begegnen.
Ich bin höflich und sage bitte und danke.
Ich halte anderen bei Bedarf die Türe auf.
Ich bin hilfsbereit.
Ich entschuldige mich.
Ich ärgere niemanden.
Ich lache niemanden aus.«

Pippi wäre wohl angesichts dieser Regeln wie im Buch gleich am ersten Tag ausgebüxt. Zum Glück erfolgt die Institutionalisierung der Pippi Langstrumpf zumeist im Bewusstsein, dass sie misslingen wird. Sie bleibt eine ästhetische Fantasie, die Geschichte ist ein Märchen und deshalb wie alle Märchen: zu schön, um wahr zu sein. In der Negation des Bestehenden ist der Gedanke an eine rebellische Pippi-Existenz ein wunderbares, fantasievolles Spiel mit den Möglichkeiten eines fundamentalen Neins. Geht aber das Bewusstsein für die Grenze zwischen Spiel und Wirklichkeit verloren und wird der Versuch unternommen, das Märchen auf die Wirklichkeit zu übertragen und die Heldin in die Realität zu versetzen, werden die dunklen Seiten der Pippi Langstrumpf deutlich: Die Freiheit Pippis ist auch Selbstbezüglichkeit, ihre Unabhängigkeit allumfassender Narzissmus. Aus der Villa Kunterbunt, dem schönen menschenfreundlichen Ort der Freiheit, wird ein Spukschloss und Pippi Langstrumpf zur Schreckensgestalt: selbstbezüglich, narzisstisch, einsam, bisweilen brutal und im Grunde asozial. Die Figur kommt einem bekannt vor, nicht aus der Kinderliteratur, sondern aus der Gegenwart: die Figur des nach Erfolg strebenden Managers im Neoliberalismus, die alle sozialen Bande abstreift und ganz für sich alleine lebt. Vielleicht ohne Affe und Pferd, aber dafür mit Medikamenten.

Ich denke, vor dieser Situation stehen wir. (Ich stehe im Übrigen noch vor Nummer Zwölf in der Neubaugasse mit etwas klebrigen Fingern vom Pesto di nocciola und halte Ausschau nach einem Café.) Man hat damals mit der Kritik nicht viel erreicht, und vieles war Heuchelei, und das war vielleicht gar nicht so schlecht. Man hat es sich in einer kurzen Phase der Hochkonjunktur recht gut eingerichtet, solange das noch ging. Aber die Heuchelei war nicht besser oder schlechter als die Heuchelei der Woken in Neubau, Letztere ist ihr Erbe. Heute werden den Eltern und Großeltern von den woken Kindern die offen gebliebenen Rechnungen der Vergangenheit mit Zinsen und Zinseszinsen vorgelegt. Man sollte über den Saldo nicht überrascht sein oder sich beklagen. »Die Tagträume einer Zeit«, notierte der schwedische Schriftsteller Lars Gustafsson vor vielen Jahren, werden regelmäßig von den »Alpträumen einer späteren Epoche beantwortet«. Ich denke, er hat Recht.

[2024]

»Ich wohn' nur so da ...«
Besuch im Goethehof

Natürlich erinnere sie sich daran. Neben den Fenstern befanden sich auf jeder Seite kleine Halterungen aus Metall. In die steckte man die Holzstäbe mit den roten Miniaturfahnen. Die meisten hatten den Kreis mit den drei Pfeilen, einige halt Hammer und Sichel. »Und immer hat in der Früh am 1. Mai eine Musikkapelle gespielt, von den Straßenbahnern oder von den Eisenbahnern, die Musiker sind durch alle drei Höfe marschiert und haben alle rechtzeitig aufgeweckt.«

Frau Buzek trägt eine kleine Kette mit dem Schriftzug ihres Vornamens um ihren Hals. Sie raucht Falk und hat einen kleinen weißen Hund. Sie sitzt immer hier auf der Bank beim Kindergarten vor ihrer Stiege. Im Mittelhof sind ja jetzt keine Bänke mehr, im unteren Hof, wo die türkischen Familien sitzen, hat sie nichts verloren. Sie hat gar nichts gegen die Türken, sagt sie, das sind »brave Leut'«, aber die Kinder sind halt sehr laut. Sie wohnt ihr ganzes Leben lang da. Nach der letzten Renovierung sind die Halterungen nicht wieder montiert worden, die Fahnen wurden nicht mehr aufgehängt, aber manche hätten sie noch, die Fahnen, als Andenken. Was soll man denn damit machen? Wegschmeißen tut man so was nicht, oder?

Der Goethehof liegt in Kaisermühlen in der Wiener Donaustadt am Kaiserwasser, einem Seitenarm der Alten Donau. Wenn die Sonne scheint, ist die Lagerwiese voll, am

Wasser patrouillieren Elektroboote. Neuerdings gibt es sogar ein Biotop, ein Biber ist ansässig geworden, der Fußballverein hat vor ein paar Jahren einen Kunstrasenplatz bekommen.

Der Goethehof wurde 1929 bis 1932 von einem Architektenteam, in der Mehrzahl Meisterschüler von Otto Wagner, errichtet. Die Anlage gliedert sich in drei Höfe. Die schweren Eisengitter an der Front zur Schüttaustraße verleihen dem Hof einen burgähnlichen, wehrhaften Charakter und suggerieren eine klare Trennung von Außen- und Innenleben. Zur Alten Donau hin begrenzen zwei konkave seitliche Blocks den Hof, im Inneren verbinden geschwungene Promenadenstraßen die 50 Stiegen mit ihren ursprünglich 727 Wohnungen.

Der mächtige Gemeindebau war wie ein Raumschiff zwischen dem Brettldorf, einer elenden Barackensiedlung an der Donau, und dem weitgehend noch unverbauten Kaiserwasser gelandet. Bei der Eröffnung durch Bürgermeister Karl Seitz hing ein stolzes Transparent über dem Haupteingang des Hofs: »Jedes Tor Pforte der Schönheit, jedes Fenster Auge der Weisheit«.

Wie der Karl-Marx-Hof steht der Goethehof heute unter Denkmalschutz. Er taucht nicht ganz so häufig in Architekturführern auf, aber dennoch ist er ein Stück materialisierte Geschichte Wiens über fast ein Jahrhundert hinweg. Es kämen jetzt mehr Leute, sagt Frau Buzek, die fotografieren und schauen, wegen der Architektur. Bald könne man Eintritt verlangen, sie lacht.

Ab 1922 reagierte die Gemeinde Wien auf die allgemeine Wohnungsnot mit einem ehrgeizigen Programm: Innerhalb von zwölf Jahren wurden 348 Wohnanlagen mit über 60.000 Wohnungen errichtet. Die Wohnungsnot war dramatisch. Die Zimmer-Küche-Wohnungen mit Fenster zum winzigen Lichthof waren im Schnitt nur 20 Quadratmeter groß. Noch

1917 hatten 95% der Arbeiterwohnungen keine eigene Wasserleitung. Die Miete verschlang ein Viertel eines Arbeiterlohnes. Schlafburschen und Bettmädel zur Finanzierung der Miete waren die Regel, weniger als die Hälfte der Arbeiter verfügte über ein eigenes Bett. »Diese Wohnungen«, notierte der liberale Sozialreformer Eugen Philippovich 1894, »bieten keine Behaglichkeit und keine Erquickung. Wer in sie hinabgesunken oder hineingeboren wurde, muß körperlich und geistig verkümmern und verwelken oder verwildern.« Neben der Gesundheits- und Schulpolitik war die Wohnbaupolitik ein Kernstück des Roten Wien. Die Gemeindebauwohnungen waren für damalige Verhältnisse unerhört groß und luxuriös ausgestattet, vor allem waren sie leistbar. Der Mietzins betrug nur etwa vier Prozent eines Arbeitereinkommens, die Mieteinnahmen finanzierten nur etwa ein Zwölftel der tatsächlichen Baukosten. Die Wohnungsvergabe war ein wirksames politisches Instrument.

Jede Wohnung im Goethehof bietet Licht von zwei Seiten. Die kommunalen Einrichtungen, darunter Bibliothek, Tröpferlbad, Kinderspielplätze und ein avantgardistischer, von Friedl Dicker und Franz Singer gestalteter Montessori-Kindergarten, waren über die drei Höfe verteilt. Unter dem Dach verfügte jede Stiege über eine eigene Waschküche für die Mieter und Mieterinnen.

Im Februar 1934 war der Goethehof heftig umkämpft. Die Wohnungen wurden mit schwerer Artillerie beschossen. Schutzbündler und Kommunisten verteidigten den Hof über mehrere Tage. Die Bibliothek, etliche gassenseitige Wohnungen und das Café Goethehof wurden völlig zerstört. Für viele waren der Beschuss und die Zerstörung der Wohnungen, kaum zwei Jahre nach Eröffnung, eine tiefe Zäsur in ihrem Leben. Die jährlichen Gedenkfeiern zum 12. Februar, mit

Kranzniederlegung und Fackelzug, waren über Jahrzehnte die wichtigste Zusammenkunft der Mieter.

Bis in die 1970er-Jahre waren neben den Fenstern im ersten Stock der Stiege 7 noch die Einschüsse von schwerem Maschinengewehrfeuer zu sehen. Dann wurde die Fassade renoviert, die Grünanlage im Mittelhof wurde, durchaus auf Wunsch der Mieter und Mieterinnen, zu einem Parkplatz umgestaltet. Viele hatten schon ein Auto, manche sogar ein Telefon.

Roland Galber (62) steht für eine der Erfolgsgeschichten des Goethehofs aus der Nachkriegszeit. Gewohnt hat er eigentlich auf der anderen Seite der Schüttaustraße im Marschallhof, einem Gemeindebau aus den 1950er-Jahren. Im Kindergarten war er jedoch im Goethehof. Kaisermühlen war damals, erinnert sich Galber, die Bronx von Wien. Die Vergangenheit will er nicht verklären: Es ist viel gerauft und gestohlen worden, oft musste »die Fürsorgerin kommen«. Was die Leute miteinander verband, war, dass am Monatsende niemand Geld hatte. Keiner von den Marschallhofern wäre in den Goethehof gezogen. Die Wohnungen im Goethehof waren kleiner, die im Marschallhof hatten Bäder, alles war moderner. Galber, sein Großvater war Februarkämpfer, ist heute Spitzenmanager bei einem internationalen Speditionsunternehmen. Es gibt ein altes Kindergartenfoto mit ihm aus dem Jahr 1961. Die meisten Buben tragen Lederhosen und blinzeln gegen die Sonne. Einer ist später straffällig geworden, ein anderer ein Stricher, ein einziger (der Sohn der Ärztin) hat Matura gemacht. Aus den meisten »ist allerdings schon ein bisschen etwas geworden«: Facharbeiter, Angestellte, kleine Beamte. Alle drei Kinder Galbers haben maturiert, sein Sohn arbeitet heute als Unternehmensberater in China. Würde Galber heute zurückziehen nach Kaisermühlen, dann eher in den Goethe- als in den Marschallhof. »Die Architektur ist einfach besser«, sagt er. In Wahrheit kommt eine Rückkehr für ihn nicht infrage. Galber lebt in einer Eigentumswohnung, einer Maisonette mit begrünter Dachterrasse am Donaukanal.

Die Karriere Galbers war von viel Arbeit geprägt und von der konkreten Hoffnung auf sozialen Aufstieg. Sein relativer Wohlstand verdankt sich einer ungewöhnlich langen Phase der Hochkonjunktur mit Vollbeschäftigung, aber auch der Reformpolitik unter Bruno Kreisky zu Beginn der 1970er-Jahre. Der Bildungsboom und die Individualisierung der Lebensentwürfe brachten die Sozialdemokratie allerdings in ein unauflösliches politisches Dilemma. Die traditionelle Parteienbindung wurde geschwächt, eine einheitliche Klientel, wie es sie vielleicht noch zu Kreiskys Zeiten gab, gibt es nicht mehr. Die rote Hochburg, die der Goethehof einst war, existiert nicht mehr – weder am Wahltag noch im Alltag.

Der junge Mann mit schulterlangem Haar auf Stiege 19 im Mittelhof macht einen sedierten Eindruck. In der rechten Hand trägt er einen Plastiksack, aus dem eine Kabelschlange mit einem Joystick als Schlangenkopf hervorquillt, seine Linke hält eine gestraffte Leine. Das Tier, das daran zieht, könnte juristisch als Kampfhund gelten. Von der Waschküche weiß der junge Mann nichts. Am Dachboden war er noch nie, auch im Keller nicht. Er wohnt im zweiten Stock, aber, so sagt er, »ich wohn' nur so da«. Man könne sich beim Hausmeister erkundigen, eine Tür öffnet sich, Hund und Herrl verschwinden.

Von den Gemeindebauten als »Keimzellen der Gemeinschaft das Neue Wollender und Schaffender«, von der »tragenden Rolle der Gemeinschaft im Gemeindebau«, die fast ein Jahrhundert lang beschworen wurde, ist im Goethehof zu Beginn des 21. Jahrhunderts nichts zu bemerken. Was verbindet die Menschen im Goethehof? In Wahrheit nichts, weder Partei- noch Fernsehprogramme. Auf den Balkonen haben sich wie überall die pilzähnlichen Strukturen der Satellitenschüsseln etabliert, mit Hunderten verschiedenen Sendern, die jedem sein eigenes Programm liefern. Die aktuelle Krise dämpft den sozialen Zersetzungsprozess nicht, eher wird er durch sie weiter beschleunigt. Es wird auch gar nicht versucht, diesen Zusammenhang erneut herzustellen, aber die Erinnerung daran wird gerne beschworen.

Bei der Sanierung des Goethehofs wurde das Dach neu gedeckt, Fassade, Fenster und Türen wurden ästhetisch und ökologisch korrekt erneuert, der alte Goethehof sollte wieder »attraktiver« werden. Die Kosten betrugen über 30 Millionen Euro. Neu ausgebaut wurden auch die Dachgeschoße, 130 neue Wohnungen entstanden, der Mittelhof erhielt eine Tiefgarage, deren Dach begrünt ist. Die Gemeinde bemühte sich, den ästhetischen und ökologischen Standard des Baus zu erhöhen, Nachbarschaftsinitiativen wurden unterstützt und gemeinschaftsbildende Projekte organisiert.

Trotz aller Anstrengungen erzielte die rechte FPÖ bei der Gemeinderatswahl 2015 im Wahlsprengel 7 (Goethehof) 43,9 Prozent der Stimmen und überholte erstmals in der Geschichte des Gemeindebaus die SPÖ. 90 Jahre nach Eröffnung des Goethehofs war man dabei wieder bei marktwirtschaftlichen Prämissen angelangt. Mit einer Mietbelastung von 24,7 Prozent des Einkommens liegt man im Wiener Durchschnitt. Auch die Einkommensobergrenzen für Gemeindebauten wurden gesetzlich neu gestaltet, das heißt sie wurden massiv angehoben. Das höchstzulässige jährliche Nettoeinkommen etwa für einen Dreipersonenhaushalt beträgt nun 66.180 Euro (zuvor: 42.270 Euro). Mit der Novelle werde sichergestellt, heißt es in einer Aussendung, »dass Wohnen auch in Zukunft für alle erschwinglich bleibt«. Der Zusammenhang mit der Anhebung der Einkommensobergrenzen ist nicht ganz klar. Aber vielleicht macht das Fehlen eines Zusammenhanges einiges klar. Die Milieus und Schichten, aus denen die Bewohnerinnen und Bewohner kommen, verändern sich.

Erika Hofer ist Kuratorin in einem Wiener Museum, seit 15 Jahren wohnt sie jetzt im Goethehof, im dritten, unteren Hof in einer gemütlichen Eckwohnung. Ihr Haar ist kurz geschnitten und hennarot. Auch wenn die Wohnung klein ist, wohnt sie gerne da und schätzt die Proportionen. An schönen Tagen sitzt sie mit ihrem Laptop auf der Terrasse. Im Museum ist sie nur halbtags beschäftigt, die Freizeit nützt die Historikerin, um an ihren Büchern zu arbeiten. Zu den Nachbarn hat sie nur wenig Kontakt. »Ich will meine Distanz haben«, sagt sie. Ihr Freundeskreis hat mit dem Hof nichts zu tun. Da sie am Land aufgewachsen ist, weiß sie die Anonymität des Gemeindebaus zu schätzen. Was stört, sind die Fenster. Sie findet es nicht in Ordnung, was man in den letzten Jahren im denkmalgeschützten Hof zugelassen hat: die wilden Verbauungen der Balkone, die Glotzfenster statt der alten, schönen Holzsprießelfenster.

Das originale Design der Kastenfenster mit den Holzsprossen war freilich aus der Not geboren. Große Fensterflächen waren zu teuer. Bei kleineren Fensterteilen war es anders. Ging eines zu Bruch, wurde von den Mietern ein neues eingesetzt. Viele hatten den Fensterkitt daheim. Die Älteren erinnern sich noch an den Spruch, der von den Leuten erzählt, die so arm sind, dass sie »den Kitt aus den Fenstern fressen«. Beschworen und ästhetisch verklärt wird heute also die Erinnerung an das Elend. Tatsächlich gab man den ästhetischen Bedürfnissen der Bewohnerinnen und Bewohnern nach. Viele der Glotzfenster wurden wieder durch historisch original anmutende Sprießelfenster ersetzt.

Auf dem Promenadenweg durch den hinteren Hof steht man unter Beobachtung. An den gemauerten Brüstungen der Balkone lehnen die Rentner und Pensionistinnen mit verschränkten Armen. Sie vertreiben sich die Zeit damit, stundenlang hinunter in den Hof zu blicken. »Abeschauen«, nennt man das. Sozialwissenschafter attestieren den Bewohnern heute ein »hohes Maß an Zufriedenheit«. Von den Balkonen scheint die Welt der Randale, der Sprayer und der abgefackelten Autos ebenso weit entfernt wie die Welt der großen Gewinne, der Bonuszahlungen und der unverdienten Verdienste. Die konkreten Probleme im Hof halten sich tatsächlich in Grenzen: der Hundekot, der Müll auf dem Rasen, der Lärm der Kinder, vielleicht verwechseln manche Studienautoren Zufriedenheit mit Depression.

Im Käfig im vordersten Hof Richtung UNO-City läuft wie jedes Wochenende ein Match. Die Fußballer sind gut, sie spielen seit Stunden, artistisch und kühl. Den breiten Wiener Dialekt, den Frau Buzek als einzige Sprache spricht und den Herr Galber noch sprechen kann, wenn er will, beherrschen sie nicht mehr. Ihre Sprache ist ein sonderbares Hochdeutsch, das einem aus Berliner Rapsongs bekannt vorkommt.

Bei den nächsten Gemeinderatswahlen wird voraussichtlich jeder Dritte von ihnen FPÖ wählen. Sie machen kein Hehl daraus, wenn sie überhaupt zur Wahl gehen, was eher selten der Fall ist. Soziologen sprechen von Demokratieentleerung und von postdemokratischen Verhältnissen: Die gesellschaftlichen Institutionen werden zwar irgendwie als funktionstüchtig wahrgenommen, aber sie verlieren an

Substanz, das Interesse an ihnen versiegt. Die Hoffnung auf den sozialen Aufstieg, der über zwei Generationen hinweg das Leben der BewohnerInnen des Goethehofs bestimmte, wird heute in der jungen Generation von der Angst vor dem Abstieg dominiert. Mehr noch: Es regiert der Zweifel, ob ein regulärer Einstieg in diese Gesellschaft überhaupt gelingt. Der Soziologe Wilhelm Heitmeyer konstatierte vor einigen Jahren ein Lebensgefühl, das er »wutgetränkte Apathie« nennt. Die Wut gilt den Folgen der Wirtschaftskrise, aber auch einer Politik, die nichts bewirkt. Zugleich beobachtet Heitmeyer die wellenförmige Ausbreitung einer tiefgreifend resignativen Stimmungslage. Sie tritt an die Stelle des Protests gegen Ungleichheit, die Wut findet jedoch kein konkretes Objekt und scheint sich gerade in sozial benachteiligten Milieus zunehmend gegen die eigene Klasse zu richten: gegen sozial Schwache und Langzeitarbeitslose, die angeblich den Sozialstaat plündern.

Nach dem Match gehen die jungen Fußballer auf die Wiese ans Kaiserwasser. Am anderen Ufer ist das Projekt »Luxury Homes« zu sehen. Acht Lofts mit eigener Marina und Schwimmbiotop werden im Eigentum verkauft. »Luxury living pur«, verspricht der Katalog zur Immobilie, »geschaffen für Menschen, die das Besondere suchen«. Die vollverglasten und videoüberwachten Wohnungen gehören zu den teuersten der Stadt. Sie sind durchaus in Schwimmweite und zugleich vom Goethehof aus für die Fußballer völlig unerreichbar. Gegen ihren Blick, unbestimmt wütend wie apathisch, sehnsüchtig und selbstverachtend, haben die Erben des Roten Wien kein Rezept gefunden. Hier singt keiner mehr »Brüder, zur Sonne, zur Freiheit« oder »… mit uns zieht die neue Zeit«. Welche »neue Zeit« denn, welches »Wir«?

Auch die kommunalen Infrastrukturen im Goethehof unterliegen, der demografischen und sozialen Entwicklung folgend, dem Wandel der Zeit. Wo einst das Tröpferlbad war, befindet sich ein evangelisches Gemeindezentrum, aus der stark frequentierten Tabaktrafik ist ein Stützpunkt der Diabetikervereinigung geworden, die ehemalige Tuberkulosefürsorgestelle an der Vorderseite zur Schüttaustraße ist heute eine selbstverwaltete Kulturinitiative. Im Ecklokal an der Schüttaustraße, das über Jahrzehnte eine »Konsum-Filiale« beherbergte, hat sich der Verein Pflegehospiz etabliert. »Ein bisschen erstaunt war ich schon«, lächelt Pfarrer Elmar, Obmann des Vereins, verschmitzt, »dass uns ausgerechnet die sozialistische Gemeinde Unterschlupf gewährt«. Der Verein kümmert sich um die alten Bewohnerinnen und Bewohner und begleitet sie durch Hauskrankenpflege und regelmäßige Veranstaltungen. Der einst antiklerikale Vermieter hat Frieden mit der Kirche geschlossen und nimmt nun jede Hilfe an, die er bekommen kann.

[2010 / 2019]

Apparent obsolescence
Das Hotel Okura in Tokio schließt

Im charmanten *Kopfkissenbuch der Hofdame Sei Shōnagon*, verfasst um das Jahr 1000, finden sich die unterschiedlichsten Listen, die die meisterhafte Autorin für sich und ihre Leserinnen erstellt hat: die Liste der ärgerlichen Dinge, die Liste der unschicklichen und der seltenen Dinge, die Liste der Dinge, über die man die Geduld verliert.

Auf die Liste der schönen Dinge, der Dinge, die ihr Herz schneller schlagen lassen, hätte Sei Shōnagon, wäre sie mit einer Zeitmaschine ans Ende des 20. Jahrhunderts gereist, ohne Zweifel das Hotel Okura in Tokio gesetzt. Über fünf Jahrzehnte war das Okura eine der exklusivsten Adressen Japans, ab heuer müsste es wieder von der fiktiven Liste gestrichen werden: Im Herbst wird mit dem Abriss des Haupttraktes begonnen, lediglich der Südflügel bleibt erhalten. Das Hotel weicht einem 42-stöckigen Neubau.

Man kann nicht sagen, das Haus hätte nicht um sein Überleben gekämpft. Nach Jahren des Zögerns wurde ein kabelloser Internetanschluss in den Suiten installiert. Aus der Sicht des Hotelgründers wohl eher etwas für Domestiken, aber offenbar unumgänglich in der neuen Zeit. Seit geraumer Zeit entsprechen sogar die Klobrillen dem japanischen Standard. Beim Niedersetzen füllt sich die Schüssel automatisch mit Wasser, ein säuberlicher, leicht erwärmter und individuell verstellbarer Strahl reinigt a posteriori Täter und Tatort. Doch das Okura hat es nicht geschafft in diese neue Zeit.

Die acht Haustelefone, die in einer düsteren Nische neben der Lobby für Besucher bereitstehen, scheinen seit Jahren unberührt; die Teppiche in den Zimmern erzählen trotz intensivster Pflege kleine Geschichten von Befleckung. In ihren Mustern sind die Spuren der Zeit eingeschrieben, was nicht sein dürfte, wenn der Anspruch des Hotels seit seiner Eröffnung im Mai 1962 höchste Perfektion ist. »*Apparent obsolescence*«, lautet der Befund des Managements, ein Todesurteil: Das Hotel ist nicht mehr geeignet für das exklusive Zielpublikum im Luxus-Segment, eine Renovierung rechnet sich nicht, ergo Abriss.

Neben dem Nationalmuseum für moderne Kunst in Chiyoda ist das Okura das bekannteste Werk von Yoshiro Taniguchi (1904–1979) in Tokio. Der Hotelkomplex am Hügel von Toranamon liegt zwischen dem alten Kaiserpalast und dem neureichen Roppongi, die Zwischenlage entspricht der architektonischen Grundidee. Entstehen sollte, so der erste Direktor Iwajiro Noda 1959, »ein unverwechselbares Hotel, kein Imitat des Westens«, sondern »ein modernes Hotel mit möglichst vielen Merkmalen japanischer Kultur«. Erstmals sollten sich westlicher Komfort und japanische Tradition zu einem neuen, zukunftsweisenden Ganzen verbinden.

Ein Rundgang durch das Hotel bringt ein Dorado für all jene zum Vorschein, die aus welchen Gründen immer nach einer Synthese zwischen alter japanischer Kultur und westlicher Moderne suchen. Noch bis zum Sommer ist ein trickreiches ästhetisches Spiel mit Zitaten, Mustern und ihren unterschiedlichen Lesarten zu besichtigen.

Die Außenfassade des zehnstöckigen, in den Hügel gebauten Gebäudes besteht aus dunklen quadratischen

Fliesen, die von weißer Fugenmasse umgeben sind. Die Fassade zitiert den fachwerkartigen Verputz alter Landhäuser im Südwesten von Tokio, sie steht in scharfem Kontrast zur heiteren, hellblauen Neonleuchtschrift am Eingangstor des unteren, südlichen Traktes. Die Typografie muss in den 1960er-Jahren ein Schock gewesen sein, heute ist sie selbst historisch geworden: eine seltsame Erinnerung an die Vergangenheit der Zukunft.

Die Wand über dem Portal ist mit Dreiecksmustern gestaltet, sie nehmen das klassische Motiv des Hanfblattes auf. Blickfang in der unteren Lobby ist der Seidengobelin vor dem Eingang zur Bankett-Halle, er lässt an eine kubistische Montage-Arbeit denken. Ein Blick in Saburo Mizoguchis Okura-Buch aus dem Jahr 1964, nach wie vor der beste Ariadnefaden durch das Labyrinth der Muster, erweist allerdings, dass der vermeintlich avantgardistische Gobelin bloß die Muster aufwändiger Kostüme aus der Muromachi-Zeit (14. bis 16. Jahrhundert) ohne jede Veränderung kopiert.

Entlang der Wand begleitet ein fast 30 Meter langes Mosaikfries – der Flug der Silberreiher über Reisfelder – durch die untere Halle. Es basiert auf einem Holzschnitt des japanischen Malers und Illustrators Shikō Munakata. Allein die Wahl des Künstlers war ein politisches wie ästhetisches Statement: Munakata (1903–1975) gilt als wichtigster Vermittler zwischen dem Yogâ (dem westlichen Stil) und der Nihonga, der traditionellen japanischen Malerei, im 20. Jahrhundert.

Über Rolltreppen gelangt man in die Lobby im oberen Hauptgebäude. Die Haupthalle liegt etwas tiefer als der Eingangsbereich, die Arrangements mit lackierten Tischen und jeweils vier oder fünf Fauteuils erinnern an Seerosen. Die Eleganz und Konsistenz der Ordnung schüchtert ein: Kein Gast wagt es hier, auch nur einen Stuhl zu verschieben.

Die Zitate setzen sich fort zur Wanddekoration mit Orchideenmotiven bis zu den auffälligen Lampions, die wie Perlenketten von der Decke hängen und den Raum in gedämpftes Licht tauchen. Ihre sechseckige Form findet sich auf Juwelen aus der Frühzeit der japanischen Kultur. Jeder Lampion ist mit je zehn fünfeckigen Platten besetzt, was dem Besucher, längst in träumeliger Stimmung, Anlass zu allerlei kabbalistischen Spekulationen gibt (die im Übrigen allesamt ergebnislos bleiben).

Die Fenster an der Südseite der Halle zitieren die Papierfenster und Schiebetüren traditioneller japanischer Häuser; auf den Flächen erscheinen die Schatten der Halme im Bambus-Garten vor der Lobby. Sie erinnern an die monochromen Tuschmalereien alter Zenmeister – mit dem Unterschied, dass die Bilder nicht stillstehen, sondern sich langsam auf den Flächen bewegen. In *Lob des Schattens*, dem wohl bedeutendsten Essay zur Ästhetik Japans aus der ersten Hälfte des 20. Jahrhunderts, weist Tanizaki Jun'ichirō darauf hin, dass die Schönheit des traditionellen japanischen Raumes auf dem Spiel von Licht und Dunkelheit gründet. Geschaffen wird ein Raum, »in dem Sie während des Aufenthaltes das Zeitgefühl verlieren könnten«, der Raum erzeugt eine »Art Schauder, dass unbemerkt Jahre verstreichen und Sie als weißhaariger Greis daraus hervortreten könnten«.

Erst nach einer halben Stunde fällt auf, dass keine Musik die Lobby beschallt. Der Raum ist völlig still, unklar ist, ob die Zeichen, die über die mattweiße Scheibe tanzen, tatsächlich die Schatten der Bambushalme im Garten außerhalb sind oder ob es sich um künstliche, klug gepixelte Bilder handelt. »A heartbreaking and irreparable loss«, nannte das britische Magazin *Monocle* das Ende des Okura 2014. Ein Internetaufruf zwecks Erhalt des Hauses wurde routiniert abgesetzt. Freilich: Die Trauer hielt sich in Grenzen. Was werden wir eigentlich vermissen? Vor allem die luxuriöse Sparsamkeit des Okura, seine stupende Eleganz und Einfachheit, das Hochamt des *wa, wabi, wabi-sabi,* wie immer man den Kern japanischer Ästhetik benennen will. Das Design fasziniert auf doppelte Weise: Es materialisiert unsere eigene Sehnsucht nach Mäßigung und Spiritualität und verlegt sie zugleich vom religiösen in den autonomen Raum des Kulturellen, den man jederzeit wieder gefahrlos verlassen kann. Weggesprengt wird auch – *apparent obsolescence* in ganz anderem Sinn – ein feudaler Rest, den das Okura repräsentiert und von dem man sich fragen muss, ob man seinen Verlust tatsächlich betrauert. Die berühmten, kostümierten Lächlerinnen und Grüßerinnen des Okura werden dabei arbeitslos: Auf den Gängen lauern sie mit schrillem Ruf auf die Besucher und grüßen und verneigen sich in Permanenz. Werden wir diese Art von Omotenashi (»Gastfreundschaft«) tatsächlich vermissen, die doch nur Inszenierung von Unterwerfung ist (und stets war)?

Das Okura spiegelt auch ein Stück politische Geschichte, der Name hat in Japan seit fast 150 Jahren einen besonderen Klang. Hotelgründer Kishichirō Ōkura (1882–1963) entstammt einer reichen Unternehmerfamilie. Er ist der erstgeborene Sohn von Kihachiro Okura, der mit Waffenlieferungen während des Boshin-Krieges Ende der 60er-Jahre des 19. Jahrhunderts ein Vermögen machte. Okura hatte sich zeitgerecht auf die Seite der kaisertreuen Truppen geschlagen, der entscheidende Sieg gegen den Militärshogun in der Schlacht von Kyoto wurde mit Okuras Waffen errungen. Der Sieg gilt als Geburtsstunde der Meiji-Restauration und als Wendepunkt in der japanischen Geschichte: Die hermetisch verkapselte japanische Gesellschaft öffnete und erneuerte sich. Der Name Okura steht für diese Erneuerung an der Schwelle zwischen Moderne und Tradition. Sohn Kishichiro Okura studierte zunächst in Cambridge, bevor er nach Japan zurückkehrte. Er war zugleich bedeutender Förderer des traditionellen japanischen Brettspiels Go (im Okura gibt es nach wie vor einen Salon für Go-Spieler) und technikbegeisterter Automobilist. Zu Beginn des Jahrhunderts nahm Okura in Europa an frühen Autorennen teil und war der erste Autobesitzer Japans.

Die Gestaltung des Okura ist ambivalent wie der Lebensstil des kulturell konservativen und technisch fortschrittlichen Gründers, zugleich ist sie Kind ihrer Zeit. Die Pläne zur Errichtung des Hotels fallen in die frühen Jahre des japanischen Wirtschaftswunders mit zweistelligen Wachstumsraten und ersten Konsumschüben nach Jahrzehnten der Kriegs- und Mangelwirtschaft. »Wir befinden uns«, heißt es im Weißbuch des Planungsstabes zur wirtschaftlichen Entwicklung 1956, »heute nicht mehr in der Nachkriegszeit. Wachstum wird in Zukunft durch Modernisierung erreicht werden. Wir müssen uns rasch auf die permanenten technologischen Entwicklungen einstellen. Es gilt, den Anschluss zu finden an die globale technologische Innovation und Wirtschaftsentwicklung, um ein neues Japan zu errichten.« Die Gestaltung des Okura repräsentiert diese Entwicklung in doppelter Weise. Sie ist gleichzeitig ihr Echo wie ihr Widerspruch, eher ein Rettungsversuch von Tradition im Zeitpunkt ihrer Kapitulation als eine Symbiose. Kaum ein Dutzend der 500 Zimmer sind in klassischem japanischen Stil eingerichtet.

Man hat die Leichtigkeit, mit der man in Japan bereit ist, Abschied von historischen Bauten zu nehmen, mit einer pragmatischen, spezifisch japanischen »Ethik der Entscheidung«

(Ruth Benedict) in Verbindung gebracht und auf die Jahrhunderte alte Praxis hingewiesen, sakrale Bauten periodisch abzureißen und neu zu errichten; der Abriss vertreibt böse, unreine Geister, aber auch Moder und Holzwürmer. Ich denke, solch weitreichende, kulturhistorische Erklärungen braucht es in diesem Fall nicht. Aus dem Familienunternehmen Okura ist längst ein global agierender, kühl kalkulierender Hotelkonzern mit Häusern in Seoul, Manila, Shanghai, Macao und Amsterdam geworden. Die Marktwirtschaft der Gegenwart benötigt für ihr Handeln keine kulturellen Katalysatoren mehr, ebenso wie sie keine kulturellen Begrenzungen duldet.

Pompös wie das Okura selbst wird auch der Abschied in den nächsten Monaten inszeniert: Die Lobby wird erstmals für private Partys und Hochzeiten geöffnet, man darf die Royal Suite besichtigen und sogar darin übernachten, wenn man es sich leisten kann. In der letzten Woche wird sich das Hotel in einen lauten Veranstaltungsort mit Konzerten und Empfängen verwandeln, Höhepunkt der Festlichkeiten ist die Präsentation des neuen Okura: Der neue Komplex wird zwei fast 200 Meter hohe Türme mit gemischter Büro- und Hotelnutzung umfassen. Etwa die Hälfte des Areals soll als »metropole Oase« gestaltet werden. Die Trauer beim Abschied enthält den Jubel über die neue Lücke und die Möglichkeiten, die sie bietet. Alle Tränen, die heuer noch über den Verlust des alten Okura vergossen werden, sind Krokodilstränen. Das ist dem Krokodil nicht vorzuwerfen – es ist seine Natur.

[2015]

Himalaya

Imaginäre Reisen durch den Prater

I

Auch wenn manche anderes behaupten: Die Welt ist hohl und misst im Durchmesser exakt 3,18 Meter. Sie ist aus Polyester und wurde 1964 vom Wiener Bildhauer Josef Seebacher geschaffen.

Die Welt, die ich meine, steht vor dem Planetarium beim Riesenrad. Eine Treppe führt entlang der Kugel, die ich als Kind gerne bis zu einem Podest am Ende der Spirale hinaufgestiegen bin. Es war die erste Station jedes sonntäglichen Praterbesuchs mit meinem Vater. Vorweg war ausgemacht, dass ich nur drei Attraktionen besuchen dürfe, danach musste spazieren gegangen werden. Die Besteigung der Welt aber kostete nichts und hatte zwei Vorteile: Oben konnte mir mein Vater nichts erklären, nur von unten winken, und ich konnte die Erdkugel drehen, immer weiterdrehen und in immer raschere Fahrt versetzen.

Danach ließ ich wieder los und sah, wie die Welt wieder langsam von ganz allein zum Stillstand kam.

Unsere Praterbesuche waren kleine Fluchten aus dem Alltag – für mich ebenso wie für meinen Vater, aus der Schule, aus dem Büro. Sie waren ein spielerischer Bruch mit dem Alltag und hatten, da sie zeitlich und räumlich begrenzt waren, nichts Bedrohliches an sich. Wir kehrten danach wieder zurück in eine Welt, mit der wir während der Woche im Grunde ganz zufrieden waren.

II

Jeder Praterbesuch ist und war immer schon eine solche Flucht in eine imaginäre Welt. Man überschreitet die Grenzen des Alltags und betritt einen Zauberzirkel, in dem andere Regeln gelten. Die Transgression ging, betrachtet man die Geschichte des Praters, zum Teil gut organisiert vonstatten. Schon im Vormärz führte eine Schiffsverbindung von der Ferdinandbrücke bis zum Lusthaus. Zu Beginn des 20. Jahrhunderts brachte ein Pendelverkehr mit Omnibussen Gäste vom Schwarzenbergplatz in den Prater, das Tanzlokal Csarda, später das Jardin de Paris, lockte Besucher und Besucherinnen mit einer kostenlosen Kutscherfahrt vom Dogenhof in der Praterstraße in ihr Etablissement an der Waldsteingartenstraße hinter der Hauptallee.

Die Reisen führten in ein zaubrisches Land der Illusionen und Spiele, die intensive und widersprüchliche Gefühle erzeugen: Man erlebt hohe Lust und zugleich ein wenig Angst, man wähnt sich frei und bleibt doch an jeder Station der Reise an Regeln und Vorschriften gebunden, man ist sich stets bewusst, dass alles im Prater ein Schwindel ist, und will es doch im Moment des Erlebens vergessen.

Der Schwindel ist dabei zumeist ein zweifacher: Man saust auf exzentrischen Bahnen, wird durch die Luft geschleudert, schaukelt, rutscht, dreht sich, muss hüpfen und verliert im Wortsinn ›den Boden unter den Füßen‹ – karnevaleske Bewegungsformen, die seit dem Mittelalter von den Hütern gesellschaftlicher Ordnung wie der Kirche mit Skepsis betrachtet wurden. Das ungeordnete Sausen, Drehen und wilde Hüpfen ist heidnisch, wenn nicht teuflisch, in jedem Fall: ganz und gar unchristlich – das Taumeln macht im Wortsinn Heidenspaß.

Schwindel erzeugt der Prater auch im Sinne permanenter sinnlicher und intellektueller Täuschung. Auf der Reise durchquert man zweideutige Zonen, die zwar in gewissem Sinne real, aber doch illusionär sind, geschwindelt eben. Sie enthalten, wie jeder Schwindel, ein Versprechen, das dann nicht eingelöst wird. Als »heterotopisch« bezeichnete Michel Foucault diese Räume in einem berühmt geworden Radiovortrag von 1967.

Die Kombination von körperlichem Taumel und Illusion ist die Geschäftsgrundlage des Praters. Sie funktioniert in unendlichen Varianten seit mehr als 250 Jahren, nirgendwo wird sie deutlicher als beim *Ringelspiel*.

Das Ringelspiel geht auf aristokratische Reiterspiele zurück, in denen, um die Geschicklichkeit zu trainieren, auf einem Karussell angebrachte Ringe mit einer Lanze aufgespießt werden mussten. In der Kultur des Bürgertums verselbstständigte sich das Gerät und entfernte sich vom ursprünglichen Zweck. Statt auf echten Pferden saß man nun auf hölzernen, auch auf die klassische Auf-und-ab-Bewegung der Pferde wurde im Laufe der Zeit verzichtet und das Karussell mit einem ausschweifenden Dekormix ausgestattet. Je nach Mode und Stand der Technik fuhren nun auch Bürger, Arbeiter und Arbeiterinnen sowie Kinder in bunten Kutschen, saßen auf Motorrädern, in kleinen Schiffen, Autos oder auf Hochrädern, wie im mit Sternenbanner geschmückten *Velodrome Americaine*, das von Anna Kobelkoff ab 1901 am zweiten Rondeau betrieben wurde.

In der *Manège Parisien* neben dem *Toboggan* konnte man ab 1913 sogar in Kaffeetassen Platz nehmen. Das klassische Ringelspiel hat im Prater verschiedenste hybride Formen ausgebildet. Im Wasserkarussell treibt man gemächlich in Booten oder auf dem Rücken von Schwänen, beim Flugkarussell wird man von der Fliehkraft in die Sitze, die von Ketten gehalten werden, gedrückt und fliegt in rasender Fahrt. Verstärkt wird der Effekt zumeist durch die Musik mechanischer Orchester, die selbst Attraktionen sind. Ob über die Erde, das Wasser oder durch die Luft: Als Theatrum mundi gedacht, symbolisiert das Ringelspiel eine Welt ohne Fortschritt. Sie ist eine Welt der ständigen Wiederkehr, man kreist durch Raum und Zeit, es gilt hier tatsächlich, dass ganz und gar der ›Weg das Ziel‹ ist.

Das ritterlich-militärische Motiv des Kampfes ist bei den motorisch betriebenen Ringelspielen am Ende des 19. Jahrhunderts durch das Motiv der *imaginären Reise* ersetzt. Das Reisen erfolgte in vortouristischer Zeit vor allem aus Notwendigkeit; die Reisenden versuchen, ein Ziel zu erreichen, einen Ort, der Seelenheil, Genesung, Geschäft oder Bildung verspricht. Bis ins 17. Jahrhundert reisten vor allem Adelige und Pilger, Händlerinnen und Handwerker, danach erfasst die Reiselust auch das gehobene, städtische Bürgertum. Von »Reisewuth«, »Reisefieber«, ja vom »Reiseteufel«, der die Menschen mitreißt, ist die Rede. »In keinem Zeitalter der Welt«, klagt ein anonymer Autor 1784 im *Teutschen Merkur*, »wurde so viel gereist, als in dem unsrigen, wo das Reisen zu einer Art Epidemie geworden ist«.

Die bürgerliche Reiselust ist von Neugier auf etwas anderes, Fremdes bestimmt, das es zu entdecken gilt, über das man staunen und von dem man danach erzählen kann. Die Welt wird besichtigt, die Reise bietet die Begegnung mit fremder Natur, mit Unbekannten und den Spuren ihrer Kultur. Die bürgerlichen Reisen sind aber nicht nur Erkundungen, sie bieten auch die Möglichkeit zur Flucht des zusehends unter Druck geratenen Menschen. Die Reisen im Prater stillen die Sehnsucht nach Teilhabe für jene, die sich die reale Flucht in Form der Reise nicht leisten wollen oder können. Am Ringelspiel reist und kreist man in einer Zwischenwelt: Man fährt vorbei an den Bildern im Zentrum des Karussells und blickt hinaus auf die Wartenden. Und entzieht sich Runde für Runde für einige Augenblicke ihren Blicken.

III

Die Welt, die der Prater seinen Besucherinnen und Besuchern eröffnet, ist zumeist mit exotischem Dekor ausgestattet, die szenaristische Architektur kreiert die Atmosphäre einer Fernreise. Beim *Zug des Manitu*, einer Mischung aus Karussell und Hochschaubahn, führt die Reise durch den Grand Canyon im Wilden Westen, beim *Großen Chineser* (Calafati) nach Asien, in der *Prater Marina*, dem ältesten, bereits 1903 eröffneten Ringelspiel am Leichtweg, wird man in einer imaginierten Wasserfahrt auf Piratenschiffen in die Karibik versetzt.

Die illusionären Räume, die durchmessen werden, sind in ihren Möglichkeiten und Dimensionen unbegrenzt. Sie reichen von Fahrten an fremde Orte bis zu Reisen durch die Luft, durch das Weltall oder in die Tiefsee, von Reisen durch die Zeit bis zu Begegnungen mit lebendigen Tieren und Menschen. Die kleinen Fluchten werden im Prater von allen erdenklichen Medien unterstützt. Als Fluchthelfer dienten die frühen Kinos im Prater, die zu Beginn des 19. Jahrhunderts kurze Dokumentationen über spektakuläre Flug- und Entdeckungsreisen in ihren Programmen zeigten. Ebenso verhalfen Theaterinszenierungen zu imaginären Reisen durch Zeit und Raum, mit lebenden Tableaus, exotischen Pantomimen oder mit »mechanischen Bildern«, deren Reiz darin bestand, ganz ohne Menschen auszukommen. Das *Wiener Automatentheater* bot dem Publikum 1875 eine mechanische »Reise um die Welt« mit Stationen in Venedig, Kalkutta und »im Eismeer« an. Mit mehr als hundert Darstellerinnen und Darstellern führte dagegen der Zirkus Suhr-Hüttemann 1864 unter anderem *Eine Nacht in Peking* auf der Feuerwerkswiese auf.

An ferne Orte führten auch die verschiedenen Panoptiken und die immer neuen Ausstellungen im Prater. Die Großinstallation *Venedig in Wien* mit Nachbauten von Palazzi und Kanälen führte ab 1895 zwei Millionen Besucherinnen und Besucher auf über 8.000 Quadratmetern durch ein venezianisches Ambiente. Der italienische Zauber währte allerdings nur kurz. Nach nur fünf Jahren wurde Venedig durch Japan und dann durch Ägypten ersetzt. Andere Ausstellungen im Prater waren Reisen nach Afrika oder in die Bergwelt (1886) gewidmet, sie führten in die Vergangenheit Wiens (1914 *Alt Wien*) oder in die Welt technischer Errungenschaften: 1903 konnte im Pavillon auf der Kaiserwiese *Die Elektrische Stadt* besichtigt werden.

Im Grunde ist jede Reise im Prater auch eine Zeitreise, sie führt in eine Vergangenheit, die es nie gab. Die imaginären Reisen synchronisieren unterschiedliche Zeitebenen von Betrachter und Objekt, inszeniert wird dabei eine

»Gleichzeitigkeit von Ungleichzeitigkeiten« (Ernst Bloch), denn weniger als irgendwo sonst ist im Prater »die Zeit reaktionär auf den Raum genagelt«. Reisen im Prater sind transkulturell. Man streift durch ferne Kulturen, die *fern und zugleich immer auch rückständig* sind (und dies bleiben), während wir, die Besucher und Besucherinnen, uns in der Gegenwart befinden und in die Zukunft streben.

Ein beliebtes Medium für diese (Zeit)reisen aller Art war und ist seit Beginn des 19. Jahrhunderts das Panorama. Gigantische Rundgemälde zeigen in eigenen Gebäuden Szenen aus europäischen Metropolen und arabischen Ländern, aus den Tropen oder Alpen, durch die sich die Besucher selbstständig bewegen können und Teil des Szenarios werden. 2023 wurde ein neues 360-Grad-Panorama im Prater eröffnet mit einer 3.600 Quadratmeter großen Bildfläche in einer 33 Meter hohen Stahlrotunde. Der Blick wird, der Tradition entsprechend, nach hinten gerichtet: Thema der ersten Ausstellung ist das antike Rom.

Erstaunlich häufig wird der Krieg besichtigt, die Belagerung von Paris 1849 oder die Verteidigung Roms durch Garibaldi waren in den 1890er-Jahren große Publikumserfolge. Domestizierte Kriegserfahrungen wurden auch vom Kino und von Ausstellungen im Prater bedient. Zum Preis von zehn Heller drängte sich das Publikum im *Wiener Schützengraben* 1915 an der Ausstellungsstraße durch nachgebaute Schützengräben mit Maschinengewehr- und Geschützständen. Es gab zusätzlich eine Gastwirtschaft, eine lebende Zielscheibe, täglich wurden Tombolas zugunsten der Kriegsfürsorge veranstaltet. Mit Fortdauer des Krieges und dem Wissen um Millionen Tote ließ die Freude an Kriegsspielen sukzessive nach – zu »gegenwärtig« (im Sinne Blochs) war die Inszenierung.

Im Vergleich mit anderen Medien und spektakuläreren Fahrgeschäften im Prater blieb die *Grottenbahn* weniger beachtet. In der Grottenbahn reist man in kleinen Wägen in eine Unterwelt – in eine »grotta«, die, wie der Name sagt, groteske Erfahrungen vermittelt. Das Klischee schreibt bis heute vor, dass der Wagen von einem Drachen gezogen wird und dass die Unterwelterfahrung etwas mit Zwergen zu tun hat – in der nordischen Mythologie sind sie erdverbundene und mächtige vormenschliche Wesen. Von Anbeginn an bot die Grottenbahn eine Überblendung von Realität und Fiktion, ein Mit- und Nebeneinander von Märchen und Natur. Die lineare Zeiterfahrung ist durch das Eintauchen in eine Traumzeit ersetzt. Die Fahrt etwa in der Pilz'schen Grottenbahn *Zum Walfisch*, die erste elektrisch betriebene Grottenbahn im Prater, führte an 18 Stationen vorbei, allesamt »meisterhafte Wunderwerke der dekorativen und mechanischen Kunst«, wie der zur Eröffnung 1898 aufgelegte Prospekt verspricht: Zu sehen waren unter anderem »Hexensabath in wildschauerlicher Mondlandschaft«, das Genrebild Rotkäppchen und der Gestiefelte Kater, der Meeresgrund, Alpenglühen in – naturgemäß – »zauberhaften Farben«, die Niagarafälle, die Wüste und der Nordpol, aber auch das Schlaraffenland und eine Szene aus der Oper *Der Freischütz*. Die Grottenbahn hat sich wie andere Praterattraktionen und -spiele im 20. Jahrhundert verkindlicht, die Reise in die Traumzeit ist keine Entdeckungsfahrt mehr, sondern Erinnerungsfahrt in die eigene Kindheit.

Eine regressive Erfahrung bietet auch der böse Zwilling der Grottenbahn, die *Geisterbahn*. Man fährt ein in eine domestizierte Welt der Angst, auch hier vermittelt die Praterreise das Erlebnis der Gleichzeitigkeit der Ungleichzeitigkeiten: Die Reise führt nicht in den Horror der Gegenwart, in der man selbst lebt, sondern wie die Grottenbahn in die Kindheit. Man begegnet Gespenstern, die wie Gespenster aussehen, die Architektur der Spukschlösser ist aus Kinderbüchern geläufig, und man weiß, dass die Sargdeckel, die im Dunkeln auftauchen, im letzten Moment hochklappen und Skelette zeigen werden. Die Berechenbarkeit des Schreckens ist nicht Schwäche der Inszenierung, sondern ihre Funktion: Sie entlastet, da sie stets nur eine Form der Angst evoziert, die schon bewältigt ist.

IV

Das Staunen und Schaudern über das Fremde, das Genießen der Gleichzeitigkeit von Ungleichzeitigkeiten hat im Prater freilich noch eine andere, dunkle Seite. Die kleinen Fluchten sind auch *Selbstvergewisserung der eigenen Superiorität*, das Fremde wird mit dem Eigenen verglichen. Die Begegnung ist eine Art Doppelbelichtung eines Bildes. Die Besucherinnen und Besucher sehen das Fremde und sind zugleich selbst mit im Bild. Sichtbar wird in der Inszenierung des Fremden nicht die Ähnlichkeit, sondern die Differenz der beiden Bildelemente.

Besonders deutlich wird dies in der Konfrontation mit Lebendigem, bei der Begegnung mit fremden, möglichst exotischen Tieren oder Menschen aus fernen Ländern. Sie löst eine Kaskade unterschiedlicher Empfindungen aus: Das Fremde wird zunächst als neu, als etwas Unheimliches erlebt, über das man angst- und lustvoll staunt. »Unheimlich« ist es im klassischen Freud'schen Sinn: Das Fremde ist »nicht heimelig«, ganz offensichtlich nicht dem Heim bzw.

der Heimat zugehörig, zugleich ist das Unheimliche »nicht heimlich«, etwas, das im Verborgenen, versteckt bleiben sollte, weil es uns an etwas erinnert, was auch in uns versteckt und verborgen, eben heimlich bleiben soll und nun nicht mehr heimlich ist und was nun in beunruhigender Weise in der Begegnung wiederkehrt. In Abwehr dieser Ambivalenz erfährt das Fremde eine doppelte Verwandlung: Das Unheimliche wird zum Kuriosen, über das man erleichtert lachen kann, und das Kuriose schließlich zu etwas Lächerlichem, das keine Angst mehr erzeugt, sondern Verachtung. Das Fremde muss sich betrachten lassen und existiert, wehrlos unseren Blicken ausgesetzt, ohne Macht über uns zu haben.

Diese Art von entlastender Begegnung war seit dem 19. Jahrhundert fixer Bestandteil eines gelungenen Praterbesuchs. Im Vivarium waren ab 1888 bereits mehr als tausend Tiere zu sehen, darunter dressierte und bekleidete Paviane, und ab 1899 Löwen, gebändigt von der Löwenbändigerin Ella Frank. Die Konkurrenz war gnadenlos und der Aufwand gigantisch: Karl Hagenbeck zeigte 60 Riesenschlangen in der »größten Reptiliensammlung der Welt«, in der Inszenierung *Das Eismeer und seine Tierwelt* Eisbären, Seelöwen, Seehunde und sogar ein Walross. Die Praterzirkusse punkteten mit Pferden, Affen, Löwen und Elefanten beim Publikum. Myers Great American Circus, der 1875 im Prater Station machte, reiste unter anderem mit 170 Pferden und neun Elefanten an. Höhepunkt der Vorstellung war der Auftritt des Löwen- und Elefantenbändigers John Couper, die wilde Kreatur erscheint als besiegte. Der neugierige Blick auf das Tier ist im Prater mehr noch als im Tiergarten ein triumphaler.

Nicht selten wurden die exotischen Tiere gemeinsam mit Menschen präsentiert. Der Tiergarten am Schüttel zeigte

1897 *Aschanti und Javanesen* und in sogenannten ethnografischen Schaustellungen ein »Siamesendorf« inmitten exotischer Tierwelt. In »Feigl's Weltschau« wurden neben Tieren, die Kunststücke vorführten, auch Affen-, Löwen-, Bart- und Haarmenschen, Fettmenschen und Riesinnen zur Schau gestellt. Zumeist wurden die Fremden den neugierigen Blicken im Prater in Ausstellungen und Zirkussen ausgesetzt: unter ihnen weibliche siamesische Zwillinge, die als »Zweiköpfige Nachtigall« Lieder vortrugen, Musikerinnen im afrikanischen Jägerdorf, »Neuseeländer« und »Wilde aus Borneo«, »Däumlingsmenschen«, die in Gruppen oder allein als Artisten und Musikerinnen auftraten und auf Werbeprospekten neben Hunden posieren mussten, um im Vergleich mit ihnen ihre Winzigkeit zu beweisen.

Auch die Völker- und Menschenschauen sind Arenen der Gleichzeitigkeit von Ungleichzeitigkeit. Die Fremden werden stets als Menschen aus früheren Zeiten präsentiert, deren gegenwärtiges Leben nichts mit der Gegenwart der Betrachter zu tun hat. Ihre Schaustellung ist einerseits Produkt des Kolonialismus, zum anderen das Echo alter Stigmatisierung und Ausgrenzung. Seit dem Mittelalter zählen die im Wortsinn Vorgeführten sozial und rechtlich zu den »infamen«, den »ehrlosen« Menschen. »Ehrlos« sind sie, indem sie ihre Körper gegen Entgelt sehen lassen. Sie stehen in der Ordnung der Gesellschaft an unterster Stelle. Indem sie als Naturwesen inmitten künstlicher Natur und der Tierwelt vorgeführt werden, bilden sie ein urtümliches Scharnier zwischen Tier und Mensch und stehen deshalb noch unterhalb der Klasse der Menestrels, Bettler und Vaganten, die zwar keine Bürgerrechte in Anspruch nehmen können, aber doch ohne Zweifel Menschen sind.

Der Anblick der Fremden ist die Vergewisserung, dass man selbst nicht zu dieser Klasse gehört, und die Verachtung, die in diesen Blicken steckt, ist Selbsterhöhung: Man versichert sich, dass man selbst ganz offenbar ehrbar ist. Dass die Fremden zurückblicken, erzeugt – zumindest bei manchen Betrachtern – Scham.

V

Postskript. Am Ende des Praterbesuchs durfte ich, um die Sonntagsreise ein wenig zu verlängern, wieder zur reliefartigen Welt vor dem Planetarium. Wieder stieg ich die Treppe hinauf und drehte noch einmal und noch einmal. Den besten Anhaltspunkt für meinen Griff bot ein Bergrücken weit oben, den meine Kinderhände leicht fassen konnten, um die Welt in Bewegung zu versetzen. Beim Weggehen erklärte mir mein Vater einmal, dass das der *Himalaya* sei. Ich glaube zwar nicht, dass man viel Nützliches lernt beim Praterbesuch, aber das schöne Wort Hi-ma-la-ya – fast so schön wie Libelle – hat sich für immer in mein Gedächtnis eingebrannt.

Ich war im Übrigen nie dort: zu hoch, zu weit weg.

[2023]

Felswand mit menschlichem Antlitz am Berg Vogel in den Julischen Alpen (Slowenien).

Sennett heute

Zu *Verfall und Ende* *des öffentlichen Lebens*

Auf der Rolltreppe der U-Bahn-Station Stephansplatz hinauf zum Graben in Wien brüllt ein gut gelaunter Mann mittleren Alters in sein Handy. »Du, Schatz«, ruft er offenkundig seiner Freundin zu und blickt mir dabei in die Augen, »ich komme in zwei Stunden. Ich bin noch in Linz.« Der Mann macht mich zum Komplizen, er lässt mich, ob ich will oder nicht, mit der Frage zurück, wo er denn jetzt hingeht und was er denn so vorhat in den nächsten zwei Stunden.

Vor bald 60 Jahren ist *Verfall und Ende des öffentlichen Lebens* von Richard Sennett in New York erschienen. Das Buch des Stadtforschers aus Chicago sorgte für Aufregung, und es ist bis heute nicht, wie so vieles aus dieser Zeit, in die Schamecken der alten Billy-Regale verschwunden. Der Untertitel der deutschen Ausgabe, *Die Tyrannei der Intimität,* war klug gewählt, er ist Programm: Die Trennung der Sphären von Öffentlichkeit und Privatheit, die das Leben der Stadt bestimmte, ist nicht länger in Kraft; über Jahrhunderte hinweg bewegte sich der *Public Man* durch die Stadt wie ein Schauspieler über eine Theaterbühne, sein Spiel wurde allerdings, so die These, in einem historischen Prozess der Intimisierung der gesellschaftlichen Beziehungen abgeschafft. Die Kultur der Authentizität trat an die Stelle einer Kultur der Aufrichtigkeit (Lionel Trilling), obsessive Innerlichkeit und narzisstische Selbstentblößung ersetzten die Rituale der Höflichkeit, die freundschaftliche Distanz und den Respekt vor der Privatheit der anderen. Die intime Gesellschaft, so das Fazit Sennetts, ist eine unzivilisierte. *Verfall und Ende des öffentlichen Lebens* ist eine präzise historische Analyse, zugleich ein Schlag ins Gesicht der zwar nicht mehr händeschüttelnden, aber händchenhaltenden '68er-Generation.

Die Begegnung mit dem Rolltreppenmann scheint die Diagnose Sennetts zu bestätigen. Wie Tausende andere entblößt er sich ohne Scheu und verwüstet, indem er uns taktlos zu Zeugen seiner Peinlichkeit macht, den öffentlichen Raum der Großstadt. Nichts scheint mehr peinlich, und man darf, will man weiterhin öffentliche Verkehrsmittel benützen, nicht entsetzt sein, mitunter von kannibalischen oder nekrophilen Neigungen zu erfahren. Nur »authentisch« muss der Sprecher sein oder klingen.

Aber vielleicht, denke ich mir, verhält es sich heute auch anders. Vielleicht werden wir nicht Zeugen von Authentizität und radikaler Selbstentblößung, sondern sind im Gegenteil täglich Publikum kleiner, heimtückischer Komödien. Denn vielleicht telefonieren die U-Bahn-Telefonierer ja gar nicht, sondern *tun nur so*, als telefonierten sie. Sie inszenieren minimalistische Schauspiele, sprechen kleine, brillante Monologe, die mit der Neugier der Höflichen und Distanzierten spielen, sie täuschen und dabei nicht enttäuschen.

Dann hätte sich gegenüber Sennetts Diagnose etwas verändert. Falls nicht, macht es das Leben erträglicher, zumindest daran zu glauben.

[2011]

Das doppelte Prisma der Erinnerung
Elias Canettis *Das Augenspiel* und Friedl Benedikt

I

In der zweiten Auflage von *Das Augenspiel*, dem dritten Band der Lebensgeschichte von Elias Canetti über die Jahre 1931 bis 1937, findet sich auf der letzten, unpaginierten Seite eine unscheinbare Notiz: »Der Text der ersten Ausgabe von 1985 wurde vom Autor revidiert.«

Die Bemerkung wirkt wie eine der üblichen Informationen des Verlags, mit der die Leserschaft auf die Existenz einiger marginaler, zumeist redaktioneller Änderungen in der neuen Auflage hingewiesen wird. In diesem Fall wäre allerdings das Impressum der adäquate Ort für den Eintrag gewesen. Die außergewöhnliche Platzierung verleiht der Notiz eine andere Bedeutung: Sie kann als Nachricht des Autors an eine bestimmte Leserin gelesen werden, als Arbeitsnachweis bzw. als Bestätigung, eine Vereinbarung erfüllt zu haben. Was war geschehen?

Canetti hatte in der zweiten Auflage acht Passagen im vierten Teil des Buches im Abschnitt »Grinzing«, im Besonderen im Kapitel »Einladung bei Benedikts« geändert. Die Änderungen betrafen die despektierliche Charakterisierung von Ernst Benedikt, in dessen Haus in der Himmelstraße 55 in Grinzing der junge, noch weitgehend unbekannte Autor Canetti Mitte der 1930er-Jahre regelmäßig zu Gast war. Veza und Elias Canetti wohnten schräg gegenüber in einer Mietwohnung in der weitläufigen »Delug-Akademie« auf Nummer 30. Benedikts Haus in der Himmelstraße gehört im *Augenspiel* zur Topographie Wiens ebenso wie Veza Canettis Wohnung in der Leopoldstadt, das Atelier von Fritz Wotruba unter dem Viadukt der Stadtbahn und das Café Museum nahe der Oper, wo Canetti Dr. Sonne trifft.

Das Haus Benedikts ist in Canettis Lebensgeschichte ein ambivalenter Ort, ein Ort des Hasses und der Verachtung, aber auch der Liebe und Bewunderung. Für Canetti war es, vermittelt über die Kritik von Karl Kraus, zunächst »Feindesland«. Durch die »Bannflüche« der *Fackel* war die Himmelstraße 55 »verrufene Nähe«, ja eine »vermaledeite Nachbarschaft«, die »etwas Dämonisches« hatte und die er mied. Die Benedikts waren, so Canetti, eine »gefährliche Familie«, denn Ernst Benedikt (1882–1973) war Sohn von Moriz Benedikt (1849–1920), dem mächtigen Herausgeber der *Neuen Freien Presse*. Die *Presse* war die einflussreichste Zeitung der Donaumonarchie, für den Sprach- und Medienkritiker Karl Kraus war sie eine privilegierte Zielscheibe. In *Die letzten Tagen der Menschheit* erscheint Moriz Benedikt als Anführer der kriegstreibenden »Journaille«, am Ende als »Herr der Hyänen«, Ernst Benedikt wird in der *Fackel* höhnisch als der »junge Springinsgeld« tituliert. Wie für viele Autoren seiner Generation war für den jungen Canetti das Urteil von Kraus verbindlich, der zweite, 1980 erschienene Band seiner Erinnerungen heißt denn auch *Die Fackel im Ohr*.

Ernst Benedikt war ein musischer Mensch mit vielerlei Interessen. Er musste nach dem Tod des Vaters und des älteren Bruders Karl 1920 die Leitung der *Neuen Freien Presse* übernehmen, eine nach dem Ende der Donaumonarchie schwierige Aufgabe, auf die er, obwohl selbst als Journalist und Autor tätig, nicht vorbereitet war. Nach dem Studium der Jurisprudenz verfasste Benedikt 1913 eine Ästhetik (pseud. Erich Major: Die *Grundkräfte des künstlerischen Schaffens*) und zwei historische Biografien – *Fürst von Ligne* 1936 (2. Aufl. 1960) und *Joseph II.* 1937 (2. Aufl. 1947) – ganz im Stil seines Schulkollegen und Freundes Stefan Zweig. Benedikt schrieb Gedichte und Dramen, übersetzte aus dem Italienischen, sein Bericht über seine Inhaftierung und Misshandlung während des Novemberpogroms wurde vielfach abgedruckt. Im schwedischen Exil begann Benedikt nicht ohne Erfolg zu malen, seine Gemälde wurden ab den späten 1940er-Jahren in Stockholm, London und 1988 nach seinem Tod im Museum Bochum ausgestellt. Für Bruno Kreisky, der ihn in Stockholm kennenlernte und sich in einem späten Interview an ihn erinnerte, war Benedikt ein »untadeliger Österreicher«, »sehr gebildet« und Repräsentant des bürgerlich-liberalen Flügels in der Österreichischen Vertretung in Schweden. Als Vertreter des wirtschaftlich liberalen, politisch und kulturell aber konservativen Milieus erscheint Benedikt auch in Canettis Erinnerungen, seine Darstellung ist dementsprechend eine Darstellung dieses Milieus.

Benedikts Haus in der Himmelstraße war bis in die 1930er-Jahre ein Treffpunkt der intellektuellen und politischen Eliten der Stadt, einer der wichtigsten Knotenpunkte im Koordinatensystem des großbürgerlichen jüdischen Wiens. In dieser Atmosphäre wuchsen die vier Töchter Benedikts – Gerda (geb. 1915), Friedl (geb. 1916), Ilse (geb. 1918) und Susanne (geb. 1923) – auf. Canetti entdeckte sie inmitten des vermeintliche[n] Zentrum[s] des Bösen. Zwei von ihnen,

Friedl und Susanne, werden im *Augenspiel* erwähnt, zu Friedl entspann sich ein enges Verhältnis. »Es stellte sich bald heraus«, schreibt Canetti, »daß sie ganz und gar nicht so war, wie ich mir eine Tochter dieses Hauses vorgestellt hatte«.

Bereits bei der ersten Begegnung mit ihm gibt sich Friedl im *Augenspiel* als Leserin der *Blendung* zu erkennen, was das Interesse und die Neugier Canettis erweckt. Sie wolle schreiben lernen und seine Schülerin werden. Nach anfänglichem Zögern akzeptiert Canetti, ermuntert durch seine Frau Veza, die neue, seine erste Schülerin. Die junge Autorin steht ganz unter dem Einfluss ihres Vorbilds Dostojewski. Das Kapitel ihrer literarischen »Erziehung« betitelt Canetti im *Augenspiel* mit »Der Exorzismus«:

»Friedl hatte Dostojewski mit Haut und Haaren gefressen und konnte nichts anderes mehr von sich geben. Sie schrieb wie er, aber sie hatte nichts zu sagen. Was hätte sie mit neunzehn zu sagen gehabt? In einem ungeheuerlichen Leerlauf schrieb sie Seite um Seite herunter, die aussahen wie von ihm und doch keine Parodie waren. Es war eine Besessenheit, wie man sie aus den Geschichten hysterischer Nonnen kannte. (...) ›Du wirst den Exorzisten spielen müssen‹, sagte Veza. ›Du mußt ihr den Dostojewski austreiben.‹«

Die Austreibung beginnt 1937. Auf langen Spaziergängen lehrt er sie, präzise zu beobachten und als Ohrenzeugin auf die »Diskordanz der Stimmen« in Wien zu achten. Im *Augenspiel* wird aus der unbeholfenen Schülerin rasch das »leuchtende«, »das helle und anmutige Geschöpf«, das »den Übermut und die Leichtigkeit Wiens verkörperte«. Die Beziehung zu Canetti sollte für Friedl Benedikt beruflich wie persönlich lebensbestimmend werden. »Für Friedl«, schreibt ihre um sieben Jahre jüngere Schwester Susanne in ihren *Erinnerungen*,

> »war es, genau im richtigen Moment, eine lebensentscheidende Begegnung, die sie von ihrer Unentschiedenheit, ihrem Zögern, ihren Zweifeln befreite. Noch dazu war es Liebe auf den ersten Blick. Dabei war Canetti alles andere als ›fesch‹: er war bestimmt schon über 30, also viel älter als sie, hatte bereits eine kleine Bauchrundung, weswegen seine kurzen Beine noch kürzer schienen, er war auch nicht elegant (auch später nicht). Aber er hatte einen wunderschönen hochstirnigen Dichterkopf, noch erhöht von einer dichten, dunkelbraunen Mähne. Er hatte Charme, Humor, er war ein faszinierender Erzähler, noch dazu auch ein sehr aufmerksamer Zuhörer. Vor allem besaß er eine geistige Macht, der sie sich sofort und freiwillig total unterwarf. Von Beginn der Beziehung an gab sie Canetti die Rolle eines wohlwollenden, aber strengen Vaters, der Respekt verlangte, aber auch Liebe und Lachen. Er nahm sie gerne an.«

Auch Susanne hat im *Augenspiel* zwei Auftritte: als »östliches« Wesen, eine »Japanerin«, die mit offenen pechschwarzen Haaren atemlos und »dampfend« an Canetti vorbei die Himmelstraße hinaufstürmt und später ihre Schwester Friedl bei deren Versuchen, ihn, Canetti, kennenzulernen, unterstützt. Canetti und sie bleiben auch in der Emigration in Kontakt. Ein Exemplar der Erstausgabe der *Komödie der Eitelkeit*, die 1950 im Willi Weismann Verlag erscheint, schickt Canetti an sie mit einer sehr persönlichen Widmung, in einem Brief vom 31. Dezember 1952 bittet er Susanne dringend, ihn in London zu besuchen. 1960 kündigt er ihr das Erscheinen von *Masse und Macht* an und schreibt nicht ohne Selbstbewusstsein über das Buch:

> »Ich brauche Dir nicht zu sagen, dass es über Erwarten gut geworden ist, nämlich großartig. Ich bin wirklich zufrieden damit, und irgendwann werde ich den Nobelpreis dafür bekommen. Zumindest habe ich ihn verdient.«

25 Jahre später war es denn auch Susanne, die als letzte noch lebende Benedikt-Tochter entschlossen reagierte, als am 5./6. Januar 1985 in *Die Presse* ein Vorabdruck zur Erstausgabe von *Das Augenspiel* erschien. Abgedruckt war das Kapitel »Einladung bei Benedikts« mit einer aus ihrer (und nicht allein aus ihrer) Sicht rufschädigenden Charakteristik ihres Vaters. Kurz darauf erhielt Canetti einen Brief aus Paris:

> »Canetti – wie ich zuerst ›Einen Besuch …‹ zu Augen bekam, bin ich so erschrocken, dass ich »Die Presse« vor mir selber versteckte.
> Es hat mir lange Tage gebraucht, bevor ich mich überwinden konnte, es noch einmal zu lesen.
> Aber die Evidenz ist da: Sie haben den Ernst Benedikt oberflächlich, bösartig kleinlich einfach abgetan. Sie haben ein verschmocktes Geschwätz geschrieben über einen Mann, den Sie verachteten, aber dessen Gastfreundlichkeit und Freundeskreis Sie doch ausgenützt und scheinbar auch genossen haben – (…).«

Die Briefschreiberin fordert mit Nachdruck die Veränderung der Passagen über ihren Vater und droht mit der Publikation ihrer Version der Dinge. Die Reaktion Canettis ist zunächst belehrend und aggressiv. Er pocht auf die Freiheit des Dichters, dessen eigentliche Aufgabe die »Wahrhaftigkeit in der Bewahrung seines Eindrucks« sei: Er habe alles, also auch den Vater, »so dargestellt, wie er es damals sah«. Friedls Bild (und auch das von Susanne) solle so erhalten bleiben. »Trotz des erbärmlichen Briefes« werde er ihr ein Exemplar des *Augenspiels* schicken.

Susanne Ovadia-Benedikt bleibt unversöhnlich, sie repliziert kurz, es folgen zwei weitere, kühl kalkulierte und drohende Briefe an den Leiter des Hanser Verlages Christoph Schlotterer im Mai 1985, in denen die erfahrene Journalistin den Ton weiter verschärft:

> »Da Sie offensichtlich in Kontakt mit Canetti stehen, können Sie dem Herrn etwas von mir ausrichten. Und zwar: sollte eine eventuelle zweite Ausgabe vom *Augenspiel* das Kapitel über die Benedikts unverändert enthalten was meinen Vater anbetrifft, so werde ich seinem, dem Canetti seinem, Gedenken einmal genau so wenig Respekt zeigen. Schließlich kannte ich ihn viel länger (…) als er meinen Vater gekannt hat. Auch ich habe ein gutes Gedächtnis, und, obwohl nicht den Nobel-Preis, viele Freunde unter Publizisten und Journalisten.«

In einem Brief vom 31. Mai lenkt Canetti ein, er kündigt die geforderten Änderungen an, freilich nicht ohne Selbstmitleid und ohne Beschuldigung zu schließen: »(I)ch komme nicht darüber hinweg, dass es Ihnen gelungen ist, Friedl in mir zu zerstören.«

Wie auch immer: Canetti überarbeitet alle Abschnitte über Ernst Benedikt für die zweite Auflage und die in

Vorbereitung befindlichen Übersetzungen. Geändert bzw. gekürzt werden acht Passagen, die Änderungen betreffen mehrere Seiten, ein meines Wissens nach einmaliger Vorgang im Werk Canettis. Die Eingriffe sind, wie ein Textvergleich zeigt, unterschiedlicher Natur. Durch innersyntaktische Streichungen werden einige Beschreibungen abgeschwächt, getilgt werden vor allem abwertende Darstellungen der Physiognomie und Rhetorik Benedikts. Canetti formuliert dabei nichts neu, seine Streichungen sind geschickt gesetzt, sodass ein weit weniger kritisches Bild von Benedikt entsteht, ohne dass Rhythmus und Erzählfluss gestört werden. Die Kürzungen betreffen aber auch Satzteile und ganze Sätze, die letzte erstreckt sich über eine ganze Buchseite. In der französischen und englischen Übersetzung wird diese Neufassung des Bildes von Ernst Benedikt berücksichtigt. Es waren dies die einzigen Änderungen, die Canetti im *Augenspiel* vornahm – weitere, nicht weniger beleidigende Passagen über andere Personen blieben.

Der Konflikt um die »Einladung bei Benedikts« und ein Vergleich der Entwürfe mit der Druckfassung machen Spezifika von Canettis Erinnerungsarbeit transparent: Seine »Lebensgeschichte« muss heute wohl als auto[bio]fiktionales Erzählen gelesen werden, als narrative Hybridform von Fiktion und Faktualität, Autobiografie und Roman. Er habe alles »so dargestellt, wie er es damals sah« (siehe oben), Ziel sei die Unmittelbarkeit und also Wahrhaftigkeit des Erlebten. Am 26. November 1983 notiert Canetti im Vorfeld der Niederschrift von *Das Augenspiel*, dreißig Jahre nach dem Tod von Friedl Benedikt, ganz in diesem Sinn:

> »Denk über Friedl nach! Wie war sie wirklich? Und hättest du damals in der ersten Zeit erkennen können,

wie es mit ihr gehen musste? (...) Du musst das Spätere wegstreichen. Es war wie eine Vergiftung später. Das zählt nicht. Lass ihr frühes Bild nicht davon trüben. Lass alles aus, was sie dir und sich getan hat.«

Was bei Friedl offenbar gelang, das Weglassen alles Späteren, die Trübung des Bildes, die folgende Vergiftung der »ersten Zeit«, misslang bei der Darstellung ihres Vaters. Canetti hatte Ernst Benedikt noch im Jahr 1968 besucht, die Begegnung mit dem Greis, der an einer Neufassung des zweiten (!) Teiles von Goethes *Faust* arbeitete, überlagert die Erinnerung an den jungen Benedikt – die negative Darstellung im *Augenspiel* ist also von einer späteren Erinnerung geprägt, die das damals Erlebte überschreibt.

Natürlich waren auch die Begegnungen in den 1930er-Jahren vorgeformt (vor allem durch die Lektüre der *Fackel*). Darüber hinaus aber entsprang das Geschilderte vielfach nicht der eigenen Erinnerung, sondern war den Wahrnehmungen und Erinnerungen von Friedl Benedikt entlehnt. Die Aufgabe der »Bewahrung seines Eindrucks«, in der die Wahrhaftigkeit der Dichtung begründet sei (siehe oben), bezieht sich also nicht auf das selbst Erlebte, sondern auf die Berichte von Friedl Benedikt. In einer frühen Fassung des Kapitels ist diese Übernahme noch evident, etwa bei der Charakteristik der Schwestern. »Ich fragte Friedl nach ihren Schwestern aus«, schreibt Canetti, »ob die so wie sie seien? Nein, ganz anders.« Es folgt eine Darstellung des Aussehens und der Vorlieben der Schwestern in indirekter Rede, nicht Canetti, sondern Friedl Benedikt spricht. Die Version wird in der Druckfassung gestrichen.

Eine Veränderung der Erzählperspektive zwischen Entwurf und Druckfassung, in der die Erzählung (Friedls) in der Erzählung (Canettis) in den Hintergrund rückt, findet sich auch in der Beschreibung eines Opernbesuches von Emil Ludwig, der bei Benedikt zu Gast war und sich von Friedl begleiten lässt. Ludwig ist so eitel, dass er beim Schlussapplaus aufsteht und sich verbeugt, da er glaubt, der Applaus des Publikums gelte ihm und nicht den Sängern. In der Erstfassung der Passage heißt es:

»Nach dem Spaziergang, auf dem Friedl mir von Emil Ludwig in der Oper erzählt hatte, hielt ich sie dazu an, mir ihren Eindruck (...) zu schildern. Es wäre schwer gewesen, keine Satire über ihren Opernbesucher zu erfinden.«

Zwar ist in der Druckfassung die Stimme der Erzählerin noch vorhanden (»bei unserem nächsten Spaziergang bekam ich alles zu hören«), doch der satirische und fiktive Charakter ihrer Darstellung als Erfindung verschwindet. Friedl Benedikts Schilderung ihres Opernbesuches mit Emil Ludwig könnte auch ganz anders gemeint gewesen sein: Mit der Geschichte über die (vermeintliche) Lächerlichkeit ihres prominenten abendlichen Begleiters beruhigte sie den rasend eifersüchtigen Geliebten.

Für die große Bedeutung der Berichte von Friedl Benedikt, die im *Augenspiel* verarbeitet, aber kaum sichtbar sind, lassen sich viele weitere Belege finden, wie etwa die erstaunliche Geschichte über ihre Geburt im Auto:

»Bis auf die wenigen Tage ihrer Ehe hatte sie in Grinzing gelebt, in einem Auto war sie zur Welt gekommen. Als ihre Mutter die Wehen fühlte, nahm der Vater neben ihr im Wagen Platz und ließ sie zur

Geburt ins Sanatorium fahren. Er sprach, wie es seine Art war, unaufhörlich, als sie ankamen und der Wagen hielt, lag das Kind am Boden, es war zur Welt gekommen, ohne daß einer der beiden etwas gemerkt hatte.«

Die Geschichte der durch den permanenten Redefluss Benedikts unbemerkt gebliebenen Geburt der Tochter gehört zu den Legenden, wie sie in jeder Familie erzählt werden, doch von wem sie in dieser Fassung erfunden wurde, tritt im *Augenspiel* in den Hintergrund. Bei Canetti erhält die Anekdote nicht nur den Anschein der Faktizität, in der Passage wird der narrative Fokus auf subtile Weise so weit in Richtung eines übergeordneten Erzählers verschoben, dass die Person, die sie erzählt, also Friedl Benedikt, tendenziell verschwindet und in der anderen, übergeordneten Stimme (jener Canettis) aufgeht. Mit Gérard Genette lässt sich dieser Wechsel der Erzählstimmen und -perspektiven als Wechsel zwischen interner und externer Fokalisierung beschreiben: Die eigentliche Erzählerin mit ihrer (internen) Sicht auf das Geschehen erzählt nur in Hinblick auf den ihr übergeordneten, externen Erzähler, der über ihre Erzählung metadiegetisch berichtet und sie sich im Bericht aneignet.

Es erscheint durchaus plausibel, dass weite Teile der Darstellung von Ernst Benedikt bei Canetti sich dieser Verdopplung der Fokalisierungsmodi verdanken, also aus den Erzählungen der Tochter über ihren Vater gewonnen wurden. Anders als in *Speak, Memory* von Vladimir Nabokov, wo die Dinge mit einheitlicher Erzählstimme aus dem Zeitfluss hervorgeholt und als unmittelbar erlebte Bilder der Vergangenheit konserviert werden, anders als in Prousts *Recherche*, in der die Perspektivwechsel temporaler

Natur sind, also zwischen dem erinnerten und erinnernden Ich, zwischen dem »moi permanent« und den »moi successifs« stattfinden – bei beiden Autoren wird die Erinnerung selbst zum Gegenstand der Erzählung –, ist die Erinnerung bei Canetti über die Erzählung einer anderen Person verdoppelt; die Erzählung wird aufgesammelt, bearbeitet und ihre Autorschaft undeutlich gemacht. Die Verdoppelung des Prismas der Erinnerung und die Effekte der Brechung gehen in der Endfassung vom *Augenspiel* weitgehend verloren, sodass einerseits der Eindruck von Authentizität des Erlebten entsteht, andererseits die Machtverhältnisse zwischen den Erzählstimmen festgeschrieben werden. Zum Genre der Autobiografie, die eine Identität von Autor, Erzähler und Protagonist voraussetzt und daraus den Wahrheitsanspruch der Rede begründet, gehört die »Lebensgeschichte« (Untertitel) von Canetti nicht – auch wenn sie lange Zeit so gelesen und beworben wurde.

II

Die Betrachtung der Passagen über den »Besuch bei Benedikt« macht meines Erachtens noch etwas anderes deutlich: die Notwendigkeit, die Stimme Friedl Benedikts als eigenständige Stimme hörbar werden zu lassen. Bis heute wird ihr Werk fast ausschließlich durch die Brille Canettis betrachtet. Noch 2004 bewirbt der Verlag die deutsche Übersetzung ihres Romans *The Monster*, der 60 Jahre zuvor auf Englisch erschienen war, als Erstveröffentlichung »der literarischen Schülerin von Elias Canetti« und – etwas verquer – seiner »Komplizin«. Friedl Benedikt war, und das sollte wohl zum Ausdruck gebracht werden, auch die Geliebte Canettis (so wie er ihr Geliebter war), durch die Permanenz dieser Etikettierung wird allerdings die Souveränität ihrer Existenz als Schriftstellerin und ihres Werkes verdeckt. Canetti selbst war an diesem Prozess der Erinnerung, die zugleich eine Auslöschung ist, maßgeblich beteiligt. Seine Erinnerungen an sie im *Augenspiel* und in seinen Aufzeichnungen können als Musterbeispiele der Miniaturisierung einer Person gelten, die sprachlich auf das Format der Schülerin fixiert oder auf den Status des Kindes, ja des Tierchens (mitunter hübsch, mitunter parasitär) reduziert wird. Friedl ist ihm »Geschöpf«, dem er die »Stimme gab«, ein »Grashüpfer, später (…) mein Floh«, die »Ziehtochter«, die »Tochter«, »die ich mir heranzog«, »jemand, der meine Sklavin sein«, der »hart behandelt« werden wollte, schließlich: »Kind«. Selbst die Wahl ihres Pseudonyms »Anna Sebastian« bringt Canetti mit seiner Person in Zusammenhang.

Der Briefwechsel, den Friedl mit ihren Schwestern und Eltern während des Exils führte, erhellt schlaglichtartig das Werk und das ruhelose und zugleich freie und selbstbestimmte Leben einer Autorin in der Nachkriegszeit, voll Lebenslust, Neugier und Verzweiflung, mit und ohne Canetti.

Nach einer privilegierten, aber nicht sonderlich behüteten Kindheit in Grinzing verbringt Friedl Benedikt regelmäßig lange Aufenthalte bei ihren Verwandten in London. Eine frühe Ehe wird rasch geschieden. Nachdem eine Bewerbung am Max-Reinhardt-Seminar scheitert, wendet sie sich dem Schreiben zu und lernt das Ehepaar Canetti kennen. 1938 emigriert sie via Paris nach London und lebt im Haus ihrer Cousine, der Kunstmäzenin Margaret Gardiner (1904–2005), im Künstlerviertel in Hampstead. Wie in Wien versucht sie vergeblich, an einer renommierten Schauspielschule, der Michael Chekhov School of Acting, unterzukommen. Einer ihrer Sehnsuchtsorte bleibt allerdings Paris. Kurz vor dem Zweiten Weltkrieg schreibt sie über einen Parisaufenthalt an die Eltern:

> »Paris habe ich furchtbar gerne. Ich gehe stundenlang durch die Stadt spazieren, hier kann man ruhig allein sein, ohne in diese verzweifelte Stimmung zu kommen, die in London so unerträglich ist. Weiß Gott, was ich dafür geben würde, wenn ich hier bleiben könnte (…), keine Selbstmordgedanken, wie in London tot sicher.«

Sie wohnt, wie später häufig, in einem kleinen billigen Hotel. Mit ihrem Freund aus Wiener Zeiten, Ivar Iverus, und ihrer aus Zürich angereisten Schwester Ilse zieht sie durch das Pariser Nachtleben, wie Friedl den Eltern nach Wien berichtet:

> »Das Pariser Nachtleben hat vor allem sie [Ilse, Anm. E. S.] in vollen Zügen genossen, denn in Zürich schließen alle Lokale um 12 Uhr. Übrigens hat uns hier irgendein Portier in ein Bordell mit Vorführungen geführt. Das war höchst unheimlich. Von außen hat das Ganze wie eine elegante Wohnung ausgeschaut, sogar der Ivar ist darauf hineingefallen. Dann sind wir in den Vorführungsraum geführt worden. Vorher hat Ilse Bach und Schubert auf dem Klavier, das dort war, gespielt. Die Vorführungen, denen wir andächtig zwei Minuten zugeschaut haben, waren so unbeschreiblich ordinär, daß wir, Ilse und ich, nachher mit Inbrunst gekotzt haben. (…) Wie wohl ich mich allein fühle, kann ich euch nicht sagen. (…) Was macht Canetti, ich höre nichts von ihm.«

Zehn Jahre später schreibt sie über das Alleinsein in der Stadt, die sie als alleinstehende Frau nicht ungestört genießen kann:

> »Canetti ist weggefahren. Ich fahre definitiv nächsten Dienstag. Paris gefällt mir weniger und weniger. Der einzige Vorteil ist, dass ich jetzt, wo C. nicht mehr da ist, mir alle Sachen anschauen kann, die ich sehen will. (...) Die Männer sind hier wie vermin. Wo man hingeht, zwicken sie einen in den Arsch, laden einen zu Champagnergelagen. Gestern hat mich einer angesprochen, ob ich bei ihm Milchkakao trinken will. Das klingt komisch, ist es aber gar nicht, wenn man hier alleine etwas umhergehen will.«

Wie ihre Schwester Gerda, die ebenfalls nach England emigrierte und zeitweise bei den britischen Passbehörden arbeitete, versuchte Friedl Benedikt, eine Arbeitsbewilligung für England zu erhalten. 1941 schreibt sie, bereits auf Englisch, an ihre Eltern in Stockholm, dass sie sich als Fahrerin von Ambulanzwagen beworben habe:

> »I want and have to work in this war (...). I cannot watch while this war is being fought.«

Man solle nicht versuchen, sie zu überreden, aufs Land zu übersiedeln, sich aber auch keine Sorgen machen: Es gebe einen Luftschutzkeller im Haus, »gasproof and bombproof«.

Drei Romane und ein Romanfragment entstehen neben kleineren journalistischen Arbeiten in den nächsten neun Jahren. Ihre bei Jonathan Cape unter dem Pseudonym Anna Sebastian erschienenen Bücher blieben sowohl von der Frauen- wie von der Exilliteraturforschung bislang weitgehend unentdeckt. Ihr erster, noch auf Deutsch verfasster und danach selbst übersetzter Roman *Let Thy Moon Arise* erschien im Frühjahr 1944. Es ist eine märchenhaftlyrische, in Wien angesiedelte Geschichte über das Waisenmädchen Stephanie, das nach dem Tod des Vaters versucht, inmitten von Außenseitern in einer ihr rätselhaften, fremden Welt zu überleben. Stephanie ist bei einer Korsettmacherin angestellt, ohne dort viel zu arbeiten, sie lügt und stiehlt aus purer Lust am Lügen und Stehlen und führt Gespräche, die wie in *Alice in Wonderland* seltsam steril bleiben; auf der Suche nach der Mutter ertrinkt sie in der Donau im Spiegelbild des Mondes.

Noch im selben Jahr erschien *The Monster* (1944, franz. 1946, schwed. 1951, deutsch 2004), eine bereits auf Englisch verfasste und in London spielende, kafkaeske Geschichte über den ebenso größenwahnsinnigen wie charismatischen Staubsaugervertreter Mr. Crisp. Nach seinen erfolglosen Verkaufstouren, die allesamt in Demütigungen und Ablehnungen enden, rächt sich Crisp an seinen Kundinnen. Er erlangt auf erstaunliche Weise Macht über sie, demütigt und erniedrigt sie, zwingt sie, für ihn zu arbeiten und ihm zu dienen. Crisp sieht sich mit gottgleicher Macht ausgestattet. »Down and pray to your God«, commanded Mr Crisp. Kate flung herself on the floor before him with a shriek of delight«, lauten die letzten zwei Sätze von *The Monster*.

Man kann in dem Roman über Herrschaft und Knechtschaft, Demütigung und Unterwerfung eine Parabel auf den Faschismus erkennen. Er erhielt wie schon *Let Thy Moon Arise* überwiegend wohlwollende Kritiken; der Roman, heißt es in *Time and Tide*, weist Benedikt aus als »the most original young writer the war years have produced in this country«.

The Monster ist – wie alle Romane Friedl Benedikts – Canetti (»Orion«) gewidmet. Sein Einfluss ist unübersehbar, er ist das Gravitationszentrum ihrer schriftstellerischen Existenz – und zugleich Objekt der Wut und der Notwendigkeit der Emanzipation. Auch Canetti verdankt ihr einiges. Friedl Benedikt war in London durch Margaret Gardiner bestens vernetzt. Über Friedl Benedikt fand Canetti Zugang zur intellektuellen Szene Londons, unter anderem lernte er über ihren Kreis Veronica Wedgwood kennen, die 1946 *Die Blendung* ins Englische übersetzte. Zuvor war nichts von Canetti auf Englisch erschienen, nach *The Monster* war Friedl Benedikt als Autorin erfolgreicher und bekannter als er. Im gesellschaftlichen Leben in Hampstead war Canetti *ihr* Begleiter und nicht umgekehrt. Die Amour fou mit Canetti bleibt auch in England mehrdeutig, das Verhältnis oszilliert zwischen einer nur schwer fassbaren Form permanenter Unterwerfung, mit der manchmal ironisch gespielt wird, und dem Versuch, sich vom Meister und seinem Diktat zu emanzipieren. »Niemals«, schreibt sie, »möchte ich mich Dir gleichstellen«, sie schämt sich, dass sie nach einem missglückten Abend »alles verpatzt habe«, sie will »ganz so sein, wie Du mich willst«, und vergleicht sich mit Pinocchio:

> »Geliebter, geliebter Ilja, ich hab Dich schrecklich gern, ich hab Dich immer lieber. Seitdem Du hier warst, bin ich ganz blödsinnig, ich glaube leider Gottes, ich verliere langsam den Verstand. Sternchen, als Deine Schülerin geht man durch eine harte Schule. Entweder wird man ein ganz starker, schöner Mensch, oder man zerbricht und wird krank. Wie ernst es ist, habe ich immer geahnt, aber jetzt weiß ich es ganz genau, man lebt ständig zwischen Himmel und Hölle. (...). Denn

es ist doch meine feste Überzeugung, daß jeder Mensch zuletzt ganz bitter alleine ist, daß keiner zuletzt in irgendjemandes Hut ist, nur glaube ich, darf einem das nicht zu oft und nicht zu krass bewußt werden. Denn ganz alleine wird man zum Gerippe, ohne Haut und Knochen, man ist nirgends. Darum will ich so werden, wie Du mich willst. (…) Weißt Du Sternchen, ich muß oft an den Pinocchio denken. Der arme Meister Giuseppe (ein Verschreiber, gemeint ist Geppetto, Anm. E. S.) schnitzt sich da eine Holzpuppe, die tanzen soll und auf den Jahrmärkten Geld verdienen soll für ihren Herrn und Meister. Und das erste, was diese Puppe tut, ist, daß sie ihn anschielt und das zweite, daß sie ihm die Zunge herausstreckt. Dieses Buch ist in allen Buchhandlungen erhältlich, kostet 4 Schillinge und ich wünsche es mir zu Deinem Geburtstag. (…)
Ach Ilja, mir macht es ein unbeschreibliches Vergnügen, Dich zu ärgern. Ich möchte Dich am liebsten immer anschielen, nur damit ich merke wie wichtig es Dir ist, daß ich nicht schiele. Aber Du jagst einen einfach davon und läßt Dich nicht anschielen. (…) und wenn Du mich nicht magst, so liebe ich Dich doch. Amen. Friedl.«

Je selbstständiger sie schreibt, desto mehr wird die Kritik Canettis als zerstörerisch empfunden, »und ich will mich *nicht* zerstören lassen, auch von Dir nicht«. Stephanie, die Heldin ihres ersten Romans »muß so tanzen, wie ich es wünsche und nur ich alleine habe zu bestimmen, wie ich es wünsche«. Was sie will, fasst sie in einem eindringlichen Bild zusammen: Ein eckiger Tisch zwischen beiden soll Distanz und Egalität herstellen. Am 12. September 1943 notiert sie:

»Im Zug, als ich nach Hause fuhr, mit einem schlafenden Mann im Abteil und dem schwarzen, sternenbedeckten Himmel im Fenster und beim Rattern der Maschine, habe ich gedacht: Die Zeit, in der Du mir den Kopf mit Geschichten vollgefuellt hast, ist vorbei und es sollte nun soweit sein, dass ich Dir gegenueber sitzen kann, Deinesgleichen, sozusagen, Deine Schuelerin, am selben Tisch mit Dir. Ein viereckiger Tisch ist wie ein Arbeitstisch, so liegt zwischen Dir und mir die Arbeit, weder lauf ich hinter Dir her noch stolpere ich neben Dir ueber die Steine.«

In den Briefen der Schwestern und in den Erinnerungen spielt Canetti eine Nebenrolle, der Blick auf ihn ist teils eher negativ und ironisch, teilweise aber auch differenziert. So beschreibt ihn Ilse Benedikt um 1955 in einem Entwurf eines Stückes über Krankheit und Tod ihrer Schwester als »Dr. Colerus«, den Dichter, der Friedl »halb als Geliebte, als Tochter, als Schülerin« behandelt, den sie gleichermaßen »liebt«, »verehrt« und »fürchtet«, der ihr aber auch »ein tiefes Gefühl der Sicherheit« gegeben hat. Canetti beschreibt die Beziehung ähnlich, im Brief an Friedls Vater 1950 und an ihre Schwester 1952 nennt er sie allerdings auch »dem Wahnsinn nahe« und »Hölle«. Ein ähnliches Bild ergibt sich auch aus den Briefen Friedls – Beschreibungen des Verlangens nach Nähe und einer Flucht in Permanenz. Zum Ausdruck kommt in ihren Briefen aber vor allem ihre Suche nach einer eigenständigen Existenz als Autorin und ihre Sehnsucht nach dem Wien ihrer Jugend. Einige Briefe ab 1944 sind auf Englisch verfasst, einige andere wechseln zwischen Englisch und Deutsch. Im Oktober 1944 erinnert sie sich an die Himmelstraße:

»Sometimes at night, I wake up with (…) terrible sadness the moment when I left our house. It was raining, and the rosegirlands at the entrance of the house looked blue and the house looked quite misty as though, already, it belonged to the past. Then I get a terrible longing for you, my dearest old one, for Papsch, for Susi and Ilse and Gerda and I can't sleep and have to switch on the light and look up at my ceiling which is cracked by bombblast.«

Einen Monat danach berichtet sie den Eltern in Schweden hymnisch über Canetti und sich:

»I am writing a new book now, in English (…). Canetti lives near London. He's got a stipendium from an American university and works very hard on a Psychology of power and masses. I see him quite often and I love him and will always love him. My life and his are bound together for ever, he taught me to write and to live and he has been good to me as only you, perhaps, have been and he loves me too. I don't know what will happen. (…) If my life ever should be a success, if ever I should reach what I want to reach, that is, be an artist to my finger tips, be a sincere and honest and good writer and give people joy and understanding through my work, it'll be mostly him I shall have to thank.«

Und kurz vor Weihnachten 1944 jubelnd über sich und ihren Roman:

»Some good news I've got for you. (…) Jonathan Cape will publish it (my new book and) demands the rights for the next two books. Hurrah! Hurrah! You'll soon have a famous daughter. And I shall be rich and buy you a lovely house and 5 cats and 6 dogs and we'll eat chicken every day. I love you my sweet parents. I kiss you my dearest old pigs, my good old swine, we'll be happy and rich and famous and we'll go to the theatre every night and to the opera on Sundays and we'll invite all our friends and celebrate.«

Die gute Stimmung hält nicht lange:

»Es ist augenblicklich ein solches Durcheinander in meinem Leben, daß ich Euch schwer irgend etwas darüber schreiben kann. Es sind viele und schrecklich ernste Schwierigkeiten zwischen Canetti und mir. (…). C's Buch, das jetzt herausgekommen ist, ist ein ganz großer Erfolg (…). Das ist die einzig wirklich gute Nachricht im Augenblick, außer daß mein eigenes Buch, glaub ich, wirklich schön wird.«

Stolz berichtet sie den Eltern über die vorteilhaften Rezensionen von *The Monster*, Geldsorgen prägen allerdings den Alltag während des Krieges und nach Kriegsende. 1944 schreibt sie:

»Meine süßen, geliebten Alten, ich schick euch hier die Kritik im ›Listener‹. Die Kritik ist entscheidend für meine ganze Zukunft – das heißt auf gut Deutsch (…). Von heute ab bin ich berühmt –. Ich bin noch ganz fassungslos. (…)
Statt dessen sitz ich zu Hause und habe

a) 10 Pfund für die Miete zu zahlen, was ich nicht
besitze.
b) 12 Pfund für das Telephon, was ich ebenso nicht
besitze.
c) 14,5 Pfund für das Gas, was ich ebenfalls nicht
besitze.
d) 3 Pfund für die Kohle, was ich auch nicht besitze.«

Und noch fünf Jahre später heißt es:

»Woher soll ich 10 Pfund nehmen? ZEHN PFUND!
(…) Dass ich überhaupt noch am Leben bin, ist ein
Wunder, das dem Canetti zu danken ist, der wie ein
großer Leberknödel durch die Stadt rollt, um sich Geld
für mich auszuleihen.«

Das Engagement Canettis wird in mehreren Briefen Benedikts hervorgehoben und regelmäßig über die Fortschritte seiner Karriere berichtet. Regelmäßig ist allerdings auch von »Quälereien« die Rede. Nach persönlichen wie finanziellen Krisen weicht sie von England nach Schweden aus:

»Ich brauche unbedingt Ruhe. Im Alleinsein zum
Arbeiten. (…) Ich möchte von Schweden gar nicht
mehr nach England zurückkommen, sondern vielleicht
nach Frankreich oder Irland fahren. Vielleicht auch
nach Österreich. Es ist alles unbestimmt.«

Unmittelbar nach Kriegsende beginnt Benedikt schreibend Europa zu erkunden – ausgedehnte Reisen führen sie nach Paris, in die französischen Alpen, nach Südfrankreich und in die Pyrenäen, nach Florenz, Kopenhagen, Salzburg und auch zurück nach Wien, wo sie allerdings nur kurz bleibt. Das Haus der Familie in der Himmelstraße ist nach wie vor in der Hand der Ariseure und bleibt es. Aus London schreibt sie 1948:

> »Ich arbeite gut, aber meine Herzensangelegenheiten sind, as usual, grauenhaft. Canetti hat eine engelhafte Geduld, behandelt mich aber im Allgemeinen wie einen verlorenen Sohn, zu dem man gut sein muss, weil er leider verrückt ist.«

In Schweden, nach einer schwierigen Liebesbeziehung zu dem aus Ungarn stammenden Maler Endre Nemes (1909–1985), pendelt sie – es zeigen sich bereits erste Anzeichen ihrer Erkrankung – zwischen Stockholm und einer Pension im südschwedischen Getå, wo die Familie häufig zu Gast ist. Sie arbeitet an ihrem dritten Roman. Ein »normales Leben« ist nicht mehr in Sicht, zurück in Hampstead schreibt sie:

> »Ich sitz tag-täglich stundenlang in unserem kleinen Garten und arbeite – mit meiner Arbeit geht es besser als seit Jahren. Das Buch ist so gut wie fertig. Ich bin braun wie ein Neger, meine Haare, Mütterchen, sind golden und das Nonnenleben, das ich führe, tut mir äußerst gut. Ich komme mehr und mehr drauf, dass es für mich vollkommen falsch ist, wenn ich auf die Dauer ein ›normales‹ Leben führe, es macht mich nur verrückt. Seit drei Jahren hab ich eigentlich zum ersten Mal trotz aller Komplikationen und Schwierigkeiten das Gefühl, dass ich wieder zu mir selber gekommen bin – wie wenn ich nach einer langen, langen Krankheit endlich wieder gesund geworden wäre. Ich

glaube – touch wood – was immer jetzt geschehen wird, es kann doch nie wieder so schlimm sein, wie in diesen letzten Jahren.«

Zu Jahresbeginn 1950 schreibt sie über ihren neuen Roman *The Dreams*:

»Mein Buch ist schon im Times Literary Supplement GROSS angekündigt: One of the four distinguished novels Cape are publishing in 1950. Irgendwie freut es mich, dass das Buch im neuen Halbjahrhundert herauskommt.«

In *The Dreams* erzählt Benedikt über Michael und Tobias Glace, ein ungleiches, dionysisch-apollinisches Brüderpaar, von dem einer nachts, der andere am Tag lebt, der eine Zahlen, der andere Wörter bevorzugt. Beide gleiten durch die Welt eines Londoner Pubs und durch die halluzinatorische Landschaft von Träumen, wie in einem Varieté betreten Figuren die Bühne der Erzählung und verlassen sie wieder. Offen bleibt, ob es sich bei dem Brüderpaar um zwei Personen oder um die Spaltung einer einzigen handelt. Von der Kritik wurde der Roman geteilt aufgenommen. Galten ihre ersten beiden Romane noch mehr oder minder einhellig als innovative, romantische und surreale Experimente, welche die englische Literatur bereichern, ging Benedikts melancholisches Traumspiel manchem Kritiker formal zu weit: Der Text sei rätselhaft und nur schwer lesbar. Andere verglichen die Figurenzeichnungen Benedikts mit Gemälden Chagalls und erkannten in ihnen »the unmistakable accent of a genius«.

1950 erfolgt nach Phasen der Näherung, der Zerwürfnisse und Wiederannäherungen die endgültige Trennung von Canetti als Geliebtem. Beruflich und auch persönlich bleiben die beiden einander jedoch auch danach verbunden. Benedikts wohl letzter und zugleich unheimlichster Text ist *The autobiography of a thief*, in Stockholm und England verfasst, das Typoskript umfasst 65 Seiten. *The autobiography of a thief* ist ein düsteres, verstörendes Fragment, das weniger an Canetti als an Leo Perutz oder Bruno Schulz erinnert. Die Geschichte, erzählt aus der Perspektive des Protagonisten Nicholas, handelt von seiner Suche nach dem Vater, vom Ringen um die Anerkennung seiner Mutter und dem Kampf gegen seinen Stiefbruder. Im Mittelpunkt steht die bizarre, homoerotische Freundschaft zu seinem Mitschüler Quentin. Nicholas und er entwickeln ein eigenes Spiel, in dem Quentin ihn minutenlang anlächelt und Nicholas ihn dafür küsst. Das Lächeln, das Quentin seinem Freund schenkt, ist jedoch nicht Zeichen der Zuneigung, wie Nicholas erfährt, sondern die verzweifelte Abwehr einer traumatischen Erinnerung Quentins an eine Spukgestalt, die er durch das Lächeln bannt und der Nicholas ähnelt. Am Ende beschuldigt Quentin Nicholas, ihm sein Lächeln gestohlen zu haben, die grauenvolle Erscheinung kehrt nach dem Diebstahl wieder Nacht für Nacht zurück und raubt ihm jede Lebenskraft. Der Text bricht nach dem achten Kapitel ab.

1951 werden die Krankheitsschübe – Benedikt leidet an Lymphdrüsenkrebs – immer heftiger und bestimmen ihren Alltag. Dennoch reist sie gemeinsam mit Canetti und dem jungen Amerikaner Allan Forbes von Paris in die französischen Alpen:

»Die Reise in die Berge war eine Katastrophe – gleich habe ich das gewohnte 39,6 Fieber bekommen. (...) Die

neue Behandlung war hier die grauenhafteste, die man
sich denken kann (…). Mein Gewicht war 42 Kilo –
jetzt ist es auch nicht viel mehr. Mein einziger Trost war
Canetti und Allan.«

Allan Forbes war Friedl Benedikts Geliebter und Begleiter in
ihren letzten Jahren. Die Krankheit verläuft nach zwischenzeitlichen Remissionen in Schüben. Ende 1952 schreibt sie
in einem ihrer letzten Briefe aus dem American Hospital in
Paris:

»Das ist schon eine bestialische Scheißkrankheit. (…)
Mein einziger Trost sind die Ärzte und Schwestern,
die mich Gott sei Dank sehr gerne haben und dann
natürlich Canetti. Er war überströmend von Liebe und
Zärtlichkeit und Rücksicht, er und Allan haben sich
echt gerne und damit ist das gräulichste und scheinbar
unlösbarste Problem aus meinem Leben draußen und
ich habe das Gefühl, dass es sogar all dieses Elend wert
ist, nur damit ich endlich Ruhe für mich gefunden habe
und die habe ich jetzt. Jetzt ist es nur eine Frage von
Zeit und Geduld und Durchhalten.«

Dieser Eindruck des erfolgreichen Sich-Lösens, Versöhnens
und Emanzipierens vom »Meister« wird auch in den Briefen
Canettis bestätigt. Friedl stirbt am 3. April 1953.

III

Canettis Gesten der Trauer, seine Klagen über Friedl Benedikts frühen Tod und seine Selbstanklagen in den Monaten und Jahren danach sind so maßlos wie selbstbezüglich. Trauer und narzisstische Energie werden in eine produktive literarische Idee verwandelt. Am 9. Dezember 1953, kaum ein halbes Jahr nach Friedl Benedikts Tod, schreibt Canetti im Bewusstsein der Möglichkeit oder gar der Notwendigkeit eines Perspektivwechsels:

> »Ich habe mich schon gefragt, ob ich nicht einen Roman schreiben müsste, der vom Standpunkt der Frau aus den Mann so sehr verhöhnt und ablehnt wie es in der ›Blendung‹ der Frau geschehen ist. Ich bin davon überzeugt, dass es mir möglich wäre; dass die Hauptfigur darin, eine Frau, die von einem Mann zerstört wird, so glaubwürdig erscheinen würde, als ob ich der Schreiber selbst diese Frau wäre. Die Gerechtigkeit verlangt von mir dieses Buch; die Gerechtigkeit und Friedl.«

Das Buch blieb ungeschrieben.

[2020]

Mit Rudolf Burger im Café

Auf Rudolf Burger bin ich Mitte der 1980er-Jahre aufmerksam geworden, als ich einen Artikel von ihm für eine *Falter*-Beilage einrichtete. Thema des Supplements war die aktuelle Debatte um die Postmoderne, mit Beiträgen unter anderem von Lyotard, Kofman und Derrida. Burgers Artikel – »Verschönerung der Theorie?« – war brillant; in einer Tour de force von Platon bis Rorty räumte er mit dem damals neuen, kitschigen Tonfall in der Philosophie auf. »Ist es seit Joyce oder Beckett nur mehr komisch, von ›schöner Literatur‹ zu reden«, schreibt Burger, »so wäre doch jeder ein Banause, der Baudrillard oder Kamper nicht mit ein wenig Schaudern genießt«. Und weiter: »Seit die Künste nicht mehr schön sein wollen, will es umso mehr die Theorie. Ihr Ideal ist die Schönheit des Schreckens, ihre Moral die Désinvolture, doch riecht ihr Stil nach Parfum.« Das habe ich damals im Manuskript dick unterstrichen, mit ein oder zwei Rufzeichen am Rand (was nicht oft vorkam). Es war die Zeit von Philip Johnson und James Stirling, diskutiert wurde über das Erhabene, im Wiener Stadtkino lief *Sans soleil* von Chris Marker. Der Sound in Burgers Artikel war fremd und neu: Der Text war mitunter schwierig, aber nie schwer, die Argumentation war polemisch zugespitzt und messerscharf, zugleich aber in jedem Nebensatz klar. Der Autor war offensichtlich bestens geschult am marxistischen Dia- und Histomat, argumentierte aber ohne jeden Anflug von geschichtsphilosophischem Optimismus. Wer Burger je einen postmodernen Philosophen genannt hat (das haben ja einige), der lese diesen Text.

Waren es die von mir gewählten Illustrationen gewesen oder die Tatsache, dass der sich immerhin über fünf endlose *Falter*-Seiten erstreckende Text die Redaktion ohne jeden Kürzungswunsch passierte? Burger war mit meiner Herausgeberschaft zufrieden, und wir wurden miteinander bekannt. Ein Weiteres kam dazu: In den 1980er-Jahren war Rudolf Burger Abteilungsleiter im Bundesministerium für Wissenschaft, und er hatte den Mut, publizistisch im Interview auch gegen den »eigenen« Minister Stellung zu beziehen, was er lange zuvor schon bei Hertha Firnberg riskiert hatte. Das erschien mir bemerkenswert. Ich publizierte ein paar Zeilen des Zuspruchs im *Falter*, den, so dachte ich damals, Burger in seiner Lage wohl gut gebrauchen konnte. Heute bin ich mir nicht mehr so sicher.

Wir trafen uns im Kaffeehaus, und in den frühen 1990er-Jahren wurde ich Assistent Rudolf Burgers, der seit 1990 Vorstand der Lehrkanzel für Philosophie – so hieß das damals – an der Angewandten war. Ich arbeitete sehr selbstständig, denn ich hatte, so war es ausgemacht, im Wesentlichen nur zwei Dienstpflichten ihm gegenüber: 1. ihm nicht auf die Nerven und 2. regelmäßig mit ihm ins Kaffeehaus zu gehen. Beide Pflichten erfüllte ich über einige Jahre hinweg so gewissenhaft, wie ich nur konnte.

Unser mittäglicher Stützpunkt war das Café Prückel schräg gegenüber der Universität, die damals noch bescheidener »Hochschule für angewandte Kunst« hieß. Der Besuch begann häufig mit einem minutenlangen Blick in die Speisekarte. Ich entschied mich zumeist rasch, legte die Karte weg und wartete. Burger blätterte und blickte auf die Seiten, blätterte weiter und dann zurück. Woran er beim Studium der

Speisekarte gedacht haben mag, ist mir bis heute ein Rätsel; vielleicht blieb er an einem Wort, an einem einzigen Buchstaben hängen, vielleicht las er gar nicht, vielleicht las er und vergaß es sofort und geriet auf diese Weise in eine Schleife – wer weiß, jedenfalls unterbrach er nach angemessener Zeit sein Studium fast immer mit der vorsichtigen, fast nebenbei gestellten Frage: »Und, was isst du?«

Nach meiner jugendlich entschlossenen Antwort – Zander, faschierter Braten, Eierschwammerln – folgte die Antwort: »Sehr gut, das nehme ich auch.«

Auf diese Eröffnungszüge folgte Entspannung und der Griff in das silberne Zigarettenetui. Manchmal, aber nicht immer, wurde auch mir eine Zigarette angeboten. Danach wurde über alles geredet, vorwiegend über Gott und die Welt. Wobei »Gott« als Fluchtpunkt allen Denkens der Zweifel war und die »Welt« vor allem Politik. Burger war strenggläubiger katholischer Atheist, ein Konstatieren von Sinn (ob in der österreichischen Innenpolitik, in der Geschichte der Menschheit oder im Universum) kam deshalb für ihn nicht infrage.

Burger gilt heute zu Recht als elegantester Essayist des Landes, doch ich glaube, sein eigentliches Medium war das Gespräch. Erstaunlicherweise war er im Dialog etwas milder als im Medium der Schrift. Er wirkte mitunter fast schläfrig, war aber raubtierhaft wach, er verfügte über enormen Witz, aber ohne einen Deut von Humor. Natürlich waren damals die Rollen klar verteilt. Ich durfte ab und an ein Stichwort geben, wie der Optimist in den *Letzten Tagen* dem Nörgler, und war ansonsten Crash-Test-Dummy zur Erprobung zukünftiger argumentativer Zusammenstöße. Vieles wurde von ihm im Café gesprächsweise vorgeformt, was dann – in viel schärferer Form – Grundlage einer schriftlich geführten Kontroverse auf maximaler Eskalationsstufe wurde.

Burger war Experte darin, sich in die Nesseln zu setzen (und damit die Existenz der Nesseln überhaupt erst zu beweisen): Seine Invektiven gegen die österreichische Außenpolitik als »kriegsgeilen Kiebitz«, gegen den »antifaschistischen Karneval« der Linken, gegen die »zähnefletschende Herzlichkeit« eines sozialdemokratischen Bundeskanzlers wurden sprichwörtlich, viel diskutiert wie seine Polemiken gegen die Moralisierung der Politik bei den Grünen, gegen die Neutralität und für den Beitritt zur Nato. Essaytitel wie »Lob der Niedertracht« und »Lob des Opportunismus«, Untertitel wie »Eine Philosophie für Damen« oder an Odo Marquard erinnernde Formulierungen wie »Residualtranszendenz für höhere Töchter beiderlei Geschlechts« machten die Sache nicht einfacher.

Ich kenne niemanden, der härter und falscher zitiert wurde als Burger: »Moral ist etwas für die kleinen Leute«, beginnt ein Artikel von Burger aus dem Jahr 1989 (»Die Ordnung der Liebe«). Dies wurde als Beleg für aristokratische Überheblichkeit, herzlosen Elitarismus und für Weißgottwasalles zitiert, vergessen wurde gerne, wie dieser Satz weiterging: »... und sie sorgt dafür, daß sie kleine bleiben.«

Mit der Kunst war es nicht leichter. Groß war die Aufregung, als Burger neun Jahre danach seinen Essay »Die Heuchelei in der Kunst« publizierte – der Text ist im Grunde eine Verteidigungsrede der Sinnlichkeit der Kunst und gegen ihre theoretische Zurichtung gewendet, aber gelesen wurde er kaum. Doch man kann sich vorstellen, wie die ProtagonistInnen der Kunstszene, die die Lektüre regelmäßig nach der Überschrift beendeten, darauf reagierten; man und frau wähnte sich bei der Heuchelei ertappt und war beleidigt. Man ließ es ihn dann spüren. Texte galten damals schon als Kunstbegleitung, als »Statement« für und wider etwas, Burger weigerte sich standhaft und mit einer bestimmten Sturheit, das zu akzeptieren. Die Nesseln der Kunst, in denen Burger mit diesem Aufsatz Platz genommen hatte, waren hoch und dicht, voller Brennhaare mit spitzen Widerhaken. Burger war zum Zeitpunkt der Publikation immerhin Rektor der Angewandten.

Es gab also einige, die das Café Prückel frequentierten, gegen die Burger eine gewisse Abneigung hegte – und umgekehrt. Burger verfügte über das, was man den Wiener Kaffeehausblick nennen könnte. Der Kaffeehausblick ist keine einfach zu erklärende Fertigkeit, sondern eine durch Übung entwickelte höhere Form indolenter Höflichkeit: Jemand geht am Tisch, an dem man sitzt, vorbei, man übersieht den Vorbeigehenden, ansonsten müsste man ihn nickend begrüßen oder sogar in ein kurzes Gespräch eintreten; man übersieht den neuen Gast allerdings so, dass nicht klar wird, ob man ihn tatsächlich übersehen hat oder ob man ihn nicht sehen wollte, was der Vorbeiziehende vielleicht vermutet, was er aber nie beweisen kann – man war ja ins Gespräch vertieft. Der halb öffentliche Raum des Kaffeehauses ist eine ideale Arena für derlei vexatorische Spiele.

Burger verfügte im Gespräch über einen gut sortierten analytischen Werkzeugkasten, mit dem sich nachgerade jedes Problem bearbeiten ließ, und er hatte ein fabelhaftes Gedächtnis für Zitate: Hegel, Löwith, Paul Valéry, aber auch Hobbes und Montaigne hatten Kurzauftritte, gerne auch Carl Schmitt, Ernst Jünger und Cioran. Das wirksamste Instrument, das Burger wie ein Schweizer Messer jederzeit zur Hand hatte, war die »Negative Dialektik«, Adornos Kritik an jeder Form identifizierenden Denkens. Wenn es ein Gemeinsames in Burgers ausufernden Gesprächen gab, dann war es, die Selbstreflexion der Aufklärung als – politische – Notwendigkeit zu erkennen und die Schwierigkeit, dabei nicht in ein vormodernes Denken zu fallen. Verneinung musste in Permanenz erfolgen, seine Kritik – naturgemäß unversöhnlich wie bei Adorno – galt jederzeit dem Zwang, aus absoluten Gegensätzen ein Identisches zu synthetisieren und aus den Antagonismen eine (längst oder immer schon verlorene) Totalität zu erzeugen. Diese Totalitätszerstörung wurde im Café in jedem einzelnen Satz vollzogen, auf jeden Begründungsversuch in diese Richtung reagierte Burger allergisch. Kurz: Ich habe keinen treueren Dauergast im Hotel Abgrund kennengelernt, keinen, der so pünktlich seine Zimmermiete bezahlte, sich jeden Abend adrett gekleidet im Speisesaal einfand und freundlich grüßte, dann allerdings gerne alleine an seinem Tisch speiste.

Zur adornitischen Unversöhnlichkeit gesellte sich ein weiterer Aspekt, der die Besonderheit seiner Sprache und Denkweise ausmachte. Burger war studierter Physiker, er verfügte als ehemaliger Assistent am Institut für Angewandte Physik über ein ganz anderes Referenzsystem für seine Bilder als Fachphilosophen oder Philologen. Begriffe wie Wärme, Kälte oder Toleranz waren für ihn zunächst einmal physikalische Begriffe, sein Zugang zur Welt war dadurch antivitalistisch geprägt, nachgerade anorganisch. Ich erinnere mich an eine begeisterte Eloge von ihm auf Aluminium als Werkstoff, auf das Wunder der unglaublich dünnen, flexiblen und dennoch luftdichten Alufolie, auf die Magie der Verfahren zu ihrer Herstellung, auf die Schönheit der Walzwerke. Hier konnten seine Augen glänzen.

Ein Drittes: Burger zeichnete mitunter in der Autorenzeile mit »MinRat a. D.«, die Signatur erfolgte natürlich ironisch, doch sollte man nicht vergessen, dass Burger, wie schon erwähnt, über Jahrzehnte Beamter und zuletzt Ministerialrat war. Er war damit – ob dagegen rebellierend oder nicht – Teil einer bestimmten Tradition österreichischer Beamter. Bei allem Anarchismus liegt die beamtete Hoffnung auf Verbesserung letztlich im Hobbes'schen Leviathan, in der Pflege und Loyalität dem wohlorganisierten, vernünftigen Staat gegenüber als Schutz vor dem permanenten Krieg aller gegen alle.

Burger hatte seit den 1970er-Jahren als Ministerialer die Macht bürokratischer Rationalität kennengelernt und mit ihr die rationalen Denk- und Handlungsprinzipien der Verwaltung Theresianischer Prägung: die Superiorität der bürokratischen Evidenz des Wissens, die Produktivität durch Einfachheit, Klarheit und Gleichförmigkeit der Erledigung. Leitbild für die Verinnerlichung beamteter Tugenden war Maria Theresias Charakteristik von Friedrich Wilhelm von Haugwitz (1702–1765): Wie er sollte jeder Beamter »ehrlich, ohne Nebenabsicht, ohne Voreingenommenheit« sein, einer, »der die größte Uneigennützigkeit (...), die umfassendste Begabung mit Freude und Fleiß zur Arbeit verbindet, der das Licht nicht scheut und sich noch weniger fürchtet vor dem unrechten Hasse derjenigen, die durch ihn ihre Privatinteressen gefährdet glauben«.

Auch wenn Burger den Staatsinteressen nicht mehr wie Haugwitz »in unerschütterlicher Anhänglichkeit« gegenüberstand, können seine Texte in der spezifisch österreichischen Tradition staatsnaher Aufklärung gelesen werden: Diese reicht von Reformern wie Joseph Freiherr von Sonnenfels, Wenzel Anton Fürst Kaunitz oder Johann Christoph Bartenstein bis zu schillernden, aber auch exzentrischen Intellektuellen im Staatsapparat wie Franz Klein, Theodor Inama-Sternegg oder Max Burckhard. Ein letzter Protagonist dieser Tradition ist der Ministerialrat Burger, auf seinem

Schreibtisch stand im Übrigen eine kleine Stalin-Statue – natürlich eine ironische Geste den Besuchern gegenüber (und ein gutes Beispiel für den von Susan Sontag geprägten Begriff »Camp«), aber, wie das so ist mit Ironie und Camp, man kann die Geste auch anders verstehen.

Ebenso wie der Leviathan-Staat ein Ungeheuer ist, so sind es auch die Menschen. Sie sind vielleicht schöne Monstren (schöner noch als Alufolie), aber man muss auf das Schlimmste gefasst sein, da sie zu allem fähig sind, wie die Geschichte beweist (die Liebe bleibt das Unerklärliche). Diese antihumanistische Skepsis war für Burger, ähnlich wie für Canetti und Nabokov, die eigentliche Triebkraft für einen konzentrierten Blick auf den Menschen und seine Schwächen. Wofür es sich bei aller Skepsis, ja vielleicht Verachtung, zu kämpfen lohnt, ist, die allerschlimmsten Konsequenzen menschlichen Handelns, die zusätzlichen Grausamkeiten, abzuwenden, auch und insbesondere in einer Zeit, in der keine allgemeinen oder inneren Verbindlichkeiten des Handelns zur Verfügung stehen. Jede Utopie muss sich dadurch als Illusion erweisen bzw. muss als solche erwiesen werden. Manchen erscheint diese Haltung als resignativ oder postmodern, ich sehe das in Erinnerung an die Gespräche mit Burger anders: Die radikale Kritik utopischen Denkens in der Moderne ist nicht post-, sondern hochmodern.

Interessant ist vielleicht, worüber nicht gesprochen wurde. Musik blieb stets ein weißer Fleck auf der Landkarte des Gesprächs. Ich versuchte einiges (Bach, Schönberg, Jazz), allerdings mit frustranem Erfolg. Es ist nicht einfach, sich Burger als trällernden Menschen vorzustellen.

Eines Nachmittags nach einem solchen Gespräch im Café lud mich Burger in seine Hegel-Vorlesung ein, was äußerst selten vorkam. Burger änderte das Programm, wie er im

Hörsaal verkündete: Statt eines Exkurses über die *Phänomenologie des Geistes* wolle er die Ableitung der *Speziellen Relativitätstheorie* von Einstein vortragen. Die Begründung habe ich, ehrlich gesagt, vergessen, aber eine tragfähig erscheinende Brücke zwischen Hegel und Einstein zu schlagen gehörte zu den simpleren Aufgaben für ihn. In den ersten Minuten versuchten noch einige der StudentInnen mitzuschreiben, gaben es aber bald auf. Burger arbeitete über eine Stunde lang an der Tafel, bis zu guter Letzt die berühmte Formel erschien. Er unterstrich sie zweimal, betrachtete die Tafel und legte die Kreide ab. Die Vorlesung war beendet. Die Hörer klopften höflich und verließen rasch den Saal. Burger wusste, dass keiner auch nur ein einziges Wort verstanden hatte, und blickte gleichermaßen erschöpft wie triumphierend in den leeren Saal. Offenbar sollte ich diesen Blick bezeugen.

[2020]

Engagement und Erzählen

Philippe Sands versus die »geistlose Freiheit des Meinens«*

Wie soll ich, in den wenigen Minuten, die mir eingeräumt wurden, erklären, was mich in den Werken und am Wirken von Philippe Sands bewegt? Das ist eine ganz und gar unmögliche Aufgabe. Das Beste wäre es, gemäß der magischen Landkarte von Jorge Luis Borges, die ident wird mit der Wirklichkeit, eine Wagenladung voller Bücher, Filme und Schriften von Sands zu verteilen und Ihnen anschließend großartige Tage bei der Lektüre zu wünschen.

Da dieser Ausweg aber verstellt ist und die allermeisten von Ihnen ja die Bücher von Philippe Sands kennen, möchte ich mich auf einen einzigen Aspekt in seinem Werk konzentrieren: Philippe Sands ist ein brillanter Erzähler, und sein Engagement für Sprache und Formen der Vermittlung erscheint mir im aktuellen politischen Diskurs von großer Bedeutung. Demokratie ist bekanntlich nicht bloß Meinungsäußerung, sondern Meinungs*bildung,* und diese ist nicht nur eine Sache der Inhalte, sondern auch eine Sache der Form, das heißt es geht darum, *wie* wir über komplexe und kontroverse

---

* Laudatio anlässlich der Verleihung des Ehrenpreises für Toleranz in Denken und Handeln des Österreichischen Buchhandels an Philipe Sands am 19. November 2023. Die vorliegende Langfassung entstand Ende 2023.

Sachverhalte zu sprechen in der Lage sind. Sands Werke sind meines Erachtens auch in dieser Frage wertvoll.

In *The Ratline* (*Die Rattenlinie*) erzählt Sands von Otto von Wächter, einem österreichischen Nazi der ersten Stunde, Gouverneur des Distrikts Krakau und Galizien, mitschuldig am Holocaust, und er erzählt von dessen 1939 geborenem Sohn. Sands besucht ihn häufig, führt mit ihm über Jahre heroisch-geduldige Gespräche. Trotz aller Evidenz der Verbrechen seines Vaters ist er nicht zu überzeugen, dass dieser, sein Vater, ein Verbrecher und Massenmörder war.

Sands schafft in seinem Buch mehrfache Doppelbelichtungen. Auf einigen ist er selbst mit im Bild. Sie zeigen den Erzähler bei seinen Begegnungen mit Wächters Sohn und bei seinen peniblen historischen Recherchen in der Gegenwart. Auf einer anderen Ebene wird die Biografie des Vaters von seinem frühen illegalen Naziengagement in den 20er-Jahren bis zu seinem Tod 1949 in Rom beleuchtet. Auf einer dritten narrativen Ebene konfrontiert Sands den Sohn Wächters mit Niklas Frank, dem Sohn von Hans Frank, Generalgouverneur von Polen und 1946 als Massenmörder und Kriegsverbrecher hingerichtet. Niklas Frank hat sich der Figur seines Vaters in einem schwierigen Prozess der Distanzierung gestellt. Sie führte schließlich zur radikalen, ja wüsten Ablehnung des Vaters. Beide Söhne sind sich in gewisser Weise ähnlich wie Doppelgänger – sie sind Wiedergänger der Geschichte – und sind doch grundverschieden. Die Gegenüberstellung erzeugt Spannung, sie charakterisiert zugleich zwei Grundtypen des österreichischen Umgangs mit dem Holocaust: Geschichtsverneinung und -vergessenheit auf der einen Seite und auf der anderen das tragische Bewusstwerden einer Herkunft, die nicht vaterlos war, sondern in der die Väter mitunter Verbrecher waren.

Dieser Prozess des Bewusstwerdens war in Österreich bekanntlich ein schmerzhafter, unheimlicher Prozess, und er ist es noch. Eine vollständige Immunisierung gegenüber dem Erbe der Täter ist nicht eingetreten. Gerade hier und gerade in diesem Bundesland, Niederösterreich, wird in der aktuellen politischen Koalition dieser hygienische Mangel deutlich sichtbar.

Koaliert wird seit dem Vorjahr von einer sich bürgerlich und christlich-sozial nennenden Partei (ÖVP), die ihre absolute Mehrheit bei der letzten Wahl verloren hat, mit einer rechtspopulistischen Freiheitlichen Partei, deren Vergangenheit als »Verband der Unabhängigen« (VdU) im Milieu des Otto Wächter lag. Die Partei war Auffangbecken der »Ehemaligen«, sprich: der alten Nazis. Ab Mitte der 1950er-Jahre entstand aus dem VdU die Freiheitliche Partei Österreichs.

Die FPÖ hat in den letzten Jahren ihre politische Strategie verändert. Der alte renitente Antisemitismus steht nicht mehr im Vordergrund ihrer Politik, wenngleich er immer wieder hervorbricht, die Parteiideologen bevorzugen eine andere Form rechter bzw. rechtsextremer Identitätspolitik: Feind ist nun der Islam, man spricht von »Heimatverlust« und an den rechten Rändern von »Remigration«, der Ausweisung von nicht-integrationswilligen Personen trotz österreichischer Staatsbürgerschaft, was nichts anderes bedeutet als ethnische Säuberung. Man sollte die Populisten, die hier am Werk sind und das Erbe der Wächters verwalten, ernst nehmen: Ein Spitzenfunktionär der FPÖ, der Zweite Präsident eines Landtages dieses Bundeslandes, sagte im Frühjahr 2023 einer jungen Österreicherin mit Migrationshintergrund ganz unverblümt, dass die Stadt, in der sie seit Geburt lebt, auch ohne sie dieselbe Stadt wäre, dass sie also ohne sie auskommt, was bedeutet, dass sie nicht hierher gehört, und zwar aufgrund ihrer Herkunft. Abgesehen von der erbärmlichen Herzlosigkeit eines mächtigen Politikers im Gespräch mit dem Mädchen, wird hier Herkunft zu einem gesellschaftlichen Ausschließungsgrund, eine Position, die meines Erachtens hart an der Grenze des strafrechtlich Relevanten ist. Die Membran zum puren Rassismus und Hass ist hier dünn. Dass die primitive, menschenverachtende Identitätspolitik in ganz Europa enormen Zuspruch erhält, ist verstörend und deutet auf das Fortwirken des schon von Horkheimer und Adorno erkannten Phänomens, dass der kollektiv ausgeübte Hass gleichermaßen den Einzelnen stabilisiert wie er den Zusammenhalt des Kollektivs stärkt.

Geblieben ist auch neben dem Rassismus vor allem die Demokratieferne: Man bewundert Viktor Orbán, träumt von einer »Festung Österreich« und versucht, den Parteikandidaten bei der Nationalratswahl als »Volkskanzler« zu profilieren; der Volkskanzler steht (im Gegensatz zum Bundeskanzler) nicht für den Staat, sondern für das Volk ein, er wird offenbar vom Volk erwählt bzw. gewählt, was wie das Konzept der Remigration im offenen Widerspruch zur Österreichischen Verfassung und zu den Menschenrechten steht.

Alle Studien zeigen, dass eine Koalition mit den Rechtspopulisten diese nicht schwächt, sondern sie nobilitiert, ja mehr noch, dass sie ihre Standpunkte legitimiert, statt sie zu ächten und sich in aller Klarheit von ihnen abzugrenzen. Unheimlich ist die Offenheit und Transparenz, mit der diese Verschiebung nach rechts in der politischen Kultur des Landes stattfindet und von großen gesellschaftlichen Gruppen ohne Widerspruch geduldet wird.

The Ratline versammelt eine Vielzahl unheimlicher Begegnungen – mit Lebenden und Toten und mit den Lebendigtoten.

»Unheimlich« sind die Begegnungen im klassischen Freud'schen Sinn: Das Un-Heimliche ist bei Freud mehrdeutig; es umfasst das »Nicht-Heimelige«, also das, was nicht dem Heim bzw. der Heimat zugehörig ist. Zugleich ist das Un-Heimliche etwas, was »nicht heimlich« ist, was einst heimlich, im Verborgenen, geschah und nun wiederkehrt und sichtbar wird.

Genau dieses Unheimliche der Heimat erfasst Sands in seinem zwischen Gegenwart und Vergangenheit schwankenden Blick mit äußerster Präzision. Bereits im ersten Kapitel findet sich ein zentraler, programmatischer Satz, der uns quer durch sein Buch begleitet: »Es kommt«, schreibt Sands, »auf die Details an«.

Zentral ist der Satz für mich, weil er für alle Literatur gilt: In der Kunst gibt es keine Nebensachen, alle Details sind Hauptsachen, und nur durch ihre Beachtung können wir vorgeformten Wahrnehmungen und ideologischen Mustern, die unseren Blick auf die Wirklichkeit trüben, entgehen. Dafür wird der Kunst auch in der Verfassung Autonomie und Freiheit zugestanden.

Dass der Autor auch Jurist ist, scheint hilfreich. Man lernt in dieser Schule, die auch Albert Drach, Ferdinand von Schirach und Franz Kafka besucht haben, klar zu denken und präzise zu formulieren. Stendhal soll jeden Morgen, begeistert von der Klarheit des Stils, im Code Napoléon gelesen haben, um sich in sein Tagwerk einzuschwingen. Ob derartige Stilübungen auch heute etwa mit der Bauordnung oder dem Allgemeinen Sozialversicherungsgesetz möglich sind, bezweifle ich, aber bei Sands ist diese Verbindung von Jurisprudenz und Literatur jedenfalls produktiv und Grundlage einer Poesie der Sachlichkeit.

Sachlichkeit ist ein kostbares Gut angesichts der aktuellen Diskussion, angesichts des seit John Locke bestehenden, unauflöslichen Paradoxons der Toleranz. Wir müssen ja im Zeichen der Toleranz bis zu einem gewissen Grad Gruppen tolerieren, die der Toleranz selbst feindlich gegenüberstehen. Wie gesagt: bis zu einem gewissen Grad. Die präzise Sprache des Rechts ist bei dieser Grenzziehung unser wichtigstes, vielleicht das einzige Instrument.

Neuerdings werden zudem Stimmen laut, die den Begriff der Toleranz selbst angreifen (ich glaube, man nennt es »dekonstruieren«). Der Universalismus der Aufklärung, Liberalismus und das Konzept der Toleranz seien »Agenten, die den Westen aufwerten. Der Westen gibt sich via Toleranz bloß den Anschein, die Vorzüge der liberalen Demokratie weiterzugeben« (Wendy Brown), in Wahrheit gehe es bloß um Macht und ihren Erhalt. Tatsächlich besteht zwischen Tolerierendem und Toleriertem stets ein Machtgefälle. Die Tolerierenden agieren stets aus einer superioren Position, blicken in gewissem Sinne auf die Tolerierten hinab und werten sich dadurch selbst auf. Dem Machtgefälle entgeht man nicht, allerdings besteht kein Anlass, deshalb das Konzept der Toleranz über Bord zu werfen. Man kann sich des Gefälles bewusst werden und darauf achten, dass die Mittel und Ziele der Aufklärung in eine transparente Logik des rechtlichen Verfahrens eingebettet werden.

Wie diese Logik funktioniert, zeigt uns Sands in einem anderen Werk auf eindrucksvolle Weise. In *The Last Colony* erzählt er entlang der Biografie einer Bewohnerin der Chargos-Inseln im Indischen Ozean, Liseby Elysé, vom jahrzehntelangen Kampf um die Durchsetzung der Menschenrechte; im Fall der Bewohnerinnen und Bewohner der Inseln ist es der Kampf um Selbstbestimmung und um ihre Rückkehr nach ihrer widerrechtlichen Deportation zu Beginn der 1970er-Jahre.

Entlang ihrer Geschichte zeigt Sands die Geschichte des Völkerrechts und das Funktionieren seiner Institutionen, sie reicht von der Charta der Vereinten Nationen in den 1940er-Jahren über die grundlegenden Resolutionen zur Dekolonialisierung in den 1960ern bis zu den wegweisenden Beschlüssen zum Recht der Völker auf Selbstbestimmung und zur Fortentwicklung internationalen Strafrechts in der Gegenwart. Sands erzählt dabei keine lineare Geschichte des Fortschritts, sondern die Geschichte eines Kampfes und Ringens um Details. Die abstrakte Logik des internationalen Rechts und seiner Institutionen ist nicht immer einfach zu verstehen, aber über die Geschichte der Madame Elysé gelingt ihm ein bedeutender Beitrag zur Vermittlung der epochalen Bedeutung dieses Kampfes.

Natürlich ist sich Sands der Grenzen und Gefahren des Erzählens bewusst. Unreflektiert führt das Erzählen zu einer Polarisierung durch Emotionalisierung, nicht Empathiemangel ist heute das Problem, sondern ein ungelenkter Überschuss an Emotionen, in dem alles jederzeit »Haltung« ist, die bloß ausgetauscht wird, aber nicht kritisch diskutiert wird, in dem jede Wortmeldung, auch wenn sie noch so unbedarft ist, in Permanenz zur »Meinung«, der »eigenen Meinung«, über alles wird, und die Meinenden glauben, dass sie die Berechtigung haben, Beachtung zu finden. Hegel hat dies in der *Phänomenologie des Geistes* die »geistlose Freiheit des Meinens« genannt. Sie ist auf das bloße »Hererzählen« beschränkt, auf das Beschreiben der »Anfänge von Gesetzen, Spuren der Notwendigkeiten (und) Anspielungen auf Ordnung« und »witzige« Bemerkungen über scheinbare Beziehungen, aber das geistlose Meinen kann weder Wissen hervorbringen noch ist es Freiheit im Hegel'schen Sinn. Ist damit nicht schon bei Hegel unsere Gegenwart präzise beschrieben?

Der aufgeklärte Diskurs mündet heute statt in Verständigung im Zeichen der Vernunft in eine opake Massenschlägerei von Gemeinschaften um Aufmerksamkeit. Besonders deutlich wurde dies in den Monaten nach dem Massaker der Hamas an mehr als tausend Jüdinnen und Juden am 7. Oktober 2023. Das »Meinen« hat nicht nur auf der Straße und am Stammtisch, sondern auch an amerikanischen und europäischen Universitäten – diesmal im Zeichen linker Identitätspolitik – eine neue verstörende Energie gewonnen.

Steht in der rechten Identitätspolitik wie beschrieben traditionell Nation, Sprache und Religion als gemeinschaftsbildende, heimatliche Kraft im Vordergrund, so orientiert sich die »Identitätspolitik im Zeichen des Regenbogens« (L. Niethammer) an der Identifikation mit marginalisierten und stigmatisierten ethnischen Minderheiten. Schon 1997, also vor fast 25 Jahren, warnte UNO-Generalsekretär Kofi Annan in seinem ersten Jahresbericht vor den Gefahren der Identitätspolitik. Sie vermittelt zwar »im besten Falle einen Sinn für soziale Zusammengehörigkeit«, konstatiert Annan, »aber im schlechtesten war sie in den letzten Jahren für einige der schlimmsten Verletzungen internationaler Vereinbarungen verantwortlich. In einigen Fällen haben Identitätspolitiken elementare Standards der Menschlichkeit verletzt, was in genozidaler Gewalt, dem bewussten Angriff auf Zivilbevölkerungen, Vergewaltigung als bewusstem Instrument organisierten Terrors und Angriffen auf Bedienstete der Hilfsorganisationen zum Ausdruck kam.« Er resümiert: »Negative Formen der Identitätspolitik sind eine machtvolle und potentiell explosive Kraft. Große

Sorgfalt ist notwendig, um sie zu erkennen, gegen sie anzugehen und sie zu bändigen.«

An Annans Resümee hat sich bis heute nichts geändert, neu (und bedrohlich) ist dabei, dass theokratische und säkulare Gruppen heute in der Lage sind, Wahlverwandtschaften einzugehen und dabei eine mediale Querfront gegen die liberale, pluralistische Demokratie bilden. Ermöglicht wird dies vor allem durch soziale Medien. Der politische Diskurs in der Gegenwart ist nicht nur, wie häufig betont, partikularisiert und erfolgt in sich abschottenden Echoräumen. Der mediale Raum hat sich auch in einen globalen Affektraum verwandelt, in dem mehr denn je Gefühle und Stimmungen das »Meinen« dominieren. So ist es möglich, dass in einer grotesken Umkehrung der Opfer- und Täterrollen plötzlich die jüdischen Opfer des 7. Oktober nicht als Opfer einer islamistischen Mörderbande, sondern als Opfer der kolonialistischen Politik Israels erscheinen. Israel ist dabei die Projektionsfläche für alle Imperialismuskritik, ein Frontstaat des weißen Kolonialismus, der für globale Ausbeutung des Südens und für sonst nichts steht. Unterfüttert wird diese geschichtsvergessene bzw. geschichtsverfälschende, manichäische Weltsicht heute von Varianten der post-, de- und antikolonialistischen Theorien, in denen alles Gute dem globalen Süden, alles Böse dem Norden zugeordnet wird. Erstaunlich (und in Wahrheit keineswegs erstaunlich) ist dabei, wie leicht es linken und woken Eliten in ihren Verteidigungsreden für fundamentalistische religiöse Gruppen gelingt, all den Humanismus und Liberalismus abzustreifen, den sie in anderen Fällen behaupten, und wie rasch dabei alte antisemitische Zerrbilder im Gewand »des« Antizionismus und »der« Israelkritik wiederkehren. Das alte Wort des Wiener Gemeinderates Ferdinand Kronawetter, »Antisemitismus ist nichts als der Socialismus des dummen Kerls«, scheint nach wie vor Gültigkeit in globalem Maßstab zu besitzen.

Die Dominanz der Gefühle und eine rigorose Moralisierung der Debatte verunmöglicht dabei jede differenzierende Reflexion. Das Ergebnis ist eine semantische Sauce, die so lange verrührt wird, bis auf der einen Seite Massenvergewaltigungen und Völkermord als ein mehr oder minder legitimer Akt in einem Befreiungskampf erscheinen können und auf der anderen Seite widerrechtlicher Landraub durch illegale Siedlungen als legitimer Kampf um historischen Lebensraum akzeptabel erscheint.

Dagegen hält Sands die klare juristische Benennung von Sachverhalten und Tatbeständen und die kunstvolle Einhegung des Narrativen. Es gelingt ihm, seine Geschichten in klare Argumente münden zu lassen und Anschaulichkeit zu erzeugen, ohne Komplexität zu reduzieren. Dies ist schwierig, aber in der aktuellen Krise der liberalen Demokratie meines Erachtens notwendiger denn je.

Der Autor und Anwalt Philippe Sands ist ein Weltbürger, der sich in die Agenda des Staatsbürgers einmischt, ein Citoyen im klassischen Sinn der Aufklärung: streitbar, mit klarer Stimme sich artikulierend und einer, der im Zusammenwirken seiner unterschiedlichen Talente Zusammenhänge erzählbar und damit für uns verstehbar macht. Genau das brauchen wir, heute und morgen.

[2023]

Verleih meine Fehler

Ich möchte Dich auf Hemden tragen,
Du bist die Antwort auf mein Nagen
An guten wie an schlechten Kragen.

Ich red oft um den weißen Hai
Und komm auf keinen grünen Teig.
Pflück ich Dir eine Herbstzeitrose,
Rutscht mir das Herz in Deine Hose.

Kurz: Ich bin in Dich verschlossen,
Ganz und klar, mit Kraut und Haar,
Mit Sommer- und mit Wintersprossen,
In Bauch und Bogen, ungelogen.

Wir beide sind wie Turtelschrauben,
Ich frag Dich täglich: Wo drückt das Gnu?
Wir sind ganz Nest in unserm Glauben
Und abends – fallen mir Deine Augen zu.

[2023]

Anmerkungen

DER FLIEGENDE ROBERT

S. 9 Zur pädagogischen Diskussion um den Struwwelpeter vgl. Anita Eckstadt: »Der Struwwelpeter«. Dichtung und Deutung. Eine psychoanalytische Studie. Frankfurt am Main 1998; Marianne Leuzinger-Bohlebe: »Hei! Da schreit der Konrad sehr!« Der Struwwelpeter: Eine Fundgrube unbewusster Wünsche und Ängste von Kindern. In: Forschung Frankfurt 18 (2009), S. 42–47; Julia Boog-Kaminski: »Ich esse keine Suppe! nein!« Verneinungslust am Anfang der deutschen Kinder- und Jugendliteratur. In: Jan Knobloch, Antonio Lucci (Hrsg.): Gegen das Leben, gegen die Welt, gegen mich selbst. Figuren der Negativität. Heidelberg 2021, S. 389–412.

Heinrich Hoffmann: Der Struwwelpeter. Lustige Geschichten und drollige Bilder. Stuttgart 2019, o. S. Zur Geschichte des Struwwelpeter vgl. Wolfgang Kohlweyer (Hrsg.): Dr. Heinrich Hoffmann und sein Struwwelpeter, Landshut 1994. In seinem Gedicht »Der Fliegende Robert« aus dem Jahr 1980 ändert Hans Magnus Enzensberger die Erzählperspektive und lässt Robert selbst zu Wort kommen. Hans Magnus Enzensberger: Der Fliegende Robert. In: ders.: Der Fliegende Robert. Gedichte, Szenen, Essays. Frankfurt am Main 1992, S. 337.

S. 12 Walter Benjamin: Über den Begriff der Geschichte. In: ders.: Gesammelte Schriften, Bd. I.2, hrsg. von Rolf Tiedemann und Hermann Schweppenhäuser. Frankfurt am Main 1991, S. 698.

Bertolt Brecht: Buckower Elegien, mit Kommentaren von Jan Knopf. Frankfurt am Main 1986, S. 7.

S. 13 f. Zu Eurynome, Ophion, Boreas und Aiolos in der griechischen Mythologie siehe Robert Ranke-Graves: Griechische Mythologie. Quellen und Deutung. Reinbek b. Hamburg 1990, S. 22f., 151f., S. 142.

S. 14 Zur nordischen Mythologie: Edda zit. nach Die Prosa-Edda von Snorri Sturluson, hrsg. von Walter Hansen, in der Übersetzung von Karl

Simrock. Daun 1991 S. 25 (Gylfaginning, Abs. 18) und S. 28 (ebd., Abs. 23). Zu Ask und Embla: Paul Herrmann: Nordische Mythologie, neu hrsg. von Thomas Jung, Berlin 2008, S. 179, 322.

S. 15 Zum Wind im Gilgamesch-Epos: Das Gilgamesch-Epos, neu übersetzt und kommentiert von Stefan Maul. München 2017, S. 86 (Fünfte Tafel, V. 137–143). Zitate bis auf das Gilgamesch-Epos nach Brigitte Groneberg: Die Götter des Zweistromlandes. Kulte, Mythen, Epen. Düsseldorf/Zürich 2004, S. 51, 57, 71, 93, 124, 175. Vgl. auch Daniel Schwemer: Die Wettergottgestalten Mesopotamiens und Nordsyriens im Zeitalter der Keilschriftkulturen. Materialien und Studien nach den schriftlichen Quellen. Wiesbaden 2001.

S. 16 Hollerspacher zit. nach Fritz Byloff: Volkskundliches aus Strafprozessen der österreichischen Alpenländer mit besonderer Berücksichtigung der Zauberei- und Hexenprozesse 1455 bis 1850. Berlin/Leipzig 1929, S. 41 f. Zu den Frömmigkeits- und Brauchtumsformen im christlichen Europa. Leopold Kretzenbacher: »Windfüttern«. Ein alter steirischer Opferbrauch. In: Blätter für Heimatkunde 29 (1955), S. 2–9; Siehe dazu die reichhaltige Kulturgeschichte des Windes von Stephan Cartier: Der Wind oder Das himmlische Kind. Berlin 2014, S. 75, Rosa Fischer: Oststeirisches Bauernleben, Wien 1903, S. 5.

S. 17 Friedl Hofbauer: Dämon Wind. In: Sagen aus Wien, mit Bildern von Dominic Groebner. Wien 2019, S. 15–16 (= 2000).

S. 19 Gilgamesch-Epos 2017, a. a. O., S. 62 (Zweite Tafel, V. 234 f.).

S. 21 Lukrez: Über die Natur der Dinge. Berlin 2013, S. 38.

S. 21 f. Zu Farinator und die Vertreibung des Windes durch das Wetterläuten, das sich über Jahrhunderte hielt und erst 1783 unter Joseph II. verboten wurde, vgl. Margarete Ruff: Zauberpraktiken als Lebenshilfe. Magie im Alltag vom Mittelalter bis heute. Frankfurt am Main 2003, S. 117 f.

S. 22 Lukrez 2013, a. a. O., S. 16; zur Frühgeschichte der Meteorologie vgl. Cartier 2014 sowie die einzelnen Beiträge in Bernd Busch (Red.): Luft, hrsg. von der Kunst- und Ausstellungshalle der Bundesrepublik Deutschland, Bonn 2003.

S. 22 f. Raoul Schrott: Eine Geschichte des Windes oder Von dem deutschen Kanonier, der erstmals die Welt umrundete und dann ein zweites und ein drittes Mal. München 2019, S. 33, 54, 62, 94, 49, 63.

S. 24 f. René Descartes: Les Météores / Die Meteore, hrsg. und übersetzt von Claus Zittel. Frankfurt am Main 2006 (= Paris 1637), S. 96–99, S. 101.

S. 25 Francis Bacon: Historia ventorum (1622). In: The Oxford Francis Bacon XII: The Instauratio Magna, Part III: Historia Naturalis and Historia Vitae, hrsg. von Graham Rees und Maria Wakely. Oxford 2007 (= Leiden 1648), S. 118, 101, 121 ff., Vorwort. Die alten Praktiken der Windmagie und den Aberglauben hält er nicht einmal mehr der Erwähnung wert, siehe S. 123.

S. 26 ff. Joseph Conrad: Taifun. Aus dem Englischen von Elise Eckert. Leipzig 1965, S. 56, 58, 141, 30, 74, 99, 64. Eine andere Bewährungsprobe im Sturm zeigt Robert Flaherty in Man of Aran, im Mittelpunkt des Semidokumentarfilms aus dem Jahr 1934 steht die gemeinsame, sich über mehrere Tage erstreckende Jagd der Fischer auf einen Riesenhai. Zum alltäglichen Kampf gegen den Wind auf der Inselgruppe vor der Küste Irlands siehe Bill Doyle: The Aran Islands. Another world. Dublin 2006.

S. 29 f. Herman Melville: Moby Dick, aus dem Amerikanischen von Fritz Göttinger. Zürich 1999, S. 806, 809, 814, 822. Auch Joseph Goebbels verwendet am Ende seiner Rede zum totalen Krieg im Berliner Sportpalast am 18. Februar 1943 das Bild des Sturms: »Der Führer hat befohlen«, brüllt Goebbels ins Mikrofon, »wir werden ihm folgen. (…) Wir müssen nur die Entschlusskraft aufbringen, alles seinem Dienst unterzuordnen. Das ist das Gebot der Stunde. Und darum lautet von jetzt ab die Parole: Nun, Volk steh' auf, und Sturm brich los.« Bei der letzten Zeile der Rede handelt es sich um ein verballhorntes Zitat aus Theodor Körners Gedicht »Männer und Buben« aus dem Befreiungskampf gegen Napoleon 1813 (»Das Volk steht auf, der Sturm bricht los«). Die Sturmmetapher erfährt bei Goebbels 1943 eine (selbst)mörderische konnotative Verschiebung: Das Volk löst den Sturm nicht aus, er weht ja schon Richtung Deutschland, es soll sich im totalen Krieg wie Ahab dem Sturm aussetzen, in den Sturm stellen. Das Ergebnis ist bekannt. Vgl. Günter Moltmann: Goebbels' Rede zum totalen Krieg am 18. Februar 1943. In: Vierteljahreshefte für Zeitgeschichte 1/1965, S. 13–43, S. 32, und Cartier 2014, S. 58.

S. 30 ff. Dorothy Scarborough: The Wind. New York 1925, S. 1 (Übersetzung dieses und der weiteren Zitate von M.-T. Strouhal), S. 3 f., 175, 310. In der Verfilmung von Victor Sjöström 1928 wird das düstere Romanende in ein Happyend verwandelt – der Ehemann Lige schließt Letty in die Arme, der Sturm ebbt ab.

S. 32 f. Claude Simon: Der Wind. Versuch der Wiederherstellung eines barocken Altarbildes. Aus dem Französischen von Eva Moldenhauer. Köln 2001, S. 256, 90, 14, 27, 178, 125, 84f., 270.

S. 34 Claude Debussy: Briefe an seine Verleger, übersetzt und hrsg. von Bernd Goetzke. Hildesheim/Zürich/New York 2018, S. 191.

Andrej Bitow: Das Puschkinhaus. Frankfurt am Main 2007, S. 12ff.

S. 36 f. Luis Buñuel: Ein ungeheuerlicher Verrat. In: ders: Die Flecken der Giraffe. Ein- und Überfälle, aus dem Spanischen von Fritz Rudolf Fries und Gerda Schattenberg-Rincòn. Berlin 1991, S. 34–35, Zitat S. 34f. (= 1922). Gleich zwei personalisierte Winde finden sich in Christian Morgensterns »Windgespräch«. Ein angeberischer »großer« Wind spricht quasi en passant mit einem bescheidenen Lokalwind: »Hast nie die Welt gesehn? / Hammerfest – Wien – Athen?« / »Nein, ich kenne nur dies Tal, / bin nur so ein Lokalwind – / kennst du Kuntzens Tanzsaal?« / »Nein, Kind. / Servus! Muß davon! / Köln – Paris – Lissabon.« Christian Morgenstern: Gesammelte Werke in vier Bänden, hrsg. von Clemens Heselhaus. Weyarn 1998, Bd. 1, S. 226.

S. 37 f. Eine Interpretation von Hokusais Holzschnitt hat Jeff Wall 1993 in einer großformatigen Fotografie für einen Leuchtkasten inszeniert. »A Sudden Gust of Wind (after Hokusai)« entstand nach monatelanger Vorarbeit in Vancouver. In seiner Struktur entspricht sein Bild dem Hokusais, doch ist bei Wall jeder Zusammenhang der Figuren aufgehoben, die Landschaft wirkt zerstört: Ein schmutziger Kanal dominiert die vertikale Blickachse, der Fuji fehlt. Vgl. Kerry Brougher: Jeff Wall, Museum of Contemporary Art. Los Angeles 1997, S. 26, 34.

S. 39 Sei Shōnagon: Kopfkissenbuch, übersetzt und hrsg. von Michael Stein. Zürich 2015, S. 37.

Buson in: Haiku. Japanische Gedichte, ausgewählt und übersetzt von Dietrich Krusche. München 1994, S. 17.

S. 40 Bashō in: Haiku 1994, a. a. O., S. 107.

Kitō in: Haiku 1994, a. a. O., S. 24; vgl. Krusche im Nachwort, ebd., S. 131, und Roland Barthes: Im Reich der Zeichen, aus dem Französischen von Michael Bischoff. Frankfurt am Main 2019, S. 109.

Sei Shōnagon 2015, a. a. O., S. 257.

S. 41 Bruno Schulz: Die Zimtläden. Aus dem Polnischen von Doreen Daume, München 2017, S. 122f. (= 1933).

S. 42 Bei der Sichtbarmachung des Windes unterscheidet Nova die ästhetischen Strategien der Personifikation, die Darstellung als Naturphänomen und als Zeichen. Siehe Alessandro Nova: Das Buch des Windes. Das Unsichtbare sichtbar machen. München/Berlin 2007, S. 19.

Zu Descartes vgl. ausführlich: Claus Zinnel: Schneekristalle, Wind und Wolken. Zum Zusammenspiel von Beobachtung, bildlicher Konzeption und wissenschaftlicher Erklärung in Descartes' Die Meteore. In: Alessandro Nova, Tanja Michalsky (Hrsg.): Wind und Wetter. Die Ikonologie der Atmosphäre. Venedig 2009, S. 117–146, bes. 133f.

Zu den allegorischen Windbildern siehe Nova 2007, a. a. O., S. 87ff., sowie Anna Scheur: Mythologie und Naturkunde. Die Winde als Götter bei Joachim von Sandrart. In: Nova/Michalsky 2009, a. a. O., S. 147–161.

S. 43 f. Zum animistischen Windverständnis vgl. Jean Piaget: Das Weltbild des Kindes. München 2010, S. 188ff. (= 1926).

S. 43 Apuleius: Metamorphosen oder Der Goldene Esel, aus dem Lateinischen von August Rode. Berlin 2018, Zitate S. 120, 127, 134, 146.

Oskar Panizza: Aus dem Tagebuch eines Hundes. Berlin 2017, S. 36 (= 1892).

S. 44 Zur Atmosphäre siehe vor allem die Arbeiten von Gernot Böhme, unter anderen: Atmosphäre. Essays zur Neuen Ästhetik. Frankfurt am Main 2006, und: Das Wetter und die Gefühle. Für eine Phänomenologie des Wetters. In: Busch 2003, a. a. O., S. 148–161.

S. 45 Zu den Windzeichnern, Meeres- und Windorgelspielen siehe unter vielen anderen die Arbeiten von Bob Verschueren (Windpaintings ab 1970), Branko Šmon (Windzeichner, 1995), Mark Nystom (wind. process, 2005–2015), Merel Karhoff (Wind Knitting Factory, 2009), Nikola Bašić (Meeresorgel Zadar, 2005).

S. 46 Theodor W. Adorno: Minima Moralia. Reflexionen aus dem beschädigten Leben. Gesammelte Schriften Bd. 4, hrsg. von Rolf Tiedemann. Frankfurt am Main 1997, S. 254.

S. 46 f. François Rabelais: Gargantua und Pantagruel, aus dem Französischen von Walter Widmer und Karl August Horst, Bd. 1. München 1979, S. 469f.

S. 47f. Ein vollständige Fassung der Bildrolle findet sich auf: https://archive.wul. waseda.ac.jp/kosho/chi04/chi04_01029/chi04_01029.pdf. Die Überschreitung der Schamgrenzen in *He-gassen* ist in der japanischen Kultur nicht einzigartig. Nach Mine Scheid-Katayama (Wien) finden sich satirische Bearbeitungen auch auf anderen Bildrollen, wie dem *Hōhi-gassen emaki* aus dem Jahr 1449, der Darstellung eines Furz-Wettkampfes unter buddhistischen Mönchen, oder dem *Shin'nō emaki* aus der Edo-Zeit, wo Gott *Shin'nō* mit Fürzen groteske Monster in die Flucht schlägt. Ich danke Fr. Mine Scheid-Katayama für ihre Hilfe und Übersetzungen. Siehe auch Yoko Nakamura: Bushido-Diskurs. Die Analyse der Diskrepanz zwischen Ideal und Realität im Bushido-Diskurs aus dem Jahr 1904, phil. Diss. Wien 2008, S. 117. Die Notwendigkeit der Übertretung rigoroser Verhaltensvorschriften in Kulturen der Höflichkeit ist natürlich nicht auf Japan beschränkt, sondern ein ubiquitäres Phänomen, wovon unzählige Witze, satirische Bilder oder Erzählungen der Peinlichkeit künden, so etwa Alfred Limbacher, Tomi Ungerer: Der Furz. München 1983, oder die häufig nachgedruckte, aber nicht für authentisch erachtete Erzählung »How Abu Hasan Brake Wind«. In: The Book of The Thousand Nights and a Night, 16 Bde., übersetzt und mit Anmerkungen von Richard F. Burton. Benares 1885–1888, Bd. 5, S. 135–137.

S. 49 Zu den Luftkolonien vgl. die Zusammenschau der »Kolonialisierung der Lüfte« von Chlebnikow und Malewitschs sozialistischen Stadtutopien, die sich (wie der sozialistische Mensch) in die Luft erheben sollten, bis zu Buckminster Fullers bewohnbaren Erdtrabanten und COOP HIMMELB(L)AUs pneumatischen Wohneinheiten findet sich in Andreas Denk: Luftschlösser und schwebende Städte. In: Busch 2003, a. a. O., S. 183–224.

S. 49f. Luigi Malerba: Häuser aus Wind. In: ders.: Wahrhaftige Gespenster. Berlin 1990, S. 43–47.

S. 50 Heinrich Hoffmann: König Nußknacker und der arme Reinhold. Ein Kindermärchen in Bildern. Wien o. J., o. S. (= 1851)

IM ZOO DER IMAGINÄREN TIERE

S. 52f. Thomas Bozius: De signis ecclesiae Dei. Bd. 2, Köln 1626, S. 56. Zit. nach Paul Münch: Die Differenz von Mensch und Tier. Ein

Grundlagenproblem frühneuzeitlicher Anthropologie und Zoologie. In: Tiere und Menschen. Geschichte und Aktualität eines prekären Verhältnisses. Hrsg. v. Paul Münch in Verbindung mit Rainer Walz. Paderborn / München / Wien, Zürich 1998, S. 323f.

Zur Marienverehrung: Annette Gerok-Reiter: »Maria als Reflexionsfigur zwischen Religion, Minnediskurs und Ästhetik«. In: Steffen Patzold, Andreas Holzem u. a. (Hrsg.): Religiöses Wissen im vormodernen Europa. Göttingen 2019 S. 321–350.

Bernard de Mandeville: Die Bienenfabel oder private Laster, öffentliche Vorteile. Frankfurt am Main 1980

S. 54 Zu Jaroslav Hašeks Bestiarium siehe Rolf Cantzen, Bodo Dringenberg: Biere, Tiere, Anarchie. Jaroslav Hašek – mehr als Schwejk. Köln 2018, S. 51ff.

S. 54 ff. Jorge Luis Borges (in Zusammenarbeit mit Margarita Guerrero): Einhorn, Sphinx und Salamander. Buch der imaginären Wesen. Nach der Übersetzung von Ulla de Herrera und Edith Aron bearbeitet und ergänzt von Gisbert Haefs. Ges. Werke Bd. 8. München 1982

Ernst Jünger: Gläserne Bienen. Stuttgart 1957

Waldemar Bonsels: Die Biene Maja und ihre Abenteuer. Ein Roman für Kinder. Berlin 1912

Jorge Luis Borges: Die analytische Sprache John Wilkins. In: ders.: Das Eine und die Vielen. Essays zur Literatur. Aus dem Spanischen von Karl August Horst. München 1966, S. 212.

S. 56 Michel Foucault: Die Ordnung der Dinge. Aus dem Französischen von Ulrich Köppen. Frankfurt am Main 1978, S. 26f., S. 412.

S. 58 Herman Melville: Moby Dick. Aus dem Englischen von Fritz Güttinger. Zürich 1944

Rainer Maria Rilke: Der Panther. In: Gedichte. Stuttgart 1997, S. 109.

Christian Morgenstern: Das Nasobēm. In: Alle Galgenlieder. Berlin / Darmstadt / Wien 1966, S. 79.

Thomas Mann: Herr und Hund. Ein Idyll. In: Späte Erzählungen. Frankfurt am Main 1981, S. 7–100.

Marie von Ebner-Eschenbach: Krambambuli und andere Tiergeschichten. Hamburg o. J.

David Garnett: Frau oder Füchsin. Ein Mensch im Zoo. Aus dem Englischen von Fritz Güttinger. Zürich 1973

Miguel de Cervantes Saavedra: Don Quijote von der Mancha. Aus dem Spanischen von Ludwig Braunfels. München 1993

Astrid Lindgren: Mio, mein Mio. Aus dem Schwedischen von Karl Kurt Peters. Hamburg 1959

William Shakespeare: Ein Sommernachtstraum. In: Erich Fried: Shakespeare. Bd. 1. Berlin 1989, S. 263–311.

S. 59 f. Lewis Carroll: The Annotated Alice. Alice's Adventures in Wonderland and Through the Looking-Glass. With an Introduction and Notes by Martin Gardner. London 1970

Selma Lagerlöf: Die wunderbare Reise des kleinen Nils Holgersson mit den Wildgänsen. Aus dem Schwedischen von Pauline Klaiber. München 1948

Edgar Allan Poe: Der Rabe. In: Der Rabe. Gedichte & Essays. Gesammelte Werke in 5 Bänden. Aus dem Englischen von Arno Schmidt, Hans Wollschläger, Friedrich Polakovics und Ursula Wernicke. Zürich 1994, S. 137–148.

Daniel Defoe: Robinson Crusoe. Erster und zweiter Band. Aus dem Englischen von Franz Riederer. München 1995

Apuleius: Metamorphosen oder Der goldne Esel. Berlin: Die andere Bibliothek 2018

Carlo Collodi: Pinocchio. Aus dem Italienischen von Helga Legers. Zürich 1978

Michael Scharang: Die Geschichte vom Esel, der sprechen konnte. Wien 2023

Giordano Bruno: Die Kabbala des pegaseischen Pferdes. Hrsg. v. Sergius Kodera. Hamburg 2009

E. T. A. Hoffmann: Die Elixiere des Teufels. Lebens-Ansichten des Kater Murr. Düsseldorf, Zürich 1997

S. 60 f. Pierre Belvés, François Mathey: Premier Livre d'Art. Paris 1965

ad Kunstaktion: Thomas Zaunschirm: Im Zoo der Kunst I, II. In: Kunstforum international Nr. 174 (1–3/2005), S. 36–103 u. Nr. 175 (4-5/2005), S. 36–125.

S. 61 ff. Lars Gustafsson: Das seltsame Tier aus dem Norden und andere Merkwürdigkeiten. Aus dem Schwedischen von Verena Reichel. München / Wien 1989

Philip K. Dick: Der unmögliche Planet. Stories. München 2002

Jutta Buchner-Fuhs: Das Tier als Freund. Überlegungen zur Gefühlsgeschichte im 19. Jahrhundert. In: Tiere und Menschen. Hrsg. v. Paul Münch, a.a.O., S. 287.

Wilhelm Gwinner: Arthur Schopenhauer aus persönlichem Umgang dargestellt. Hrsg. v. Charlotte von Gwinner. Frankfurt am Main 1987, S. 109f.

Vladimir Nabokov: Ada oder Das Verlangen. Aus den Annalen einer Familie. Aus dem Englischen von Uwe Friesel und Marianne Therstappen. Reinbek b. Hamburg 1974

S. 63 f. Franz Kafka: Die Sorge des Hausvaters; Josefine, die Sängerin oder Das Volk der Mäuse; Ein Hungerkünstler; Der Bau; Bericht für eine Akademie; Eine Kreuzung; Die Verwandlung. In: Sämtliche Erzählungen. Hrsg. v. Paul Raabe. Frankfurt am Main / Hamburg 1981

S. 65 Zur Tierethik: Markus Wild: Tierphilosophie zur Einführung. Hamburg 2008

Ad Liebeszumutungen: Ulrich Seidls Dokumentation Tierische Liebe (Österreich 1995) sowie die Reportage von Ben Knight: Ciao Bello. In: Dummy. Gesellschaftsmagazin Nr. 18 (1/2005), S. 74–76.

René Descartes: Discours de la Méthode. Von der Methode des richtigen Vernunftgebrauchs und der wissenschaftlichen Forschung. Hrsg. v. Lüder Gäbe. Hamburg 1960, S. 97.

S. 65 f. Ad Tiermaschine: Alex Sutter: Göttliche Maschinen. Die Automaten für Lebendiges bei Descartes, Leibniz, La Mettrie und Kant. Frankfurt am Main 1988

Immanuel Kant: Die Metaphysik der Sitten. Hrsg. von Wilhelm Weischedel. Werkausgabe, Bd. 8. Frankfurt am Main 1978, S. 579.

Adolph Freiherr von Knigge: Über den Umgang mit Menschen. Frankfurt am Main 1977, S. 396f.

S. 67 f. Ad Schönbrunn: Alois Kraus: Nach den Sunda-Inseln. Aus dem Tagebuche der Expedition für die Schönbrunner Menagerie. In: Die Heimat. Hrsg. v. Ferdinand Gross, 4. Jg. (40/1879), S. 634. Zit. nach Gerhard Heindl: Brennpunkt Tiergarten: Die Schönbrunner Menagerie an der

Wende vom 19. zum 20. Jahrhundert. In: Mensch, Tier und Zoo. Der Tiergarten Schönbrunn im internationalen Vergleich vom 18. Jahrhundert bis heute. Hrsg. von Mitchell G. Ash. Wien 2008, S. 171.

Zur Tiergarten-Geschichte im 19. Jahrhundert: Robert Hoage und William Deiss (Hrsg.): New Worlds, New Animals. From Menagerie to Zoological Park in the Nineteenth Century. Baltimore 1996; Nigel Rothfels (Hrsg.): Representing Animals. Bloomington 2002; Jutta Buchner: Kultur mit Tieren. Zur Formierung des bürgerlichen Tierverständnisses im 19. Jahrhundert. Münster 1996

Ad Hagenbeck: Ludwig Zukowsky: Carl Hagenbecks Reich. Ein Deutsches Tierparadies. Berlin 1929; Lothar Dittrich und Annelore Rieke-Müller: Carl Hagenbeck (1844–1913). Tierhandel und Schaustellungen im deutschen Kaiserreich. Frankfurt am Main 1998

S. 68 f. ad Zoobesuche: Gunther Nogge: Über den Umgang mit Tieren im Zoo. Tier- und Artenschutzaspekte. In: Tiere und Menschen. Hrsg. v. Paul Münch, a. a. O., S. 450 sowie Dagmar Schratter (Direktorin des Tiergarten Schönbrunn) im Gespräch mit Brigitte Quint. In: Die Furche, 25. Juli 2019; Gerhard Heindl: »Brennpunkt Tiergarten«, a. a. O, S. 171.

Thomas Macho: Zoologiken. Tierpark, Zirkus und Freakshow. In: Hartmut Fischer (Hrsg.): TheaterPeripherien. Konkursbuch 35, Tübingen 2001, S. 13–33 (= Vortrag am IFK Wien, 12.10.2000)

ad Shoppingmall, Kommerzialisierung des Exotischen und seine Inszenierung am Beispiel des Berliner Zoos: Christina Wessely: Künstliche Tiere. Zoologische Gärten und urbane Moderne. Berlin 2008, S. 93ff.

ad Haltungssystem: Heini Hediger: Mensch und Tier im Zoo. Zürich: Albert Müller 1965, zit. nach Nogge: Über den Umgang mit Tieren im Zoo, a. a. O., S. 450.

ALLE KUNST IST ORNAMENT

S. 74 f. Oswald Wiener: Die Verbesserung von Mitteleuropa. Reinbek b. Hamburg 1969

Theodor W. Adorno: Ästhetische Theorie. Frankfurt am Main 1977 (= 1971), S. 91ff.

S. 75 f. Arnold Schönberg: Harmonielehre. Wien 1922 (3. Auflage), (= 1911, Reprint 1997), S. 6.

Theodor W. Adorno: Funktionalismus heute. In: Kulturkritik und Gesellschaft I. Prismen, Ohne Leitbild, Band 10.1, Gesammelte Schriften in 20 Bänden, hrsg. v. Rolf Tiedemann, Frankfurt am Main 1997, S. 375–395, Zitat S. 385.

S. 76 ff. Die Fackel, Zitate: »...Verschweinung« (Karl Kraus: Stil, Nr. 279, Mai 1909, S. 8); »...Verjauchung« (Karl Kraus: Untergang der Welt durch schwarze Magie, Nr. 363–365, Dez. 1912, S. 4); »...Pöbelinstinkt« (Otto Stoessl: Das Haus auf dem Michaelerplatz, Nr. 317/318, Feb. 1911, S. 14); »... Gesandte, ... Erleuchtung, ...fieberhafter Drang« (Robert Scheu: Adolf Loos, Nr. 283, Juni 1909, S. 26, 31, 33); »...Enthaltsame, ...Architekt, ...Gegenbild, ...Befreier, ...Veritas« (Karl Kraus, Nr. 313/314, Dez. 1910, S. 6; Nr. 300, März 1910, S. 24; Nr. 852–856, Mai 1931, S. 52; Nr. 888, Okt 1933, S. 2; Nr. 374/375, Mai 1913, S. 25).

Walter Gropius: Erstes Manifest des Staatlichen Bauhauses Weimar 1919. In: Herbert Bayer, Walter Gropius, Ise Gropius: Bauhaus, 1919–1928. Teufen 1955, S. 16.

Maria Montessori: Die Entdeckung des Kindes. Hrsg. v. Paul Oswald und Günter Schulz- enesch. Freiburg/Basel/Wien 1969, S. 6.

S. 78 f. Arthur Schnitzler: Paracelsus. Versspiel in einem Akt. Wien 1899 (Achter Auftritt).

Adorno: Ästhetische Theorie, a.a.O., S. 92.

Adorno: Funktionalismus heute, a.a.O., S. 379.

MINISTEREMPFANG

S. 80 Zu *Die Damen* siehe »Ministerempfang«. In: *die damen*. Wien/Bozen o. J. u. DIE DAMEN: Paul Ankara meets DIE DAMEN. Wien 1990

S. 85 f. Zum berühmten Leserbrief von Karl Kraus vgl. Karl Kraus, »Das Erdbeben«. In: Die Fackel, 245 (1908), S. 16–24 sowie als Ing. Berdach in

»Weitere Mitteilungen über Erdbebenbeobachtungen«. In: Neue Freie Presse, 22. Februar 1908, S. 11.

S. 86 Zum »Grubenhund« vgl. Hans E. Goldschmidt: Von Grubenhunden und aufgebundenen Bären im Blätterwald. Wien/München 1981, S. 14ff.

S. 87 Zu Alan Abels SINA siehe Jenny Abel, Jeff Hockett (R): Abel Raises Cain (USA 2005)

Zu Orson Welles siehe Orson Welles (R): F for Fake (F 1973)

S. 87f. Zu Skepsis vgl. Georg Wilhelm Friedrich Hegel: Vorlesungen über die Geschichte der Philosophie (Werke, Bd. 19). Frankfurt am Main 1979, S. 358–376.

S. 88 Zu Kunst und Ironie siehe Oliver Zybok: Kein Ende der Ironie. In: Kunstforum international (213/2012), S. 32–55.

S. 89 Richard Rorty: Kontingenz, Ironie und Solidarität. Frankfurt am Main 1989

S. 90 Okwui Enwezor: »Die Black Box«. In: Documenta 11_Plattform 5: Ausstellung, Ausst.-Kat. Documenta 11, Kassel/Ostfildern-Ruit 2002, S. 42–55. Zitat S. 54.

Guerrilla Girls, »An Interview«, http://www.guerrillagirls.com/interview/index.shtml (Zugriff: Febr. 2013)

S. 91 Zu Antonino Cardillo siehe Susanne Beyer: Römische Ruinen. In: Der Spiegel (27/2012) sowie Gabriele Detterer: Phantasie und Wirklichkeit. In: Neue Zürcher Zeitung, 18. Juli 2012 und Peter Reischer: Schöner Klonen. In: Falter (19/2012)

WOLSCHEBNIK 666

S. 97 Georg Diez: »Es ist nur ein Trick.« Ein Treffen mit Woody Allen, der in seinem neuen Kinowerk in die Magie flieht. In: Der Spiegel (49/2014), S. 132f.

S. 100ff. Zur »Biografie« Wolschebniks vgl. Vladimir Nabokov: Der Zauberer. Übersetzt v. Dieter E. Zimmer. Reinbek b. Hamburg 1987 sowie

Dieter E. Zimmer: Wirbelsturm Lolita. Auskünfte zu einem epochalen Roman. Reinbek b. Hamburg 2008

S. 103 Ein kleiner Hinweis zu dem Kartenkunststück: Es hängt mit der kleinsten nicht-trivialen Phönixzahl zusammen.

DER PERFORIERTE ZAUBERZIRKEL

S. 106 *Spiel... älter als die Kultur selbst..., Kult entfaltete sich in heiligem Spiel...* Johan Huizinga: Homo ludens. Vom Ursprung der Kultur im Spiel. Reinbek b. Hamburg 1961, S. 166f.

S. 107 *außerhalb des Bereichs des direkten materiellen Interesses... Spiel »schafft Ordnung, ja es ist Ordnung«* Huizinga, a.a.O., S. 14, 17.

S. 108 *...Bestimmungsversuch eines »reinen Spielgehaltes«* ... Huizinga, a.a.O., S. 186f.

Ludwig Wittgenstein: Philosophische Untersuchungen. Frankfurt am Main 2001, §§ 66, 67, 71; Roger Caillois: Die Spiele und die Menschen. Maske und Rausch. Berlin 2017 (= 1958)

Theodor W. Adorno: Ästhetische Theorie. Frankfurt am Main 1997 (= 1970), S. 470ff.

S. 109f. *...die himmelhohe Verherrlichung des ästhetischen Genusses... Von der anderen Seite her betrachtet...* Huizinga, a.a. O., S. 192.

S. 110 Robert Pfaller: Die Illusionen der anderen. Über das Lustprinzip in der Kultur. Frankfurt am Main 2002

Arthur Schnitzler: Paracelsus. Versspiel in einem Akt. Achter Auftritt. Wien 1899

S. 111 *Das Thema dieses Buches...* Huizinga, a.a.O., S. 167, 186.

S. 112 *versteift sich Spiel zunehmend in Ernst...* u. folgende Zitate in diesem Absatz, Huizinga, a.a.O., S. 190, 188, 131.

Auffallender noch als seine zeitliche Begrenzung... Huizinga, a.a.O., S. 17.

S. 113 *in melusinenhafter Abgeschiedenheit...* Sigmund Freud: Zwangshandlungen und Religionsübungen. In: Studienausgabe, Bd. 7, Frankfurt am Main 1973, S. 13–21 (= 1907).

S. 114   *Das Spiel bindet und löst ...* u. alle Zitate im Absatz: Huizinga, a. a. O., S. 18, 54, 192.

S. 115   *aufleveln ...* Jane McGonigal: Reality is Broken. Why Games Make Us Better and How They Can Change the World. London 2012, S. 146.

S. 116   *Ein rein spielhaftes Element ...* Huizinga, a. a. O., S. 190.

S. 117   *Der Verkleidete oder Maskierte ...* und alle Zitate in diesem Absatz: Huizinga, a. a. O., S. 20, 27.

Richard Sennett: Verfall und Ende des öffentlichen Lebens. Die Tyrannei der Intimität. Frankfurt am Main 1991, S. 396f. (= 1974)

S. 118   Fernando Pessoa: Autopsychografie (1932), zit. nach Clemens J. Setz: Die Liebe zur Zeit des Mahlstädter Kindes. Erzählungen. Berlin 2011, S. 79. Im portugiesischen Original heißt es für »Schwindler« *fingidor*, was vielleicht besser mit »Angeber« zu übersetzen wäre. Ich danke Domingas Osswald für den Hinweis.

Gegen das Gefühl gekränkt zu sein ... Siehe: Claudia Geringer, Ernst Strouhal: Die Phantome des Ingenieur Berdach. Medienkritik und Satire. Wien 2023, S. 102f.

S. 119   Svenja Flaßpöhler: Sensibel. Über moderne Empfindlichkeit und die Grenzen des Zumutbaren. Stuttgart 2021

FALSCHES SPIEL

S. 122   Zum Zauberer von Oz siehe L. Frank Baum: Alles über den Zauberer von Oz. Hamburg, Wien 2003

S. 123   Karl Marx: Zur Kritik der Hegelschen Rechtsphilosophie, Einleitung. In: Karl Marx, Friedrich Engels: Studienausgabe Bd. 1, hrsg. v. Iring Fetscher. Berlin 2004, S. 22–35, Zitat S. 22.

S. 123 ff.   Zur Biografie Houdinis vgl. William Kalush, Larry Sloman: The secret Life of Houdini. The Making of America's first Superhero. New York 2006

S. 124   *Instruction an die Wiener Polizeibeamten* zit. nach Eva Blimlinger: Die fahrenden, unbehausten Ehrlosen. Über die soziale Position von Gauklern, Zauberern und Seiltänzern. In: Brigitte Felderer, Ernst Strouhal (Hrsg.): Rare Künste. Zur Kultur- und Mediengeschichte der Zauberkunst, Wien/New York 2007, S. 139–150, hier S. 145.

S. 127	Aristoteles: Nikomachische Ethik. Reinbek b. Hamburg 2006
S. 128	Aurelius Augustinus: Die Lüge und Gegen die Lüge. Übertragen von P. Kesseling. Würzburg 1986, S. 3 (zur »Scherzlüge«: S. 2).
	Immanuel Kant: Über ein vermeintes Recht aus Menschenliebe zu lügen. In: http://www.zeno.org/Philosophie/M/Kant,+Immanuel/Über+ein+vermeintes+Recht+aus+Menschenliebe+zu+lügen (17.1.2024)
S. 129	ders.: Grundlegung zur Metaphysik der Sitten. Zweites Hauptstück. Die Pflicht des Menschen gegen sich selbst, bloß als einem moralischen Wesen. In: http://www.zeno.org/Philosophie/M/Kant,+Immanuel/Die+Metaphysik+der+Sitten (17.1.2024)
	Friedrich Nietzsche: Ueber Wahrheit und Unwahrheit im außermoralischen Sinne. In: Kritische Studienausgabe. Hrsg. v. Giorgio Colli u. Mazzino Montinari, Bd. 1. München 1988, S. 875.
S. 131	Johannes Ziegler: Wiener Stadtgänge. Wien 1897, S. 16ff.
S. 132	Luis de Lucena: Repeticón de Amores y Arte de Ajedrez (hrsg. u. kommentiert v. Joaquín Pérez de Arriaga). Madrid 1997
	Girolamo Cardano: Liber de ludo aleae. Mailand 2006
	Friedrich Sass: Berlin in seiner neuesten Zeit und Entwicklung. Leipzig 1846, S. 107.
S. 135	Roger Caillois: Die Spiele und die Menschen. Maske und Rausch. Frankfurt am Main / Berlin / Wien 1982
S. 136	Zu den Varianten manipulierter Würfel siehe Ernst Sprung: Würfeln. Spiel und Betrug. Wien 1972
S. 137	Bertolt Brecht: Leben des Galilei. In: Stücke, Bd. 8. Frankfurt am Main 1962

LUDISCHE KARTOGRAPHIEN

S. 141	*Briefwechsel zwischen Friedrich Nietzsche und seiner Schwester Elisabeth*: Friedrich Nietzsche: Nietzsche Briefwechsel. Kritische Gesamtausgabe. Hrsg. v. Giorgio Colli u. Mazzino Montinari. Berlin / New York 1975 f., Bd. I.3, S. 338, Bd. II.1, S. 56.

S. 141 f. *ein »Post- und Reisespiel, welches gewiss den Beyfall...«* Gnädigst privilegiertes Leipziger Intelligenz-Blatt zu Frag= und Anzeigen, für Stadt= und Landwirthe, zum Besten des Nahrungsstandes, auf das Jahr 1790. Leipzig 1790, S. 403 f.

S. 142 *Das Spiel von Müller ist verloren...* Einen präzisen Überblick über die Geschichte der Post- und Reisespiele gibt Regine Falkenberg: Reisespiele – Reiseziele. In: Hermann Bausinger, Klaus Beyrer, Gottfried Korff (Hrsg.): Reisekultur. Von der Pilgerfahrt zum modernen Tourismus. München 1991, S. 284–290. Vgl. bes. den gemeinsamen Artikel mit Manfred Zollinger, dem ich wichtige Hinweise verdanke und der den Nukleus zu diesem Text darstellt. [Ludische Kartographien. In: Christian Reder (Hrsg.): Kartographisches Denken. Wien, New York 2012, S. 92–101]

Gespielt wurden die Post- und Reisespiele ... vor allem um Geld: »Geld ist der Gegenstand und das Ziel aller Spiele. Es ist das Einzige, wodurch nach dem Geständnisse aller Spieler, das Spiel interessant wird. Geld zu gewinnen, ist der einzige Triumph, den Spieler haben. Geld zu verliehren, ist für sie verlohrener Sieg, verfehlter Zweck [...]« In: Anonym: Der beliebte Weltmensch, welcher lehrt, die üblichsten Arten der Spiele in kurzer Zeit nach den Regeln und der Kunst von sich selbst zu begreifen und in allen Gesellschaften als Meister aufzutreten. Wien 1795, S. XIX.

S. 143 Goethe: West-östlicher Divan. Goethes sämtliche Werke. Bd. XI, Insel-Ausgabe, Leipzig o. J., S. 675.

Kennzeichnend ist der Weg der Spielfiguren über eine spiralförmige Bahn... Zur Geschichte der Gänsespiele vgl.: H. J. R. Murray: A History of Board-Games other than Chess. New York 1951, S. 142 f.; Henry-René D'Allemagne: Le noble jeu de l'oie en France, de 1640 à 1950. Paris 1950; Thierry Depaulis, Manfred Zollinger: Le jeu de l'oie. In: L'Art du jeu. 75 ans de Loterie Nationale. Brüssel 2010, S. 71–77; Gänsespiele in Asien: Koichi Masukawa: Scenic Views: E-Soguroku. In: Colin Mackenzie, Irving Finkel (Hrsg.): Asien Games: The Art of Contest. London 2004, S. 77–87; manche Spielehistoriker meinen, Spuren bzw. Vorgänger des Gänsespiels in den ägyptischen Laufspielen, dem Diskos von Phaistos und in den griechischen Labyrinthen, im indischen Pachisi oder in arabischen Brettspielen erkennen zu können (vgl. z. B. Alain R. Girard, Claude Quétel: L'Histoire de France racontée par le jeu de l'Oie. Paris 1982, S. 8 ff.; R. C. Bell: Board and Table Games. London 1960, S. 11, 13). Der Symbolgehalt der Gans, in der ägyptischen und antiken Mythologie

Motiv der Fruchtbarkeit, Liebe und Wachsamkeit, ist unklar. Einige Nebenregeln sind zum Spiel notwendig, siehe: Adrian Seville: Tradition and Variation in the Game of Goose, London 2005 sowie Manfred Zollinger: Zwei unbekannte Regeln des Gänsespiels: Ulisse Aldrovandi und Herzog August d. J. von Braunschweig-Lüneburg. In: Board Game Studies (6/2003), S. 61–88.

Lernspiele erschienen in rascher Folge... Siehe dazu: Manfred Zollinger: Alonso de Barros' Filosofia cortesana wieder im Spiel und Neues vom Gänsespiel. In: Ludica, annali di storia e civilté del gioco (13–14/2007–08), S. 220–223.

S. 144 *Auch die englische Journey Through Europe or The Play Of Geography...* Siehe Francis Reginald Beaman Whitehouse: Table Games of Georgian and Victorian Days. London 1951, S. 10.

Jede Reise ist, wie Odo Marquard formuliert... Odo Marquard: Der angeklagte und der entlastete Mensch. In: ders.: Abschied vom Prinzipiellen. Philosophische Studien. Stuttgart 1981, S. 54.

S. 145 Zu *The Pyramid of History* vgl. Jean-Marie Lhôte: Histoire des jeux société. Géométries du désir. Paris 1994, S. 339; Whitehouse, a.a.O., S. 31.

Die heute fast vergessenen Bildtafeln des Kebes... Vgl. Rainer Hirsch-Luipold et al.: Die Bildtafel des Kebes. Allegorie des Lebens. Darmstadt 2005, S. 12 ff. (Einleitung). Sowie allgemein zur Diagrammatik und zu den Formen der Anschaulichkeit: Edward R. Tufte: Visual Explanations. Images and Quantities, Evidence and Narrative. Cheshire, Connecticut 1997

S. 146 *Die Spiele folgten penibel der Romanvorlage Jules Vernes...* Piero Gondolo della Riva: Les jeux et les objets inspirés du »Tour du monde en quatrevingts jours«. In: Revue des Lettres modernes. Jules Verne 1. Le tour du monde. Paris 1976, S. 177–181. Zitate Jules Vernes: Reise um die Erde in achtzig Tagen. Übersetzt von E. Fivian. Zürich 1974, S. 16 ff., 62.

S. 148 Elephant and Castle *erschien 1822, in der expandierenden und ökonomisch erfolgreichen Kultur des Bürgertums...* Zu Spiel und Bürgerlichkeit vgl. u. a. Dorothea Kühme: Bürger und Spiel. Gesellschaftsspiele im deutschen Bürgertum zwischen 1750 und 1850. Frankfurt am Main/New York 1997; Ulrich Schädler, Ernst Strouhal (Hrsg.): Spiel und Bürgerlichkeit. Passagen des Spiels I. Wien/New York 2010; Thomas Stauss: Frühe Spielwelten – Zur Belehrung und Unterhaltung. Die

Spielwarenkataloge von Peter Friedrich Catel (1747–1791) und Georg Hieronimus Bestelmeier (1764–1829). Hochwald 2015

S. 149 *Die imaginären Landkarten der Spiele sind weniger Abbildung von Welt als Weltschöpfung...* Vgl. Gyula Pápay: Kartographie. In: Stephan Günzel (Hrsg.): Raumwissenschaften. Frankfurt am Main 2009, S. 175–190; Jerry Brotton: A History of the World in Twelve Maps. London 2012; zur Geschichte der fiktiven Landkarten in den USA: Franz Reitinger: Kleiner Atlas amerikanischer Überempfindlichkeiten. Klagenfurt 2008

S. 151 *... der strenge Rousseau meidet sie und warnt...* Jean-Jacques Rousseau: Emil oder Über die Erziehung. Paderborn 1998 (= 1762), S. 376.

S. 151f. *Für Fichte ist die Welt als Spiel gedacht unannehmbar...* Johann Gottlieb Fichte: Die Bestimmung des Menschen. Hrsg. v. Karl-Maria Guth. Berlin 2014 (= 1800), S. 69, 112.

S. 152 *In seiner Erzählung* Die Lotterie in Babylon... Jorge Luis Borges: Die Lotterie in Babylon. In: ders.: Labyrinthe. München 1979 (=1959), S. 172–181.

S. 153 *Eine schreckliche Pointe weist das sowjetische Propagandaspiel Reise nach Moskau (1935) auf...* siehe die Monografie von Larisa Kocubej: Die Reise nach Moskau. Propaganda und Politik in russischen und sowjetischen Brettspielen bis 1936. Wien 2015 (Diplomarbeit). Zu Spiel und Propaganda im 20. Jahrhundert vgl. Ernst Strouhal (Hrsg.): Agon und Ares. Der Krieg und die Spiele. Frankfurt am Main 2016

»WINGERL, WANGERL, WUPERZU ...«

S. 156 Elias Canetti: Die Fackel im Ohr. Lebensgeschichte 1921–1931. Frankfurt am Main 1994, S. 241.

S. 157 Zum poetischen Volksvermögen vgl. Peter Rühmkorf: Über das Volksvermögen. Exkurse in den literarischen Untergrund. Reinbek b. Hamburg 1969

Hildegard Zoder: Kinderlied und Kinderspiel aus Wien und Niederösterreich, Wien 1924; vgl. auch Theodor Vernaleken, Franz Branky: Spiele und Reime der Kinder in Österreich. Wien 1876

S. 163 f. Zum Dialog am Schachbrett vgl. Ernst Strouhal: Family Business. Erste Begegnung mit Lasker. In: ders.: Umweg nach Buckow. Bildunterschriften. Wien 2009, S. 118–121.

BÖSE BRIEFE

S. 167 Stefan Zweig: Die Kunst des Briefes (1924). In: ders.: Die Monotonisierung der Welt. Aufsätze und Vorträge. Frankfurt am Main 1988, S. 78–80, S. 78.

S. 168 Konrad Schima: Die anonyme Erpressung. In: Archiv für Kriminal-Anthropologie und Kriminalistik Bd. 152 (1973), S. 147.

Mary Hottinger (Hrsg): Mehr Morde. Zürich 1993, S. 13.

S. 170 Staatsgrundgesetz vom 21. December 1867 über die allgemeinen Rechte der Staatsbürger für die im Reichsrathe vertretenen Königreiche und Länder, Bundeskanzleramt, Rechtsinformationssystem, www.ris.bka.gv.at.

Noch besseren Schutz gegen mögliche Enttarnung... Zur Geschichte der Post vgl. Christine Kainz: Österreichische Post. Vom Botenposten zum Postboten. Wien 1995, S. 107; Gert Kuhn: Urbanisierung, Mobilität, Kommunikation. Die Stadt um 1900. In: Klaus Beyrer, Hans Christian Täubrich (Hrsg.): Der Brief. Eine Kulturgeschichte der schriftlichen Kommunikation. Nürnberg 1996, S. 103–111, S. 110; Heike Pauschardt: Rationalisierung – Optimierung. Neue Wege der Briefbeförderung in der Weimarer Republik. In: Beyrer/Täubrich, Der Brief, a.a.O., S. 120–127, S. 120; Statistik des Oesterreichischen Postwesens in den Jahren 1870 und 1871. In: (k.k.) Handelsministerium (Hrsg.): Nachrichten über Industrie, Handel und Verkehr aus dem Statistischen Departement im k.k. Handels-Ministerium. 1.–98. Bd., Wien 1873–1914, 1. Bd., S. 7; (k.k.) Handelsministerium (Hrsg.): Statistik des österreichischen Post- und Telegraphenwesens im Jahre 1914, Wien 1916, S. 36.

S. 171 *»Von irgendwelchen Rüpeln geschriebene...«* Angus McLaren: Sexual Blackmailing. A modern history. London 2002, S. 12.

S. 171 f. *»Benutzt eine fremde Schreibmaschine...«* Rochus Spiecker: Anonyme Briefe. In: Die Zeit, 22.6.1962.

S. 172   *Nicht ohne Stolz berichtet Manfred Hecker...* Manfred R. Hecker: Forensische Handschriftenuntersuchung – eine systematische Darstellung von Forschung, Begutachtung und Beweiswert. Heidelberg 1993, S. 196.

S. 173   *»Tod des Autors«*: Roland Barthes: La Mort de l'Auteur. In: ders.: Le Bruissement de la Langue. Essais Critiques IV, Paris 1984

S. 174 f.   *»Niemandem etwas erzählen...«* Zit. nach: www.herakleskonzept.de/material/index.php/bekennerschreiben-der-bba.html; 5. Brief vom 5.5.1995, S. 3.

S. 175   *»für Kriminaltechniker kein Problem...«* Ebda., S. 1.

»Je besser der Täter plant...« Hans Walder, Thomas Hansjacob: Kriminalistisches Denken. Heidelberg 2016, S. 36.

S. 176   *»Als eine sicher und fest begründete Wissenschaft...«* Georg Meyer: Die Bedeutung und die Mängel der gerichtlichen Schriftexpertise und die Beschaffung von Schriftproben für die Handschriftenvergleichung. In: Archiv für Kriminal-Anthropologie und Kriminalistik, Bd. 22, 1906, S. 339f.

S. 176 f.   *Den zweifelhaften Ruf der Sprach- und Schriftuntersuchung ..* Zu Dreyfus und Bertillon vgl. George R. Whyte: Die Dreyfus-Affäre. Die Macht des Vorurteils. Frankfurt am Main 2010, S. 38, 42, 53, 293f., 350, 400.

S. 178 f.   *zu seinen Hörern zählte Franz Kafka...* Ernst Pawel: Das Leben Franz Kafkas. Eine Biographie. München 1986, S. 140.

Hans Gross: Criminalpsychologie. Graz 1898, S. 203; vgl. hier und im Folgenden: Christian Bachhiesl: Hans Gross findet die Wahrheit. Zur kriminalwissenschaftlichen Erkenntnisgewinnung um 1900. In: Christian Bachhiesl u. a. (Hrsg.): Psychoanalyse und Kriminologie. Hans & Otto Gross – Libido & Macht. Marburg an der Lahn 2015, S. 147–174, u. ausführlich: Christian Bachhiesl: Zwischen Indizienparadigma und Pseudowissenschaft. Wissenschaftshistorische Überlegungen zum epistemischen Status kriminalwissenschaftlicher Forschung. Wien 2012

»die Wissenschaft kann sich mit dem Streben nach Wahrheit begnügen« Gross, Criminalpsychologie, a.a.O., S. 4–6, 16, 18. Im nächsten Absatz: S. 111, 117f., S. 72.

S. 179 f. Hans Gross: Handbuch für Untersuchungsrichter, Polizeibeamte, Gendarmen, u.s.w. Graz 1893, S. 105, 130, 189ff. u. im Folgenden: S. 121–123. S. 127f.

S. 182 » *Meiden Sie die Nähe Betty Wucherers...*« Stationsakte Krimin. Universitätsinstitut Graz, KMSA 941, S. 4.

S. 184 *In den Passagen zur Psyche der Frau...* Gross, Criminalpsychologie, a.a.O., S. 443, 445, 452–454.

S. 184 f. *Noch 1948 behauptet der Schweizer Psychiater Hans Binder...* Hans Binder: Die anonymen Briefschreiber. Stuttgart 1970 (1948), S. 32, Weitere Zitate in diesem Absatz: S. 36 u. 76f.

S. 186 f. *Schriftgutachten von Gerth Neudert...* Stationsakte Krimin. Universitätsinstitut Graz, KM SA 6048, 3f., 10, 12f., 21.

Methode der »ganzheitlichen Erfassung der Schrift«... Ebda., KM SA 6247, S. 15.

S. 187 f. *Gewisse Schrifteigenschaften entsprechen dabei Charaktereigenschaften...* Hans H. Busse: Über Gerichtsgraphologie. In: Archiv für Kriminologie (2/1899), S. 113–131, S. 118.

In einem Gutachten zu einem anonymen Schreiben aus den 1970er-(!)-Jahren... Zit. nach Lothar Michel: Gerichtliche Schriftvergleichung. Eine Einführung in Grundlagen, Methoden und Praxis. Berlin/New York 1982, S. 6.

In den Schriften von Frauen dominieren »stark liegende Buchstaben«... Jean Hippolyte Michon: System der Graphologie. München/Basel 1965 (1875), S. 11.

Die Neigung zu Häkchen am Wortanfang... Anne-Marie Cobbaert: Graphologie. Schriften erkennen und deuten. Genf 1992, S. 175–177, 179.

S. 188 *... James Brussel (1905–1982) im Fall von George Metesky*, siehe: James Brussel: Casebook of a Crime Psychiatrist. New York 1968, S. 30ff.

S. 189 *Während Brussel und die psychoanalytische Interpretation in New York Triumphe feierte...* Ich danke Christian Bachhiesl und Stefan Köchel für die Hinweise zur Geschichte des Grazer Instituts.

S. 190 *»Wer erwartet«, schreibt Manfred Hecker...* Manfred Hecker: Traktat über den Wissenschaftlichkeitsanspruch der forensischen Schriftvergleichung. Breslau 2000, S. 13f.

Die vom Stern als Sensation vermarkteten Hitler-Tagebücher... Hecker, Forensische Handschriftenuntersuchung, a.a.O., S. 56.

S. 191 f. »*Sehr geehrter Herr Xaver Mayer!*« Ebda., S. 315.

S. 192 *La Disparition von Georges Perec:* Georges Perec: La disparition. Paris 1969

S. 193 *Bereits im Fall der Entführung von Charles Lindbergh...* Vgl. u. a. Anthony Scaduto: Scapegoat: The Lonesome Death of Bruno Richard Hauptmann. New York 1976; zur linguistischen Analyse im Fall Lindbergh ausführlich: Frauke Obermoser: Möglichkeiten und Grenzen der Forensischen Linguistik. Innsbruck 2015, S. 288ff.

S. 193 f. *Eine andere Strategie des Verbergens der Identität...* Vgl. Christa Dern: »Wenn zahle nix, dann geht dir schlecht«. Ein Experiment zu sprachlichen Verstellungsstrategien in Erpresserschreiben. In: Zeitschrift für Germanistische Linguistik (36/2008), S. 240–265.

S. 194 *...wie eine Untersuchung von Eilika Fobbe gezeigt hat.* Eilika Fobbe: Fingierte Lernersprachen. Strategien der muttersprachlichen Fehlerproduktion im Dienste der Verstellung. In: Zeitschrift für Germanistische Linguistik (42/2014), S. 196–222. Alle Beispiele aus Fobbe, a.a.O., S. 204 ff.

S. 195 Zu »Herbert der Säger« u. a.: Wenn der Trennjäger kreischt. In: Der Spiegel (14/1992), S. 125–127. Zur Sprache vgl. Dern, Autorenerkennung, a.a.O., S. 170ff.

S. 196 f. *Eher trifft Franz Kafka prophetisch die Gegenwart...* Franz Kafka: Briefe an Milena. Erweiterte Neuausgabe, hrsg. v. Jürgen Born und Michael Müller. Frankfurt am Main 1986, S. 302.

S. 198 »*Rache der schüchternen Menschen*« Friedrich Nietzsche: Morgenröthe. Gedanken über die moralischen Vorurteile. In: Kritische Studienausgabe in 15 Bänden. Hrsg. v. Giorgio Colli und Mazzino Montinari, München 1988, Bd. 4, S. 230.

S. 199 *Nietzsche empfiehlt...* Ebda.

Der exzentrische französische Kriminaltechniker Edmond Locard... Edmond Locard: Les Anonymographes. In: Revue de Droit Pénal et de Criminologie et Archives Internationales de Médicine légale, Brüssel (März) 1923, S. 6–14, S. 14.

S. 200 *Bereits Plutarch widmete seiner Analyse...* Über die Bezähmung des Zorns. In: Plutarchs moralische Abhandlungen. Übers. von Johann Friedrich Salomon Kaltwasser. 9 Bde. Frankfurt am Main 1783–1800, Bd. 4, S. 241–292, Zitate: S. 255, 259, 260, 263, 283, 286.

An ähnliche Bezähmungsversuche denkt Heimito von Doderer... Heimito von Doderer: Die Merowinger oder Die totale Familie. München 1995 (1962), z. B. S. 10–15, 73f., 132ff.

S. 201 *Die deutsche Politikerin Renate Künast...* Britta Stuff: Die Heimsuchung. In: Der Spiegel (44/2016), S. 24–30.

Eine andere, distanziertere Methode... Jan Philipp Reemtsma: Im Keller. Hamburg 2012, S. 204f.

S. 202 *»Publish and be damned.«* Harriette Wilson's Memoirs. The Greatest Courtesan of her Age. Hrsg. v. Lesley Blanch. London 1957, S. 32.

FALSCHE OHREN

S. 204 Michel de Montaigne: Über Bücher. In: ders.: Essais. Übers. v. H. Stilett. Frankfurt am Main 1998, S. 201–209.

DIE INDIVIDUELLE UNIFORM

S. 206 Zu Short siehe u. a. Hauke Goos: Schönschreiber. In: Der Spiegel (11/2011), S. 58.

S. 208 Zu den Richtalphabeten siehe Rundschreiben (Erlass) des Bundesministeriums für Unterricht und Kunst, Nr. 56/1994.

S. 209 Zum »Kulturgut Handschrift« siehe Margund Hinz: Die Abschaffung der Schreibschrift droht. Gründe gegen die Bestrebungen, daß Grundschüler nur noch Druckschrift lernen. In: Deutsche Sprachwelt (44/2011), S. 10; http://deutschesprachwelt.de/archiv/ Unterschriften_Schreibschrift.pdf

Schon in den 1950er-Jahren glaubten Pädagogen... Günther Schorch: Schreibenlernen und Schriftspracherwerb. Studientexte zur Grundschuldidaktik. Bad Heilbrunn 1992, S. 106.

Stefan Zweig: Die Kunst des Briefes. In: ders.: Die Monotonisierung der Welt. Aufsätze und Vorträge. Frankfurt am Main 1988 (1924), S. 78–80, S. 78.

S. 210 Zu den Beispielsätzen der Kalligraphen siehe die Sammlung in George Bickham: The Universal Penman. London 1743

S. 211 Zur Kriminologie und Handschriftenerkennung vgl. Manfred R. Hecker: Forensische Handschriftenuntersuchung – eine systematische Darstellung von Forschung, Begutachtung und Beweiswert. Heidelberg 1993

S. 212 Henri Focillon: Lob der Hand. Aus dem Französischen von Gritta Baerlocher. Göttingen 2017, S. 19.

Jurek Becker: »Am Strand von Bochum ist allerhand los«. Postkarten. Hrsg. von Christine Becker. Berlin 2018

J. J. Abrams, Doug Dorst: Das Schiff des Theseus. Köln 2015

Nikolaus Gansterer: Drawing A Hypothesis. Figures Of Thought. Wien 2017

ÜBER DAS BLÄTTERN

S. 213 Markus Kutter: Sachen und Privatsachen. Olten 1964, S. 140.

S. 215 Zu Novalis vgl. Hans Blumenberg: Die Lesbarkeit der Welt. Frankfurt am Main 1993, S. 254.

Zum Weltbuch der Enzyklopädisten vgl. Waltraud Wiethölter, Frauke Berndt, Stephan Kammer (Hrsg.): Vom Weltbuch bis zum World Wide Web – Enzyklopädische Literaturen. Heidelberg 2005 und allgemein zur Buchmetapher: Ernst Robert Curtius: Schrift- und Buchmetaphorik in der Weltliteratur. In: Deutsche Vierteljahresschrift f. Literaturwissenschaft und Geistesgeschichte (20/1942), S. 359–411.

... Vorläufigkeit jeder Ordnung im Wortsinn: Vivian Liska: Die Idee des Albums. Zu einer Poetik der Potentialität. In: Anke Kramer, Annegret Pelz (Hrsg.): Album. Organisationsform narrativer Kohärenz. Göttingen 2013, S. 35–39, S. 37.

Denis Diderot: Jacques der Fatalist und sein Herr. Sämtl. Romane und Erzählungen in zwei Bänden. Bd. 2. München o. J., S. 343.

S. 216 ... *Zudem vermittelt das Blättern die sinnlichen Erfahrungen* vgl. Pascal Fouché: Versuch einer Geschichte des Daumenkinos. In: Daniel Gethmann, Christoph Benjamin Schulz: Daumenkino – The Flip Book Show. Köln 2005, S. 10. Ein Beispiel für Evidenz durch das Schnellblättern ist der Thriller *Blow Out* (USA, R: Brian de Palma 1981). Der Tontechniker Jack wird zufällig Ohrenzeuge eines Unfalls und kann durch Synchronisation des Tons mit der Bildfolge eines Fotografen einen Mord nachweisen. Beispiele für künstlerische Nutzung des Daumenkinos sind etwa die buchkünstlerischen Arbeiten von William Kentridge und Giovanni Anselmo. Siehe auch Ulrike Hagel: Vielseitige »Blattlausfruchtbarkeit« bei Jean Paul. In: Jürgen Gunia, Iris Hermann (Hrsg.): Literatur als Blätterwerk. Perspektiven nichtlinearer Lektüre. St. Ingbert 2002, S. 241–258, S. 258. Eine umfassende Kulturgeschichte des Blätterns hat Christoph Benjamin Schulz mit »Poetiken des Blätterns« (Hildesheim 2015) vorgelegt. Der vorliegende Beitrag ist nicht mehr als eine Fußnote zu seiner Arbeit.

Zur Geschichte der Künstlerbücher vgl. Katja Deinert: Künstlerbücher. Historische, systematische und didaktische Aspekte. Hamburg 1995 und Gabriele Jurjevec-Koller, Brigitte Felderer, Eva-Maria Stadler (Hrsg.): Sweethearts. Die Bibliothek als Kunstsammlung. Berlin/Boston/Wien 2018

S. 217 f. Raymond Queneau: Hunderttausend Milliarden Gedichte (Cent mille milliards de poèmes). Aus dem Französischen übertragen von Ludwig Harig. Frankfurt am Main 1984, o. S. (= 1961)

S. 218 Jorge Luis Borges: Die Bibliothek von Babel. In: ders.: Labyrinthe. München 1979, S. 172–181.

S. 219 f. Jorge Luis Borges: Das Sandbuch. In: ders.: Erzählungen 1975–1977, übers. v. Dieter E. Zimmer. München 1982, S. 93–98, S. 94f.

S. 220 Vgl. Josef Matthias Hauer: Manifest des Zwölftonspiels für Orchester. In: Robert Michael Weiß (Hrsg.): Josef Matthias Hauer. 80 Jahre Zwölftonmusik (Wiener Neustadt 1999); siehe dazu ausführlich: Robert Michael Weiß: Vom Komponieren zum Spielen: Josef Matthias Hauer. In: Jahrbuch des Arnold Schönberg Center (7/2005), S. 243–273.

S. 221 f. Andreas Okopenko: Lexikon-Roman. Lexikon einer sentimentalen Reise zum Exporteurtreffen in Druden. Wien 1970

Milorad Pavić: Das Chasarische Wörterbuch. Lexikonroman in 100 000 Wörtern. Aus dem Serbokroatischen von Bärbel Schulte. München 1988, S. 20ff.

S. 223 Zum Album siehe die Einleitung sowie die einzelnen Beiträge in: Anke Kramer, Annegret Pelz 2013, a. a. O., S. 7.

Zum Prinzip der Serendipität vgl. Robert K. Merton, Elinor Barber: The Travels and Adventures of Serendipity. A Study in Sociological Semantics and the Sociology of Science. Princeton 2004

S. 224 Maria Stepanowa: Nach dem Gedächtnis. Aus dem Russischen von Olga Radetzkaja. Frankfurt am Main 2018, S. 31f. u. 42.

S. 225 f. Ludwig Wittgenstein: Philosophische Untersuchungen. Frankfurt am Main 1977, S. 9f.

S. 226 f. Theodor W. Adorno: Der Essay als Form. In: ders.: Noten zur Literatur I, Ges. Schriften, Bd. 11, hrsg. v. R. Tiedemann. Frankfurt am Main 1997, S. 9–33, Zitate: S. 10, 20, 25.

S. 227 f. Gilles Deleuze, Félix Guattari: Rhizom. Übers. v. Dagmar Berger. Berlin 1976, S. 40.

Julio Cortázar: Rayuela. Himmel-und-Hölle. Roman. Aus dem argentinischen Spanisch v. Fritz R. Fries. Frankfurt am Main 1981, S. 7.

S. 228 f. Dmitri Nabokov: Einleitung. In: Vladimir Nabokov: Das Modell für Laura. Sterben macht Spaß, Romanfragment auf 138 Karteikarten. Aus dem Englischen v. Dieter E. Zimmer u. Ludger Tolksdorf. Reinbek b. Hamburg 2009, S. 9.

S. 229 Zum Zettelkatalog vgl. Hans Petschar, Ernst Strouhal, Heimo Zobernig: Der Zettelkatalog. Ein historisches System geistiger Ordnung. Wien 1999, S. 17.

S. 230 Jonathan Safran Foer: Tree of Codes. London 2010, S. 137f.

Bruno Schulz: Die Zimtläden. München 2017. Übers. v. Celina Wieniewska. London 1992 (= 1934)

S. 232 Zu Spiel und Kunst im 20. Jahrhundert vgl. Nike Bätzner (Hrsg.): Faites vos jeux! Kunst und Spiel seit Dada. Ostfildern-Ruit 2005; zur Tradition der Faltspiele in der Kunst siehe u. a. Ralf Convents: Surrealistische Spiele – Vom Cadavre exquis zum Jeu de Marseille. Bern 1996 sowie Ingrid Schaffer (Hrsg.): The Return of the Cadavre Exquis. New York 1995

S. 233 Carl Heinrich v. Bogatzky: Güldenes Schatz-Kästlein der Kinder Gottes. Halle 1753 (20. Aufl.). Zum Däumeln siehe ausführlich Shirley Brückner: Losen, Däumeln, Nadeln, Würfeln. Praktiken der Kontingenz als Offenbarung im Pietismus. In: Ulrich Schädler, Ernst Strouhal (Hrsg.): Spiel und Bürgerlichkeit. Wien/New York 2010, S. 247–272.

François Rabelais: Gargantua und Pantagruel. Bd. 1. München 1979, S. 576 ff.

Zu den erwähnten Orakel- und Konversationsspielen vgl. Ernst Strouhal, Manfred Zollinger, Brigitte Felderer: Spiele der Stadt. Glück, Gewinn und Zeitvertreib. Wien/New York 2012, S. 283 f.

S. 234 Zum »Flickbuch« (Blowbook) vgl. Ricky Jay: The Magic Magic Book, Bd. 1. New York 1994. Bd. 2 enthält Originalarbeiten u. a. von Vija Celmins, Jane Hammond, William Wegman.

S. 235 f. Zu Grimmelshausen vgl. Volker Huber: Geschichten um das Flickbuch. Ein Begleitheft zu dem Flickbuch von Horst Antes. Offenbach am Main 2001. Vgl. auch Peter Rawert: Ein ganz natürliches Zauberlexikon. In: Brigitte Felderer, Ernst Strouhal (Hrsg.): Rare Künste. Zur Kultur- und Mediengeschichte der Zauberkunst. Wien/New York 2007, S. 287–312, S. 302.

Arno Schmidt: Zettels Traum. Frankfurt am Main 2002, Zettel 711.

S. 236 Theodor W. Adorno: Ästhetische Theorie. Frankfurt am Main 1977, S. 474.

MARBOT

S. 237 ff. Alle Marbot-Zitate stammen in der Reihenfolge ihrer Nennung aus Wolfgang Hildesheimer: Marbot. Eine Biographie. Frankfurt am Main 1981, S. 7, 56, 61, 58, 115, 233, 282, 249, 294, 305–309.

S. 239 Vgl. zu Marbot u. a. Jürgen Nelles: Konstruierte Identitäten in Biographie-Fiktionen. Wolfgang Hildesheimers ideale Biographie Marbot. In: Christian Moser, Jürgen Nelles (Hrsg.): AutoBioFiktion. Konstruierte Identitäten in Kunst, Literatur und Philosophie. Bielefeld 2006, S. 167–192.

S. 242 f. *»Als ich die Mozart-Biographie schrieb …«* Wilfried F. Schoeller: Kunst- und Wunschfigur inmitten der Geschichte. W. Hildesheimer im

Gespräch über seine Biographie ›Marbot‹. In: Frankfurter Rundschau, 15. Oktober 1981, zit. nach Alexander von Bormann: Der Skandal einer perfekten Biographie. In: Text + Kritik (89/90, 1986), S. 76.

»*Das Wort ›Skrupel‹, legte er ...*« Wolfgang Hildesheimer: Paradies der falschen Vögel. Ill. von M. Aichele. Frankfurt am Main 2017 (= 1953), S. 27.

S. 244 »*Über das Wesen der Biographie*« Wolfgang Hildesheimer: »Ich schreibe kein Buch über Kafka«. In: ders.: Lieblose Legenden. Frankfurt am Main 2016 (=1962), S. 18–20, hier S. 20.

S. 245 »*bedeutende Einsichten in die geistige ...*«, »*überall Neuland*«, »*ärgerlichen Ungenauigkeiten*« Peter Wapnewski: Wolfgang Hildesheimer: ›Marbot‹. In: Der Spiegel 1/1982, 3. Jänner 1982, https://www.spiegel.de/kultur/peter-wapnewski-ueber-wolfgang-hildesheimer-marbot-a-07010340-0002-0001-0000-000014334273; vgl. Alexander von Bormann: Der Skandal einer perfekten Biographie«, a. a. O., S. 76.

Die Wahrheit lässt sich nicht ... vgl. Wolfgang Hildesheimer: Das Ende der Fiktionen. In: ders.: Das Ende der Fiktionen. Reden aus fünfundzwanzig Jahren. Frankfurt am Main 1984, S. 229–250.

Welles präsentierte mit der Figur ... vgl. Orson Welles: F for Fake. Frankreich 1973

S. 246 f. Zu Gregor MacGregor vgl. Edward Brooke-Hitching: Atlas der erfundenen Orte. Die größten Irrtümer und Lügen auf Landkarten. München 2017, S. 191 ff.

Zur Frage von Authentizität und Profilizität in der Gegenwart vgl. Hans-Georg Moeller, Paul D'Ambrosio: Genuine Pretending: On the Philosophy of the Zhuangzi. New York 2017 und Hans-Georg Moeller, Paul D'Ambrosio: You and Your Profile: Identity After Authenticity. New York 2021; zur Konfabulation bei der Aneignung von Opferidentitäten (»Wilkomirski-Syndrom«) vgl. unter vielen anderen den Tagungsband Irene Dieckmann, Julius Schoeps (Hrsg.): Das Wilkomirski-Syndrom: Eingebildete Erinnerungen oder von der Sehnsucht, Opfer zu sein. München 2002

S. 248 Zur Frage der Echtheit und Fiktion vgl. auch Barbara Bleisch: Echtheit – ein Wert? Ein Fetisch? In: Konrad P. Liessmann (Hrsg.): Als ob! Die Kraft der Fiktion. Wien 2022, S. 161–178, hier S. 176 f.

S. 249 Zu Kummer bzw. Relotius vgl. Tom Kummer: Gibt es etwas Stärkeres als Verführung, Miss Stone? Star-Interviews. München 1997; Juan Moreno: Tausend Zeilen Lüge. Das System Relotius und der deutsche Journalismus. Berlin 2019

S. 250 Zu den Kriterien für seriösen Journalismus und (Ralph) Pulitzer vgl. Volker Barth, Michael Homberg: Fake News. Geschichte und Theorie falscher Nachrichten. In: Geschichte und Gesellschaft (44/2018), S. 619–642, S. 621.

»Im besetzten Paris besuchte der ...« bis »... sie sich wirklich so zugetragen hätten« Werner Fuld: Das Lexikon der Fälschungen. Lügen und Intrigen in Kunst, Geschichte und Literatur. Frankfurt am Main 1999, S. 5.

S. 252 Zur Geschichte des Radfahrers vgl. Dietmar Grieser: Verborgener Ruhm – Österreichs heimliche Genies. Wien 2004, S. 98–105.

GESPRÄCH MIT EINEM ESEL

S. 253 Marcel Proust: In Swanns Welt. Auf der Suche nach der verlorenen Zeit. Erster Teil. Frankfurt am Main 1981, S. 60ff.

S. 255 *... das Pferd, das man den Klugen Hans nannte ...* gehörte dem Lehrer Wilhelm von Osten und trat zur Jahrhundertwende in Berlin Mitte auf. Das Pferd reagierte auf heimliche Gesten seines Besitzers.

S. 257 *Es war in Turin:* Der Esel kennt die Biographie Nietzsches besser als sein Gesprächspartner. Er verweist auf die Episode Anfang Jänner 1889, als der geistig verwirrte Philosoph in der Via Po das Pferd einer Mietkutsche schluchzend umarmte.

S. 258 *Den ›Sommernachtstraum‹, kein Zweifel ..*: Zu Shakespeares Sommernachtstraum siehe den Aufsatz von René Girard: Myth and Ritual in Shakespeare: A Midsummer Night's Dream. In: Josué Harari (Hrsg.): Textual Strategies. Perspectives in Post-Structuralist Criticism, Cornell 1979. Zitate nach der Schlegel-Tieck-Ausgabe in: William Shakespeare: Dramen, hrsg. v. Dietrich Klose, Stuttgart 2014

S. 260 *Siebzig Milliarden Tiere ..*: Die Zahl stammt aus Tony Weis: The Ecological Hoofprint. The Global Burden of Industrial Livestock. London 2013

... *wenn ihr gerade baden wollt* ... Zur Geschichte vom toten Esel im Meer siehe Karl Heinz Bohrers Autobiografie: Jetzt. Geschichte meines Abenteuers mit der Phantasie. Berlin 2017, S. 160.

S. 261 ... *das meiste werde künstlich erledigt* ... Hier irrt der Esel. Künstliche Befruchtung hat sich bei den Eseln (und Katzen) nicht durchgesetzt.

... *ein herausragendes Exemplar namens Jocko* ... Zur Biografie des armen Stiers Jocko siehe Jean Christoph Ribots TV-Dokumentation: Das Leben der Kühe (Arte 2016).

S. 262 ... *Und der arme Delfin Noc?* Siehe Eva Meijer: Die Sprachen der Tiere, hrsg. v. Judith Schalansky. Berlin 2016, S. 31. Zur Verabreichung von LSD und zum doch in manchem Aspekt befremdlichen Zusammenleben der US-Forscherin Margaret Howe Lovatt, Assistentin von Gregory Bateson, mit dem sechsjährigen Delfin Peter siehe Marc von Lüpke: Der Delfin, der mich liebte. In: Der Spiegel – Geschichte, 19.6.2014, sowie die BBC-Dokumentation von Christopher Riley: The Girl Who Talked to Dolphins (UK 2014).

... *die Kormorane bei den japanischen Fischern* ... Der Geschichte der Kormoranfischerei (Ukai) am Fluss Nagara ist in Gifu ein eigenes Museum (Nagaragawa Ukai Museum) mit permanenter Ausstellung gewidmet. Im museumspädagogischen Vermittlungsprogramm für Kinder (»What's Ukai«?) können kleine Modelle der Fischerboote mit Kormoranen an Leinen gebastelt werden.

CATHERINE UND ALEXANDER

S. 267ff. Zur Kindheit und Jugend von Alexander II. siehe Henri Troyat: Zar Alexander II. Frankfurt am Main 1991. Ich danke Monika Kaczek für ihre wertvolle Hilfe.

Samuel Johnson zit. nach Peter Sager: Schottland. Geschichte und Literatur, Architektur und Landschaft. Köln 1980, S. 339.

S. 268 Eine Vielzahl von Sagen, Legenden und Märchen findet sich in J. P. MacLean: History of the Isle of Mull. Greenwill (Ohio) 1923, S. 145ff. (Reprint: 2016)

S. 273 Samuel Johnson zit. nach Sager 1980, a. a. O. S. 342.

S. 273 Queen Victoria, zit. nach Sager 1980, a.a.O. S. 343.

IM SCHATTENREICH DES GELDES

S. 290 Irini Athanassakis: Die Aktie als Bild. Zur Kulturgeschichte von Wertpapieren. Wien 2008

HOTEL KUMMER

S. 303 *Das alte Kummer wurde völlig neu gestaltet…:* Ich danke Arkan Zeytinoglu und Slaven Beric (arkan zeytinoglu architects) für ein hilfreiches Gespräch und Unterlagen zur Neugestaltung.

S. 307 *Die Liste der Verfehlungen der woken Generation ist lang:* Kritik der Gendersprache siehe: Aufruf: Wissenschaftler kritisieren Genderpraxis des ÖRR, https://www.linguistik-vs-gendern.de (abgerufen April 2024); Eckard Meineke: Studien zum genderneutralen Maskulinum. Heidelberg 2023; Cancel Culture: Annika Domainko, Tobias Heyl, Florian Kessler u. a. (Hrsg.): Canceln. Ein notwendiger Streit. München 2023; Eric Gujer: Cancel Culture ist kein Studentenulk. Es ist eine neue Form des Extremismus. In: Neue Zürcher Zeitung, 12. Aug. 2022; Dominanz des Gefühls: Daniele Giglioli: Die Opferfalle. Wie die Vergangenheit die Zukunft fesselt. Aus dem Italienischen v. Max Henninger. Berlin 2016; Benedict Neff: Das große Unwohlsein oder: Der Gefühlsterror eifriger Aktivisten. In: Neue Zürcher Zeitung, 25. Aug. 2022; Caroline Fourest: Generation Beleidigt. Von der Sprachpolizei zur Gedankenpolizei. Übersetzt von Alexander Carstiuc u. a. Berlin 2020; Political Correctness: Hanno Rauterberg: Wie frei ist die Kunst? Der neue Kulturkampf und die Krise des Liberalismus. Berlin 2018; Selbstgerechtigkeit: Sahra Wagenknecht: Die Selbstgerechten. Mein Gegenprogramm – für Gemeinsinn und Zusammenhalt. Frankfurt/New York 2021

S. 308 *»Das Verwirrende an der Woke-Bewegung…«:* Susan Neiman: links ≠ woke. Aus dem Englischen v. Christiana Goldman. Berlin 2023, S. 10ff.

S. 310 *»Ohne Universalismus«… in Einklang mit vielen anderen…:* Neiman, a. a. O., S. 128. Vgl.: Lutz Niethammer: Kollektive Identität. Heimliche

Quellen einer unheimlichen Konjunktur. Reinbek b. Hamburg 2000; Francis Fukuyama: Identität. Wie der Verlust der Würde unsere Demokratie gefährdet. Hamburg 2019; Yascha Mounk: Im Zeitalter der Identität. Der Aufstieg einer gefährlichen Idee. Stuttgart 2024

Omri Boehm: Radikaler Universalismus. Jenseits von Identität. Berlin 2022, S. 62.

S. 310 f. Herbert Marcuse: Die Analyse eines Exempels. In: neue kritik, 7. Jg., Nr. 36/37, Juni/August 1966, S. 35.

S. 311 f. *Das Mitleid hat zudem einen Nebeneffekt..* Vgl. Ute Frevert: Mächtige Gefühle. Von A wie Angst bis Z wie Zuneigung. Deutsche Geschichte seit 1900. Frankfurt am Main 2020, S. 107 sowie Hans-Christoph Buch: Blut im Schuh. Schlächter und Voyeure an den Fronten des Weltbürgerkriegs. Frankfurt am Main 2001, S. 21ff.

S. 312 Herbert Marcuse: Versuch über die Befreiung. Aus dem Amerikanischen von Helmut Reinicke und Alfred Schmidt. Frankfurt am Main 1969 (Reprint 2008), S. 9, 40, 42, 44f.

S. 313 f. *... »genuin rebellisch«:* Giovanni Levi, Jean-Claude Schmitt (Hrsg.): Geschichte der Jugend. Bd. 1. Frankfurt am Main 1996, S. 14.

Charles Reich: Die Welt wird jung. Der gewaltlose Aufstand der neuen Generation. Wien/München/Zürich 1971, S. 9f. Siehe dazu: Christina Benninghaus: Die Jugendlichen. In: Ute Frevert, Heinz-Gerhard Haupt (Hrsg.): Der Mensch des 20. Jahrhunderts. Frankfurt am Main 1999, S. 250. Zur Entstehung des generationellen Denkens vgl. bes. Graham Murdock, Robin McCron: Klassenbewußtsein und Generationsbewußtsein. In: John Clarke, Phil Cohen, Paul Corrigan u. a. (Hrsg.): Jugendkultur als Widerstand. Milieus, Rituale, Provokationen. Frankfurt am Main 1979, S. 15–38.

S. 315 Alain Finkielkraut: »Wokeismus ist die Installation des Hasses auf den Westen im Herzen des Westens.« Interview mit Benedikt Neff. In: Neue Zürcher Zeitung, 28.12.2023.

S. 316 f. *»mass murderers of queers«* So ein Slogan bei einer Free-Palestine-Kundgebung an der Universität für angewandte Kunst Wien am 14. Dez. 2023. Vgl.: Petra Schaper Rinkel: Universitäten im Nahostkonflikt: Polarisierung entgegentreten! In: Der Standard, 19. Dez. 2023.

Judith Butler ist die philosophische Stichwortgeberin ... Judith Butler: Kritik der ethischen Gewalt. Adorno Vorlesungen. Frankfurt am Main 2007,

S. 34; siehe dazu ausführlich: Sercan Aydilek: Der »pinke« Israelhass. Erfahrungen mit der queerfeministischen Gruppe »Berlin Against Pinkwashing« – und was sich daraus lernen lässt. In: Vojin Saša Vukadinović (Hrsg.): Freiheit ist keine Metapher. Antisemitismus, Migration, Rassismus, Religionskritik. Berlin 2018, S. 144–153.

S. 317 f. Herbert Marcuse: Repressive Toleranz. In: Robert Paul Wolff, Barrington Moore, Herbert Marcuse: Kritik der reinen Toleranz. Frankfurt am Main 1970, S. 91–128, Zitat S. 94.

S. 319 *Zu seinen Verehrern zählte Michel Foucault...* Die folgenden Zitate aus den Artikeln und Repliken Foucaults im *Corriere della Sera, Nouvel Observateur* und *Le Monde* vom 28.9.1978 bis 11.5.1979 zit. nach: Philipp Sarasin: Zeitenwende. Michel Foucault und die iranische Revolution (2022). In: https://geschichtedergegenwart.ch/zeitenwende-michel-foucault-und-die-iranische-revolution/ (abgerufen: 21.3.2024) u. Georg Stauth: Foucaults Abenteuer im Iran. In: Islamische Kultur und moderne Gesellschaft. Gesammelte Aufsätze zur Soziologie des Islams, Bielefeld 2001, S. 57–82. Ich danke Christoph Winder für den Hinweis.

S. 320 *...aus der Verfassung des Iran* Einleitung (Abschnitt »Staatlichkeit im Islam«) http://www.eslam.de/manuskripte/verfassung_iri/praeambel.htm#Einleitung

S. 321 Zu Nasr und Judith Butler vgl. u. a.: Roman Bucheli: Die Hamas-Lektion: Die Würde des Menschen ist antastbar. In: Neue Zürcher Zeitung, 20. Okt. 2023.

Das manichäische Denken neigt zu einem neuen Essenzialismus... Vgl. Natan Sznaider: Fluchtpunkte der Erinnerung. Über die Gegenwart von Holocaust und Kolonialismus. München 2022, S. 172ff.

S. 322 *...Marxenes Kritik an den »Schacherjuden«:* Neue Rheinische Zeitung, 19.12.1848, zit. in: Maximilian Karbach, Sebastian Thome: Feindbildkonstruktionen und Verschwörungsdiskurs. Eine exemplarische Toposanalyse konservativer und sozialistischer Zeitungen im Kontext der deutschen Revolution von 1848/49. In: Sören Stumpf, David Römer (Hrsg.): Verschwörungstheorien im Diskurs. Interdisziplinäre Zugänge. Weinheim 2020, S. 199–232, S. 226.

... Ruth Fischer: Zit. in Mario Keßler: Die KPD und der Antisemitismus in der Weimarer Republik. In: Utopie kreativ (173/2005), S. 223–232, hier S. 226.

»*Vorboten einer sozialen Revolution*«: Ebda. S. 228.

S. 323 Al-Husseinis Brief an Adolf Hitler: Deutsches Bundesarchiv Berlin, Auswärtiges Amt, PAAA, RZ 105/29882. Zur Teilnahme der Muslime am Zweiten Weltkrieg siehe ausführlich: Volker Koop: Hitlers Muslime. Die Geschichte einer unheiligen Allianz. Berlin 2012. Ich danke Andrea Hurton für den Hinweis.

S. 324 *Ende April 1969 umringten drei Studentinnen im Hörsaal VI...:* Frankfurter Neue Presse, 23.4.1969.

S. 325 *Am Ende fraß die frühe Revolution dann auch ihr allerliebstes Kind:* Obszöne Welt. In: Der Spiegel (27/1969), 29. Juni 1969.

Peter Schneider: Wahnsinn und Gesellschaft. Mein 68. Eine autobiographische Erzählung. Köln 2008 S. 85.

»Freistaat Westberlin«, siehe Schneider, a.a.O. S. 10f., 254f.

S. 326 Marcuse: Repressive Toleranz, a.a.O., S. 127f.

S. 327 Dar al Janub. Verein für antirassistische und Friedenspolitische Initiative. https://dar-al-janub.net/ueber-uns/

Ruth von Mayenburg: Blaues Blut und rote Fahnen. Ein Leben unter vielen Namen. Wien 1969, S. 247, 253f.

S. 328 Sahra Wagenknecht, a.a.O., S. 21ff.

Alain Badiou: Rebellion ist gerechtfertigt. Zur Aktualität des Mai 68. Aus dem Französischen von Richard Steurer-Boulard. Wien 2018, S. 22f., 42, 58f.

S. 329 *Einen einzigen Tag verbringt sie freiwillig in der Schule:* Astrid Lindgren: Pippi Langstrumpf in der Villa Kunterbunt. Hamburg 1967, S. 43ff.

S. 330 *Zunächst stießen die Pippi-Romane in Frankreich und Deutschland auf Ablehnung...:* Zur Rezeptionsgeschichte vgl. Evelyn Wiesinger: Geschlechterinszenierung und -transgression im Kinderbuch: Astrid Lindgrens *Pippi Langstrumpf.* In: Clé des langues – ÉduSCOL/ENS LSH Allemand (2009), https://cle.ens-lyon.fr/allemand/litterature/mouvements-et-genres-litteraires/jeunesse-et-contes/geschlechterinszenierung-und-transgression-im-kinderbuch-astrid-lindgrens-pippi-langstrumpf-#section-0 (abgerufen: März 2024)

»*Es würde wieder Frühling werden...*«: Astrid Lindgren: Pippi Langstrumpf im Taka-Tuka-Land. Hamburg 1967, S. 288f.

S. 331 *In einer deutschen Grundschule heißt es...:* Astrid-Lindgren-Grundschule Hösbach http://www.grundschule-hoesbach.de/Allgemeine-Informationen/Haus-und-Pausenregeln

S. 332 *»Die Tagträume einer Zeit...«:* Lars Gustafsson: Beobachtet zu werden. In: ders.: Die Bilder an den Mauern der Sonnenstadt. Essays über Gut und Böse. Aus dem Schwedischen von Ruprecht Volz. München, Wien 1987, S. 59–65, Zitat S. 65.

»ICH WOHN' NUR SO DA ...«

S. 333 Alle Namen der Bewohner:innen des Goethehofs wurden geändert.

S. 335 Eugen Philippovich: Wiener Wohnungsverhältnisse. In: Archiv für soziale Gesetzgebung und Statistik. Berlin 1894, S. 215. Zit. nach: Helmut Weihsmann: Das Rote Wien. Sozialdemokratische Architektur und Kommunalpolitik 1919–1934. Wien 2002, S. 19.

S. 337 Zur »tragenden Rolle der Gemeinschaft« siehe Josef Hofbauer: Im roten Wien. Eine Studien-Reise deutscher Arbeiter aus der Tschechoslowakei. Prag 1926, S. 48.

S. 340 Zur »Zufriedenheit im Gemeindebau« vgl. Reinhard Raml: Lebensqualität im Wiener Gemeindebau. IFES-Studie, Wien 2007, Vorwort.

S. 341 Vgl. Wilhelm Heitmeyer: Wutgetränkte Apathie. In: Der Spiegel (14/2010), S. 70.

APPARENT OBSOLESCENCE

S. 343 Das Kopfkissenbuch der Dame Sei Shōnagon. Wiesbaden 2012

S. 344 Zum Design und zur Geschichte des Hotel Okura vgl. Saburo Mizoguchi (Hrsg.): The Indigenous Patterns and Hotel Okura. Tokio 1964

S. 346 Tanizaki Jun'ichiro: Lob des Schattens. Entwurf einer japanischen Ästhetik. Zürich 2010 (= 1933)

S. 346 f. Let's save the Okura (Kommentar zu Fiona Wilson: Final check out). In: Monocle 2014, https://monocle.com/magazine/issues/75/final-check-out/

S. 349 Ruth Benedict: Chrysantheme und Schwert. Formen der japanischen Kultur. Frankfurt am Main 2006 (= 1946), siehe auch: Florian Coulmas: Die Kultur Japans. Tradition und Moderne. München 2003

HIMALAYA

S. 351 *Schon im Vormärz führte eine Schiffsverbindung...* Vgl. Bertrand M. Buchmann: Der Prater. Die Geschichte des Unteren Werd. Wien/Hamburg 1979, S. 71.

Zum Jardin de Paris: Vgl. Hans Pemmer, Ninni Lackner: Der Wiener Prater einst und jetzt (Nobel- und Wurstelprater). Leipzig/Wien 1935, S. 114. Ich danke Henry Salfner, Susanne Winkler und Werner Michael Schwarz für ihre Unterstützung und Hinweise.

S. 352 Vgl. Michel Foucault: Die Heterotypien. Der utopische Körper. Frankfurt am Main 1992

S. 353 Zu Velodrome Americaine und Manège Parisien siehe die Einträge in der Pratertopothek von Alexander Schatek, https://prater.topothek.at (25.8.2023) sowie Pemmer, Lackner, Prater, a.a.O., S. 180. Zur Geschichte des Ringelspiels vgl. Florian Dering: Volksbelustigungen. Nördlingen 1986, S. 27–46; Gerhard Eberstaller: Schön ist so ein Ringelspiel. Schausteller, Jahrmärkte und Volksfeste in Österreich. Wien 2004, S. 44–69; allgem.: Stefan Poser: Glücksmaschinen und Maschinenglück. Grundlagen einer Technik- und Kulturgeschichte des technisierten Spiels. Bielefeld 2016

Der Teutsche Merkur (Nov. 1784), S. 151, zit. nach Veronika Haas: »Oh, süße Reiselust«. Von Neckarabenteuern, Reisepoesie und Dolce Vita am Neckar. Reisen im 19. Jahrhundert. In: Frieder Hepp (Hrsg.): Reiselust. Vom Pilger zum Pauschaltourist. Heidelberg 2016, S. 15–19, hier S. 15.

S. 354 Odo Marquard: Der angeklagte und der entlastete Mensch in der Philosophie des 18. Jahrhunderts. In: ders.: Abschied vom Prinzipiellen. Philosophische Studien. Stuttgart 1982, S. 39–65, hier S. 54.

S. 355 Zum Wiener Automatentheater vgl. Pemmer, Lackner, a.a.O., S. 62, S. 130.

Zu »Venedig in Wien« und zur »Elektrischen Stadt« vgl. Ursula Storch (Hrsg.): Das Pratermuseum. 62 Stichwörter zur Geschichte des Praters. Wien 1993, S. 64 sowie Dörte Kuhlmann: Venedig in Wien – oder Die

Elektrische Stadt. In: Wolkenkuckucksheim. Theorie der Technik in Architektur und Städtebau (19/2014) 33, S. 149–157, hier S. 154f. Als Raum für Ausstellungen im Prater diente vor allem nach der Weltausstellung 1873 die Rotunde. Vgl. Buchmann, a. a. O., S. 76, S. 130.

S. 356 Ernst Bloch: Tübinger Einleitung in die Philosophie. Frankfurt am Main 1977, S. 146; siehe auch ders.: Erbschaft dieser Zeit. Frankfurt am Main 1985, S. 140; Reinhard Koselleck: Vergangene Zukunft. Zur Semantik geschichtlicher Zeiten, Frankfurt am Main 2000, S. 325.

Zu den Kriegspanoramen und zum Wiener Schützengraben vgl. Pemmer, Lackner, a. a. O., S. 100 sowie Pratertopothek, Eintrag »Wiener Schützengraben«.

S. 357 Storch, a. a. O., S. 29f.; Pratertopothek, Eintrag »Grottenbahn Zum Walfisch«.

S. 359 Vgl. Sigmund Freud: Das Unheimliche. In: Studienausgabe, Bd. 4, Frankfurt am Main 1982, S. 243–274 [= 1919].

Zu Karl Hagenbeck und John Couper vgl. Pemmer, Lackner, a. a. O., S. 103, 65.

S. 360 Zu den ethnografischen Schaustellungen vgl. ebda., S. 113, die div. Einträge in Pratertopothek, Storch, a. a. O., S. 48, S. 60 sowie vor allem Werner Michael Schwarz: Anthropologische Spektakel. Zur Schaustellung »exotischer« Menschen. Wien 1870–1910. Wien 2001

S. 361 Zu den Fahrenden vgl. Richard van Dülmen: Der ehrlose Mensch. Unehrlichkeit und soziale Ausgrenzung in der Frühen Neuzeit. Köln/Weimar/Wien 1999, S. 20; Eva Blimlinger: Die fahrenden, unbehausten Ehrlosen. Über die soziale Position von Gauklern, Zauberern und Seiltänzern. In: Brigitte Felderer, Ernst Strouhal (Hrsg.): Rare Künste. Zur Kultur- und Mediengeschichte der Zauberkunst. Wien/New York 2007, S. 139–150, hier S. 145.

SENNETT HEUTE

S. 365 Richard Sennett: Verfall und Ende des öffentlichen Lebens. Die Tyrannei der Intimität. Frankfurt am Main 1983 (= 1974)

S. 366 Lionel Trilling: Das Ende der Aufrichtigkeit. München 1988 (= 1972)

DAS DOPPELTE PRISMA DER ERINNERUNG

S. 367 Elias Canetti: Das Augenspiel. Lebensgeschichte 1931–1937, Wien 1985. Ich danke an dieser Stelle für viele Anregungen und großzügige Unterstützung Johanna Canetti, Fanny Esterházy, Karina Obadia und Kristian Wachinger.

S. 368 Alois Delug war Professor für Malerei an der Akademie der bildenden Kunst und 1930 verstorben, seine Witwe verfolgte sein Projekt einer eigenen Akademie weiter.

Zitate Canetti (»Feindesland« etc.), Das Augenspiel, a. a. O., S. 234, 236.

Zitate Kraus über Benedikt u. v. a. in Die Fackel, 588–594 (März 1922), S. 40, oder 697–705 (Okt. 1925), S. 15.

S. 368 f. *Ernst Benedikt war ein musischer Mensch...* Eine Sammlung seiner Essays 1906–1908 für die Neue Freie Presse erschien 1908 in Wien bei Gottlieb Gistel & Cie: Ernst Benedikt: Gesammelte Aufsätze aus den Jahren 1906, 1907, 1908. Wien 1908

S. 369 Benedikt über seine Inhaftierung und Misshandlung während des Novemberpogroms: »Glühende Bosheit, grinsender Hohn«. In: Der Standard, 9. Nov. 1988; eine andere Fassung des Textes erschien unter dem Titel »Erinnerungen an die Kristallnacht«. In: Österr. Akademische Blätter (1/1968), 6–8.

Kreisky über Benedikt: Bruno Kreisky: Erinnerung an Ernst Benedikt. In: Ernst Martin Benedikt. Ausstellungskatalog, hrsg. von Sepp Hiekisch. Bochum 1988, S. 25–27.

S. 370 Canetti, Das Augenspiel, a. a. O., S. 260. S. 255f., 262ff., 284.

S. 371 Susanne Ovadia-Benedikt: Über Friedl und Canetti (S. 3), Nachlass Benedikt, Mappe E (Erinnerungen), S. 56.

Auch Susanne hat im Augenspiel *zwei Auftritte...* Canetti, Das Augenspiel, a. a. O., S. 237ff., 282.

S. 372 Brief Elias Canetti an Susanne Ovadia-Benedikt, 31. Dez. 1952, London, Nachlass Benedikt, Mappe I, S. 18.

»Ich brauche Dir nicht zu sagen«... Brief Elias Canetti an Susanne Ovadia-Benedikt, 24. Jan. 1960, Mappe I, S. 22. Ovadia-Benedikt floh

1938 gemeinsam mit ihren Eltern nach Schweden. Sie arbeitete als Journalistin unter anderem für Svenska Dagbladet in Stockholm und später für Radio Free Europe in Paris.

»Canetti – wie ich zuerst...« Susanne Ovadia-Benedikt, Brief an Elias Canetti, Jan. 1985, Nachlass Benedikt, Mappe E, S. 33.

S. 373 *»Wahrhaftigkeit in der Bewahrung seines Eindrucks«...* Zitate aus: Elias Canetti, Brief an Susanne Ovadia-Benedikt, Jan./Feb. 1985, Nachlass Benedikt, Mappe E, S. 43; siehe auch Elias Canetti: Ich erwarte von Ihnen viel. Briefe, hrsg. von Sven Hanuschek und Kristian Wachinger. München 2018, S. 695.

Susanne Ovadia-Benedikt, Brief an Christoph Schlotterer, 7. Mai 1985, Nachlass Benedikt, Mappe E, S. 40.

Elias Canetti, Brief an Susanne Ovadia-Benedikt, 31. Mai 1985, Zürich, Nachlass Benedikt, Mappe E, S. 43, auch in Elias Canetti: Ich erwarte von Ihnen viel, a. a. O., S. 695. In einer Notiz vom 6. Februar 1985, also kurz nach Erhalt des Briefes von Susanne Ovadia-Benedikt, fragt sich Canetti: »Bin ich zu weit gegangen? Hab ich Ernst Benedikt Unrecht getan? Ich glaube es nicht, aber für S., die sich als die ›Letzte‹ der Benedikts sieht, ist dieser Schlag vernichtend.« (Nachlass Elias Canetti, Signatur 20.10.1, S. 10, 6. Feb. 1985). Am 25. März heißt es: »Es ist ihrer Schwester gelungen, sie dreißig Jahre nach ihrem Tod wieder zu töten, diesmal in mir.« (Nachlass Elias Canetti, Signatur 20.10.1, S. 8, 25. März 1985) Der böse Brief wird nicht vergessen. Am 30. Nov. 1987 notiert Canetti: »Wie gern hätte ich über Friedl weiter geschrieben! Wie hat ihre Schwester eine Giftwolke über ihr Bild geblasen.« (Nachlass Elias Canetti, Signatur 1987.7, 30. Nov. 1987, VII, S. 52).

Wie auch immer: Canetti überarbeitet alle Abschnitte... Canetti, Das Augenspiel, a. a. O., S. 280.

S. 374 *Am 26. November 1983 notiert Canetti...* Nachlass Elias Canetti, Signatur 60.10., S. 25, Lebensgeschichte III (23. Sept.–9. Dez. 1983).

S. 375 *...Erinnerung geprägt, die das damals Erlebte überschreibt...* Zitate aus: Nachlass Elias Canetti, Signatur 5.21, nicht publizierte Passagen aus »Einladung bei Benedikts« (K 10).

S. 376 *»Nach dem Spaziergang...«* Nachlass Elias Canetti, Signatur 5.22, nicht publizierte Passagen aus »Ich suche meinesgleichen« (K 10).

...»*bei unserem nächsten Spaziergang*«... »*Bis auf die wenigen Tage*«... Canetti, Das Augenspiel, a. a. O., S. 279f., 265f.

S. 377 *Die Geschichte der durch den permanenten Redefluss*... Susanne Ovadia: Nachwort. In: Anna Sebastian (Friedl Benedikt): Das Monster. Hrsg. von Thomas B. Schumann. Hürth b. Köln, Wien 2004, S. 319. In der Darstellung Ovadias wird deutlich, dass mit »beiden« bei Canetti der Chauffeur und Benedikt gemeint war.

Gérard Genette: Die Erzählung. Aus dem Französischen von A. Knop. München 1998, S. 135. Mit Genette ließe sich Canettis Form des Stimmwechsels auch als Metalepse oder Pseudodiegese begreifen (ebd., S. 167ff.), an keiner Stelle wird einer ihrer Berichte bezweifelt.

... *aus den Erzählungen der Tochter über ihren Vater gewonnen wurden*... Dies vermutet u. a. Paul Steiner (1913–1996), der ehemalige Privatsekretär von Ernst Benedikt, im Brief an Susanne Ovadia-Benedikt vom 29. Aug. 1985. In: Nachlass Benedikt, Mappe E, S. 45.

S. 377 f. Zum Genre der Autobiografie: Als »Autobiografie« bewirbt etwa der Fischer Verlag die Taschenbuchausgabe vom *Augenspiel* im Internet bis heute. Der Hanser Verlag ist bei der Bestimmung des Genres vorsichtiger: Die Trilogie »geht über das Autobiographische hinaus«, heißt es in der Ankündigung. Der Kontrakt mit dem Leser, der für Lejeune 1975 neben der Übereinstimmung von Autor, Erzähler und Hauptfigur konstitutiv für die Autobiografie ist und z. B. durch Vorwort oder Untertitel geschlossen wird, ist bei dem von Canetti gewählten Untertitel (»Lebensgeschichte«) allerdings nicht ganz eindeutig. Er markiert aber sicherlich eher einen autobiografischen als einen romanesken Raum. Dadurch allerdings gehört der ›falsche Bericht‹ nicht in die Sphäre der Fiktion, sondern in die der Lüge (die ja eine autobiografische Kategorie ist). Vgl. Philippe Lejeune: Der autobiografische Pakt. In: Die Autobiographie. Zu Form und Geschichte einer literarischen Gattung, hrsg. von Günter Niggl. Darmstadt 1989, S. 214–257, Zitat S. 236.

S. 379 ... *die Souveränität ihrer Existenz als Schriftstellerin und ihres Werkes verdeckt*... Die nach wie vor beste biografische Darstellung findet sich bezeichnenderweise in Sven Hanuscheks detaillierter Canetti-Biografie (München 2005), verfasst natürlich im Interesse an und aus der Perspektive von Canetti.

Canetti mit seiner Person in Zusammenhang bringt... Zitate über Friedl Benedikt siehe Nachlass Elias Canetti, Signaturen 12.5.3, S. 57, 17. April 1953; S. 5 u. Ostern 1953; 12.3.2, S. 23, 13. Feb. 1952; 8.4, S. 149, 16. Okt. 1945; 12.6.1, S. 4, 26. April 1953 (Klage um F.); 60.2, S. 58, 10. Feb. 1982; Canetti, Das Augenspiel, a.a.O., S. 255, 266. Anzumerken ist, dass Friedl Benedikt – nach einer kurzen Ehe mit Georg Stramitzer in Bratislava – bereits eine geschiedene Frau war, als Canetti sie kennenlernte. Zur Wahl des Pseudonyms vgl. Nachlass Elias Canetti, Signatur 60.3, S. 63, 19. März 1981. Laut Canetti hätte Friedl Benedikt ihr literarisches Pseudonym gewählt, um ihm seine frühere Geliebte Anna Mahler zu ersetzen und quasi semiotisch zu verdrängen. »Aber mit diesem Namen begann auch Friedls Änderung in ihrer Haltung zu mir. Sie wurde mehr und mehr wie Anna, rücksichtsloser, kühner, kälter und wiederholte schliesslich, was Anna mir getan hatte, mit hundertfach intensiverer Wirkung, denn um so viel mehr war sie mir ans Herz gewachsen.« (Ebda.) Aus den Briefen geht freilich hervor, dass Friedl Benedikt 1944 auf Drängen ihres Verlegers ein national nicht zuordenbares Pseudonym gewählt hat.

... und lernt das Ehepaar Canetti kennen. Ein ironisches, aber freundliches Portrait von Friedl Benedikt findet sich in Veza Canettis Roman *Die Schildkröten* über die Zeit unmittelbar vor der Emigration. Benedikt erscheint im Roman als Hilde. Vgl. Veza Canetti: Die Schildkröten. München 1999.

S. 380 »*Paris habe ich furchtbar gerne...*« Brief Friedl Benedikt an die Eltern, Paris, 1938, Nachlass Benedikt, Mappe B, S. 10.

»*Das Pariser Nachtleben...*« Brief Friedl Benedikt an die Eltern, Paris, 1938, Nachlass Benedikt, Mappe B, S. 11. Ilse Benedikt studiert zunächst Klavier und Medizin in Wien. 1938 wird sie exmatrikuliert. Sie flieht nach Zürich, beendet dort ihr Medizinstudium und wird Mitglied der Bewegung Freies Österreich. Als einzige der vier Schwestern kehrt sie nach Wien zurück. Nach 1945 arbeitet sie in einem Wiener Arbeiterbezirk als praktische Ärztin und kandidiert im Gemeinderat für die Kommunistische Partei, allerdings, wie sie schreibt, »zum Glück an aussichtsloser Stelle«.

S. 381 Brief Friedl Benedikt an die Eltern, Paris, 1948, Nachlass Benedikt, Mappe B, S. 62.

Wie ihre Schwester Gerda... Gerda Benedikt kam bereits 1937 nach London. Paul Steiner erwähnt in seinen Erinnerungen, dass Gerda Benedikt bis 1940 in London bei den Passbehörden Hunderte Visa fälschte, mit denen vor allem Jüdinnen und Juden die Flucht vom Kontinent gelang (Paul Steiner: Memoiren, Nachlass Benedikt, Mappe H, S. 424). Nach 1940 gelangte sie gemeinsam mit ihrem Mann Alfred Corvin, einem Psychoanalytiker, nach New York, wo sie bis zu ihrem Tod als Mitarbeiterin im New Yorker Sozialamt, Malerin und als Lehrerin für körperlich und geistig beeinträchtigte Kinder lebte.

»I want and have to work...« Brief Friedl Benedikt an die Eltern, 20. Sept. 1941?, Nachlass Benedikt, Mappe B, S. 15. Benedikt wohnt zu dieser Zeit in der alten Wohnung ihrer Cousine im Süden Londons in 8. St. Agnes Court.

S. 381 f. *... von der Exilliteraturforschung bislang weitgehend unentdeckt...* So etwa fehlt ihr Name u. a. in: Erfolg und Verfolgung. Österreichische Schriftstellerinnen 1918–1945. Fünfzehn Porträts und Texte, hrsg. von Christa Gürtler, Sigrid Schmid-Bortenschlager. Salzburg 2002. Eine Ausnahme bildet Wiekmann, der dem Werk von Anna Sebastian ein Kapitel widmet: Dirk Wiekmann: Exilliteratur in Großbritannien 1933–1945. Opladen 1998, S. 271–304.

S. 382 *... die letzten zwei Sätze von* The Monster. Anna Sebastian: The Monster. London 1944, S. 217.

Parabel auf den Faschismus erkennen... Friedl Benedikt bezeichnet Crisp als »private Hitler«, Brief an die Eltern, 3. Feb. 1944, Nachlass Benedikt, Mappe, B., S. 20. Zur Vermutung, dass auch Canettis Züge in die Figur des Crisp eingewebt sind, vgl. Peter J. Conradi: Iris Murdoch. Ein Leben. Wien/ Frankfurt am Main 2002, S. 460, 464.

... »the most original young writer.« Roger Lloyd, ›New Novels‹. In: Time and Tide, 30. Dez. 1944, Mulk R. Anand in: Our Time, Vol. 4, No. 7 (Feb. 1945), S. 15, kritisch: Times Literary Supplement, 20. Jan. 1945, S. 15. Zu ›Let Thy Moon Arise‹ siehe z. B. Stevie Smith: The Moon in the River. In: Time and Tide, 4. März 1944, S. 204.

S. 383 f. *»Geliebter, geliebter Ilja...«* Friedl Benedikt an Elias Canetti. In: Mappe J. C. 1.1., undatiert, zw. 1938–1940 (Transkription Johanna Canetti, Mappe T)

S. 385 *»Im Zug, als ich nach Hause fuhr...«* Notizblock Yabasta. Für Thor von Yabasta... (Nachlass Canetti 217.6a)

»Dr. Colerus« Ilse Benedikt: o.T. [über den Tod der Schwester, Prolog]. Wien 1954/55, MS, 44 Seiten, Nachlass Benedikt, Mappe D, Abschnitt D, S. 4.

»dem Wahnsinn nahe« und *»Hölle«...* Brief Elias Canetti an Ernst Benedikt, 6. April 1950, Nachlass Benedikt, Mappe I, Abschnitt A, S. 1; Brief Elias Canetti an Susanne Ovadia-Benedikt, 21. Aug. 1952, Nachlass Benedikt, Mappe I, Abschnitt A, S. 14.

S. 386 *»Sometimes at night, I wake up«* Brief Friedl Benedikt an die Eltern, 30. Okt. 1944, London, Nachlass Benedikt, Mappe B, S. 31.

»I am writing a new book...« Brief Friedl Benedikt an die Eltern, 20. Nov. 1944, London, ebda, S. 34.

»Some good news...« Brief Friedl Benedikt an die Eltern, 18. Dez. 1944, London, ebda., S. 36.

S. 387 *»Es ist augenblicklich ein solches Durcheinander...«* Brief Friedl Benedikt an die Eltern, 1946, London, ebda., S. 41.

»Meine süßen, geliebten Alten,« Brief Friedl Benedikt an die Eltern, 1944, London, ebda., S. 27.

S. 388 *»Woher soll ich 10 Pfund nehmen?«* Brief Friedl Benedikt an die Eltern, 1949, London, ebd.a, S. 70.

»Ich brauche unbedingt Ruhe.« Brief Friedl Benedikt an die Eltern, 7. Dez. 1946, London, ebda., S. 42.

S. 389 *»Ich arbeite gut,«* Brief Friedl Benedikt an die Eltern, 1948, London, ebda., S. 68.

...Liebesbeziehung zu dem aus Ungarn stammenden... Die Beziehung zwischen Nemes und Benedikt verarbeitet Peter Weiss in seinem Roman Fluchtpunkt (Frankfurt am Main 1962, 4. Aufl.), S. 226–261. Friedl Benedikt erscheint in der Figur der Fanny, Nemes als Anatol, Canetti als Caspari.

Ich sitz tag-täglich stundenlang... Brief Friedl Benedikt an die Eltern, 1949, London, Nachlass Benedikt, Mappe B, S. 71. Benedikt wohnt zu diesem Zeitpunkt wieder bei Margaret Gardiner in 35 Downshire Hill.

S. 390 *Mein Buch ist schon im Times Literary Supplement...* Brief Friedl Benedikt an die Eltern, 1. Jan. 1950, London, ebda., S. 72f.

...the unmistakable accent of a genius... Philip Henderson: A New Talent. In: Time and Tide, 4. Feb. 1950, S. 117f. Ebenfalls fast uneingeschränkt positiv: Continuity and Change. In: The Scotsman,

9. Feb. 1950, und Angus Wilson: New Novels. In: The Listener, 9. Feb. 1950, S. 26. Kritisch die Rezension von R. D. Charques: Fiction. In The Spectator, 17. Feb. 1950, S. 226 und Daily Telegraph, 10. Feb. 1950.

S. 391 *The autobiography of a thief...* Anna Sebastian/Friedl Benedikt: The autobiography of a thief, Typoskript mit handschriftl. Korrekturen, 65 Seiten, Nachlass Benedikt, Mappe K, Abschnitt A. Das Typoskript ist undatiert, die Datierung als letzter Text erfolgt durch eine Erwähnung von Elias Canetti im Brief an Susanne Ovadia-Benedikt vom 31. Mai 1985, Canetti: Ich erwarte von Ihnen viel, a. a. O., S. 695.

S. 391 f. *Die Reise in die Berge...* Brief Friedl Benedikt an Susanne Ovadia, 1951, London, Nachlass Benedikt, Mappe B, S. 75.

S. 392 *Das ist schon eine bestialische Scheißkrankheit.* Brief Friedl Benedikt an die Eltern, 1952, Paris, American Hospital, Nachlass Benedikt, Mappe B, S. 72f.; zum Krankheitsverlauf siehe auch die eindringliche Schilderung im Tagebuch von Susanne Ovadia-Benedikt 1952/53, Nachlass Benedikt, Mappe K, Abschnitt D.

... wird auch in den Briefen Canettis bestätigt. Etwa im Brief von Elias Canetti an Susanne Ovadia-Benedikt vom 21. Aug. 1952, London, Nachlass Benedikt, Mappe I, S. 14.

S. 293 *Ich habe mich schon gefragt...* Nachlass Elias Canetti, Signatur 12.6.3, S. 54, 9. Dez. 1953.

MIT RUDOLF BURGER IM CAFÉ

S. 394 Rudolf Burger: Verschönerung der Theorie. In: Falter (Beilage »Ach ja die Postmoderne. Neue Weisen, alte Vernunft«, hrsg. Birgit Wagner, Ernst Strouhal), Nr. 302, (22a/1987), S. 22–27.

S. 397 Rudolf Burger: Die Ordnung der Liebe. In: ders.: Abstriche. Vom Guten. Und Schönen. Im Grünen. Wien 1991, S. 60–67.

S. 400 ad Haugwitz: Maria-Theresia zit. nach Bruno Schimetschek: Der Österreichische Beamte. Geschichte und Tradition. Wien 1984, S. 88.

ENGAGEMENT UND ERZÄHLEN

S. 404 Philippe Sands: The Ratline. Love, Lies and Justice on the Trail of a Nazi Fugitive. London 2020. [Die Rattenlinie – ein Nazi auf der Flucht. Lügen, Liebe und die Suche nach der Wahrheit. Frankfurt am Main 2020]

S. 406 Max Horkheimer, Theodor W. Adorno: Dialektik der Aufklärung. Philosophische Fragmente (1947). In: Theodor W. Adorno: Gesammelte Schriften. Hrsg. v. Rolf Tiedemann, Bd. 3. Frankfurt am Main 1977, S. 222f.

S. 407 Sigmund Freud: Das Unheimliche (1919). In: Studienausgabe. Band IV. Frankfurt am Main 1982, S. 243 – 274; zur etymologischen Deutung: S. 248ff.

S. 408 Wendy Brown: Regulating Aversion: Tolerance in the Age of Identity and Empire. Princeton 2006, S. 203.

S. 409 Georg Wilhelm Friedrich Hegel: Phänomenologie des Geistes. Frankfurt am Main 1975, S. 226.

S. 410 *Identitätspolitik im Zeichen des Regenbogens.* Vgl. Lutz Niethammer: Kollektive Identität. Heimliche Quellen einer unheimlichen Konjunktur. Reinbek b. Hamburg 2000, S. 475.

Kofi Annan: Agence France Presse, 8. Sept. 1997 sowie Website des UNO-Hauptquartiers, zit. nach Lutz Niethammer, a. a. O., S. 10f.

S. 411 f. Das vollständige Zitat lautet: »Antisemitismus ist nichts als der Socialismus des dummen Kerls in Wien«, Ferdinand Kronawetter in einer Rede im Margarethener Wählerverein 1889 (Neue Freie Presse, 24. April 1889, S. 2). Das Zitat wird bisweilen irrtümlich August Bebel zugeschrieben. Siehe den Blog von Gerald Krieghofer https://falschzitate.blogspot.com/ (abgerufen: Jänner 2024)

Textnachweise

Der fliegende Robert. Geschichten vom Wind. In: Liddy Scheffknecht, Ernst Strouhal (Hrsg.): Wenn der Wind weht. Katalog zur Ausstellung im Kunsthaus Wien, 10. März – 30. August 2022. Wien 2022

Im Zoo der imaginären Tiere. Vom Projekt einer ästhetischen Menagerie. Der Text erschien zuerst in Kurzform zur Ausstellung von Christoph Steinbrener und Rainer Dempf im Tiergarten Schönbrunn, danach als Leporello (2012) und in dieser Fassung in: wespennest 185 (11/2023)

Alle Kunst ist Ornament. Aporien der Sachlichkeit von Loos zu Adorno. In: Matthias Boeckl, Christian Witt-Dörring (Hrsg.): Wege der Moderne. Josef Hoffmann, Adolf Loos und die Folgen (Katalog zur Ausstellung im MAK Wien). Basel 2014

Ministerempfang. Großer Bahnhof am Flughafen. In: Die Damen. Ausstellungskatalog NÖ Galerie. St. Pölten 2013

Wolschebnik 666. Geburtstagsrede für August Ruhs. In: Beate Hofstadler, Robert Pfaller (Hrsg.): »After you get what you want, you dont' want it anymore«. Wunscherfüllung, Begehren und Genießen in Kunst und Psychoanalyse. Frankfurt am Main 2016

Der perforierte Zauberzirkel. Zur Aktualität von Johan Huizingas »Homo ludens«. In: Gerhild Steinbuch, Sandro Huber u. a. (Hrsg.): alles oder nichts wortet. festschrift für ferdinand schmatz. Wien 2021

Falsches Spiel. Notiz zu Harry Houdini und zum illusorischen Glück. In: Michael Steiner (Hrsg.): Brot und Spiele. Vom Notwendigen und vom Überflüssigen. Sondernummer Was? (103/2010)

Ludische Kartographien. Die Welt der spielbaren Landkarten. In: Ernst Strouhal: Die Welt im Spiel. Atlas der spielbaren Landkarten. Wien 2015

»Wingerl, Wangerl, Wuperzu …« Vom Klang der Spiele – Ein Ohrenzeugenbericht. In: Ernst Strouhal, Manfred Zollinger, Brigitte Felderer (Hrsg.): Spiele der Stadt. Glück, Gewinn und Zeitvertreib. Wien/New York 2012

Böse Briefe. Die Unsichtbaren und ihre Gegner (gemeinsam mit Christoph Winder). In: Ernst Strouhal, Christoph Winder: Böse Briefe. Zu einer Geschichte des Drohens und Erpressens. Wien 2017

Die individuelle Uniform. Kleine Erinnerung an die Handschrift. In: Brigitte Felderer, Katrin Ecker (Hrsg.): Der Hände Werk. Katalog zur Ausstellung in der Schallaburg, Niederösterreich. Bd. 2, Schallaburg 2019

Über das Blättern. Verzetteltes Schreiben, zerstreutes Lesen. In: Christian Bachhiesl et al. (Hrsg.): Zufall und Wissenschaft. Interdisziplinäre Perspektiven. Weilerswist 2019

Marbot. Wolfgang Hildesheimer erneut gelesen. In: Die Phantome des Ingenieur Berdach. Medienkritik und Satire. Wien 2023

Gespräch mit einem Esel. In: Ernst Strouhal: Gespräch mit einem Esel. Lesen mit dem Daumen. Wien 2019

Die Brückensammlerin. Portrait einer außergewöhnlichen Frau. In: Michael Steiner (Hrsg.): Schöner scheitern. WAS (106/2013)

Im Schattenreich des Geldes. Einschau in Olten. In: Der Standard (22.3.2009)

Am Entmagnetisierungspunkt. Rügen im Regen, nach dem Endspiel der DDR. In: Datum. Seiten der Zeit (Nov. 2014)

»Ich wohn' nur so da…«. Besuch im Goethehof. In: Werner Michael Schwarz, Georg Spitaler, Elke Wikidal (Hrsg.): Das Rote Wien 1919–1934. Ideen, Debatten, Praxis. Wien 2019

Apparent obsolescence. Das legendäre Hotel Okura in Tokio schließt. In: Architektur aktuell (X/2015)

Himalaya. Imaginäre Reisen durch den Prater. In: Werner Michael Schwarz, Susanne Winkler (Hrsg.): Der Wiener Prater. Labor der Moderne. Politik – Vergnügen – Technik, Basel 2024

Sennett heute. Erinnerung an Verfall und Ende des öffentlichen Lebens. In: Simon Rees (Hrsg.): Erschaute Bauten. Wien 2011

Das doppelte Prisma der Erinnerung. Zu Elias Canettis Das Augenspiel und Friedl Benedikt. In: Oxford German Studies (1/2021)

Mit Rudolf Burger im Café. In: Bernhard Kraller (Hrsg.): Über Rudolf Burger. Wien 2021. (Ebenfalls in: Literatur und Kritik (7/2021))

Engagement und Erzählen. Philippe Sands versus die »geistlose Freiheit des Meinens«. Die Kurzfassung erschien auf der Website des Hauptverbandes des Österreichischen Buchhandels, die Langfassung wurde Ende 2023 ergänzt.

Der Kunstlutscher, Falsche Ohren, Cathrine und Alexander, Blind Summit, Sandiger Schmerz sowie Verleih meine Fehler sind Erstveröffentlichungen.

Bildnachweise

S. 7 Filmstill, Foto: M. Scheffknecht, Wien.
S. 95 Schweizer Spielemuseum, La-Tour-de-Peilz, Fotograf unbekannt.
S. 165 Hans-Gross-Kriminalmuseum / Universitätsmuseen Graz.
S. 277 Foto: Arcan Zeytanioglu Architects, Wien.
S. 363 Foto: ES, Privatsammlung Wien.

Dank

Ich habe vielen zu danken, die auf die eine oder andere Weise zu diesem Buch beigetragen haben. Mein besonderer Dank gilt Florian Bettel, Oscar Bronner, Fanny Esterházy, Brigitte Felderer, Robert Galbavy, Claudia Geringer, Florian Huber, Monika Kaczek, Liddy Scheffknecht, Thomas Macho, Christoph Winder für ihre Unterstützung und Hilfe im Laufe vieler Jahre. Und natürlich M., der das Buch, wie alle anderen, gehört.

E. S.

Über den Autor

ERNST STROUHAL

Geboren 1957, Autor, Univ.-Prof. an der Universität für angewandte Kunst Wien; 2010 Österr. Staatspreis für Kulturpublizistik. Zuletzt in Buchform erschienen: *Wenn der Wind weht* (2022, hg. mit L. Scheffknecht); *Vier Schwestern. Fernes Wien, fremde Welt* (2022); *Die Phantome des Ingenieur Berdach. Medienkritik und Satire* (2023, mit G. Geringer).